규범적 과제로서 기능적 분화

유민총서

15

규범적 과제로서
기능적 분화

| 고봉진 지음 |

홍진기법률연구재단

머리말

　머리말은 보통 책을 다 쓰고 나서 마지막에 쓰게 된다. 그래서인지 많은 저자들은 머리말에 책 내용을 요약하면서 핵심 주장을 담으려 한다. 필자의 독서 경험상 책을 읽을 때 서문이나 머리말이 복잡하면 읽기가 쉽지 않으며, 머리말을 건너뛰고 읽게 된다. 머리말에는 책이 왜 어떻게 쓰였는지 그 내막을 밝히는 것으로 족하다 싶다. 이상하게도 그런 게 눈에 띄고 재미있게 읽힌다.

　필자가 '규범적 과제로서 기능적 분화' 주제에 관심을 갖게 된 것은 2013년 한국법철학회 추계학술대회(자본과 시장: 법철학적 고찰)에서 발표를 하면서부터다. 필자는 당시 '자본주의, 인정, 체계'라는 제목의 글을 발표했다. 이 발표문에서 (필자가 평소 관심을 갖고 있던 루만의 체계이론과 호네트의 인정이론과의 연관 속에서) '자본주의의 총체성'을 해결하는 규범적 개념으로 '기능적 분화'를 제시했다. 발표문은 다음 해인 2014년 법철학연구 제14권 제1호에 '자본주의의 총체성과 사회체계의 기능적 분화'라는 제목의 논문으로 발간됐다.

　'자본주의의 총체성과 체계의 기능적 분화' 논문을 발전시켜 책 한 권을 쓰면 좋겠다는 생각이 들었다. 관련 논문을 쓰면서 이를 모으면 책이 되지 않을까 싶었다. 하지만 희망과 달리 진도는 더디기만 했다. 그러다가 2017년 미국 샌디에고 주립대학(UCSD)으로 안식년 연수를 1년 6개월 다녀오는 기회가 찾아왔다. 연수 주제는 다른 제목이었지만, 그 주제는 살짝 밀어놓고 '규범적 과제로서 기능적 분화' 연구를 해야겠다 마음먹었다.

　미국 연수를 떠나면서 루만의 '사회의 사회' 제2권과 호네트의 '사회주의 재발명'을 챙겼다. '사회의 사회' 제2권 제4장은 '기능적 분화'에 대해 다루고 있다. 연수를 떠나기 전에 호네트의 '사회주의 재발명'을 읽고 깜짝 놀랐다. 호네트는 이 책 제4장에서 사회주의를 재발명하는 도구로 '기능적 분화'를 들고 있었다. (물론 '사회적 자유'를 내세우는 호네트가 주장하는 내용이 필자의 입장과는 다르나) 내게는 '규범적 개념으로 기능적 분화'를 주장하는 것처럼 보였다. 내가 공부하는 방향이 그리 틀리지 않았구나 위안이 됐다. 2007년 독일 유학을 마치고 돌아올 때 내 학문적 포부는 (학문적 배경이나 방향이 전혀 다른) 니클라스 루만과 악셀 호네트를 결합시키는 것이었는데, '기능적 분화'라는 주제 하에 두 사상가를 연결할 수 있겠구나 싶었다.

뒤르켐의 '사회분업론'을 샌디에고에 올 때 챙기지 않은 게 엄청 후회됐다. 영어로 된 책을 UCSD Geisel 도서관에서 구할 수 있었지만 영어로 된 책은 눈에 잘 들어오지 않았다. 연수 중간에 한국에 잠시 들어올 수 있었는데 그때 뒤르켐의 책을 챙겼다. 뒤르켐의 '사회분업론'에서 뭔가 발견할 수 있겠구나 하는 생각이 들었다. 미국 연수때 (그때 다행히 코로나19가 없어서) 여행을 꽤 많이 했다. 여행을 가지 않을 때는 항상 UCSD Geisel 도서관에 있었다. Geisel 도서관은 내가 제일 좋아하는 도서관이 되었다. 거기서 루만, 호네트, 뒤르켐의 책을 읽으면서 논문을 썼다. 미국 연수 바로 전에 썼던 '계층화와 기능적 분화'를 시작으로, 연수 중에 '사회유기체 유추와 비유', '분배 정의에 대한 단상', '사회와 유기체에 대한 일고찰', '공화주의 이론의 명암', '분업의 병리학' 논문이 나왔다. 연수 후에도 '자유와 공리의 연합', '분업과 기능적 분화', '제도 공리주의' 등의 논문을 썼다.

2019년부터 '규범적 과제로서 기능적 분화' 주제 하에 이제껏 썼던 논문들을 정리하기 시작했다. 책의 모습을 갖추기 위해 조금씩 다듬기 시작했는데, 2020년 초에 메일을 통해 홍진기법률연구재단 '학술서 발간 지원사업'을 알게 되었다. 내 책이 학문적 가치가 있는지는 몰라도 상업적 가치는 없는 게 확실해서, 어떻게 책으로 펴낼까 고민하고 있었다. 자비라도 책을 내야 할까 생각하던 중에, '유민총서'를 만난 것이다. 부족한 내용을 책으로 발간할 수 있게 해주신 홍진기법률연구재단 분들께 진심 감사드린다. 2013년에 학회에서 발표한 내용을 시작으로 '규범적 과제로서 기능적 분화' 주제 하에 여러 논문을 발표했고 이를 책으로 출판하기까지 10년이 걸렸다.

기능적 분화는 '사실적 개념'으로 생물학 등에서 다루어지지만, 필자의 책은 기능적 분화를 '규범적 개념/규범적 과제'로 다룬 특징이 있다. '기능적 분화'를 다룬 저자는 많지만, '기능적 분화'를 제목으로 하는 책이 처음 나왔다는 점에서 필자로서는 감사할 뿐이다.

한 가지 중요하게 언급해야 할 사항이 있다. 그것은 필자가 '규범적 개념/규범적 과제로서 기능적 분화'를 주장하지만, 유일한 해결책으로 주장하는 것은 아니라는 것이다. 필자는 사회 문제를 해결함에 있어 현대 사회에서는 어떤 해결책도 '기능적 분화'를 도외시할 수 없으며, '기능적 분화'를 사실적 개념을 넘어 규범적 개념으로 설정해 해결책을 제시해야 한다는 점을 강조한다. 그럼에도 '기능적 분화'로 포섭할 수 없는 영역이 분명 존재하며, 이는 인간존엄, 인권, 인정투쟁과 같은 개념들이 우리의 규범적 파토스에 강력한 힘을 발휘한다는 점에서 알 수 있다. 이는 필자가 규범적 작업을 함에 있어 '기능적 분화' 개념과 더불어 인간존엄, 인권, 인정투쟁과 같은 개념으로 작업하는 이유이기도 하다. 이 내용은 마지막에 '보론'에 간략하게 담았다. '보론'에 담은 이유는 '규범적 과제로서 기능적 분화' 연구와 '인권과 인정투쟁' 연구가 함께 진행되어야 나름 규범화된 사회이론을 만들 수 있으리라는 생각 때문이다.

이 책이 나오기까지 수많은 분들의 도움을 받았다. 마음 깊이 감사드리며, 아내 송현주 교수와 아들 정훈에게 사랑의 인사를 전한다.

이 책을 사랑하는 아버지 高豪成(1932-2020) 님께 바친다.

목 차

머리말

제1부

분업과 기능적 분화

제1장 분업의 유기적 연대?

뒤르켐(Emile Durkheim)은 1893년 소르본대학에 제출한 그의 박사논문인 '사회분업론'에서 '사회연대'를 분업의 관점에서 다루었다. 애덤 스미스(Adam Smith)가 '국부론'(國富論, 1776)에서 '분업의 경제적 효과'를 다뤘다면, 뒤르켐은 '사회분업론'에서 '분업의 도덕적 효과'에 주목했다. 뒤르켐의 주장을 한 문장으로 축약하면, 분업은 '사회의 유기적 연대'를 가능하게 하여 사회를 통합시킨다는 것이다. '사회질서는 어떻게 가능한가?'라는 근원적인 물음에 뒤르켐은 '분업의 새로운 기능'으로 답했다.

필자는 제1장에서 뒤르켐이 '사회분업론'에서 주로 다룬 내용을 3가지로 나누어 고찰했다. ① 분업의 도덕적 기능 ─ 유기적 연대, ② '사회연대 유형'과 '법률 유형'의 연결, ③ '신념과 감정의 공동체에 입각한 사회'를 다루려 한다. 물론 '사회분업론'을 서술했던 1893년의 상황과 현대의 상황은 엄청난 차이가 있기에, '사회분업론'의 내용을 오늘날의 관점에서 비판적으로 살피는 것은 부당한 측면이 있을지 모르겠다. 필자는 뒤르켐의 주장에 동의하지 않지만, 대가(大家)로서 그가 보인 치밀한 논증에는 경이로운 마음을 갖고 있다.

Ⅰ. 뒤르켐의 '사회분업론'

1. 분업의 도덕적 기능 - 유기적 연대

뒤르켐은 현대 사회가 기능적으로 분화되고 이질적으로 변했다는 사실에 주목하고, 현대 사회를 어떻게 통합할 것인가라는 중요한 질문 앞에 섰다. 사회가 동질성에서 이질성/기능적 분화로 그 구성 성질이 변했는데, 이때 사회질서를 어떤 방법으로 유지할 수 있을까가 그의 주된 관심사였다.[1]

그는 현대 사회를 (기능적 분화와 이질성에 기초한) 유기적 연대의 사회로 보고, 이를 (동질성에 기초한) 기계적 연대의 이전 사회와 대비했다. 기계적 연대가 지배하는 사회는 동질적이면서도 서로 유사한 분절적 조직으로 이루어졌다. 반면에 유기적 연대가 지배하는 사회는 각각 특별한 역할을 수행하는 서로 다른 기관들의 특정 체계에 의해 구성된다.[2]

뒤르켐은 '분업의 기능'에 초점을 맞췄다. ('사회분업론' 첫머리에 나오는 표현에 따르면) '분업의 기능이 무엇인가?'라는 질문은 그 기능이 어떤 욕구를 충족시키는가를 찾아봐야 답할 수 있다.[3] 그가 '사회분업론'에서 내린 결론은 '분업'은 이질적이고 기능적으로 분화된 사회를 유기적으로 연대시키는 기능을 수행한다는 것이다.[4] 사회가 '동질성에 기초한 사회'에서 '이질성과 기능적 분화에 기초한 사회'로 변화했음에도, 사회는 '분업의 유기적 연대'를 통해 조직되고 통합된다. 이처럼 뒤르켐은 '분업'이 사회질서를 형성하는 기능을 수행한다고 봄으로써, 분업의 위상을 '도덕적 원칙'으로까지 격상시켰다.

뒤르켐은 분업의 진정한 기능은 두 사람 이상의 사이에 연대감을 창조하는 거라면서, 분업이 낳는 '도덕적 효과'는 분업의 '경제적 효과'보다 훨씬 더 강력하다고 판단했다. 그는 '분업의 경제적 효과'는 '분업의 도덕적 효

---

1) 임희섭, 추천의 글, in: Emile Durkheim(민문홍 역), 사회분업론 (아카넷, 2012), 6면.
2) Emile Durkheim(민문홍 역), 사회분업론 (아카넷, 2012), 269-270면.
3) Emile Durkheim(민문홍 역), 사회분업론 (아카넷, 2012), 85면.
4) 뒤르켐이 '사회분업론'에서 제기한 가장 큰 물음은 "현대 산업사회에서 개인이 더 개인적이 되면서 동시에 서로 더 많은 연대감을 가질 수 있는가?"였다. 그는 이 명백한 이율배반을 푸는 열쇠를 '더 증가하는 분업에서 비롯된 사회적 연대의 변화'에서 찾았다. Emile Durkheim(민문홍 역), 사회분업론 (아카넷, 2012), 69면.

과'와 비교해 보면 "보잘것없다"라고 표현했다.[5] 그에 따르면, 분업의 가장 주목할 만한 효과는 분업이 가져다준 생산성이 아니라 각 기능 간에 연대감을 만드는 데 있고, 이로써 분업 없이는 사회가 존재할 수 없는 어떤 것을 제공해준다. 분업은 사회 자체가 존재하는 조건으로 나름의 독립적 실체를 가지고 사회의 도덕적 질서를 확립한다.[6] 분업은 사회적 연대의 원천인 동시에 도덕적 질서의 기초가 되는 것이다.[7]

필자가 뒤르켐 이론에 가지는 첫 번째 의문은 (뒤르켐이 '사회분업론' 제1장과 제2장에서 주장하는 대로) 분업이 '사회의 유기적 연대'를 과연 가능하게 하는가이다. 소견에 따르면, 뒤르켐의 주장은 반은 맞고 반은 틀렸다. '반이 맞다'는 것은 분업이 제대로 기능하면 사회가 나름 조화롭게 움직인다는 점에서 그렇다. '반은 틀렸다'는 것은 분업이 제대로 기능하더라도 사회의 유기적 연대까지는 실현할 수 없기 때문이다.

현실 사회에서 분업이 제대로 기능하는가를 생각해 보면 뒤르켐과 필자의 생각은 더 멀어진다. 뒤르켐도 분업이 제대로 기능하지 못하는 상황을 '사회분업론' 제3장에서 다뤘지만, 이는 어디까지나 예외적인 상황이었다. 뒤르켐의 '예외적인' 상황이 필자에게는 지극히 '정상적인' 상황으로 보인다. 현실에서 분업은 제대로 기능하지 못하기에 분업이 정상적인 기능을 수행할 수 있도록 법적·정치적 노력을 다해야 하며, (뒤에서 언급하는) '분업의 병리학'에 대응하는 체계적인 노력을 기울여야 한다. 분업이 제 기능을 잘 수행할지라도 '유기적 연대'라는 표현을 쓸 정도로 완벽할 수 없다. 오히려 분업에 대해 부정적인 의견을 드러내는 견해가 다수다. 이들 견해에 따르면, '분업의 유기적 연대'는 허황된 말에 불과하며 분업에 의해 오히려 그 반대 효과가 나타날 뿐이다. 하지만 뒤르켐은 분업을 과격하게 비

---

5) Emile Durkheim(민문홍 역), 사회분업론 (아카넷, 2012), 95-96면.

6) Emile Durkheim(민문홍 역), 사회분업론 (아카넷, 2012), 102면, 105면.

7) Emile Durkheim(민문홍 역), 사회분업론 (아카넷, 2012), 594면.

난하면서 도덕성의 문제를 제기하는 견해를 억지 판단이라고 보았다.[8]

필자는 뒤르켐이 분업의 도덕적 영향력을 과대평가했다는 생각이 든다. 분업은 생산성의 향상에 지대한 영향을 미쳤다. 애덤 스미스는 '국부론' 제1장에서 핀을 만드는 과정을 통해 분업이 생산성 향상에 기여함을 상징적으로 보였다.[9] 실제로 점점 더 세분화되는 노동 분업을 통해 생산성은 급격히 늘어났다. 분업이 노동생산성을 증가시키는 원인으로 애덤 스미스는 다음 3가지를 든다. 첫째, 전업으로 인하여 노동자 각자의 숙련도가 높아지고, 둘째, 한 가지 일로부터 다른 일로 옮길 때 보통 허비하게 되는 시간이 절약되고, 셋째, 노동을 수월하게 해주고 단순하게 해주는 많은 기계의 발명으로 한 사람이 많은 사람의 일을 할 수 있게 된다.[10] 애덤 스미스는 분업을 야기하는 원리로 '하나의 물건을 다른 물건과 바꿔 갖고, 거래하고, 교환하는 성향'을 들었다.[11] 동물은 인간의 교환성향을 갖고 있지 않음을 대비적으로 보임으로써, 인간의 교환성향이 초래하는 효과를 잘 보여주었다.[12] 애덤 스미스는 *통치가 잘 되고 있는 나라에서는 최하층의 국민까지*

---

8) Emile Durkheim(민문홍 역), 사회분업론 (아카넷, 2012), 92면.

9) Adam Smith(김수행 역), 국부론(상) (비봉출판사, 2003/2013), 8-9면; 장하준(김희정 역), 장하준의 경제학 강의 (부키, 2014), 37면; John Kenneth Galbraith(원창화 역), 확실성의 시대 (홍신문화사, 1995/2011), 29면.

10) Adam Smith(김수행 역), 국부론(상) (비봉출판사, 2003/2013), 11면.

11) Adam Smith(김수행 역), 국부론(상) (비봉출판사, 2003/2013), 17면.

12) "맹견의 힘은 사냥개의 민첩함에 의해 보완되지 못하고, 애완견의 영리함은 목양견의 길들여지기 쉬움에 의해 조금도 보완되지 않는다. 그들은 교환하고 교역할 능력이 없기 때문에, 상이한 자질과 재능의 효과가 그들의 공동의 자원으로 될 수 없고, 따라서 같은 종에 속한 동물들의 생존조건의 향상에 조금도 기여하지 못한다. 각 동물은 제각기 독자적으로 자기 자신을 지탱하고 보호해야만 하며, 자연이 그 종에게 부여한 각종 상이한 재능으로부터 그 어떤 이익도 얻어내지 못한다. 이와는 반대로, 인간들 사이에서는 가장 상이한 재능들이 상호간에 유용하며, 각각의 재능에 의한 상이한 생산물들은 유무상통, 물물교환 및 상호교역 하려는 일반적인 천성에 의해 일종의 공동의 자원이 되며, 각자는 이 공동의 자원으로부터 타인의 재능이 생산해 낸 생산물 중 자기가 필요로 하는 부분을 마음대로 사서 가질 수 있다." Adam Smith(김수행 역),

도 *전반적인 풍요로움을 누리게 되는 것은* 분업의 결과 각종 생산물이 크게 증가하기 때문이라고 했다.[13] 그러면서 애덤 스미스의 유명한 문장이 등장한다.

"문명사회에서 그는 언제나 무수한 사람들의 협력과 도움을 필요로 하지만, 그는 평생 동안 몇 사람의 친구를 만들 수 있을 뿐이다. 거의 모든 동물류에서 각 동물은 성숙하면 완전히 독립하며, 자연상태에서는 다른 동물의 도움을 필요로 하지 않는다. 그러나 인간은 항상 다른 동포의 도움을 필요로 하는데, 단지 그들의 선심에만 기대해서는 그 도움을 얻을 수가 없다. 그가 만약 그들 자신의 자애심(self-love)이 자기에게 유리하게 발휘되도록 할 수 있다면, 그래서 자기가 그들에게 해주기를 요구하는 일을 그들이 자기에게 해주는 것이 그들 자신에게 이익이 된다는 것을 설득할 수 있다면, 그들의 도움을 얻으려는 그의 목적은 더 효과적으로 달성될 것이다. 타인이 어떤 종류의 거래를 하고자 하는 사람은 누구든지 이렇게 제의한다. '내가 원하는 것을 나에게 주시오. 그러면 당신이 원하는 것을 가지게 될 것이오.' 이것이 이러한 거래에 담겨진 의미이다. 바로 이러한 방식으로 우리는 피차간에 자기가 필요로 하는 도움의 대부분을 얻게 된다. 우리가 매일 식사를 마련할 수 있는 것은 푸줏간 주인과 양조장 주인, 그리고 빵집 주인의 자비심 때문이 아니라, 그들 자신의 이익을 위한 그들의 고려 때문이다. 우리는 그들의 자비심에 호소하지 않고 그들의 자애심에 호소하며, 그들에게 우리 자신의 필요를 말하지 않고 그들 자신에게 유리함을 말한다."[14]

국부론(상) (비봉출판사, 2003/2013), 21면.

13) Adam Smith(김수행 역), 국부론(상) (비봉출판사, 2003/2013), 14면; 애덤 스미스는 유럽왕의 생활용품이 근면하고 검소한 농민의 생활용품을 능가하는 정도는, 후자가 수만 명의 나체 야만인들의 생명과 자유의 절대적 지배자인 아프리카 왕의 생활용품을 능가하는 정도보다 크지 않다는 것이 아마도 사실일 것이라고 말함으로써 이를 극적으로 표현한다. Adam Smith(김수행 역), 국부론(상) (비봉출판사, 2003/2013), 16면.

14) Adam Smith(김수행 역), 국부론(상) (비봉출판사, 2003/2013), 18-19면.

하지만 애덤 스미스의 분업에 대한 논의를 여기서 그쳐선 안 된다. 애덤 스미스는 분업의 장점을 알았을 뿐 아니라 분업의 단점도 동시에 알았고, 이를 '국부론' 후반부에서 언급했다. 애덤 스미스는 '국부론' 제5편 제1장 제3절에서 다음과 같이 말했다.

"분업의 진전에 따라 노동으로 생활하는 사람들의 거의 대부분(즉, 국민들의 대부분)의 직업은 몇 가지의 극히 단순한 직업(흔히 하나 또는 두 가지 직업)으로 한정된다. 그런데 대다수 사람들의 이해력은 필연적으로 그들의 일상적인 직업에 의해 형성된다. 자신의 일생을 몇 가지 단순한 작업에 바치는 사람들은, 그리고 그것의 결과물도 항상 같거나 거의 같은 경우에는, 예기치 못한 어려움을 제거할 방법을 발견하기 위해 그의 이해력을 발휘하거나 그의 창조력을 행사할 기회를 가질 수 없다. 따라서 그는 자연히 그런 노력을 하는 습관을 상실하게 되고, 일반적으로 인간으로서 가장 둔해지고 무지해진다. 그들의 정신은 마비상태에 빠져서 어떤 합리적인 대화를 이해하거나 그런 대화에 참가할 수 없을 뿐 아니라, 어떤 관대하고 고상하고 온화한 감정을 느낄 수 없게 되며, 따라서 사생활 방면의 수많은 일상적 의무들에 대해서도 정당한 판단을 내릴 수 없게 된다. 그는 자기 나라의 중대하고 광범한 이해관계를 전혀 판단할 수 없게 되며, 만약 그가 그런 상태로 되지 않도록 국가가 특별히 애쓰지 않는다면, 그는 전쟁시에도 자기 나라를 방어할 수가 없게 된다. 그의 변화 없는 단조로운 생활은 자연히 그의 정신적 용기도 상실케 하며, 그로 하여금 사병들의 불규칙하고 불안정하고 모험적인 생활을 혐오하게 만든다. 또한 그의 단조롭고 정체된 생활은 그의 신체의 활동력을 부식시켜서, 그때까지 그가 배워 온 직업 이외의 어떤 직업에서도 활기 있고 참을성 있게 자기의 역량을 발휘할 수 없게 만든다. 이처럼 그의 특수한 직무상의 숙련과 기교는 자신의 지적, 사회적, 군사적 재능들을 희생시켜서 획득한 것 같다. 진보하고 문명화된 모든 사회에서는 노동빈민, 즉 대다수의 인민들은, 정부에서 이를 방지하기 위해서 노력하지 않는 한, 필연적으로 이런 상황에 빠지게 된다."15)

다른 이론에서 살펴보면, 분업은 오히려 연대성을 파괴하는 측면이 있다. 맑스(Karl Marx)는 노동 소외가 일어나는 주요 원인 중 하나로 '노동 분업'을 가리키면서,[16] '경제학-철학 수고'에서 노동 소외의 여러 형태를 언급했다.[17] 핀 공장의 세밀한 노동 분업으로 인해 핀이라는 생산물로부터 노동자가 소외된다는 것이다. 분업은 생산성의 향상, 부의 증대를 가져오지만, 노동자는 생산과정의 일부만을 파악하는 존재가 되어 '소외'되는 역효과를 가져온다. 철저하게 분업으로 구분된 공정에서 자신의 부분만을 담당하는 노동자는 전체 작업과정을 알 수 없고, 그 생산물을 자신이 생산했다고도 할 수 없다.

"자본의 집적은 분업을 증가시키며 분업은 노동자의 수를 증가시킨다. 거꾸로 노동자의 수는 분업을 증가시키며 분업은 자본의 집적을 증가시킨다. 노동자는 한편으로 이러한 노동의 분업 때문에 그리고 다른 한편으로는 자본의 집적 때문에 점점 더 순전히 노동에 의존하게 되며, 규정적이고 매우 일면적인 기계적 노동에 의존하게 된다. 그러므로 노동자가 정신적으로나 육체적으로나 기계로 전락하고 인간에서 벗어나 추상적 활동과 배가 되는 것과 마찬가지로, 노동자는 또한 더욱 더 시장가격의 변동, 자본의 사용과 부자의 변덕에만 의존하게 된다. 마찬가지로 오로지 노동만 하는 인간계급의 증가로 인해 노동자의 경쟁이 고조되고 그에 따라 노

---

15) Adam Smith(김수행 역), 국부론(하) (비봉출판사, 2007/2013), 957-959면(이탤릭체는 필자에 의한 것임); 이탤릭체로 된 부분을 맑스는 그의 '자본론'에서 인용했다. Karl Marx(김수행 역), 자본론 I(상) (비봉출판사, 1989/2012), 489면.
16) 손철성, 헤겔&맑스 - 역사를 움직이는 힘 (김영사, 2008/2014), 112-113면.
17) Karl Marx(강유원 역), 경제학-철학 수고 (이론과 실천, 2012), 17-18면; 손철성, 헤겔& 맑스 - 역사를 움직이는 힘 (김영사, 2008/2014), 112-113면; "핵심 문제는 도대체 맑스는 어떻게 국가의 일반적 최종목적과 개인의 이익 사이의 모순을 해소시키고자 하는가이다. 여기서도 그의 출발점은 분업이다. *분업과 더불어 노동과 그 생산물의 불평등한 분배, 즉 사유재산제가 시작된다.*" Hans Welzel(박은정 역), 자연법과 실질적 정의 (삼영사, 2001), 276면(이탤릭체는 필자에 의한 것임).

동자의 가격이 떨어진다. 노동자의 이러한 처지는 공장제도에서 정점에
이른다."[18]

니체(Friedrich Nietzsche) 또한 탈인간적인 톱니바퀴와 메커니즘으로 인
해, 노동자의 '비인간화'로 인해, '노동 분업'이라는 잘못된 경제학으로 인
해 삶은 병이 들고, 목적이 상실되고, 문화가 상실되어간다고 보았다.[19]

분업은 생산성의 향상을 극대화하지만, 이로 인한 '최소 비용 최대 효율'
의 추구는 '도구적 합리성'의 길을 열어 놓았다. 도구화된 이성은 연대를
크게 중시하지 않는다. 이는 호르크하이머(Max Horkheimer)와 아도르노
(Theodor Adorno)로 대표되는 프랑크푸르트학파 1세대의 '도구적 이성 비
판'을 통해 잘 확인된다.[20] 이에 따르면, 분업은 도구적 합리성을 증진시키
며 사회의 연대를 가져오지 않는다.

분업을 통해 자신이 맡은 기능에 충실하고, 다른 것은 다른 사람이 맡은
기능에 의존하면서 신뢰관계를 형성한다. 하지만 분업이 기능이 아닌 다른
것에 의해 이루어진다면, 이를 '유기적 연대'라고 표현할 수 있을까? 3D 업
종을 우리나라에서는 동남아 외국인이나 연변 동포들이 맡고, 미국에서는 히
스패닉들이 담당하고, 첨단 사업과 사무실 업종은 미국 백인들이 주로 담당
하는 것은 무슨 이유일까? 이는 기능에 따른 분업이 아니라, 인종에 따른 분
업이다. 오늘날 광범위하게 도입된 '정규직과 비정규직의 구분'은 같은 기능
을 수행하고 있음에도 차별을 정당화한다. 또한 국가 간의 분업이 과연 국제
사회의 유기적 연대를 가져다줄 수 있을까 생각해 본다. 나이키를 만드는 노
동자와 나이키를 파는 생산자 간에 유기적 연대가 가능할까? 필자는 뒤르켐
이 분업에 의한 연대 효과를 너무 크게 본 것은 아닌지 강한 의문이 든다.

---

18) Karl Marx(강유원 역), 경제학-철학 수고 (이론과 실천, 2012), 17-18면.
19) Friedrich Wilhelm Nietzsche(백승영 역), 이 사람을 보라 (책세상, 2012), 29면, 397면.
20) 박영균, 노동가치 (책세상, 2009/2016), 154면.

2. '사회연대 유형'과 '법률 유형'의 연결

뒤르켐은 사회유형의 변화에 따른 연대유형의 변화를 직접적으로 확인할 수 있는 매체가 필요했다. 그는 법에서 그 매체를 찾았다. 그가 보기에 사회연대와 법률이라는 사회적 사실은 서로 밀접하게 관련되어 동시에 같은 의미로 변화했다.[21]

뒤르켐은 '우리가 파악할 수 없는 내면적 사실'인 '사회연대'를 '눈에 보이는 상징화된 사실'인 '법률'을 통해 증명하려 했다.[22] 뒤르켐은 법이 억압적 규제를 갖는지, 배상적 규제를 갖는지에 따라 법을 제재법(repressive law)과 배상법(restitutive law) 양자로 구분했다. 뒤르켐은 두 종류의 법규에 상응하는 사회적 연대의 모습을 살피면서, 법의 2가지 유형이 사회적 연대의 유형을 반영한다고 주장한다.

'제재법'은 관련 당사자에게 본질적으로 고통이나 손실을 강요하는 것으로, '동질성에 의한 기계적 연대' 사회에 적합한 법률이다.[23] 그 대표적인 법률은 '형법'으로, 집단적 성격이 분명하고 사회분업이 더 초보적일수록 제재법의 우월성이 커진다. 집단의식 또는 공동의식을 손상시키는 행위는 범죄로서 처벌받는다. 반면에 ('협동법'이라고도 불리는) '배상법'은 관련 당사자에게 고통을 주는 것이 아니라 '원상회복'을 목표로 하며, '분업에 의한 유기적 연대' 사회에 적합한 법률이다.[24] '상법'이 대표적인 법률이며,[25] 개인의식이 더 발달하고 각자의 과제가 더 전문화될수록 배상법의

---

21) Emile Durkheim(민문홍 역), 사회분업론 (아카넷, 2012), 107면.
22) "우리 눈에 보이는 상징화된 사실이 바로 법률이다. 결국 사회연대가 존재하는 곳에서 법률은 비록 비물질적이기는 하지만, 우리가 지각할 수 있는 상징으로 자신을 보여준다. 사회연대가 강한 사회에서는 법률이 사람들을 서로 강력하게 연대하고 자주 접촉하게 만들며, 각 개인이 다른 사회 구성원들과 관계를 맺는 기회를 증가시킨다." Emile Durkheim(민문홍 역), 사회분업론 (아카넷, 2012), 106면.
23) Emile Durkheim(민문홍 역), 사회분업론 (아카넷, 2012), 113면, 115면 이하.
24) Emile Durkheim(민문홍 역), 사회분업론 (아카넷, 2012), 113면, 169면 이하.

우월성은 커진다.[26] 제재법은 집단의식(공동의식)과 관계된 반면에, 배상법은 '기능적 전문화'와 관련된다.[27] 기능적으로 전문화된 사회에서는 그 기능들이 규칙적으로 협력하는 것이 중요하기에, 배상법으로 기능을 회복하는 것으로 충분하다.[28]

현대를 사는 필자는 125년 전 뒤르켐이 '기계적 연대'와 '유기적 연대'를 개념짓고 구분한 뒤, 여기에 각각 '형법'과 '상법'을 대표적인 법률 유형으로 대입시키는 것에 동의하기 어렵다. 무엇보다 오늘날 형법은 '기계적 연대' 유형과 상관없는 기능을 수행하기 때문이다. 예전에는 형법이 기계적 연대를 강화하는 기능을 수행했는지 몰라도, 옛 형법의 기능과 오늘날 형법의 기능은 전혀 다르다. 원시 사회에는 모세 오경에 나타난 법규들이나

---

25) "법률의 기능적 전문화는 사업과 관련된 특수한 계약들을 규제하는 상법의 경우 더욱 분명하게 드러난다. 본점과 대리점, 운송업자와 발송업자, 어음 소지자와 발행자, 선주와 채권자, 선주와 선장 및 선원들, 화물 임대인과 임차인, 보험업자와 보험 가입자 사이의 계약이 그것이다." Emile Durkheim(민문홍 역), 사회분업론 (아카넷, 2012), 187면.

26) Emile Durkheim(민문홍 역), 사회분업론 (아카넷, 2012), 189면, 194면, 197면; 원주민 사회를 참여 관찰한 결과를 토대로 배상법이 원시 사회에도 광범하게 펴져 있다고 주장함으로써, 뒤르켐의 주장에 경험적 반증을 제공하는 인류학자 말리노프스키(Bronislaw Malinowski)의 연구를 소개하는 논문으로는 김도현, "법의 도덕성: 에밀 뒤르켐의 법사회학", 법과사회 제43호 (법과사회이론학회, 2012), 250-251면.

27) "왜냐하면 특정한 사물이 집단감정의 대상이 되기 위한 첫 번째 조건은, 그 사물이 모든 의식에 공통으로 존재하며, 모든 개인이 그것을 동일한 관점에서 표상할 수 있어야 하기 때문이다. […] 그 기능들이 점점 더 전문화될수록 그것을 의식하고 있는 사람들은 적어진다. 따라서 우리는 그 기능들이 점점 더 집단의식의 밖에 머물게 된다고 말할 수 있다. 이때 그 기능들을 규정하는 법규들은, 집단의식이 침해당했을 때 그것에 대해 속죄를 요구할 만큼의 우월한 힘과 초월적 권위를 가질 수 없다." Emile Durkheim(민문홍 역), 사회분업론 (아카넷, 2012), 189면.

28) Emile Durkheim(민문홍 역), 사회분업론 (아카넷, 2012), 190면; 뒤르켐은 배상법이 사회에서 하는 역할은 유기체에서 신경체계가 하는 역할과 같다는 표현을 한다. 신경체계는 유기체의 상이한 기능들을 조절함으로써 그 기능들이 조화롭게 협력하도록 하는 임무를 가지고 있다. Emile Durkheim(민문홍 역), 사회분업론 (아카넷, 2012), 190-191면.

마누(Manu) 법전과 같은 원시 형법이 필요했을지 몰라도, 현대 사회에서는 집단의식과 관련된 부분은 형법에서조차 현저히 약화되었다. 특히 자유주의가 현대 사회의 대세가 되면서 형법의 법익 개념도 개인적 법익 개념을 중심으로 편성되었다.

'원상회복'을 목표로 하는 배상법과 마찬가지로, 현대 형법도 '원상회복'을 새로운 모토로 등장시킨다.29) 오늘날 형법은 '응보적 정의'뿐만 아니라 '회복적 정의'를 지향한다. 뿐만 아니라 현대 형법은 기능적으로 전문화되고 있다. 현대 형법은 위험 업무를 담당하는 전문 기능인에게 규칙과 절차를 준수하라는 의무를 부여하고, '의무 위반'을 형사책임으로 구성하는 전문 형법 영역을 활성화하고 있다.30) 오늘날 관점에서 보면, 모든 법 영역에서 '원상회복'이 전면에 부상하고 있으며 기능적으로 전문화된 영역이 다루어지고 있다. 물론 뒤르켐은 현대 형법의 변화를 목도할 수 없었고, 그 당시 형법의 모습에 초점을 맞출 수밖에 없는 시대적 제약이 있기에, 그의 주장을 일면에서 비판할 수는 없을 것 같다(상법과 형법이 다루는 기능적 전문화의 규모와 속도를 보면 더더욱 그렇다).

필자는 형법과 상법 같은 법률 유형을 '사회연대 유형'과 연결시키는 것은 무리라고 본다. 형법이든 상법이든, 두 법률이 규율하는 바는 '연대'와는 거리가 있다. 민법이나 상법보다 오히려 '노동법'이나 '주택임대차보호법'과 같은 법 유형에서 '사회연대'의 모습을 발견할 수 있다. 물론 뒤르켐은 '연대' 개념을 통상의 '연대' 개념과는 다르게 파악했기에, '사회연대 유형'과 '법률 유형'의 연결이 가능했다.31) 뒤르켐은 사회 통합을 보장하는

29) Howard Zehr(손진 역), 회복적 정의란 무엇인가 (KAP, 2010/2014), 213면.
30) 고봉진, "배아줄기세포연구와 관련된 바이오형법에서 규범과 의무", 형사법연구 제19권 제2호 (한국형사법학회, 2007), 229면 이하; 고봉진, "현대형법에서 규범타당성과 개인귀속 - 위험, 위험인수, 의무", 법과정책 제17집 제1호 (제주대학교 법과정책연구소, 2011), 27면 이하.
31) "사회연대의 특징은 집단의 통일성을 보장하는 것이다. 바로 이 때문에 사회연대는

것을 '연대' 개념으로 파악했다. '연대' 개념이 아닌 다른 개념을 사용했더라면 어땠을까? 뒤르켐의 '연대' 개념을 받아들이더라도, '기계적 연대/유기적 연대' 구분이 아니라 '동질성에 기초한 연대/이질성·기능적 분화에 기초한 연대'로 구분하는 것이 어떨까 생각해 본다.

3. '신념과 감정의 공동체에 입각한 사회'는 오늘날 가능한가?

뒤르켐은 분업이 사회연대의 원천임을 주장하면서, 사회연대는 그 자체로서의 실체를 가지고 존재한다고 주장했다.[32] 뒤르켐의 이러한 주장에는 큰 전제 하나가 자리하고 있음에 주목해야 한다. 뒤르켐 주장의 타당성은 이 전제의 타당성과 바로 연결되어 있어, 전제가 흔들리면 주장 자체가 무너질 수 있다.

뒤르켐은 기본적으로 '신념과 감정의 공동체에 입각한 사회'가 우선적으로 존재해야, 분업에서 통일성을 보장하는 결속력이 나온다고 보았다.[33] (이 주장에서 알 수 있듯이) '분업의 유기적 연대'를 내세우는 뒤르켐의 주장이 타당하려면, '신념과 감정의 공동체에 입각한 사회'가 전제되어야 한다. 뒤르켐의 '도덕적 개인주의'는 개인들이 (의무의식을 넘어) 집단의 공통적 가치에 결합되어 있을 것을 요구한다.[34] 이런 시각에서 뒤르켐은 공리주의를 비판하는데, 공리주의는 태초에 서로 고립되고 독립된 개인을 가정하여 개인들은 협력관계에 들어갈 수밖에 없다고 보기 때문이다. 그가 보기에 공리주의는 개인들이 자신들을 분리시키고 있는 공간을 넘어 서로 연합할 수 있는 또 다른 이유를 가지고 있지 않다.[35]

사회유형에 따라 변화한다." Emile Durkheim(민문홍 역), 사회분업론 (아카넷, 2012), 109면.

32) Emile Durkheim(민문홍 역), 사회분업론 (아카넷, 2012), 542면.
33) Emile Durkheim(민문홍 역), 사회분업론 (아카넷, 2012), 412면.
34) Emile Durkheim(민문홍 역), 사회분업론 (아카넷, 2012), 625면.

뒤르켐이 "우선적으로 존재해야 한다"고 주장한 '신념과 감정의 공동체에 입각한 사회'는 중요한 의미를 지닌다. 이에 기초해 뒤르켐이 이질적/기능적으로 분화된 사회에서도 분업을 통해 사회질서는 유지된다는 이론을 구상했기 때문이다. 현대 사회도 과연 '신념과 감정의 공동체에 입각한 사회'라고 할 수 있을까? 필자는 '뒤르켐의 명제'를 역으로 보아, 분업이 사회의 통일성을 보장하는 결속력을 산출하지 못하는 것은 현대 사회가 신념과 감정의 공동체에 입각하지 않아서이지 않을까 생각해봤다. 전제가 무너지면 그 주장의 타당성은 무너진다.

현대 사회는 다원화되고 복잡화되고 기능적으로 분화되어 이제 더 이상 공동체로서의 성질을 띠지 않는다. 작은 단위로는 여전히 공동체성을 유지할 수 있지만, 모두를 아우를 수 있는 큰 규모의 공동체는 현대 사회에서는 거의 불가능하다. 최소한의 공동체성이 복지국가를 통해 유지될 뿐이다. 무엇보다 복지체계가 잘 갖추어져야 하고 사회 안전망이 제대로 제공되어야 한다. 또한 의료와 교육의 공공성을 확보해야 한다. 이런 기본적인 것이 공공의 것으로 갖추어질 때, 공동체로서의 정체성과 일원으로서의 동질감을 가질 수 있다. 같은 역사, 같은 문화, 같은 언어 등도 공동체 구성에 있어 매우 중요한 요인이 된다. 하지만 현대 사회는 '신념과 감정의 공동체'라는 높은 단계의 공동체에는 도달하기 어렵다. '사회의 복잡성'을 고려한다면 현대 사회에서 신념과 감정의 공동성을 기대하기는 어려우며, 분업과 기능적 분화 자체도 신념과 감정의 공동성과는 거리가 있다.

뒤르켐이 '자살론'에서 '아노미' 이론을 펼친 것도, '분류의 원시적 형태들'에서 '집단표상 연구'를 수행한 것도, '종교생활의 원초적 형태'에서 종교 문제에 천착한 것도 '신념과 감정의 공동체에 입각한 사회'를 세우려는 그의 신념에서 나온 게 아닐까 싶다.[36] 하지만 현대 사회는 '신념과 감정의

35) Emile Durkheim(민문홍 역), 사회분업론 (아카넷, 2012), 412-413면.
36) Emile Durkheim(황보종우 역), 자살론 (청아출판사, 2019); Emile Durkheim/Marcel

공동체'와는 어울리지 않는 모습을 갖고 있다. 세속화, 다양화, 기능적으로 분화된 현대 사회는 매우 복잡해져서 신념과 감정으로 통일시킬 수 없다. 현대 사회가 신념과 감정의 공동체라면, 공동체주의와 공화주의에서 주장하는 바가 맞을 것이다. 하지만 필자는 공동체주의와 공화주의를 주장하기에는 현대 사회가 그 맥락에서 많이 벗어나 있다고 생각한다.[37]

II. 분업의 병리학

뒤르켐은 (앞서 살펴본 바대로) '사회분업론'에서 이질적이고 기능적으로 분화된 현대 사회에서도 분업을 통해 사회의 유기적 연대를 성취할 수 있다는 주장을 펼쳤다. 뒤르켐은 강력한 메시지를 전달했고 그 내용은 명료했다. 뒤르켐과 입장을 달리하는 필자도 뒤르켐에 매료되었다.

하지만 필자는 뒤르켐의 주장이 타당하지 않다고 본다. 분업이 제 역할을 충실히 수행한다 해도 '유기적 연대'의 효과를 발휘할 수 없기 때문이다. '분업의 연대' 효과는 그리 크지 않으며, 오히려 연대성을 파괴하기도 한다. 반대로 '분업으로 야기된 문제'를 어떻게 해결할지를 고민해야 하고, 어떻게 하면 제대로 된 분업으로 기능하게 할 수 있을지를 살펴야 한다.

필자에게는 '분업의 비정상적인 형태들'에 대한 뒤르켐의 연구가 더 매력적으로 다가온다. '분업의 비정상적인 형태들'은 현대 사회의 병리를 드러내기 때문이다. '분업의 비정상적 형태들'은 '사회분업론' 제3편 제목으로, 제3편은 제1장 '아노미적 분업', 제2장 '강요된 분업', 제3장 '또 다른 형태의

Mauss(김현자 역), 분류의 원시적 형태들 (서울대학교 출판문화원, 2013); Emile Durkheim(민혜숙/노치준 역), 종교생활의 원초적 형태 (한길사, 2020).

37) 이에 대한 자세한 논의는 제8장 '공화주의 이론의 명암'과 제9장 '자유와 공리의 연합'에서 다루었다.

비정상적 분업'으로 구성되어 있다. 필자는 뒤르켐이 '사회분업론' 제3편에서 다룬 '분업의 비정상적 형태들'에 더 관심을 집중해야 한다고 생각하며, '분업의 비정상적 형태들'을 '인정의 병리학'과 연결하는 시도를 해보았다.

1. 분업의 비정상적 형태들

뒤르켐은 '사회분업론' 제1권 '분업의 기능'과 제2권 '분업의 원인과 조건들'에서 정상적 상태에서 움직이는 분업을 다뤘다. 정상적인 상태에서 분업은 '사회의 유기적 연대'를 야기한다는 것이 그의 핵심 주장이다. 뒤이은 '사회분업론' 제3권에서 그는 '분업의 비정상적 형태들'을 살핀다. 그러나 그가 '분업의 비정상적 형태들'을 다룬 이유는 앞선 논의를 연장하기 위함이었다.

'분업 자체'가 문제라고 본 여러 학자들과 달리, 뒤르켐은 '분업 자체'는 해결책이지 문제가 아니라는 견해를 피력했다. 분업은 그 성격의 필연성 때문에 부정적인 결과를 초래하는 것이 아니라, '아노미적 분업'과 '강요된 분업' 등 아주 예외적인 상황에서만 그렇다고 봤다. 뒤르켐은 분업 그 자체가 비정상적 상태를 낳는다는 의심을 걸어내기 위해서는 분업이 비정상적 상태를 야기하는 사례들이 예외적이라는 것을 증명해야 한다고 보았다.[38] 뒤르켐에 따르면, 분업은 그 자체로서 존재해야만 하며 그것만으로 충분하다. 예외적인 상태에서 병리학적 형태를 보일 뿐이다.[39]

뒤르켐은 '분업의 비정상적 형태'를 3가지로 분류했다.[40] 첫 번째 형태는

---

38) 뒤르켐은 분업의 일탈된 형태에 관한 연구는, 분업이 정상적 상태로 존재하는 조건을 더 잘 파악하는데 도움이 된다고 보았다. Emile Durkheim(민문홍 역), 사회분업론 (아카넷, 2012), 525면.
39) Emile Durkheim(민문홍 역), 사회분업론 (아카넷, 2012), 525면, 553면.
40) 뒤르켐은 '범죄인이라는 직업과 또 다른 해로운 직업'은 고려하지 않았다. 이는 암과 결핵과 같은 존재로서, 다른 유기체의 희생을 통해 살아가려 하며, 그곳에는 '기능'이

'아노미적 분업'이다. 뒤르켐은 현대 산업사회로 이행하는 과도기적 상태에
서 개인과 집단을 규제하는 새로운 도덕과 문화가 정착하지 못했을 때 생기
는 분업을 '아노미적 분업'이라 명명했다.[41] '아노미적 분업'은 산업적·상업
적 위기나 파산에서 생기는데, 유기적 연대의 부분적 붕괴를 뜻한다. 분업은
'정상적 상태'에서는 스스로 천천히 자신의 연결망을 만들면서 유기적 연대
를 영속적인 것으로 만들지만,[42] '아노미적 분업 상태'에서는 특정한 기능
들이 서로 적응을 하지 못해 유기적 연대를 창출하지 못한다.[43] 대표적인
예로 뒤르켐은 '파산'과 '노사 간의 대립'을 들었다. 뒤르켐은 연대의식을
가진 기관들이 충분한 시간을 갖고 접촉한다면 어디서나 아노미 상태는 불
가능하다고 말함으로써, '아노미적 분업'은 어디까지나 예외적인 상태임을
분명히 했다.[44] 그래도 뒤르켐이 '사회분업론'의 마지막 부분에서 아노미
상태를 멈추는 것, 즉 아직 불협화음의 상태로 충돌하고 있는 기관들이 조
화롭게 협력할 수 있는 방법을 찾아보는 것이 우리가 해야만 하는 것임을
강조했음에 주목해야 한다(뒤르켐은 우리 스스로 산업사회에 어울리는 새로
운 도덕률을 만드는 것이 우리의 첫 번째 의무라고 밝힌다).[45]

두 번째 비정상적 형태는 '강요된 분업'이다. '강요된 분업'은 산업사회
에 어울리는 새로운 규범이 없는 상태에서 특정 계급이 자신의 이해관계를
타 계급에 임의로 강요해서 형성된 분업을 말한다.[46] 분업을 위한 규범이
존재하는 것으로는 충분하지 않은데, 규범 자체가 악의 원인이 될 수 있기

라는 것이 전혀 없기 때문이다. 스스로 해체되는 분화(암, 세균, 범죄)는 생명력 있는
힘을 집중시키는 분화(분업)와 아주 다르다. Emile Durkheim(민문홍 역), 사회분업론
(아카넷, 2012), 526면.

41) 민문홍, 옮긴이 해제, in: Emile Durkheim(민문홍 역), 사회분업론 (아카넷, 2012), 659면.
42) Emile Durkheim(민문홍 역), 사회분업론 (아카넷, 2012), 545면.
43) Emile Durkheim(민문홍 역), 사회분업론 (아카넷, 2012), 527면, 547면.
44) Emile Durkheim(민문홍 역), 사회분업론 (아카넷, 2012), 547면.
45) Emile Durkheim(민문홍 역), 사회분업론 (아카넷, 2012), 606면.
46) 민문홍, 옮긴이 해제, in: Emile Durkheim(민문홍 역), 사회분업론 (아카넷, 2012), 659면.

때문이다.47) 뒤르켐은 '강요된 분업'의 예로 '계급제도'와 '카스트제도'를 들었다. 분업이 사회연대의식을 만들기 위해서는 그 연대의식이 자발적이어야 하는데, 분업이 강요되어서는 자발적인 연대의식이 생성될 수 없다. 개인들의 정당한 경쟁을 방해하는 부당한 외적 불평등이 제거되어야, 사회 구성원들은 연대의식을 가지게 된다.48)

세 번째 유형의 '병리적 분업'은 기능의 분할이 개인 활동에 충분한 영역을 제공해주지 못할 때 발생한다. 정상적 상태에서는 분업이 발달하면 기능적 활동도 동시에 같은 정도로 증가한다.49) 기능들이 지속될 때 다른 기능들의 협조를 지속적으로 요구하며, 서로가 상호의존관계에 있음을 느끼게 된다.50) 특정 유기체의 기능이 지속적이지 않으면 '병리적 분업'이 발생한다.

'분업의 비정상적인 형태들'에 대한 뒤르켐의 연구가 필자에게는 더 매력적으로 다가온다. 뒤르켐이 주로 연구한 '분업의 정상적인 형태'보다 '분업의 비정상적인 형태들'에 대한 분석이 더 중요해 보인다. (뒤르켐의 주장과 달리) 분업이 비정상적인 모습을 지닌 것이 현실이고 '예외'가 아니기 때문이다. '분업의 비정상적인 형태들'은 현대 사회의 현 실태를 드러내며 현대 사회의 문제를 보여준다. 분업은 그 자체로는 문제가 아니지만, 분업이 비정상적인 모습을 보일 때는 사회문제로 발현된다. 필자는 분업이 비정상적인 모습을 보이는 것을 '인정의 병리학'을 통해 알 수 있지 않을까 생각해봤다.

---

47) Emile Durkheim(민문홍 역), 사회분업론 (아카넷, 2012), 555면.
48) Emile Durkheim(민문홍 역), 사회분업론 (아카넷, 2012), 559면, 565면.
49) Emile Durkheim(민문홍 역), 사회분업론 (아카넷, 2012), 577면, 583면.
50) Emile Durkheim(민문홍 역), 사회분업론 (아카넷, 2012), 582면; 뒤르켐은 여기서 스펜서(Herbert Spencer)의 주장을 소개하고 있다. "스펜서의 주장이 보여주는 것은 두 가지 사실이다. 첫째, 모든 기능적 활동의 증가는 연대의식의 증가를 가져온다는 것이다. 둘째, 특정 유기체의 기능은 그것이 더 지속된다고 전제할 때만 더 적극적으로 활동하게 된다는 것이다." Emile Durkheim(민문홍 역), 사회분업론 (아카넷, 2012), 581면.

2. 인정의 병리학

분업이 사회연대를 낳는다면, 분업은 인간들을 영속적으로 연결하는 권리와 의무의 체계를 만들어준다.[51] 하지만 실제 사회에서 분업은 많은 경우 그렇지 않다. '분업의 병리학'은 실제 상황에서 '인정의 병리학'으로 나타난다. "병리학은 생리학의 소중한 보조 학문"이라는 뒤르켐의 표현처럼,[52] '병리학'은 사회과학에서도 큰 의미를 갖는다. 호네트(Axel Honneth)도 사회상태의 잘못된 발전을 총칭하는 개념으로 '병리학'이라는 용어가 적절하다고 보았다.[53] 호네트에게는 '인정의 병리학'이 시대진단의 중심을 자리한다.[54] 호네트는 '인정'의 반대인 '무시'를 살폈고, '무시의 사회적 동학'에 관심을 기울였다. 이는 인정을 위한 노력이 대부분 반복적인 모욕이나 무시와 같은 부정적 형태의 경험을 통해 등장하기 때문이다.[55] 권리가 유보된 집단은 사회적 연대에서도 배제되고, 사회적 연대에서 배제된 집단은 일정한 권리의 유보나 박탈을 경험한다.[56]

'인정의 병리학'은 소수자 영역에서 활발하게 논의되지만, 필자가 보기에 분업과도 밀접하게 관련되어 있다. 물론 모든 분업이 그런 건 아니다. 분업은 생산성의 향상, 부의 증대를 가져온다. 제대로 분화되지 못했던 부분에 기능의 분화가 생겨나면 이는 '소외'가 아닌 '개척'의 모습으로 나타난다. 이런 분야는 새롭게 '인정'받을 수 있다. 하지만 3D 업종에 종사하는 사람들이나 비정규직에 종사하는 사람들은 사회에서 제대로 인정받지 못

---

51) Emile Durkheim(민문홍 역), 사회분업론 (아카넷, 2012), 602면.
52) Emile Durkheim(민문홍 역), 사회분업론 (아카넷, 2012), 526면.
53) Axel Honneth(문성훈/이현재/장은주/하주영 역), 정의의 타자 (나남, 2009), 99면.
54) Axel Honneth(문성훈/이현재/장은주/하주영 역), 정의의 타자 (나남, 2009), 127면.
55) Axel Honneth(문성훈/이현재/장은주/하주영 역), 정의의 타자 (나남, 2009), 5-6면.
56) 문성훈/이현재, 옮긴이의 말, in: Axel Honneth(문성훈/이현재 역), 인정투쟁 (사월의책, 2011), 18면.

하고 있다. '소득 분배'에 있어서도 제대로 된 임금을 받지 못할 가능성이 농후하며, 비정규직인 경우는 법의 보호도 받지 못한다. 고용, 처우, 분배에 있어 제대로 된 대우를 받지 못하는 직에 종사하는 사람들은 실존적 불안을 느낀다. 사회적 무시를 감수하며 '투명 인간' 취급도 감내한다.57) 그들은 인정투쟁을 전개할 조직마저 변변치 않으며, 정규직 노동조합도 외면할 정도다. 뒤르켐이 살았던 시대와의 '시간 차이'를 고려하지 않을 수 없지만, 뒤르켐은 확실히 다르게 본다. 뒤르켐은 현대 사회 조직의 복잡한 틀 속에서는 약한 개인도 사회에서 나름의 역할을 할 수 있는 자리를 찾을 수 있다고 보았다.58)

뒤르켐은 '분업의 유기적 연대', '분업의 도덕적 효과'를 정상적인 분업의 모습으로 그리면서, 분업이 초래하는 '유기적 연대'를 통해 사회질서는 가능하다고 주장했다. 뒤르켐은 분업이 선한 것이 아니라면 나쁜 것이라고 말한다.59) 하지만 이는 너무 극단적인 주장이다.

'분업'은 100% 좋은 것이거나, 100% 나쁜 것이 아니다. '분업'에는 좋은 점도 있지만 나쁜 점도 동시에 있다. '분업'이 적용되는 분야에 따라 그 비율은 달라진다. '분업'에 따라 기술이 발전하고 물질문명은 발전하지만, 이에 수반해 '무시'나 '인간 소외'의 문제가 발생한다. 분업에 따라 '포함과 배제'의 논리가 적용되는지도 모르겠다.

현대 사회는 병리적인 상태에 있는 것이 아닐까? 사회가 병리적 모습을 보이는 것이 현실이지 않은가? 사회는 병리적인 상태라면 이를 고쳐야 할 당위가 생기는 것이 아닐까?

---

57) 안수찬/전종휘/임인택/임지선, 4천원 인생 - 열심히 일해도 가난한 우리 시대의 노동일기 (한겨레출판, 2010/2014), 16면.
58) Emile Durkheim(민문홍 역), 사회분업론 (아카넷, 2012), 402면.
59) Emile Durkheim(민문홍 역), 사회분업론 (아카넷, 2012), 91면.

제2장 유기체의 사회로의 유추?

(제1장에서 살핀 것처럼) 뒤르켐은 '사회 분업'에서 '사회연대' 형식을 발견하고 이전 사회에서 집단의식이 수행했던 사회 결속의 역할을 이제는 '분업'이 수행한다고 진단했다.[60] 뒤르켐은 '분업'이라는 메커니즘을 통해 개인이 더 개인적이면서도 동시에 더 많은 연대감을 가질 수 있는지에 대한 모순을 해결하려 했다.[61] 뒤르켐은 구조적 분화의 분업적 형태가 개인들의 개별성과 사회통합을 동시에 증대시킬 수 있다고 주장한다.[62]

제2장에서는 뒤르켐이 '사회분업론'에서 취한 방법론을 다루려 한다. 뒤르켐은 분업의 사회연대 효과를 주장하면서, 유기체에 작동하는 원리인 '기능적 분화와 유기적 연대'를 사회에 적용했다. 뒤르켐이 분업이 달성하는 연대를 '유기적 연대'라고 명명한 것은 그가 유기체와 사회가 유사하다고 보았기 때문이다. 필자는 뒤르켐이 유기체에 작동하는 '유기적 연대'를 사회에 '유추' 적용하여 분업의 도덕적 효과로 주장하는 것이 바람직한지 살필 것이다. 필자는 뒤르켐이 취한 유추 방법론에 강한 의문이 있다. 유기체(생물체)의 작동 원리를 사회에 유추 적용할 수 있을 만큼 유기체와 사회가 비슷하지 않기 때문이다.

---

60) Emile Durkheim(민문홍 역), 사회분업론 (아카넷, 2012), 257면.
61) Emile Durkheim(민문홍 역), 사회분업론 (아카넷, 2012), 69면.
62) Hartmut Rosa/David Strecker/Andrea Kottmann(최영돈/이남복/이종희/이철/전태국 역), 사회학 이론 (한울아카데미, 2016/2019), 100면.

Ⅰ. 유기체의 사회로의 유추

'사회분업론'에 쓰인 뒤르켐 방법론에서 특징적인 것은 유기체의 작동 원리를 사회에 유추 적용한다는 점이다. '사회유기체설'은 사회학 초창기에 콩트, 스펜서, 뒤르켐 등에 의해 주장되었다. (뒤르켐이 '사회분업론'에서 자주 인용한) 콩트와 스펜서는 뒤르켐의 주장과는 비슷하지만 다른 주장을 펼쳤다. 이후 사회학에서 '사회유기체설'은 약해졌는데, 이는 유기체 원리를 사회에 적용할 만큼 둘이 닮지 않았다는 사실에 기인했다. '사회유기체설'이 가장 강력하게 주장된 것은 뒤르켐에 의해서인데, '분업의 유기적 연대'를 주장했다는 점에서 그렇다.

뒤르켐은 분업이 자연 법칙인 동시에 인간행동의 도덕적 규칙이 된다고 하면서,[63] 분업에 기인하는 연대를 '유기적 연대'라고 명명했다. '분업의 유기적 연대' 효과는 유기체(생물체)의 작동 원리가 사회에 유추 적용된다는 것을 통해 근거지워졌다. 유기체(생물체)와 사회의 유사관계에 기초해, 뒤르켐은 개인의 활동영역이 확장될수록 유기적 연대에서 비롯된 사회적 결속력은 더 강화된다고 보았다.

뒤르켐은 현대 사회가 점점 이질적으로 변하면서 사회연대와 통합이 매우 어려워진다는 점을 직감했다. 이전 사회는 사회 구성원의 동질성에 기초해 사회연대가 비교적 쉽게 이루어지는데, 뒤르켐은 이를 '기계적 연대(mechanic solidarity)'로 표현했다. 동질성에 기초한 사회에 적용되는 '기계적 연대' 개념을 현대 사회에 적용할 수 없음은 그에게 명백했다. 그렇다고 사회통합, 사회연대의 대(大) 과제를 포기할 수는 없었다.

뒤르켐은 유기체가 기능적으로 분화되고 이질화되었음에도 유지되고 잘 운용되는 것에 주목했다. 그는 유기체의 각 부분들이 서로 연대하는 것에

---

63) Emile Durkheim(민문홍 역), 사회분업론 (아카넷, 2012), 75면.

관심을 집중하고, 이 원리를 사회에 적용했다. 그는 분업의 진정한 기능은
각 기능 간에 연대감을 만드는 데 있다고 보았다.

방법론 측면에서 뒤르켐 이론의 특이한 점은 '기계적 연대' 개념에는 '비
유'를, '유기적 연대' 개념에는 '유추'를 사용했다는 점이다. '동질성에 기
초한 사회'는 집합의식이 지배하는 사회다. 이런 사회에서 개인은 개성을
띨 수 없고 자유롭지 못하다. 인격적 권리와 물권이 아직 구분되지 않아 개
인은 사회가 소유하는 물건에 지나지 않는다.[64] 뒤르켐은 '동질성에 기초
한 사회'에 적용되는 연대 개념을 명명할 때, 개인이 집합적 존재로 결속력
을 갖는다는 점에 주목했다. 사회 구성단위들이 *비유기체의 분자들처럼* 자
신만의 고유한 행동을 하지 않을 때에만 함께 움직일 수 있다는 점에서, 뒤
르켐은 '기계적 연대'라고 이름 붙였다. 비유기체의 요소들을 통합시키는
결속력에 대한 '비유'로 '기계적'이라는 용어를 선택했다.[65]

반면에 '이질성/기능적 분화에 기초한 사회'에서의 집단과 개인의 관계
는 '동질성에 기초한 사회'와는 매우 다르다. 집단의식과 개인의식은 서로
반비례 관계로 변화하고, 이전에 '집단의식'이 수행했던 역할을 이제는 '사
회분업'이 수행한다.[66] 개인은 집합의식을 떠나 전문화된 기능으로 개성을
살린다.

"사회는 그 구성원들이 독자적 운동을 더 많이 할수록 집단적 행동을
할 수 있는 능력이 커진다. 이런 형태의 연대는 우리가 고등동물에서 볼

64) Emile Durkheim(민문홍 역), 사회분업론 (아카넷, 2012), 193면.
65) Emile Durkheim(민문홍 역), 사회분업론 (아카넷, 2012), 193면.
66) Emile Durkheim(민문홍 역), 사회분업론 (아카넷, 2012), 257면. "기계적 연대는 개인
의 인격이 집단 속에 흡수될 때에만 가능하다. 유기적 연대는 개인이 고유한 행동영
역을 가지고 있고, 개성을 가지고 있는 경우에만 가능하다. 그래서 집합의식이 규제할
수 없는 특수한 기능들을 확립하기 위해서는 개인의식의 일부를 남겨놓아야만 한다.
개인의식의 활동영역이 확장될수록 유기적 연대에서 비롯된 사회의 결속력은 더 강
해진다." Emile Durkheim(민문홍 역), 사회분업론 (아카넷, 2012), 194면.

수 있는 연대와 비슷하다. 여기에서 각 기관은 자신만의 고유한 모습과
자율성을 지닌다. 그러나 유기체의 통일성은 각 부분과 개체가 더 현저하
게 진행될수록 더 강화된다. *이러한 유추에 의해, 우리는 분업에 기인하는
연대를 유기적 연대라고 부를 것을 제안한다.*"[67]

뒤르켐은 살아있는 유기체를 사회에 유추하는 그의 입장에서 다음과 같
이 말했다.

 "살아있는 세포들은 끊임없이 이웃 세포들과 접촉하며, 자기와 만난
세포들에게 영향력을 행사하고 반응을 보인다. 즉, 유기체의 욕구와 상황
에 따라 자신을 확장하고 축소시키기도 하며, 주어진 환경에 적응하기도
하고 변신하기도 한다."[68]

 "특정한 규범체계란 시간이 지남에 따라 사회적 기능 사이에 자연스럽
게 확립되는 관계들이 갖는 확정된 형식이다. 따라서 우리는 우선적으로
이렇게 주장할 수 있다. *즉, 서로 연대의식을 가진 기관들이 충분히 접촉
을 하고, 그 접촉이 충분한 시간을 갖고 이루어지는 곳이라면 어디서나
아노미 상태는 불가능하다는 것이다.* 사실상 서로 인접해 있기 때문에, 그
기관들은 매 순간 쉽게 자신들이 서로 필요로 하는 욕구와 관련된 정보를
갖게 된다. 그리고 그 결과 자신들이 서로 의존되어 있다는 사실에 대해
생생하면서도 지속적인 감정을 갖게 된다. 그리고 위와 같은 이유 때문에
그 기관들 간의 상호 정보 교환은 쉽게 이루어진다. 정보 교환은 규칙적
이고도 빈번이 이루어진다. 기관은 스스로를 규제하기 때문에, 시간이 지
남에 따라 그 기관들의 작업은 점진적으로 공고해진다."[69]

---

67) Emile Durkheim(민문홍 역), 사회분업론 (아카넷, 2012), 104면(이탤릭체는 필자에 의
   한 것임).
68) Emile Durkheim(민문홍 역), 사회분업론 (아카넷, 2012), 551면.
69) Emile Durkheim(민문홍 역), 사회분업론 (아카넷, 2012), 547면(이탤릭체는 필자에 의
   한 것임).

생물유기체에 적용되는 분업의 법칙이 사회에도 똑같이 적용된다는 이유로, 뒤르켐은 분업이 야기하는 연대에 '유기적 연대(organic solidarity)'라는 명칭을 부여했다. 뒤르켐은 현대 사회에서 '분업을 통한 유기적 연대'가 가능하다고 보는데, 이는 이질적 사회의 기초인 '기능적 분화'를 유기체의 '기능적 분화'와 동일시했기 때문이다. 뒤르켐에 있어 협력과 연대는 유기체적인 것이다.[70] 유기체의 각 기능은 이질적임에도 협력 관계가 꾸준히 유지된다.[71]

뒤르켐은 '기계적 연대의 사회'에서 '유기적 연대의 사회'로 넘어가는 것이 역사적 법칙이라고 보았다.[72] 뒤르켐이 보기에, 유기체와 현대 사회는 두 가지 점에서 매우 유사하다. 첫째, 유기체와 현대 사회 모두 기능적으로 분화되고 이질화된 부분들로 구성되어 있다. 둘째, 유기체와 현대 사회 모두 분업의 원리에 기초하여 각 부분은 유기적으로 연대한다. 뒤르켐은 유

---

70) Anthony Elliot, Bryan s. Turner(김정환 역), 사회론 - 구조, 연대, 창조 (이학사, 2015/2018), 124면.

71) 뒤르켐이 다음과 같이 언급한 내용에서도 그가 '유기적 연대'라고 명칭한 이유를 알 수 있다. 뒤르켐은 볼프(Kaspar Friedrich Wolff), 바에르(Karl Ernst von Baer), 밀네두 아르스(Henri Milne-Edwards)의 작업을 언급하면서, 분업의 법칙이 사회뿐만 아니라 생물유기체에도 적용된다는 점을 언급했다. 뒤르켐은 인류가 진화될수록 분절적 유형의 사회가 사라지듯이, 군집적 유형의 생명체도 고등 단계의 유기체로 진화할수록 사라진다고 말했다. Emile Durkheim(민문홍 역), 사회분업론 (아카넷, 2012), 74면, 284면; 뒤르켐의 주장과 뒤르켐의 표현이 바뀐 부분이 약간은 의아스럽다. 뒤르켐의 주장과는 달리, 뒤르켐의 표현에는 유기체와 사회의 관계가 바뀌어 있다. 뒤르켐은 생물유기체에 적용되는 '분업의 법칙'을 사회에 유추 적용하고 있기 때문이다.

72) "이렇게 보면 처음에는 거의 독자적으로 존재했던 기계적 연대가 점차 자기 영역을 잃게 되고, 유기적 연대가 점점 중요한 위치를 차지하게 되는 것이 역사적 법칙이다. 그런데 사람들이 관계를 맺는 형식을 바꾸게 되면, 그 사회의 구조 역시 바뀔 수밖에 없다. 특정 유기체를 구성하는 세포들이 더 이상 같지 않을 때, 그 유기체의 모습은 반드시 변화하게 된다. 따라서 앞에서 내가 제시한 명제가 정확하다면, 두 종류의 연대가 각기 상응하는 두 종류의 사회유형이 존재해야만 한다." Emile Durkheim(민문홍 역), 사회분업론 (아카넷, 2012), 259면.

기적 연대가 사회를 통합하는 사회 구조를 '사회체계'로 언급했는데, 서로
다른 기능을 수행하는 서로 분화된 부분들의 하위체계에 의해 사회체계는
형성된다.[73]

II. 사회와 유기체의 '본질적인' 차이

뒤르켐의 유명한 '아노미' 개념은 '자살론'(1897) 출간 4년 전에 '사회분
업론'(1893)에서 '유기적 연대'를 논하는 문장에 나온다. '아노미 상태가 불
가능하다'는 표현으로 등장했다. 유기체인 사회에서 '아노미 상태'는 불가
능하다는 것이다. 하지만 사회 분업이 제대로 되면 '사회의 유기적 연대'가
이루어져서 아노미 상태가 불가능하다고 표현할 수 있을까? 사회 분업이
제대로 작동하고 있는 것일까?

분업이 사회의 유기적 연대를 가능하게 한다는 뒤르켐의 분석에는 사회
와 유기체를 동일시하는 뒤르켐의 관점이 작용했다. 필자는 유기체를 사회
에 유추하는 뒤르켐의 방법론에 큰 문제가 있다고 생각한다. 유기체의 분
업은 자동적으로 이루어지면서 유기체를 적절하게 살아가게 하지만, 사회
의 분업은 그렇지 않다. 사회의 분업이 제대로 이루어지려면 인위적인 노
력이 반드시 필요하다. 외부 기관의 감시와 규제가 필요할 뿐더러, 사회의
분업이 제대로 기능하더라도 그 모습은 '유기체의 유기적 연대'에 훨씬 미
치지 못하는 수준이다.

뒤르켐은 유기체와 사회가 기능적으로 분화되고 이질적인 부분으로 이
루어진다는 점에 착안해 유기체에 적용되는 부분 사이의 유기적 관계를 사
회 부분 간에 유추 적용했다. 뒤르켐은 사회 부분 간의 관계를 '유기적 연

---

73) Emile Durkheim(민문홍 역), 사회분업론 (아카넷, 2012), 270면.

대'라고 이름 붙여 이 점을 숨기지 않았다. 과연 사회의 부분 간의 관계에 유기체의 부분 사이의 '사실적' 관계가 그대로 적용될까? 사회의 각 부분은 각자 자신의 일을 제대로 하기만 하면 사회 전체의 기능이 적절하게 유지되는 것일까? 사회는 자기조정 기능을 유기체처럼 내부에 장착하고 있는 것일까?

필자는 몇 년 전 경험에서 유기체와 사회의 차이를 알 수 있었다. 미국 안식년 연수 중 그릴 파티를 하다가 그릴 불에 손가락을 데인 적이 있다. 잠을 자기 전까지 계속 차가운 물에 손가락을 넣고 있어야 했다. 고통을 느끼면서 필자는 유기체가 이런 거라는 생각이 번뜩 떠올랐다. 손가락이 당한 아픔을 머리가 느끼고 온 몸이 느낀다. 유기적 관계란 것이 이런 관계가 아닌가 싶다. 손가락 마디가 아픈데 내 몸이 아픔을 느낀다. 생물체(유기체)의 가장 큰 특징은 한 몸이라는 것이다. 각 부분이 한 몸의 부분이기 때문에 각 부분의 기능 장애를 한 몸의 기능 장애로 여긴다. 그에 반해 우리가 사는 사회에서 이런 유기적 관계가 가능할지 의문이다. 사회의 어느 한 부분이 아프면 다른 한 부분이 공감하기는 하지만 그 공감은 매우 제한적이다. 공감하는 사람이 있는가 하면 적대감을 드러내는 사람도 엄연히 있다. 사람의 공감능력이 있기는 하나, 사회는 유기체 같지 않다. 유기체는 그 부분의 기능이 이질적이지만 서로 유기적 관계로 연결되어 있는 반면에, 사회는 기능적 분화가 발달함에 따라 점점 이질적인 기능을 수행하지만 서로 간에 유기적 관계는 좀처럼 찾기 어렵다.

뒤르켐은 유기체의 분업을 생각했다. 유기체의 분업처럼 사회의 분업도 유기적 연대를 가져올 거라고 주장했다. '유기적 연대'는 자신의 영역에 역량을 집중하고 다른 영역의 역량을 신뢰하는 것에서 나온다. 뒤르켐은 '유기적 연대'라는 표현을 통해 사회의 유기체성을 부각시켰지만, '분업'이라는 것에 초점을 맞춤으로써 잘못된 설명으로 나아갔다. 인간 사회는 약육강식의 동물세계도 아니고 서로 협력하는 유기체도 아니다. 어떤 면에서 인간 사회는 양자를 다 내포한다. 인간 스스로 비사교성과 사교성을 동시에 가지고 있기에, 사회도 마찬가지라는 생각이 든다. 한 쪽 측면을 축소하고 다른 한 면을 증대시키는 방법이 필요하다.

필자의 의문은 유기체에 적용되는 '이질성-기능적 분화-협력' 관계가 과연 사회에도 적용될까 하는 점이다. 동질성을 기초한 분절적 분화의 사회는 협력이 가능해도, 이질적인 기능적 분화가 지배하는 현대 사회에서 연대는 자동적으로 이루어지지 않는다. 현대 사회는 유기체가 아니기 때문이다. 유기체에서 각 기능 간의 협력은 그 자체 내에 이미 내재되어 있다. 유기체에서 '유기적 연대'는 현실에서 실제로 일어나는 사실적 개념이다. 하지만 사회는 그렇지 않다.

유기체와 유사한 사회 조직으로는 '공동체'가 있다. 공동체에서 각 기능의 협력은 매우 밀접하게 이루어진다. 공동체로서 한 몸이라는 의식이 강하게 지배한다. 공동체는 동질적인 작은 소규모 집단에서 실제로 이루어진다. 이질적이고 큰 규모의 집단에서 공동체를 언급하는 것은 사실적 개념이 아닌 규범적 개념이라고 봐야 한다. 뒤르켐은 동질적인 사회가 이질적인 사회로 변하면서[비슷하게 퇴니스(Ferdinand Tönnies)는 Gemeinschaft에서 Gesellschaft로의 변화를 말했다], 공동체성이 무너지는 것을 우려했다. 그러면서도 이질적인 사회를 유기체에 비유하며 유기체에서 이루어지는 '유기적 연대'를 주장했다. 동질적인 사회가 이질적인 사회로 변한 것이 공동체가 유기체로 변한 것일까?

현대 사회는 유기체도 아니고 공동체도 아니다. 공동체인 시절이 있었지만. 그 시절은 지나가 버렸다. 현대 사회는 유기체처럼 기능적으로 분화된 체계로 구성되지만 유기체와는 전혀 다르다. 사회의 유기적 연대가 가능하려면 사회가 유기체이거나 유기체처럼 되어야 한다. 사회가 유기체가 되면 유기적 연대는 자연스럽게 이루어진다. 하지만 문제는 사회가 유기체가 아니라는 점이다. 기능적으로 제대로 분화되었는지도 의심스럽지만, 사회의 기능적 분화가 바로 유기적 연대로 이어지지 않는다.

뒤르켐이 분업을 통해 야기되는 '유기적 연대'를 주장하지만, 이는 '한 몸인 유기체'에서나 가능하지 사회에서 자동적으로 이루어지지 않는다. 분업이나 기능적 분화를 강조하면 할수록 더 분열되고 더 단절될지 모른다. 뒤르켐의 이론이 타당하려면, 사회가 한 몸이라는 전제 하에 기능적 분화를 논해야 한다. 이것이 바로 유기체에서 확인되는 '유기적 연대를 야기하는 기능적 분화'의 모습이다.

현대 사회의 '기능적 분화'와 '유기적 연대'는 필자에게는 도리어 '가야 할 길'처럼 보인다. 생물체계의 작동 원리를 사회체계에 적용함으로써 사회의 규범화된 모습을 선취해서 보여주는 것 같다. 하지만 사회의 실제 작동 원리와는 맞지 않다. 사회는 기능적 분화가 완벽하지도 않고, 체계의 자기준거나 자기생산이 유기체처럼 이루어지지도 않고, 그 기능체계 간의 구조적 연결도 원만하지 않다. 그래서인지 대부분의 사회는 유기체처럼 건강하지 않다.

유추(類推, analogy)는 같은 종류의 것 또는 비슷한 것에 기초하여 다른 사물을 미루어 추측하는 방법이다. 유추는 두 개의 사물이 몇몇 성질이나 관계를 공통으로 가질 때, 한쪽의 사물이 어떤 성질, 또는 관계를 가질 경우, 다른 사물도 그와 같은 성질 또는 관계를 가질 것이라고 추리하는 것이다.[74] 유추라는 방법은 유기체와 사회가 비슷하다는 것에 기초해서 유기체에 적용되는 것을 사회에도 적용한다. 하지만 유기체와 사회가 애초에 비슷하지 않다면 유추 자체가 방법론적으로 문제된다. 무엇보다 유기체와 사회의 본질적 차이는 양자의 유사성을 훨씬 뛰어넘는 것이기 때문에 유추라는 방법은 잘못된 결론에 도달하게 한다.

유기체(有機體, Organism)는 기능적으로 분화된 여러 부분이 서로 밀접

---

74) 네이버 백과사전 '유추' (출처: 두산백과)

한 관련을 맺고 하나의 정비된 통일체를 이루고 있는 조직체이다.75) 부분 사이에 기능적 분화가 있으며, 부분과 부분 상호간, 부분과 전체 사이에 내면적 필연성이 있어 전체로서 하나의 개체를 이룬다.76) 유기체는 각 부분이 상호작용의 관계성에 놓인다. '유기적 관계'란 전체를 구성하고 있는 각각의 부분이 서로 밀접하게 연결되어 있어 따로 떼어 낼 수 없는 관계를 말한다.77) 이러한 유기체의 특징을 사회에 적용하려는 이론이 '사회유기체설(Theory of social organism, organic conception of society)'이다. 사회현상을 생명현상의 유추로 파악한다. 유기체와 사회를 유사한 것으로 보고, 유기체의 특징을 사회에 적용한다. 역사적으로 보면 '사회유기체설'에는 매우 다양한 견해가 있었다. 유기체의 변이와 자연선택이라는 진화론적 관점을 사회에 적용하는 이론이 있는가 하면, 전체를 부분보다 우선하는 전체주의적 해석을 낳기도 했다. 각 계급의 기능이 제대로 수행되면 사회는 제대로 운행된다는 지배계급의 논리로 활용되기도 했다.

콩트(Auguste Comte)는 생물학과 사회학의 유사성이 '유기체에 대한 공통 관심'에 있다고 봤다.78) 복잡성과 분화가 증가하며, 구조의 점진적 분화는 기능의 분화를 수반한다는 점에서 유기체와 사회는 비슷하다.79) 스펜서(Herbert Spencer)는 이 두 가지 유사성을 그의 이론에서 정교화했다.

하지만 유기체와 사회는 결정적으로 다른 면이 있는데, 유기체의 부분은 전체와의 조화 속에서 제 기능을 수행하지만 사회의 부분체계는 그렇지 않다는 점이다. 기능적으로 분화된 복잡하고 이질적인 요소로 이루어져 있다는 점은 유사하나, 부분 상호간과 부분과 전체 사이의 내면적 필연성은 다르다. 그렇기에 유기체에 적용되는 것을 사회에 적용하거나 유추하는 것은

---

75) 네이버 백과사전 '유기체' (출처: 철학사전, 2009, 중원문화)
76) 네이버 백과사전 '유기체' (출처: 행정학사전, 2009, 대영문화사)
77) 다음 백과사전 '유기체' (출처: 다음백과)
78) Jonathan H. Turner(김진균 外 역), 사회학 이론의 구조 (한길사, 1989), 39면.
79) Jonathan H. Turner(김진균 外 역), 사회학 이론의 구조 (한길사, 1989), 41면.

무리다. (반면에 유기체에 적용하는 것을 자연에 적용하는 것은 타당한 면이 있다. 동양의 생태학적·유기체적 자연관은 물질이 고립된 실체로 존재하는 것이 아니라, 상호 관계적이고 상호 의존적인 관계 속에 있다는 점을 강조한다. 부분들이 상호 의존 관계를 맺으며 전체와의 조화 속에 부분은 제 기능을 수행한다. 오늘날 서양의 기계론적 자연관이 설명하지 못하는 부분을 동양의 유기체적 자연관은 설명할 수 있다.[80]) 더구나 사회가 '인공적 구조물'이라고 한다면(공동체를 '유기체'라 한다면, 사회는 '인공적 산물'이라는 것이 퇴니스의 기본 입장이다.[81]) '사회계약론'도 사회를 인공적인 산물로 보는 견해다), 유기체적 유추는 더더구나 타당하지 않다.

필자는 사회를 유기체로 보지 않는다. 다만 유기체와 비슷한 점이 있고 매우 다른 점도 있다는 점을 중시한다. 사회에는 부분 상호간과 부분과 전체 사이의 내면적 필연성이 없기에, 필자는 부분 상호간과 부분과 전체 사이에 조화를 이루어 사회를 건강하게 만드는 것을 규범적 개념으로 주장하고자 한다. 사회가 유기체가 아님에도 유기체와의 관련성에 관심을 두는 이유는 유기체에서 사회의 (反사실적인) 규범적 전형(典型)을 발견할 수 있기 때문이다.

---

80) Fritjof Capra(김용정/이성범 역), 현대 물리학과 동양사상 (범양사, 1979/2015), 7-8면, 176-177면.
81) 박호성, 공동체론 (효형출판, 2009), 102면.

제3장 분업과 기능적 분화

뒤르켐은 콩트와 스펜서보다 더 철저한 '사회유기체설'에 기반해 '분업의 유기적 연대'를 주장했다. 뒤르켐은 '사회분업론'에서 콩트와 스펜서를 여러 번 언급한다.[82] 그들의 이론과 자신의 이론이 어떻게 다른지 책 여러 군데에서 보였다. 사실 콩트와 스펜서의 이론에 있었기에 뒤르켐은 자신의 이론을 전개할 수 있었다. 뒤르켐은 콩트와 스펜서의 이론을 자기 이론의 출발점으로 삼았지만, 차이를 드러냄으로써 자신의 이론을 정립했다. 필자는 그 차이에 주목했다. 콩트와 스펜서는 뒤르켐처럼 '분업의 유기적 연대'를 주장하지 않았고, '분업'보다는 '분화'에 더 관심이 있었다.

짐멜은 유기체적 접근방식을 거부하고, 사회의 '기능적 분화'에 초점을 맞추었다. 짐멜의 논의에 기초해 '분업의 유기적 연대' 주장을 대신해서 '연대의 상실'을 논할 수 있는 토대가 생겨난다. 물론 그 이전에 맑스에 의해 상세하게 논의가 전개되었음은 주지의 사실이다.[83] 짐멜의 논의를 거쳐 우리는 '분업'에서 '기능적 분화'로 논의의 초점을 옮겨간다.

---

82) 콩트에 대해서는 Emile Durkheim(민문홍 역), 사회분업론 (아카넷, 2012), 104-105면, 389면, 412면, 437면, 495면, 530면, 532-534면, 537면, 540면, 542면, 552면; 스펜서에 대해서는 Emile Durkheim(민문홍 역), 사회분업론 (아카넷, 2012), 97면, 181면, 221면, 223면, 267면, 287-289면, 297-300면, 303-307면, 321-324면, 327면, 329면, 334면, 338면, 386면, 390-394면, 42면, 414면, 455면, 495면, 510면, 526면, 548면, 581면.
83) '연대의 상실'은 이익사회의 사회적 연대를 낮게 평가했던 'Gemeinschaft und Gesellschaft(1887)'의 저자 퇴니에스(Ferdinand Tönnies)에게서도 이미 발견된다. 뒤르켐은 자신의 '사회 연대' 이론을 통해 퇴니에스와는 다른 '이익사회에 대한 해석'을 내놓았다. Edward A. Tiryakian(손준모 역), 뒤르켐을 위하여 (고려대학교 출판문화원, 2014), 54-56면.

I. 콩트와 스펜서의 '분화론'

1. 콩트의 '분화론'

콩트(Auguste Comte)는 인간 정신의 역사를 신학적이고 형이상학적인 정신의 자발적 축소의 역사이자 실증정신의 점증적 부상의 역사로 보았다.[84] 그는 '실증주의 서설'에서 인간 정신의 세 가지 발전과정 단계를 주장했는데, 인간 정신은 신학의 단계, 형이상학의 단계, 실증의 단계로 발전한다.[85] 실증 단계에서는 추상적이고 관념적인 사고는 거부되고, 관찰과 실험을 통한 현상 법칙의 발견이 강조된다.[86] 실증의 단계에는 '현상의 법칙'을 알 수 있을 뿐, 플라톤의 이데아나 아리스토텔레스의 목적(엔텔레케이아)은 알 수 없다.[87]

---

84) 김점석, 역자 서문, in: Auguste Comte(김점석 역), 실증주의 서설 (한길사, 2001), 19면.

85) Auguste Comte(김점석 역), 실증주의 서설 (한길사, 2001), 64면.

86) 김점석, 역자 서문, in: Auguste Comte(김점석 역), 실증주의 서설 (한길사, 2001), 19면; 형이상학 정신은 사회적인 관점과는 도저히 화합할 수 없기에, 형이상학의 단계에서는 사회현상에 대한 연구는 불가능했다. Auguste Comte(김점석 역), 실증주의 서설 (한길사, 2001), 38면, 40면.

87) 밀(John Stuart Mill, 1806-1873)은 '오귀스트 콩트와 실증주의'(1865)에서 다음과 같이 언급했다. "우리는 현상들에 관한 것 이외에는 그 어떠한 지식도 갖고 있지 않다. 그리고 현상들에 관한 우리의 지식은 상대적인 것이지 절대적인 것이 아니다. 우리는 어떤 사실의 내면적인 본질도 모르고 이것이 발생하는 진정한 방식도 모른다. 우리는 다만 그 사실이 연속성이나 유사성의 형식을 통해 다른 사실들과 맺는 관계를 알 뿐이다. 이러한 관계는 항상적인 것이다. 다시 말해 동일한 상황에서는 언제나 동일하게 나타난다. 현상들을 결합하는 항상적 유사성과 현상들을 선행요인과 결과로 서로 연결하는 항상적 연속성을 우리는 현상의 법칙이라고 부른다. 바로 이 현상의 법칙들이 우리가 현상으로부터 알고 있는 모든 것이다. 현상의 본질성 그리고 작용원이든 목적원인이든 간에 궁극적 원인은 우리에게 알려져 있지도 않고 규명될 수도 없다." John Stuart Mill, Auguste Comte and der Positivismus, Aalen: Scientia Verlag 1968 (Neudruck der Ausgabe Leipzig, 1874), 4면: 김덕영, 사회의 사회학 (길, 2016), 67-68면에서 재인용함.

콩트는 실증 학문을 여섯 범주로 분류했는데, 수학, 천문학, 물리학, 화학, 생물학, 사회학 순이다.[88] 수학에 이어 비유기적 물리세계에 대한 학문(천문학, 물리학, 화학)이 실증적 단계에 먼저 이르고, 유기적 생물세계에 대한 학문(생물학)이 뒤를 이어 실증적 단계에 이른다.[89] 생물학에 바로 이어 사회학이 위치하는 것은 사회를 유기적 세계로 보는 콩트의 관점이 반영된 것이다. 콩트는 '유기체'에 대한 관심을 생물학뿐만 아니라 사회학도 함께 한다는 점에 주목했다.[90] 생물학은 생물유기체의 각 요소를 분리하여 그것만을 연구하지 않는다. 각 요소를 연구하되 전체와의 관련 하에서 유기적 전체를 다룬다.[91] 사회학은 생물학처럼 사회 부분과 사회 전체를 연계하여 고찰한다.

콩트는 '분업'이라는 사회 현상을 그 자체로 파악하지 않고, 전체 사회질서와의 관련성 하에서 '기능적 분석'을 최초로 행했다.[92] 특히 콩트는 '사회유기체' 개념에 주목하여 부분과 전체가 연계되어 있음을 주장했다. 사회의 부분은 각각 떨어져 있는 것이 아니라 전체를 위해 서로 연합하며 사회 전체를 위해 기능한다는 점을 강조했다. 사회유기체에 대한 콩트의 연구는 사회의 안정·질서를 다루는 '사회정학(Statique Sociale)'과 사회의 변동·진보를 다루는 '사회동학(Dynamique Sociale)'으로 나뉜다.[93] 그는 '실증주의 서설'에서 실증주의의 정치적 신조가 '질서와 진보'임을 밝히고 있

---

88) 콩트가 '실증철학체계'에서 학문을 여섯 범주로 분류했는데, 이를 '실증주의 서설'에서 다시 언급했다. Auguste Comte(김점석 역), 실증주의 서설 (한길사, 2001), 64면.

89) 김덕영, 사회의 사회학 (길, 2016), 76면. 보편성과 복잡성 정도도 배열 순서에 영향을 미친다. "이 여섯 가지 실증철학의 분야는 보편성과 복잡성이라는 기준에 의해 배열된다. 수학은 보편성이 가장 크지만 복잡성이 가장 작다. 반면 사회학은 보편성이 가장 작지만 복잡성이 가장 크다." 김덕영, 사회의 사회학 (길, 2016), 75면.

90) Jonathan H. Turner(김진균 外 역), 사회학 이론의 구조 (한길사, 1989), 39면.

91) Lewis Coser(신용하/박명규 역), 사회사상사 (한길사, 2016), 35면.

92) Lewis Coser(신용하/박명규 역), 사회사상사 (한길사, 2016), 39면.

93) Lewis Coser(신용하/박명규 역), 사회사상사 (한길사, 2016), 27면.

다.[94] 생물학이 해부학과 생리학으로 구분되듯이, 사회학은 사회정학과 사회동학으로 구분된다. 생물학에서 해부학과 생리학이 연결되는 것처럼, 사회학에서 사회정학과 사회동학은 연결된다.[95]

콩트는 사람들을 결합시키는 것으로 언어와 종교 외에 '분업'을 들었고,[96] 분업이 발전하는 이유를 '인구 증가'에서 찾았다.[97] 콩트의 주장은 뒤르켐이 사회분업이 발달하게 되는 이유를 개인 사이의 상호 접근과 거기에서 비롯되는 적극적 교류(뒤르켐은 이를 '사회의 도덕적 밀도와 역동적 밀도'라고 명명했다)에서 찾는 것에 영향을 미친다. 뒤르켐은 '사회분업론'에서 '사회적 부피의 증가와 밀도의 증가'가 필연적으로 사회분업을 가져온다고 주장한다.[98] 뒤르켐은 '사회분업론'에서 콩트의 '실증철학 강의' 문장을 인용하고 있다. "이러한 특정 지역의 인구 밀집은 특히 그 초기에, 인간의 전체 노동에서 점점 더 특수한 분업이 이루어지는 데 크게 기여했다. [⋯] 인구밀도의 증가는 그것의 더 은밀하고 덜 알려진 특성 때문에, 사회

---

94) Auguste Comte(김점석 역), 실증주의 서설 (한길사, 2001), 139면.
95) Lewis Coser(신용하/박명규 역), 사회사상사 (한길사, 2016), 36면.
96) "(사람들은) 직업이 분화되어 있기 때문에 서로 결속한다. 그리고 사회유기체의 복잡성이 점점 증대되어가는 것은 바로 이 분화에 기인한다. 사회유기체는 점점 개인의 다양성에 대한 정확한 평가를 필요로 한다. 각 개인을 그들의 성격, 교육, 지위 등 자질에 따라 가장 적합한 곳에 배치시킨다. 그럼으로써 개인 유기체들은 가장 약하고 불완전한 자들까지도 일반적 선을 위해 쓰이게 된다." Auguste Comte, The Positive Philosophy of Auguste Comte, II, 292면: Lewis Coser(신용하/박명규 역), 사회사상사 (한길사, 2016), 27면에서 재인용함.
97) "소수가 모인 곳에서는 일어날 수 없는 [⋯] 고용의 분화 그리고 좀 더 세련된 방식으로 생존하도록 개인의 능력을 자극하는 [⋯] (등의 결과를 가져왔다.) [⋯] 새로운 욕구와 새로운 어려움을 만들어냄으로써, 이러한 인구의 점차적인 집중 현상은 육체적인 불균등을 없애고 인구가 적은 곳에서는 나타날 수 없었던 지적, 도덕적 힘들이 점차로 강해질 수 있게 함으로써, 진보뿐만 아니라 질서에서의 새로운 수단을 발전시키게 되었다." Auguste Comte, The Positive Philosophy of Auguste Comte, II, 305면: Lewis Coser(신용하/박명규 역), 사회사상사 (한길사, 2016), 34면에서 재인용함.
98) Emile Durkheim(민문홍 역), 사회분업론 (아카넷, 2012), 389면.

진화의 발전에 가장 강력한 방식으로 직접적 자극을 제공했다.""99)

　뒤르켐이 '사회분업론'에서 사회의 유기적 연대를 가능하게 하는 요인으로 '분업'에 주목한 것은 콩트의 영향력이 컸다. 뒤르켐은 '사회분업론'에서 콩트를 사회분업 속에서 순수한 경제적 현상 이상의 것을 처음으로 인식한 사람이라고 소개한다.100) '분업의 도덕적 효과'를 처음으로 언급한 사람은 콩트였고, 이를 뒤르켐이 받아들여 발전시켰다. 뒤르켐은 '사회분업론'에서 콩트가 '분업'에 대해 언급한 '실증철학 강의' 제IV권 부분을 인용했다. "분업은 개인뿐만 아니라 계급들 그리고 여러 점에서 서로 다른 사람들이 적절한 방식에 따라, 특수하면서도 분명히 결정된 방법에 의해 자발적으로 거대한 공동작업을 수행하게 만든다. 그런데 그러한 공동작업의 발달은 점진적으로 그리고 필연적으로 현재 이 작업에 참여하는 사람들을 선행 작업자뿐만 아니라 후속 작업자들까지도 서로 연결시킬 것이다. 이렇게 보면 인간이 하고 있는 각기 다른 작업의 지속적 분화가 사회연대의식의 주요 구성요소가 된다. 그리고 이것이 사회유기체가 확장되고 그 복잡화가 증대되는 기본적 원인이다."101) 이 문장에 '사회연대의식'이라는 표현과 '사회유기체'라는 표현이 다 등장한다.

　그럼에도 뒤르켐은 콩트가 분업이 사회연대의 원천임을 인정했지만, 그 주장이 제한적이라고 보았다. 뒤르켐은 콩트가 분업이 야기하는 사회연대를 실체로서 파악하지 못했으며, 기계적 연대의식을 대체한다는 것을 인지하지 못했다고 주장한다. 오히려 콩트는 동질적 조직의 소멸에서 불안을 느꼈다. "동질적 조직의 소멸에서 콩트가 본 것은, 사회의 병리적 현상과 사회적 결속력에 대한 위협이었다. 콩트는 이것이 지나친 사회분화에서 기

---

99) Auguste Comte, 실증철학 강의 제4권, 45면: Emile Durkheim(민문홍 역), 사회분업론 (아카넷, 2012), 389면에서 재인용함.
100) Emile Durkheim(민문홍 역), 사회분업론 (아카넷, 2012), 104면.
101) Auguste Comte, 실증철학 강의 제4권, 425면: Emile Durkheim(민문홍 역), 사회분업론 (아카넷, 2012), 104-105면에서 재인용함.

인한 것이라고 보았다. 그는 분업의 발달을 수반하는 사회 기능 간의 조절이 이루어지지 못해서 간혹 이런 현상이 생긴다고 설명했다."102) "설사 사회적 기능의 분화가 한편으로 유용하고 세밀한 정신을 발전시킨다 하더라도, *다른 한편으로 그것은 집합적 또는 일반적 정신이라 부를 수 있는 것을 소멸시키거나 제한하게 될 가능성이 있다.* 마찬가지로 도덕적 관계에서도 각 개인은 대중에 밀접히 의존되어 있으나 자신이 대중에 연결되어 있음은 희미하게 잊고 개인적 이익의 추구에만 온갖 힘을 쏟게 됨으로써, 독자적 행위는 증대하고 대중에게서도 유리된다. […] *기능의 분화는 특별한 이점과 함께 문제점도 증대시킨다.*"103) 이후 콩트는 '실증주의 체계'에서 감정이 사변과 행동을 지배할 것을 주장하면서104)("감정 속에 확립해야 할 질서는 이기적 본능들에 대한 사회성과 이타성의 우위이다."105)), 그가 창안한 '인류교'의 사제로 등장하는 특이한 행보를 보였다.

콩트는 공동체와 도덕을 강조하고, 개인과 공리에 반대했다. 콩트는 개인주의를 비판하는 전통주의자들과 입장을 같이 했는데, 이는 도덕적 공동체의 연대감에 의해 결속되지 않는 사회는 고립된 원자들로 이루어진 모래산처럼 무너질 거라고 생각했기 때문이다. 사회는 하나의 유기적 전체여야 하며, 개인보다는 전체가 우선되어야 한다. 개인은 권리보다는 사회에 대한 의무를 지닌 존재여야 한다.106)

공동체와 도덕을 강조한다는 점에서 콩트와 뒤르켐은 비슷한 점이 많다. 다른 점은 콩트는 분업이 야기하는 이질적 분화에 위기감을 표출했던 반면

---

102) Emile Durkheim(민문홍 역), 사회분업론 (아카넷, 2012), 542면.
103) Auguste Comte, The Positive Philosophy of Auguste Comte, II, 293면: Lewis Coser (신용하/박명규 역), 사회사상사 (한길사, 2016), 27면에서 재인용함(이탤릭체는 필자에 의한 것임).
104) Auguste Comte(김점석 역), 실증주의 서설 (한길사, 2001), 44면.
105) 김점석, 역자 서문, in: Auguste Comte(김점석 역), 실증주의 서설 (한길사, 2001), 21면.
106) Lewis Coser(신용하/박명규 역), 사회사상사 (한길사, 2016), 54-55면.

에, 뒤르켐은 이질적 분화에도 '분업의 유기적 연대'를 통해 사회는 통합된다고 보았다는 점이다.

2. 스펜서의 '분화론'

스펜서(Herbert Spencer) 또한 사회를 '유기체'로 파악하고 유기체에 적용되는 원리를 사회에 유추 적용하는 방법을 사용했다. 스펜서는 철저한 개인주의를 취했음에도, 생물학에서 사회학으로의 '유기체적 유추'는 반개인주의적 철학을 취한 콩트보다 철저했다.[107] 특히 '진화'라는 관점에서 그랬다. 스펜서의 사회학은 유기체인 사회의 유형학과 생리학으로 구성되는데, 전자는 사회의 구조와 기능을, 후자는 사회의 발전을 연구 대상으로 한다.[108] 이는 콩트가 생물학의 해부학과 생리학에 빗대어 사회학을 사회정학과 사회동학으로 구분한 것과 유사하다.

스펜서는 사회유기체가 생물유기체와 마찬가지로 분화한다는 생각을 전개했다. 사회와 유기체에서 크기의 증가는 복잡성과 분화의 증가를 의미하고, 구조의 점진적 분화는 기능의 분화를 수반한다.[109] 스펜서는 사회유기체의 기능을 탐구했다.[110] 이 과정에서 그는 생물체의 구조와 기능뿐만 아니라 생물체의 진화도 사회에 적용시켰다. 생물유기체가 진화하듯이 사회유

---

107) Lewis Coser(신용하/박명규 역), 사회사상사 (한길사, 2016), 158면.

108) 김덕영, 환원근대 (길, 2014), 45-46면; Herbert Spencer, The Study of Sociology, 1961, 52-53면.

109) Lewis Coser(신용하/박명규 역), 사회사상사 (한길사, 2016), 149면; J. H. Turner(김진균 外 역), 사회학 이론의 구조 (한길사, 1989), 41면.

110) Lewis Coser(신용하/박명규 역), 사회사상사 (한길사, 2016), 157면; "하나의 조직체가 어떻게 만들어졌고 발전했는가를 이해하려면 처음부터 지금까지 그것이 어떤 욕구를 충족시켜주었는가를 이해하는 것이 필수적이다." Herbert Spencer, Principle of Sociology, III, 3면: Lewis Coser(신용하/박명규 역), 사회사상사 (한길사, 2016), 157면에서 재인용함.

기체도 진화한다. 스펜서에게 사회는 '진화하는 유기체'였다.111) 그에게 사회학은 진화적 법칙 위에 기초를 둘 때에야 비로소 과학이 될 수 있었다.112) 진화는 단순성(homogeneity)에서 복잡성(heterogeneity)으로 변하는 것을 뜻한다. 유기체의 발전은 단순성에서 복잡성으로 가는 변화에 있으며,113) 이는 사회적 유기체에도 동일하게 적용된다.114) 진화는 또한 동질적인 상태에서 이질적인 상태로의 변동을 뜻한다. 진화는 상대적으로 불확정적이고 응집성이 없으며 동질적인 상태에서 상대적으로 확정적이며 응집력이 강한 이질적 상태로의 변동이다.115) 물론 이 생각은 스펜서 자신이 처음 착안한 것은 아니다. "특히 스펜서가 지적했듯이 동질성에서 이질성으로의 변화라는 생각은 하비(William Harvey)의 탐구에서 그 싹이 보이고, 이후 베어(Karl Baer)에 의해 명확한 형태를 갖추게 된 연구에서 도움을 받았다. […] 유기적 부분들과 사회 전체의 상호의존성이라는 개념을 말하면서, 그는 '생리학적 분업'(physiological division)이라는 표현을 조어한 생리학자 밀른-에드워즈(Henry Milne-Edwards)에게 진 빚을 언급하고 있다."116)

사회가 동질적인 상태에서 이질적인 상태로 변화한다는 생각은 이후 뒤르켐에서 더 발전된 모습으로 나타난다. 동질적인 상태에서 이질적인 상태로 변한다고 주장한 점에서는 스펜서와 뒤르켐은 비슷하지만, 양쪽 주장에

---

111) 김덕영, 환원근대 (길, 2014), 45-46면.
112) Lewis Coser(신용하/박명규 역), 사회사상사 (한길사, 2016), 148면. "사회질서가 자연법칙에 속하지 않는다는 신념이 존재하는 한, 사회학은 완전한 과학의 범주에 속할 수 없다." Herbert Spencer, The Study of Sociology, 394면: Lewis Coser(신용하/박명규 역), 사회사상사 (한길사, 2016), 148면에서 재인용함.
113) Herbert Spencer(이정훈 역), 진보의 법칙과 원인 (지식을만드는지식, 2014), 6면.
114) Herbert Spencer(이정훈 역), 진보의 법칙과 원인 (지식을만드는지식, 2014), 85면.
115) Herbert Spencer, The Evolution of Society: Selection from Herbert Spencer's Principle of Sociology, 17면; Herbert Spencer, First Principle (New York, Appleton, 1898), 370-373면: Lewis Coser(신용하/박명규 역), 사회사상사 (한길사, 2016), 148면에서 재인용함.
116) Lewis Coser(신용하/박명규 역), 사회사상사 (한길사, 2016), 175면.

는 꽤나 큰 차이가 있다. 뒤르켐은 이질적 분화에 기초한 유기적 연대가 분업을 통해 전개될 거라고 주장했지만, 스펜서에게는 그런 유기적 연대의 모습을 발견할 수 없다.

생물유기체는 기능에 따른 분화가 진행되고, 여기에는 인위적으로 개입되는 요소가 없다. 스펜서는 사회유기체도 마찬가지라고 생각했으며, 국가의 인위적인 개입에 반대했다. 그는 어떤 형태의 법률적 간섭도 궁극적으로는 인류의 전체 복지와 환경에 대한 최적의 적응을 손상시킨다는 이유로 거부했다.[117] 정부의 간섭은 환경에 대한 사회의 필요한 적응을 교란시킨다는 것이다.[118] 이미 1851년에 출판된 그의 첫 번째 책인 '사회정학(Social Statics)'을 통해 그는 자유방임주의의 주창자로 인정받았다.[119] 스펜서는 "분화가 많이 진전된 곳에서는 서로 다른 부분의 기능을 수행하는 것이 매우 불완전하거나 전혀 수행할 수 없게 된다"고 말하면서,[120] "복합사회(compound society)에서는 자기 기능에 실패한 부분의 활동은 다른 부분에 의해 수행될 수 없는 것으로 간주된다"고 주장했다.[121] 복합사회는 단순사

---

117) Lewis Coser(신용하/박명규 역), 사회사상사 (한길사, 2016), 162면, 195면; 하지만 몸이 아프면 약이 필요하고 때론 수술이 필요하듯이, 사회의 부분체계가 제 기능을 발휘하지 못하면 외부의 개입이 절실한 것이 아닌가 싶다. 사회를 생물유기체에 유추하더라도, 정부의 개입을 배제하는 자유방임주의가 당연히 도출되는 것은 아니다.

118) Lewis Coser(신용하/박명규 역), 사회사상사 (한길사, 2016), 162면.

119) Lewis Coser(신용하/박명규 역), 사회사상사 (한길사, 2016), 167면; 스펜서(Herbert Spencer)의 견해에 대한 웹(Beatrice Webb)의 비판적 의견을 참조하라. "웹은 그녀의 자서전 '나의 견습생활'에서 성공적인 사업가였던 그녀의 아버지가 언젠가 자기에게 스펜서를 비난하면서 다음과 같이 말했다고 언급했다. 어떤 사람은 다양하고 복잡한 것으로 변하고, 어떤 사업은 더욱 단순하고 동질적인 것이 되며, 어떤 사업은 완전히 도산하여 없어진다. 결국엔 전체적으로 보아 특정한 변화과정을 다른 것보다 더 기대할 아무런 이유가 없는 것이 되어버렸다." Lewis Coser(신용하/박명규 역), 사회사상사 (한길사, 2016), 157면.

120) Herbert Spencer, The Evolution of Society: Selection from Herbert Spencer's Principle of Sociology, 25면: Lewis Coser(신용하/박명규 역), 사회사상사 (한길사, 2016), 167면에서 재인용함.

회보다 구조에서 더욱 상처받기 쉽고 더욱 깨지기 쉽다.[122) 그렇기에 스펜서는 복합사회에서 상이한 여러 부분의 상호의존성이 증대함에 따라 나타나는 취약성을 해결하기 위해 각 부분의 활동을 통제하고 조정하는 '규제체계'가 반드시 출현한다고 보았다.[123) "유기체와 마찬가지로 유기체적 정치에서도 불가피하게 규제체계가 나타난다. […] 복합적 집합체가 형성됨에 따라 […] 최상위의 규제센터와 하위의 규제센터가 출현되며, 최상위의 규제센터는 더욱 확대되고 복잡하게 된다."[124)

스펜서의 사회유기체설은 생물유기체처럼 진화하는 것에 맞추어져 인위적인 개입은 잘못되었다는 생각으로 발전했다. 스펜서의 주장은 대중의 환호를 받았다. 하지만 이는 대중이 자유방임을 선호해서가 아니라 그 당시 분업과 기능적 분화에 의해 소외된 부분이 있음을 인지하고 있었기 때문이었다. "이 변화의 주된 측면 중 하나는, 다수의 비교적 단순한 수공업이 사라지고 산업적 생산형태에서 나타나게 된 '소외'를 수반한 훨씬 복잡한 분업이 출현했다는 사실이다. 변화를 점진적인 기능분화라는 관점에서 설명하는 스펜서의 설명은 당시 일반적인 공리주의적 설명도식에 불만을 느끼고 있던 사람들에게 환영을 받았으리라고 보인다."[125)

스펜서는 사회 그 자체 내에서 '규제체계'가 자연스럽게 만들어진다고 주장했다. 이런 주장을 하면서 국가의 인위적인 개입에는 반대했다. 하지만 국가의 개입 전체에 대해 반대한 것은 아니다. 이는 '규제체계'의 형성과 관련

---

121) Herbert Spencer, The Evolution of Society: Selection from Herbert Spencer's Principle of Sociology, 26면: Lewis Coser(신용하/박명규 역), 사회사상사 (한길사, 2016), 151면에서 재인용함.

122) Lewis Coser(신용하/박명규 역), 사회사상사 (한길사, 2016), 151면.

123) Lewis Coser(신용하/박명규 역), 사회사상사 (한길사, 2016), 151면.

124) Herbert Spencer, The Evolution of Society: Selection from Herbert Spencer's Principle of Sociology, 46면: Lewis Coser(신용하/박명규 역), 사회사상사 (한길사, 2016), 151면에서 재인용함.

125) Lewis Coser(신용하/박명규 역), 사회사상사 (한길사, 2016), 195면.

해 국가의 개입이 자연적으로 요구되는 영역이 있다는 설명으로 해결될 수 있을지 모르겠다. 필자의 생각에는 그런 관련성이 있지 않나 생각된다.126)

콩트는 이질적 분화가 초래하는 도덕의 붕괴를 우려했고, 뒤르켐은 이질적 분화에도 여전히 도덕은 분업을 통해 효력을 가진다고 보았다. 스펜서는 도덕과는 별개로 이질적 분화의 결과를 대부분 받아들이나, 분화의 결과 규제체계가 자연스럽게 생성된다는 입장이다. 세 사람의 이론에서 다른 면을 확실히 볼 수 있다. 필자의 생각은 이들의 생각과 또 다르다. (제2부에서 후술하듯이) 이질적 분화가 제대로 이루어져야 하고, '도덕'이 아니라 '다른 기능적 분화'로 대응해야 한다는 주장이다.

---

126) "스펜서가 거부한 것은 국가의 지나친 간섭이지 국가의 간섭 그 자체가 아니다. 국가는 정의의 실현을 위하여 소극적인 활동뿐만 아니라 적극적인 활동도 해야 한다는 전제하에 스펜서는 국가가 해야 할 일과 하지 말아야 할 일을 상세하게 제시하고 있다." 김덕영, 사회의 사회학 (길, 2016), 126-127면; 스펜서의 책 '개인 대 국가'의 역자인 이상률 교수도 김덕영 교수와 비슷한 입장이다. 이상률 교수에 따르면, 스펜서는 정부가 소극적인 '심판(umpire)' 역할만 해서는 안 되며 불공정한 조건을 시정하는 '적극적인 수사관(active investigator)' 역할도 해야 한다고 생각했다. 이상률, 역자 해설, in: Herbert Spencer(이상률 역), 개인 대 국가 (이책, 2014), 27-28면; "스펜서 논평가들 중 상당수가 스펜서가 국가의 모든 간섭을 반대한다고 말하기를 좋아한다. 하지만 그의 말은 진실과는 거리가 멀다. 스펜서의 말을 직접 들어 보자: "나는 개인들, 개인들의 단체나 계급에 대한 국가의 구속력이 필요하다고 주장할 뿐만 아니라, 그것이 현재보다 더 효과적으로 행사되어야 하며 그 이상으로 집행되어야 한다고 주장하였다." "다른 영역에서와 같이 위생 영역에서도 개인들에 대한 공적인 통제가 필요하다. [...] 도시에서는 도로와 보도에 대한 관리가 공공 당국에 의해 분명하게 행해져야 한다. 하수 오물도 마찬가지다." 이 두 발언과 다른 곳(특히 '윤리학 원리')에서의 진술을 종합해 보면, 그가 반대한 것은 정부의 지나친 간섭이지 정부의 모든 간섭이 아니라는 것을 알 수 있다." Herbert Spencer(이상률 역), 개인 대 국가 (이책, 2014), 22-23면.

Ⅱ. 짐멜의 '기능적 분화론'

'분화와 개인화'는 사회학적 근대화 이론의 핵심이다. 기능적 분화가 초래한 것은 개인화였다.[127] 개인은 다양한 사회적 관계 속에서 상호작용을 맺으면서 전통적인 결합관계와 구속관계에서 해방되었다.[128] 사회가 이제 기능적으로 분화되면서 혈연과 지역성으로 묶였던 관계들이 느슨해졌다. 이 점에서 주목해야 할 사회학자는 짐멜(Georg Simmel)이다.[129]

사회가 기능적으로 분화되면서 각각의 영역은 고유한 의미를 가진 독자적인 영역으로 자율성을 발휘한다.[130] 다양한 삶의 영역들이 분화된다. 예전에는 하나로 뭉쳐져 있던 것이 기능별로 분화된다. 이는 도시와 시골을 비교해 보면 알 수 있다. 시골에서는 웬만한 것은 함께 하고, 전문화된 것은 찾기 어렵다. 도시로 가면 시골에서 합쳐져 있는 것이 분화되고 점점 전문화된다. 콩트와 뒤르켐이 분업을 논할 때 도시와 연결시켜 이야기한 것은 도시에서의 삶이 분업을 설명하기에 적합했기 때문이다. 짐멜 또한 시골과 도시를 대비하면서 동질적 공동체와 이질적 사회를 구분하고, '촌락

---

127) 루만은 근대적 개인주의를 역할 분화의 결과로 설명한다. 김덕영, 환원근대 (길, 2014), 59면.
128) 김덕영, 환원근대 (길, 2014), 52면.
129) "짐멜에 따르면, 근대로 들어오면서 사회적 집단이나 영역의 수와 종류가 증가한다. 이렇게 사회적인 것이 확장되면 개인의 독립성과 자율성이 증가하게 된다. 그러니까 개인성이 증가하게 된다. 왜냐하면 개인은 다양한 사회적 관계를 맺고 다양한 상호작용을 함으로써 전통적인 사회체와의 전인격적인 결합 관계와 구속 관계로부터 해방되기 때문이다. 요컨대 사회분화란 단순한 사회성의 증가와 그에 따르는 개인성의 감소가 아니라, 사회성이 증가하면서 개인성이 증가하는 현상을 가리킨다." 김덕영, 환원근대 (길, 2014), 52-53면; Georg Simmel, Soziologie, Untersuchungen über die Formen der Vergellschaftung, 1908, 456면; Hartmut Rosa/David Strecker/Andrea Kottmann(최영돈/이남복/이종희/이철/전태국 역), 사회학 이론 (한울아카데미, 2016/2019), 125면.
130) 김덕영, 게오르그 짐멜의 모더니티 풍경 11가지 (길, 2007), 74면.

주민에서 대도시인으로의 변화'에 주목했다.[131]

짐멜은 '개인법칙'이라고 명명한 것을 '양적 개인주의'와 '질적 개인주의'로 설명했다. '양적 개인주의'는 보편적인 의미에서 개인의 자유와 평등을 추구한다. '질적 개인주의'는 자신의 유일한 가치를 추구하면서 개인의 특성을 개발할 것을 요구한다.[132] 화폐경제는 인간과 인간 사이, 인간과 사물 사이에 개입되면서 인간과 인간, 인간과 사물 사이의 직접적인 관계를 단절시켰다. 짐멜의 분석에 따르면, 이러한 조건 하에서 전통사회는 무너지기 시작했고 개인은 독립성과 자율성을 확보했다.[133]

짐멜은 콩트, 스펜서, 뒤르켐이 주장한 유기체적 접근방식을 거부했다.[134] 짐멜이 받아들인 것은 동질적인 것에서 이질적인 것으로, 균일한 것에서 개인적인 것으로 기능적 분화가 이루어진다는 점이다. 짐멜은 기능적 분화가 개인화를 촉진한다고 보았다.[135] 짐멜은 '개인법칙'을 통해 기능적 분화가 초래하는 개인화에 중점을 두었지만, 이를 긍정적으로만 살피지 않았다. 여기서 사회의 병리적 현상을 발견했다.[136]

짐멜의 '개인법칙'도 총체화된 자본주의 하에 더 이상 유지하기 어렵다. 짐멜 또한 이 점을 인지했다.[137] 기능적 분화를 촉진한 화폐경제를 통해 개

---

131) Hartmut Rosa/David Strecker/Andrea Kottmann(최영돈/이남복/이종희/이철/전태국 역), 사회학 이론 (한울아카데미, 2016/2019), 113면, 129면.

132) 김덕영, 환원근대 (길, 2014), 52-53면; Georg Simmel(김덕영 역), 개인법칙 (길, 2013).

133) 김덕영, 환원근대 (길, 2014), 40면; "짐멜은 개인주의의 두 형식 가운데서 이분법적으로 어느 하나를 선택하지 않고 이 둘을 한 단계 높은 차원에서 종합하는 것이 오늘날을 살아가는 개인들에게 주어진 유일하고도 합리적인 대안이라고 확신한다." Georg Simmel, Sociologie, Untersuchungen über die Formen der Vergellschaftung, 1908, 42면 이하: 김덕영, 환원근대 (길, 2014), 52-53면에서 재인용함.

134) Lewis Coser(신용하/박명규 역), 사회사상사 (한길사, 2016), 267면.

135) Lewis Coser(신용하/박명규 역), 사회사상사 (한길사, 2016), 285면.

136) Hartmut Rosa/David Strecker/Andrea Kottmann(최영돈/이남복/이종희/이철/전태국 역), 사회학 이론 (한울아카데미, 2016/2019), 130면.

137) Georg Simmel(김덕영 역), 돈의 철학 (길, 2013); Georg Simmel(김덕영 역), 돈이란

인화를 이뤘지만, 자본주의의 총체성으로 개인화의 장점은 사라진다. 화폐경제가 개인에게 독립성과 자율성을 부여했지만, 개인은 이내 자본주의적 생산양식에 편입되어 버린다.[138] '총체화된 자본주의' 하에서 인간의 개인성은 어떻게 유지되는가? 돈이 전통과 도덕을 밀어냈다. 돈의 연결고리를 갖지 못한 개인들은 사회로부터 소외되었다. 자본에 통합의 역할을 기대할 수 없다. 돈이 있는 개인, 지배층에 있는 개인은 개인화의 영향을 톡톡히 보지만, 돈이 없는 개인, 피지배층에 있는 개인은 개인의 소외를 경험하고 배제된다. 사적 네트워크로 연결된 개인과 공적 연대에서마저 소외된 '잉여인간'으로 양분된다. 새로운 계층화가 자본주의를 통해 이루어진다. '기능적 분화' 못지않게 '계층화'는 오늘날 분화의 대표적인 형식이 되었다.[139]

분화로 인해 개인화가 이루어진 건 맞다. 전문화되었고 점점 공동체보다 개인이 중요하게 되었다. 공동체에서 개인으로 중심이 바뀌면서 기능적 분화가 이루어졌고, 기능적 분화로 인해 개인화가 활성화되었다. 양자는 맞물려 있다. 하지만 사회성이 증가했다고 보는 것은 무리다. 뒤르켐이 이야기하는 이질성과 기능적 분화로 인한 유기적 연대의 증가는 실제로 이루어지지 않았다. 사회성은 오히려 더 떨어졌다.

이는 찰스 테일러(Charles Taylor)가 그의 책 '불안한 현대사회'에서 진단한 것과 일치하는 게 아닐까?[140] 공공성의 증대는 공공 시스템의 구축 없이는 힘든 과제가 아닐까? 사회성의 증대는 기능적 분화로 인해, 분업으로 인해 자연스럽게 이루어지는 게 아니지 않나? 법 중에서 노동법 등 사회법의 역할이 중요하지 않을까? 사회복지법 등의 역할이 중요하지 않을까? 뒤르켐은 생존경쟁에 따른 분업의 증가로 유기적 연대가 가능해진다고 했다.

무엇인가 (길, 2014).
138) 김덕영, 환원근대 (길, 2014), 40면.
139) '계층화'에 대해서는 제5장 '계층화와 기능적 분화'에서 자세히 다룬다.
140) Charles Taylor(송영배 역), 불안한 현대사회 (이학사, 2001/2009), 21면.

하지만 생존경쟁에 의해 얼마나 삶이 피폐되는가? 하청 노동자, 비정규직 노동자에게 유기적 연대를 기대할 수 있을까?

기능적 분화로 개인간 연대가 '자동적으로' 증진되지 않는다. (이슬람 국가와 일부 종교 국가를 제외하면) 사람들을 통합하고 연대하게 하는 종교의 의미는 점점 사라진다. 세속화된 사회에서 종교는 종교집단에서만 효력을 발휘하는, 그 종교를 믿는 개인에게만 영향을 미치는 것으로 제한되었다. 종교는 연대의 도구로서의 효력을 상실했고, 도덕과 윤리 또한 마찬가지다. 뒤르켐은 분업에 의한, 기능적 분화에 의한 연대 효과를 기대했지만, 이 또한 자본주의의 총체성으로 효력을 발휘하지 못한다. 예전에 통용되었던 연대 고리는 상실했고, 지금 적용해야 할 연대 고리는 약해졌다.

연대의 상실과 개인의 상실은 연결되어 있다.[141] 돈이 있는 개인과 돈이 없는 개인 사이에 연대 고리가 끊어졌다. 돈이 없는 개인은 그야말로 개인성을 상실했다. 자본주의 사회에서 돈이 없는 개인에게 주어지는 '형식적 자유'가 과연 자유의 진정한 모습이라고 할 수 있을까? 동등한 개인 간의 연합이 필요하지만, 개인은 동등성을 잃고 자본주의로 인한 계층화가 빠르게 진행되었다. 이전 전통사회의 신분질서는 붕괴되었지만, 새로운 신분질서가 마련되었다.

기능적 분화는 새로운 연대의 가능성을 낳았지만, 자본주의의 총체성은 연대의 고리를 느슨하게 만들었다. 총체화된 자본주의에 의해 조종되는 '기능적 분화'는 기능적 분화 본래의 순기능을 넘어 크나큰 역기능을 가져왔다.[142] 자본주의에 맞는 기능은 살아남고, 역행하는 기능은 사라진다. 총체화된 자본주의로 인해 노동자는 정규직과 비정규직으로 나뉘었고, '모든'

---

141) 필자가 생각하기에, 뒤르켐의 정반대에 있는 사상가는 바우만(Zygmunt Bauman)이다. 두 사람 모두 사회의 중요성을 인지하고 연대 등을 강조하나, 그 사회의 현 상태에 대한 진단은 매우 다르다.

142) 신자유주의가 경제 체계를 중심으로 한 탈분화라는 점에 대해서는 김연식, "'적폐청산'의 시대에 다원적 법형성", 법과사회 57호 (법과사회이론학회, 2018), 14-19면.

노동자의 연대를 기대하기 어려워졌다. 전통과 종교는 통합의 힘을 잃어 통합과 연대 효과를 기대할 수 없다. 그야말로 '규범 부재'의 상태, '아노미'의 상태라 하지 않을 수 없다. 전통과 종교의 통합기능이 붕괴된 이후, 개인은 성장했지만 그 개인은 개인성을 곧 잊고 말았다.

III. '분업'에서 '기능적 분화'로

우리의 논의는 '분업'에서 시작해서 '기능적 분화'로 발전한다. 직업의 분화(분업)가 전문화를 이끌고, 이 전문화는 기능적 분화로 귀결된다. 뒤르켐의 '사회분업' 개념에서 '사회분화'의 전초적 모습을 확인할 수 있다. 분업은 전문화, 기능적 분화의 전(前)단계 모습이기 때문이다.

현대 사회의 '분화'를 주장하는 학자들은 이전 사회와 오늘날의 사회를 비교하는 방법을 주로 취한다. 뒤르켐은 기계적 연대의 사회와 유기적 연대의 사회를 비교했다. 반면에 짐멜은 현대의 상대주의적 세계상을 고대와 중세의 실체주의적·절대주의적 세계상과 대비시켰다. 짐멜은 진리를 '실체(실재) 개념'이 아닌 '관계 개념'으로 파악했는데, 그에게 진리, 가치, 객관성 등의 개념은 '상호작용'으로 보였다.[143] 뒤르켐의 제자인 소르본 대학의 정치사회학자 부글레(Célestin Bouglé)는 뒤르켐의 사회분업 개념을 넘어 짐멜의 사회분화 개념에 입각해 사회현상을 분석했다.[144] '기능적 분화' 개념은 파슨스(Talcott Parsons)에게 중요한 개념인데, 사회적인 부분영역들이 서로 떨어져 있다는 오래된 사회학적 인식과 다르지 않다.[145] '기능적 분

---

143) 김덕영, 게오르그 짐멜의 모더니티 풍경 11가지 (길, 2007), 75면, 94면.
144) 김덕영, 게오르그 짐멜의 모더니티 풍경 11가지 (길, 2007), 58면.
145) Armin Pongs 엮음(김희봉/이홍균 역), 당신은 어떤 세계에 살고 있는가? 1 (한울, 2003), 190면.

화'는 루만(Niklas Luhmann)의 체계 이론에서 아주 중요한 위치를 차지한다. 뒤르켐 또한 '사회분업론' 제1권 제6장에서 '유기적 연대가 지배하는 사회의 구조'를 다뤘는데, 분업의 관점에서 근대 사회의 구조적 분화를 포괄적으로 분석했다.146) 뒤르켐의 '사회분업론' 제1권 제6장을 보면, 루만의 체계이론이 말하는 '기능적 분화'를 보는 듯하다.

'기능적 분화'는 오늘날의 사회 구조를 설명하는데 가장 적절한 개념 수단을 제공한다. '분업의 도덕적 기능', '분업의 유기적 연대'보다 '체계의 분업'이라고 할 수 있는 '기능적 분화'가 매력적으로 다가오는 것은 이 때문이다.147) 도덕적인 개념을 통해 규범적인 작업을 할 수도 있지만, 현대 사회의 근간을 이루는 '기능적 분화'를 도외시한 작업이어서는 안 된다. 전체 사회를 도덕이나 윤리의 관점에서만 판단할 수 없다.148) '기능적 분화'를 고려한 논의가 더 적절해 보인다. 물론 우리가 살고 있는 현대 사회는 정반대의 상황이다. 도덕의 영향력은 대폭 줄고 경제적 기능과 그 영향력은 엄청 증대한 사회를 살고 있다. 도덕의 과잉을 문제가 아니라, 경제의 과잉을 걱정해야 할 때이다.

---

146) Niklas Luhmann(Dirk Bäcker 편집, 이철 역), 사회이론 입문 (이론출판, 2015), 29면.
147) 루만은 다음과 같이 설명했다. "기능적 분화를 그 풍부한 이점을 제한하는 노동분업으로 이해하는 오랜 방식 대신에, 실제로 자율적이고 작동상 폐쇄된 부분체계들의 성립으로 이해할 수 있는가라는 논쟁적인 물음으로 입증책임이 전환된다." Niklas Luhmann(김건우 역), 근대의 관찰들 (문학동네, 2021), 23면.
148) 뒤르켐도 이 점을 충분히 인지하고 있었다. 예컨대 뒤르켐은 우리의 행동양식이 도덕의 규제를 받기도 하지만, 도덕에 거슬리지만 전체 사회에 필수적인 산업적·상업적 기능이 중요함을 언급했다. 도덕을 도외시한 활동(뒤르켐은 도덕적 한계를 넘어선 미학적 활동을 예로 든다)이 사회의 균형을 무너뜨릴 수 있는 반면에, 인류의 너무 지나친 이상주의나 높은 도덕적 기준도 사회의 균형을 무너뜨릴 수 있다. Emile Durkheim(민문홍 역), 사회분업론 (아카넷, 2012), 353면.

제2부

자본주의와 기능적 분화

제4장 '자본주의의 총체성'과
'사회체계의 기능적 분화'

부의 창출에 있어 자본주의 체계만큼 효율적인 체계는 이제껏 없었다. 이 때문에 오늘날 시장 메커니즘은 지배적인 것이 되었고, 신자유주의는 대세를 이뤘다.[1] 신자유주의는 '시장의 성공'과 '정부의 실패'에 기초해 정부의 간섭 없이 시장을 통해 최적의 결과가 달성된다고 주장한다.[2] 하지만

---

[1] 신자유주의 사상가에 따르면, 시장은 경제적 효율성을 위한 도구일 뿐 아니라 개인의 자유 유지를 위한 정치적·도덕적 제도이다. 이런 관점에서는 '자유 시장', '규제 철폐', '민영화'는 경제적 유용성으로부터만 도출되는 것이 아니라 개인의 자유를 위한 윤리적인 요구로서 절대적인 규범이 된다. Kurt W. Rothschild(이윤호 역), 윤리와 경제학의 딜레마 (이학사, 2012), 73면.

[2] Colin Crouch(유강은 역), 왜 신자유주의는 죽지 않는가 (책읽는수요일, 2011), 34면; 시장의 자기조정성에 대해서는 (애덤 스미스가 이를 의도하였든 의도하지 않았든 간에) 애덤 스미스의 '보이지 않는 손(invisible hand)'이 유명하다. "노동생산물이 최대의 가치를 갖도록 그 노동을 이끈 것은 오로지 자기 자신의 이익을 위해서다. 이 경우 그는, 다른 많은 경우에서처럼, *보이지 않는* 손에 이끌려서 그가 전혀 의도하지 않았던 목적을 달성하게 된다. 그가 의도하지 않았던 것이라고 해서 반드시 사회에 좋지 않은 것은 아니다. 그가 자기 자신의 이익을 추구함으로써 흔히, 그 자신이 진실로 사회의 이익을 증진시키려고 의도하는 경우보다, 더욱 효과적으로 그것을 증진시킨다 (국부론 제4편 제2장)." Adam Smith(김수행 역), 국부론(상) (비봉출판사, 2003/2013), 552면; "또한 그들이 수천 명의 노동자를 고용해서 추구하는 유일한 목적이 그들 자신의 허영심과 만족할 수 없는 욕망의 충족임에도 불구하고, 그들은 자신들의 모든 개량의 성과를 가난한 사람들과 나누어 가진다. 그들은 *보이지 않는* 손에 이끌려서 토지가 모든 주민들에게 똑같이 나누어졌을 경우에 있을 수 있는 것과 같은 생활필수품의 분배를 하게 된다. 그리하여 무의식 중에, 부지불각 중에, 사회의 이익을 증진시키고 인류 번식의 수단을 제공하게 된다(도덕감정론 제4부 제1장)." Adam Smith(박세일/민경국 역), 도덕감정론 (비봉출판사, 1996/2009), 346면; 반면에 자기조정 시장

시장은 수요와 공급의 지배를 받는 냉혹한 곳이기도 하다. 시장의 효율성 원리는 공공서비스를 비효율적이라는 이유로 축소하거나 폐지해 버리곤 한다. 그러는 사이 빈부격차는 벌어진다.[3]

역사를 돌아보면 자본주의로 인해 빈곤 문제가 개선된 것도 사실이며, 자본주의 덕분에 오늘날 경제적 풍요를 누리는 것도 사실이다. 성숙한 자본주의는 중산층을 증대시킴으로 민주주의의 발전을 가져왔다. 하지만 오늘날 총체화된 자본주의는 불평등을 심화시키고 민주주의를 다시 위기에 빠뜨린다. 맘몬(Mammon)은 야누스의 얼굴을 가지고 있다.

I. 자본주의의 총체성(總體性)

필자는 '자본주의'가 아니라 '총체화된 자본주의'가 문제이며, 자본주의의 총체성은 '자본의 세계화'와 더불어 강력해지고 있다고 본다. 오늘날 총체화된 자본주의는 시장의 원리를 시장 外의 영역에까지 확장한다. 하지만 시장의 원리는 시장 外의 영역에서는 비도덕적인 것이다.[4] 이는 사회적인 것과 경제적인 것이 맺는 관계를 역전시키기 때문이다.[5]

개념은 유토피아라고 주장하는 폴라니(Karl Polanyi)에 따르면, 진정한 의미의 자기조정 시장경제는 아주 잠시도 존재할 수 없다. 자기조정 시장이 있다 하더라도, 자기조정 시장을 세계적 규모에서 확립하지 않으면 이러한 엄청난 규모의 메커니즘의 작동을 보장할 수 없다. Karl Polanyi(홍기빈 역), 거대한 전환 (길, 2009), 94면, 377면 이하, 390면, 396면.

3) 이종수, 정부는 공정한가? (대영문화사, 2012), 42-43면.
4) Colin Crouch(유강은 역), 왜 신자유주의는 죽지 않는가 (책읽는수요일, 2011), 47면.
5) '사회적인 것과 경제적인 것이 맺는 관계의 역전'에 대해서는 Michel Foucault(심세광/전혜리/조성은 역), 생명관리정치의 탄생 (난장, 2012), 334면.

1. 아웃소싱과 비정규직

스티클리츠(Joseph E. Stiglitz)는 '불평등의 대가'에서 필자가 보기에 재미있는 상상을 한다. "자본은 전혀 이동할 수 없고 노동력은 자유롭게 이동할 수 있다면 세계는 어떤 모습일까? 각국은 노동자들을 끌어들이려고 경쟁할 것이다. 그들은 노동자들에게 세금을 적게 거두겠으며 좋은 학교, 좋은 환경을 보장하겠다고 약속할 것이고 여기에 필요한 재원은 자본에게 높은 세금을 매겨서 거둔 수입으로 충당될 것이다."[6] 하지만 현실은 정반대의 모습이다. 자본은 세계를 자유롭게 돌아다니지만 노동력은 자유롭게 이동할 수 없다.[7] 자본과 노동의 비대칭적 세계화는 제3세계로의 아웃소싱(outsourcing)을 가능하게 했다.[8] 다국적 기업들은 제품의 생산을 직접 담당하지 않고(생산수단을 직접 소유하지 않고) 제3세계 하청업체에 맡김으로써 핵심적인 부분에 집중적으로 투자한다.[9] 글로벌 기업은 아웃소싱을 통해 자사 제품을 팔고 있지만 공장은 어디에도 없는 플랫폼 기업(Platform Companies)으로 전환했다.[10]

제3세계로의 아웃소싱은 경제 불안정 요소 또한 제3세계로 이전시킨다.[11] 기업들은 철수할 수 있다고 위협하면서 임금과 근로조건을 불모로 삼는다.[12] 노동자의 입장에서 보면 일자리가 창출된다는 점에서 기회지만,

---

6) Joseph E. Stiglitz(이순희 역), 불평등의 대가 (열린책들, 2013), 161면.
7) 다만 노동력 중에서 특성화된 엘리트 노동력만이 세계화되었다. Andrew Jones(이가람 역), 세계는 어떻게 움직이는가 (동녘, 2012), 108면.
8) 아웃소싱은 세계시장의 불확실성에 대응하는 기업의 생존 전략으로 알려져 있다.
9) 톰 피터스(Tom Peters)는 '직접 소유하는 것은 멍청한 짓'이라고 말한다.
10) 플랫폼 기업(Platform Companies)은 프랑스 경제학자 찰스 게이브(Charlse Gave)가 이름 붙인 것으로, 이케아(IKEA), 애플(Apple), 나이키(Nike)처럼 전 세계에서 자사 제품을 팔고 있지만 공장은 어디에도 없는 기업들이다. 플랫폼 기업의 핵심은 더 이상 기업의 핵심 경쟁력이 가치 사슬의 중간 부분, 곧 제조에 있다고 보지 않는 데 있다. Anatole Kaletsky(위선주 역), 자본주의 4.0 (컬처앤스토리, 2010), 101면.
11) Anatole Kaletsky(위선주 역), 자본주의 4.0 (컬처앤스토리, 2010), 103면.

대부분의 일자리가 자본이 노동에 대해 책임지지 않는 '간접고용'의 형태라는 점에서 불행이다.13) 해외로 공장을 이전하는 방식으로 생산 부문이 해외로 빠져 나가면서 제조업체가 자사 노동인력을 책임진다는 전통적인 사고방식은 사라졌다.14) 생산 부문을 해외의 하청업체에 맡기기 때문에 제조업체는 해외의 노동인력을 책임지지 않는다. 이제 품질과 빠른 납품, 저렴한 비용을 제공하는 하청업체를 찾는 것이 중요하지, 노동자의 임금과 근로조건에는 별 관심이 없다.15)

세계화 시대의 기업은 공장을 해외로 이전하여 국내 일자리를 줄일 뿐 아니라, 국내에 남은 일자리마저도 정규직이 아닌 비정규직으로 채운다. 구직자들은 정규직을 원하지만, 경제의 가장 중요한 주체인 기업들이 비정규직 고용을 선호하는 만큼 비정규직이 더욱 보편화되리라는 것이 현실적인 전망이다.16) 특히 생산 부문이 해외로 넘어가 서비스 부문이 노동시장에서 점점 더 중요해짐에도 서비스업계는 비정규직이나 임시직 자리를 계속 만든다.17)

---

12) Naomi Klein(이은진 역), 슈퍼 브랜드의 불편한 진실 (살림Biz, 2000), 330면, 352면; Joseph E. Stiglitz(이순희 역), 불평등의 대가 (열린책들, 2012), 161면.

13) 반면에 제3세계의 '간접고용' 형태에 대해 '슈퍼자본주의'의 저자인 라이히(Robert B. Reich) 前 미국 노동부장관은 다음과 같이 말했다. "빈곤한 국가의 노동력들이 미국 수준의 임금과 근로 수준을 누릴 것이라고 기대하는 것은 비현실적이다. 그러나 우리는 빈곤한 국가가 점차 더욱 부유해지고, 그들의 최하층 노동자 역시 더 잘 살 것이라고 주장할 수 있고, 또 그렇게 주장해야 한다. 무역과 성장의 이익은 널리 공유되어야 한다." Rebecca Todd Peters(방연상/윤요한 역), 좋은 세계화 나쁜 세계화 (새물결플러스, 2012), 101면; 필자에게는 '간접노동'의 형태 또한 자본주의의 야누스적 양면성으로 보인다.

14) Naomi Klein(이은진 역), 슈퍼 브랜드의 불편한 진실 (살림Biz, 2000), 314면, 400면.

15) Naomi Klein(이은진 역), 슈퍼 브랜드의 불편한 진실 (살림Biz, 2000), 313면, 320면, 356면.

16) 장귀연, 비정규직 (책세상, 2009), 41면.

17) Naomi Klein(이은진 역), 슈퍼 브랜드의 불편한 진실 (살림Biz, 2000), 374면; 점원은 정규 직원이 아니기 때문에 고용 보장과 생활임금, 수당을 지급할 필요가 없다는 관

수량적 유연화와 비용 절감을 통해 '비정규직' 제도는 기업에게 이윤이 되지만, 노동자에게는 고용 불안정과 저임금을 안겨다 준다.[18] 오늘날 기업이 돈을 많이 벌더라도 그 돈은 임금을 많이 주고 일자리의 질을 높이는 데 쓰지 않는다.[19] 이는 세계화 시대의 기업은 전세계의 수요자를 대상으로 하기 때문에, 예전처럼 국내 수요자의 유효수요에 신경을 쓸 필요가 없기 때문이다.[20]

2. 양극화와 '민주주의의 도전'

비정규직으로 고용 패러다임이 바뀌고, 비정규직이 계속 증가함에 따라 중산층은 점점 줄고 소득 양극화는 심화된다.[21] 양극화의 끝에는 배제되는

넘이 교묘히 퍼지고 있다. Naomi Klein(이은진 역), 슈퍼 브랜드의 불편한 진실 (살림 Biz, 2000), 362면.

18) 장귀연, 비정규직 (책세상, 2009), 58면, 64면; 비정규직 제도야말로 '동일노동 동일임금'이 적용되지 않는 '현대판 노예제'와 같은 정의롭지 못한 제도이다. 양반과 하인을 구별하고 서얼을 차별하는 조선시대의 신분제도는 사라졌지만, 자본가를 우대하고 비정규직을 구분하여 차별하는 현대판 신분제도는 새로이 생겨났다. 시대의 변화에 따른 새로운 현상을 설명하기 위해 '비정규직'이라는 새로운 단어가 탄생했다. 장귀연, 비정규직 (책세상, 2009), 10-11면; 우리나라의 20대 젊은이들은 알바 비정규직에 종사하면서 비정규직이 될 운명을 타고난 '88만원 세대'로 불린다. 우석훈/박권일, 88만원 세대 (레디앙, 2008), 143면; 1997년 IMF 체제 하에서 중소기업의 안정성은 붕괴되었고, 자영업은 실패할 가능성이 높아졌다. 고용 구조는 정규직에서 비정규직으로 전환되고 있고, 정규직 일자리를 차지하기 위한 청년들의 스펙쌓기는 끝도 없이 진행되고 있다. 한번 비정규직이 되면 비정규직을 떠돌아다니며 경력으로도 인정받지 못하고 '비정규직'이라는 낙인이 찍혀 정규직 시장에 진입하기는 매우 어렵게 된다. 최태욱 엮음, 자유주의는 진보적일 수 있는가 (폴리테이아, 2011), 250면.

19) 장귀연, 비정규직 (책세상, 2009), 85면.

20) 장귀연, 비정규직 (책세상, 2009), 47-48면.

21) "통계청이 2013년 12월 4일 발표한 '2013년 사회조사 결과'를 보면, 소득·직업·교육·재산 등을 고려한 사회경제적 지위를 하층이라고 판단한 국민이 46.7%였다. 상층은 1.9%, 중간층은 51.4%였다. 자신이 하층민이라고 생각하는 응답은 이 조사를 처음 실행한 1988년(36.9%) 이후 최고치다. 2011년 조사 때와 비교해도 1.4% 늘었다. 반면

사람들이 생겨났다.[22] 세계화된 자본주의는 인건비가 낮은 제3세계 노동인
력을 이용하여 자본을 늘리는 구조이기 때문에 '고용 없는 성장'을 가능하
게 했다. 특히 두드러진 변화는 중산층의 기반이 되었던 제조업 부문에서
의 일자리 감소, 특히 정규직 일자리의 감소다.[23] 더 큰 문제는 부의 양극
화에 따른 계층간 양극화는 교육 기회의 격차와 건강 격차, 사회적 이동성
의 축소로 이어진다는 점이다.[24] 불평등의 심화는 민주 시민에게 요구되는
연대의식을 약화시킨다.[25]

총체화된 자본주의에서는 자본과 권력이 결탁하여 공동의 이익을 위한

스스로 중간층이라고 생각하는 사람은 2년 전에 견줘 1.4% 줄었다. 특히 여성 가구주
의 10명 중 6명은 본인이 하층이라고 생각했다. 남성(41.4%)보다 20% 포인트 이상
높은 비율이다. 신분 상승에 대한 기대도 줄었다. 일생 동안 노력한다면 본인의 사회
경제적 지위가 높아질 가능성이 크다고 응답한 비율은 28.2%, 낮다는 비율은 57.9%
였다." 2013년 12월 4일자 연합뉴스 "양극화의 늪, 국민 절반 '나는 하층민'"에서 발
췌함.

22) '포함과 배제'의 코드는 오늘날 매우 활성화되어 사용되고 있다. 특히 세계화된 자본
주의에서 '포함과 배제'의 코드는 널리 사용될 수 있다: 배제된 자를 포함된 자로부터
분리하는 간극─새로운 장벽(Walls, 월가)과 빈민가의, 새로운 형태의 아파르트헤이트
의 생성. Slavoj Zizek(김성호 역), 처음에는 비극으로 다음에는 희극으로 (창비,
2010), 182-183면. "우리 세기의 가난은 다른 세기의 가난과 다르다. 지난 세기의 가
난은 희소한 자연 자원 때문에 생긴 결과였으나 우리 세기의 가난은 부자들이 나머지
세계에 일련의 우선순위를 부여했기 때문에 생긴 것이다(John Berger)." Jeremy
Seabrook(황성원 역), 세계의 빈곤, 누구의 책임인가? (이후, 2007), 18면.

23) Joseph E. Stiglitz(이순희 역), 불평등의 대가 (열린책들, 2013), 151면 이하.

24) Joseph E. Stiglitz(이순희 역), 불평등의 대가 (열린책들, 2013), 104면.

25) 샌델 또한 빈부 격차가 지나치면 민주 시민에게 요구되는 연대의식이 약화된다는 점
을 지적한다. 불평등이 심화될수록 부자와 가난한 자의 삶은 점점 더 괴리되며, 풍족
한 사람들은 아이들을 사립학교에 보내고 가난한 사람들은 도심 공립학교에 보내게
된다. 공공서비스를 더 이상 이용하지 않는 부유한 사람들은 납세를 꺼리게 되면서
서비스의 질이 떨어지고, 다양한 계층의 시민들이 서로 만날 수 있는 곳에 학교, 공원,
운동장, 시민회관 같은 공공시설이 들어서지 않는다. 공적 영역이 비어버리면 민주시
민 의식의 토대가 되는 연대와 공동체 의식을 키우기가 어려워진다. Michael Sandel
(이창신 역), 정의란 무엇인가 (김영사, 2010), 368면.

민주주의에 심각한 위협을 가한다.26) 신자유주의 의제를 중심으로 경제와
정치의 힘은 강력하게 결합하여 그들만의 리그를 만든다.27) 10여 년 전 월
가점령시위가 일어난 것도 경제 시스템과 정치 시스템이 불공정하게 작동
하고 있다는 인식 때문이었다.28) 부유층은 경제 과정과 정치 과정을 자신
들에게 유리한 방향으로 형성하여 자본에 기초해서 영향력을 행사하려 할
뿐 법치주의를 절실히 요구하지 않는다. 실제로 규제 대상이 되는 기업들
은 규제기관에 상당한 영향력을 행사하여 규제기관을 장악하기도 한다.29)

26) Colin Crouch(유강은 역), 왜 신자유주의는 죽지 않는가 (책읽는수요일, 2011), 262면;
    "민주주의의 문제는 대중적 공중(mass public)이 너무 동떨어지고 흩어져 있어서 기업
    권력이 행사하는 것만큼 정치인들에 대해 적절하면서도 세밀한 강제를 하기 힘들다
    는 점이다. 대중과 정치 엘리트 집단 사이의 중재자로 기능하는 두 주요 기제(정당과
    매스미디어)는 점차 이런 목적에 부합하지 못하고 있다. […] 대규모 자원의 주된 원
    천은 기업과 최부유층 개인뿐이다. 민주주의가 기능하는 데 절대적으로 필요한 매스
    미디어는 점차 거대 기업과 최부유층 개인들의 앞잡이가 되어가고 있다." Colin
    Crouch(유강은 역), 왜 신자유주의는 죽지 않는가 (책읽는수요일, 2011), 244면.
27) "정치 시스템이 상위 계층의 이익에 민감하게 반응할 경우, 경제적 불평등의 심화는
    정치권력의 불균형 심화로 이어지고 정치와 경제의 사악한 결합을 낳는다." Joseph
    E. Stiglitz(이순희 역), 불평등의 대가 (열린책들, 2013), 38면; Colin Crouch(유강은
    역), 왜 신자유주의는 죽지 않는가 (책읽는수요일, 2011), 107면; Robert A. Dahl(배관표
    역), 경제 민주주의에 관하여 (후마니타스, 2011), 60면; 폴 그루그먼(Paul Krugman)은
    다음과 같이 말한다. "소득의 과도한 집중은 진정한 민주주의와 양립할 수 없다. 우리
    정치 시스템이 거금의 위력 때문에 왜곡되고 있다는 것을, 소수가 가진 부가 점점 커져
    감에 따라 이런 왜곡이 점점 심해지고 있다는 것을 어느 누가 부정할 수 있겠는가?"
28) Joseph E. Stiglitz(이순희 역), 불평등의 대가 (열린책들, 2013), 31면. "월가 시위대는
    두 가지 핵심적 문제에 관심을 집중시켰다. 첫 번째 문제는 걷잡을 수 없는 금융 투기
    로 수천억이 사라지는 등 글로벌 자본주의 체계가 사회에 초래하는 파괴적인 결과다.
    두 번째는 경제적 세계화가 서서히, 그러나 가차 없이 서구식 민주주의의 정당성을
    좀먹고 있다는 것이다. 대규모 경제활동은 그 국제적인 특성 때문에 통상 국민국가에
    국한되는 민주주의 기제로는 통제할 수 없다. 이러한 이유로 사람들은 점점 민주주의
    제도로는 자신들의 중대한 이해관계를 표현할 수 없다는 사실을 깨달아가고 있다."
    Slavoj Zizek(주성우 역), 멈춰라, 생각하라 ― 지금 여기, 내용 없는 민주주의, 실패한
    자본주의 (와이즈베리, 2012), 162-163면.
29) Robert B. Reich(형선호 역), 슈퍼자본주의 (김영사, 2008/2010), 39면.

자본주의의 역할은 경제적인 파이를 키우는 것이기 때문에 엄밀하게 보자면 소득과 재산의 불평등 심화는 자본주의의 결함이 아니라 파이를 나누는 민주주의가 제대로 기능하지 못하기 때문이라는 견해도 있다. 하지만 자본주의의 기능 확대와 민주주의의 기능 축소는 맞물려 있어, 자본주의의 기능을 적절히 조절하지 않고서는 민주주의의 기능 회복을 기대하기 어렵다.[30]

3. 자유주의를 배반한 신자유주의

부의 불평등은 권력의 불평등으로 이어지며, 이것은 다시 집중되고 중앙화하는 방식으로 사회의 한 영역에서 다른 많은 영역으로 퍼져나간다.[31] 기업과 시장은 국가의 개입 없이 자신들에게 가장 유리하게 생산요소들을 배치하며,[32] 이를 통해 자신의 힘을 키우는 동시에 하위 노동력을 소외, 물화(物化), 불인정, 배제한다. 이러한 자본주의의 총체성에는 신자유주의가 중요한 역할을 하고 있다. "이 어려운 문제의 핵심에는 이데올로기적으로 순수한 신자유주의와 반대되는 의미의 현존하는 신자유주의는 흔히 주장하는 것과 달리 전혀 자유 시장에 충실하지 않다는 사실이 자리하고 있다. 현존하는 신자유주의는 오히려 거대 기업이 공공 생활을 지배하게 하는 데 몰두한다."[33] 총체화된 자본주의에서는 대중매체도 국민의 의사를 제대로 대변하지 못한다. 대중매체를 지원하는 대규모 자금이 글로벌 기업에서 오기 때문이다.[34] 신자유주의는 교육기관에도 손을 뻗치는데, 이는 세계화 개념을 좌우하는 이론을 포함하는 경제 이데올로기를 처음으로 배우는 곳이 고등교육기관이기 때문이다.[35]

---

30) Robert B. Reich(형선호 역), 슈퍼자본주의 (김영사, 2008/2010), 9-10면, 75면.
31) Colin Crouch(유강은 역), 왜 신자유주의는 죽지 않는가 (책읽는수요일, 2011), 248면.
32) Andrew Jones(이가람 역), 세계는 어떻게 움직이는가 (동녘, 2012), 171면.
33) Colin Crouch(유강은 역), 왜 신자유주의는 죽지 않는가 (책읽는수요일, 2011), 7-8면.
34) Colin Crouch(유강은 역), 왜 신자유주의는 죽지 않는가 (책읽는수요일, 2011), 242면.

자유 개념은 이사야 벌린(Isaiah Berlin)의 구분을 따라 '소극적 자유(-로부터의 자유)'와 '적극적 자유(-할 자유/-를 향한 자유)'로 구분된다. 소극적 자유는 '타인에 의해 방해받지 않고 각자가 자기 뜻대로 행동할 수 있는 상태'를 지칭하는데 반해, 적극적 자유는 '합리적으로 결정하고 자율적으로 행동할 수 있는 개인의 상태나 능력'을 뜻한다.[36] 소극적 자유는 엄밀한 의미의 자유주의 정치이념, 즉 개인의 행동이 타인의 자유를 방해하지 않는 한 그 개인이 원하는 것을 하도록 내버려둔다는 것에 부합하는 반면에,[37] 적극적 자유는 개인이 능동적으로 자기실현하는 것을 자유로 보아 국가개입을 정당화한다.[38] 자유 개념이 하나로 통일되지 않고 양자로 나뉜 주된 이유는 '자유를 제약하는 것이 무엇인지'와 '자유가 무엇을 누리는 것인지'에 대한 견해가 서로 다르기 때문이다. 무엇보다도 2개의 자유 개념은 "자유를 제약하는 것이 무엇인가"에 대한 설명에서 확연한 차이를 드러낸다. 소극적 자유는 '타인의 간섭 또는 방해'를 자유의 제약으로 보는 반면에, 적극적 자유는 '빈곤 또는 자원의 결여'를 자유의 제약으로 본다.[39] 이에 따라 적극적 자유를 주장하는 견해는 '소극적 자유' 개념이 자유를 제약하는 요소를 너무 협소하게 설정하였다고 비판한다. 이와 반대로 소극적 자유를 주장하는 견해는 '적극적 자유' 개념이 자유를 제약하는 요소를 잘못 설정하였다고 비판한다. '소극적 자유'만이 진정한 자유라고 주장하는 사람들은 '타인에게 간섭받지 않는 상태'를 자유로 보기 때문에, 최소국가나 자유방임적 시장경제가 자유 개념에 어울리는 국가체제가 된다.[40] 반면에

35) Rebecca Todd Peters(방연상/윤요한 역), 좋은 세계화 나쁜 세계화 (새물결플러스, 2012), 74면.
36) 문지영, 자유 (책세상, 2012), 70면.
37) Michael Ignatieff(이화여대 통역번역연구소 역), 이사야 벌린 (아산정책연구원, 2012), 381면.
38) Anthony Giddens(박찬욱 外 역), 제3의 길과 그 비판자들 (생각의 나무, 2002), 35면.
39) Adam Swift(김비환 역), 정치의 생각 (개마고원, 2011), 92면.
40) "우익은 자유를 본질적으로 타인들에 의해 간섭받지 않는 상태로 보기 때문에 최소국

'적극적 자유' 개념을 주장하는 사람들은 '빈곤 또는 자원의 결여'를 자유의 제약 요소로 보기 때문에 복지국가나 사회적 시장경제가 자유 개념에 어울리는 국가체제가 된다. 이처럼 자유 개념을 어떻게 설정하는지는 바람직한 국가의 역할에도 직접적인 영향을 미친다.[41)

　타인의 자유를 방해하지 않고 그 개인이 원하는 것을 할 수 있다는 것이 소극적 자유론이 주장하는 자유주의 이념임에도 불구하고, 신자유주의는 소극적 자유론을 통해 시장의 능력을 과신하고 국가의 개입을 최소화하여 자본주의의 힘을 너무 크게 만들었다. 오늘날의 신자유주의는 '자유주의를 배반한 신자유주의'다.[42) 신자유주의는 자유주의의 편이 아니라 자본주의의 편이다.

───────

　가와 자유방임적 시장경제가 자유를 가장 잘 증진시킨다고 주장한다. 반면에 좌익은 자유는 단순히 간섭받지 않는 것 그 이상이라고 본다. 사람들의 참다운 혹은 실질적인(혹은 때로 '적극적인') 자유는 그들을 그저 내버려둠으로써가 아니라, 그대로 놔둘 경우에는 할 수 없는 것들을 할 수 있는 상황으로 만들어줌으로써 증진할 수 있다는 것이다." Adam Swift(김비환 역), 정치의 생각 (개마고원, 2011), 91면.

41) '적극적 자유' 개념을 주장하는 사람들은 빈곤한 사람들의 '실질적인' 자유를 위해서는 국가의 적극적인 간섭이 필요하다고 주장하면서 '적극적 자유'의 이름으로 재분배를 정당화한다. 반면에 '소극적 자유' 개념을 주장하는 사람들은 '적극적 자유' 개념은 '자유의 이름'으로 전체주의 체제의 지배를 정당화한다고 반박한다. Adam Swift(김비환 역), 정치의 생각 (개마고원, 2011), 97면; 이사야 벌린(Isaiah Berlin)은 적극적 자유가 우리를 전체주의로 통하는 미끄러운 비탈길로 끌고 간다고 보고, 타인의 간섭으로부터 자유라는 소극적 자유가 최선의 자유관이라고 제시했다. Adam Swift(김비환 역), 정치의 생각 (개마고원, 2011), 119면; 적극적 자유는 사회주의부터 공산주의에 이르기까지 모든 정치 해방이론의 핵심이다. 그러한 학설들은 모두 정치권력을 이용해 인간을 자유롭게 함으로써 숨어 있거나 차단되거나 억눌려 있던 잠재력을 실현하고자 했다. Michael Ignatieff(이화여대 통역번역연구소 역), 이사야 벌린 (아산정책연구원, 2012), 381면; 재분배정책을 통해 국가가 적극적으로 개입하는 스웨덴 등 스칸디나비아 국가들을 전체주의 국가라고 비판하는 사람은 거의 없다. 목욕물을 버릴 때 그 안에 든 아이까지 함께 버려서는 안 되듯(불필요한 것을 버리려다 정작 중요한 것까지 버린다는 외국 속담으로 'throw the baby out with the bathwater'라는 표현이 있다), 전체주의가 싫다고 해서 적극적 자유 개념을 함께 버릴 필요는 없다. Adam Swift(김비환 역), 정치의 생각 (개마고원, 2011), 120면.

42) Colin Crouch(유강은 역), 왜 신자유주의는 죽지 않는가 (책읽는수요일, 2011), 11면.

II. 사회체계의 기능적 분화

자본주의는 기본적으로 '시장에서의 경쟁'이고, '불평등'을 그 본질로 한다.[43] 이는 두 가지 점에서 주목해야 하는데, 첫째는 (앞에서 설명한 바대로) 자본주의가 야기하는 불평등의 대가가 '자본주의의 총체화'로 너무 커졌다는 점이다. 둘째는 자본주의가 심각한 불평등을 야기한다 해도 자본주의를 대체하는 경제체제가 '지금 현재' 없다는 점이다. 자본주의에 적대적이었던 여러 공산주의 국가에서 국가 주도형 경제질서를 만들려했지만 전부 실패했다. 공산주의 체제의 착취적 경제제도와 착취적 정치제도는 공산주의 체제의 붕괴로 이어졌고,[44] 이는 자본주의와 시장이 유일한 길이라는 증거로 해석되었다.[45]

자본주의는 긴 역사를 두고 변형과 발전을 더해 왔으며,[46] 인간이나 국가가 의도적으로 폐지할 수는 없다. 우리가 할 수 있는 일은 자본주의를 적절하게 통제하여 경제체계의 순기능은 살리고 역기능은 줄이는 것이다.[47]

---

43) "사실상 19세기 말부터 자유주의 이론에서 시장의 본질은 바로 경쟁임을 거의 대부분 인정합니다. 다시 말해 등가가 아니라 불평등이라는 것입니다." Michel Foucault(심세광/전혜리/조성은 역), 생명관리정치의 탄생 (난장, 2012), 184면.

44) 포용적인 정치·경제제도가 발전과 번영을 불러오고 지배계층만을 위한 수탈적이고 착취적인 제도는 정체와 빈곤을 낳는다고 주장하는 견해로는 Daron Acemoglu/James A. Robinson(최완규 역), 국가는 왜 실패하는가 (시공사, 2012).

45) 과거 공산주의 국가도 지금은 '국가 자본주의'의 형태로 자본주의를 받아들이고 있다. Ian Bremer(차백만 역), 국가는 무엇을 해야 하는가 (다산북스, 2011), 13면.

46) 역사적 자본주의에 대한 분석으로는 Immanuel Wallerstein(나종일/유재건/김인중/박구병 外 역), 근대세계체제 I, II, III, IV (까치글방, 2011/2013), Fernand Braudel(주경철 역), 물질문명과 자본주의 I(1, 2), II(1, 2), III(1, 2) (까치글방, 1995/1996/1997), Eric H. Mielant(김병순 역), 자본주의의 기원과 서양의 발흥 (글항아리, 2012).

47) Michel Foucault(심세광/전혜리/조성은 역), 생명관리정치의 탄생 (난장, 2012), 163-164면; 래리 라스무센이 지적하듯이, "(애덤 스미스는) [...] 자본주의 사회를 꿈꾸지 않았다. 비자본주의의 도덕적 정서와 공존하는 사회 속에 있는 자본주의 경제를 꿈꿨다. 스미스는 의도적으로 자신의 경제학을 도덕적인 틀 안에 두었다." Rebecca Todd

필자는 여기서 '규범적 개념'으로 '기능적 분화'를 제안한다.

1. '규범적 개념'으로서 '기능적 분화'

기능주의 체계의 주요 모델은 유기체이며, 기능주의자들은 자신들의 목적을 위해 이용할 수 있는 개념적 저장소로서 '생물학'을 꾸준히 주목해왔다.[48] 필자 또한 기능주의의 관점에서 생물유기체의 '기능적 분화'에 관심이 많다. 몸의 각 기관은 각각의 기능에 따라 분화되어 있고, 각각 자기조종에 따라 움직이면서 전체 몸이 제대로 기능하도록 한다. 몸의 각 기관은 독자적으로 작동하면서 다른 기관과 유기적으로 협력한다. 어느 기관이 다른 기관의 기능을 대신할 수 없으며, 뇌와 심장과 같은 중추 기관도 다른 기관의 기능을 침범하지는 않는다. 전체 몸이 건강하기 위해서는 각 기관이 제대로 작동해야 하며, 어느 기관이라도 제대로 작동하지 못하면 전체 몸은 건강을 잃게 된다.

물론 필자는 (제1부에서 상술한 것처럼) 사회와 유기체가 같지 않다고 생각한다. 유기체의 '유기적 연대'를 사회에서 기대할 수 없다. 하지만 유기체와 사회가 비슷한 점은 '각 부분이 기능적으로 분화된다는 점'이다. 제대로 분화되고 기능적으로 작동한다면 유기체나 사회는 건강한 모습을 띨 수 있다. 유기체는 '유기적 연대' 메커니즘이 내재해 있지만, 사회는 그렇지 않다는 점이 다르다. 유기체와 사회의 가장 큰 차이점은 유기체는 자기조절기능을 처음부터 갖추고 있음에 반해, 사회는 그렇지 않다는 점이다. 사회는 조절기능을 만들어야 하는데, 이마저도 유기체의 그것과는 능력 면에서 현저하게 차이가 난다.

Peters(방연상/유요한 역), 좋은 세계화 나쁜 세계화 (새물결플러스, 2012), 67면.

48) Anthony Giddens(윤병철/박병래 역), 사회이론의 주요쟁점 (문예출판사, 1991/2003), 19면.

현대 사회는 정치, 경제, 법, 학문, 예술, 복지 등의 기능에 따라 정치체계, 경제체계, 법체계, 학문체계, 예술체계, 복지체계 등의 부분체계로 분화되었다. 루만(Niklas Luhmann)에 따르면, 현대 사회의 주된 분화형식은 계층적 분화에서 기능적 분화로 넘어갔다.[49] 그러나 사회체계가 기능적 분화의 형태를 띠는 것은 사실이지만, 완전한 기능적 분화라고 보기는 어렵다. 사회체계의 기능적 분화는 미완(未完)의 기능적 분화에 지나지 않는데, 그 주된 이유는 '자본주의의 총체성'으로 인해 경제체계가 다른 기능체계의

---

49) Niklas Luhmann(장춘익 역), 사회의 사회 2 (새물결, 2012), 853면 이하; Niklas Luhmann(김종길 역), 복지국가의 정치이론 (일신사, 2001), 53면; 루만 체계이론에서 주장하는 '기능적 분화'의 모습을 살펴볼 필요가 있다. 루만 체계이론이 주장하는 '기능적 분화'는 '사실적 개념'으로, '완성된' 기능적 분화의 모습이며, 동시에 (필자가 주장하는) '규범적 개념'인 기능적 분화의 내용이 될 수 있기 때문이다. 루만은 사회의 기능체계들이 작동상의 폐쇄성에 의존하며, 이를 통해 기능적으로 분화되었다고 판단한다. "그것은 1) 전체체계가 커뮤니케이션에 기초하여 작동적 폐쇄성을 가진다는 테제와 2) 사회에서 형성되는 기능체계들이 작동적 폐쇄성에 의존하고, 이 원칙을 스스로 실현시켜야 하며, 그리고 바로 그 이유 때문에 매우 상이한 사안에서도 유사한 구조들이 드러난다는 테제를 말한다." Niklas Luhmann(박여성/이철 역), 예술체계이론 (한길사, 2014), 41면; 체계이론에서 가장 중요한 핵심은 '자기준거성' 개념에 있다. 루만에 따르면, 기능적으로 분화된 사회에서 '자기준거성'을 중심한 자율성을 피할 수 있는 체계는 없다. 자기준거성에 기초한 체계가 완성되어야 체계의 '기능적 분화'는 완성되었다고 할 수 있다. 체계의 자기생산은 루만이 설명하는 기능적 분화의 핵심에 있으며, 이로써 루만 사회이론을 설명하는 핵심 개념이 된다. 사회분석은 '전체/부분'이라는 도식에서 '체계/환경'이라는 도식으로 전환된다. 체계들은 작동상 닫힌 자기생산적 체계들(operative geschlossene autopoietische Systeme)로 스스로 자기생산하면서 환경에 반응하고 다른 체계들과 소통한다. 체계의 '기능적 분화'는 기능체계의 '자기준거성'을 뜻하고, 기능체계의 '작동상의 폐쇄성(operative Geschlossenheit)'을 뜻한다. 자기준거적 체계는 그 자신의 자기생산(Autopoiesis)에 따라 자신과의 관련성 하에서(다른 말로는 그 자신의 의미기준에 의해서만) 작동한다. 기능적 분화를 중심으로 하는 사회체계로 전환하기 위해서는 기능체계 간의 관계에서 새로운 종류의 구조적 연결, 즉 기능체계의 자율성과 작동상의 폐쇄성을 고려한 연결이 요구된다. '작동상의 폐쇄성'과 '구조적 연결'은 체계이론이 말하는 기능적 분화에 맞는 통합의 형식이다. Niklas Luhmann(장춘익 역), 사회의 사회 1 (새물결, 2012), 163면; Niklas Luhmann(장춘익 역), 사회의 사회 2 (새물결, 2012), 891-892면.

자율성을 침범하기 때문이다. 따라서 사회체계의 기능적 분화는 사회의 발전에 따라 자연스럽게 이루어지는 것이 아니라, 자본주의의 총체성을 제대로 해결해야만 이루어진다. 이것이 필자가 '규범적 개념'으로서 기능적 분화를 주장하는 주된 이유다.

오늘날 '자본주의의 총체성'으로 말미암아 사회 부분체계의 기능적 분화가 제대로 이루어지지 않고 있다. 신자유주의의 영향 아래 있는 자본주의에서 경제는 사회의 다른 기능을 빨아들이는 블랙홀과 같다. 신자유주의 경제체계는 정치, 학문, 예술을 지배하여 다른 기능체계의 자율성(자기준거성)을 파괴하고, 자율성을 형성하려는 시도마저 무너뜨린다.[50]

이제 '기능적 분화'가 이미 존재하는 사실적 개념이 아니라 존재해야 할 규범적 개념이라고 주장해 보자. 이는 현재 신자유주의에 의해 경제체계가 상위 체계로서 정치, 학문, 예술체계를 모두 포섭하고 있는 단계에서, 경제체계는 하나의 기능체계로 남아야 하며, 정치체계, 학문체계, 예술체계 등이 경제체계의 영향에서 떨어져 있는 하나의 기능체계가 되어야 한다는 규범적 주장을 할 수 있게 한다. '생물유기체'에서 자기준거성은 규범적 개념이 아닌 사실적 개념이지만, '사회체계'에서 자기준거성은 규범적 개념의 성격을 띤다.

맑스(Karl Marx)에 따르면 물질적 생활방식이 사회적·정치적·정신적 생활과정 일체를 제약하기 때문에,[51] 자본주의에 의한 '사회적인 것과 경제

---

50) "우리의 삶은 점점 상품화되고 공익과 영리의 경계선은 점점 허물어져 간다." 이정전, 시장은 정의로운가 (김영사, 2012), 288면.

51) Hans Welzel(박은정 역), 자연법과 실질적 정의 (삼영사, 2001), 272면; "인간의 존재를 규정하는 것은 인간의 의식이 아니다. 그 반대로 그들의 의식을 규정하는 것은 바로 그들의 사회적 존재이다." 이렇게 의식을 생산관계에 환원시킴으로써 '도덕, 종교, 형이상학, 그리고 그 밖의 이데올로기'와 같은 모든 정신적 내용들은 그 모든 '독자성의 외관'을 상실하게 된다. Hans Welzel(박은정 역), 자연법과 실질적 정의 (삼영사, 2001), 272면.

적인 것이 맺는 관계의 역전'은 당연한 것이 된다. 맑스에게는 '자본주의의 총체성'은 당연한 것이다. 하지만 베른슈타인(Eduard Berstein)은 "사람들은 경제적인 요인들에 점점 더 주의를 기울이기 때문에 오늘날 경제적인 요인이 과거에 비해 더 큰 역할을 수행한다고 보기 쉽다. 그러나 이것은 그렇지 않다. 이런 착각이 생겨나는 것은 단지 경제적인 동인이 과거에는 온갖 종류의 지배관계와 이데올로기에 의해 은폐되어 있었으나 오늘날에는 자유로워졌기 때문이다. [⋯] 과학이나 예술, 그리고 많은 사회적 관계들은 오늘날 과거 어느 때보다 경제에 덜 종속되어 있다"고 보았다.52) 베른슈타인은 맑스와 엥겔스(Friedrich Engels)의 사적(史的) 유물론('역사의 강철 같은 필연성')에 기초한 계급투쟁론에 반대하면서,53) 자본가 계급의 숫자가 상대적으로 계속 감소하고 프롤레타리아의 생활상태가 개선되고 동시에 중간 계급의 숫자가 늘어나는 것이 생산의 지속적인 증가를 가능하게 하는 유일한 대안이라고 주장한다.54) 맑스의 문제점 제기와 베른슈타인의 해법 제기에 귀기울일 필요가 있다.

2. 기능적 분화에 의한 유기적 연대?

(제1장에서 상술한 것처럼) 뒤르켐(Emile Durkheim)은 '사회분업론'에서 '분업에 따른 유기적 연대'를 주장했다. 뒤르켐은 '어떻게 개인이 더 개인적이면서 동시에 서로 더 많은 연대감을 가질 수 있는가?'라는 명백한 이

---

52) Eduard Berstein(강신준 역), 사민주의의 전제와 사민당의 과제 (한길사, 1999/2012), 77면.
53) 베른슈타인은 역사발전 법칙에 대한 맹목적인 신앙, 그러한 신앙의 내용을 이루는 사회의 혁명적 변화의 필연성에 대한 신앙, 그런 혁명적 변화를 가능하게 하는 경제적 조건의 필연성에 대한 신앙을 비판한다. Eduard Berstein(강신준 역), 사민주의의 전제와 사민당의 과제 (한길사, 1999/2012), 역자해제, 42면.
54) Eduard Berstein(강신준 역), 사민주의의 전제와 사민당의 과제 (한길사, 1999/2012), 138면.

율배반을 '증가하는 분업에서 비롯된 사회적 연대의 변화'로 해결하고자 했다.[55] 뒤르켐에 따르면, 사회의 전 영역에서 분업의 영향력이 커지고 있고, 정치, 행정, 법률의 기능은 점점 더 전문화되고 있다.[56] 뒤르켐은 오늘날의 도덕의식이 내리는 지상명령의 한 가지 특성을 "이미 확정된 기능에 적합한 역할을 수행할 수 있도록 당신 자신을 준비하라"라는 것으로 보았다.[57] 뒤르켐은 기계적 연대의 사회와 유기적 연대의 사회를 구별하면서, 두 유형의 사회에 대한 역사는 우리에게 전자 유형의 사회조직이 사라져야 후자 유형의 또 다른 사회조직이 발전할 수 있다고 말한다.[58]

뒤르켐이 분업에 따른 기능적 분화에서 '유기적 연대'를 주장하는 점이 특이하다. 뒤르켐에 따르면, 분업이 개인들을 더 분화시킬수록 사회구성원들은 기능상 서로 보완적이 되며, 이는 사회적 연대와 결속력의 원천이 된다.[59] 이에 따르면, 유기적 연대는 공통의 신념과 감정을 받아들이는 데서가 아니라 분업 속에서 이루어지는 기능적 상호의존성에서 생겨나며, 개인들 사이의 신념과 행위의 동일성이 아니라 '차이'를 전제한다.[60]

필자는 '분업에 따른 유기적 연대' 뿐만 아니라, '사회체계의 기능적 분화에 따른 유기적 연대'에 대해서도 의문을 갖고 있다. 사회체계가 기능적

---

55) Emile Durkheim(민문홍 역), 사회분업론 (아카넷, 2012), 69면.

56) "분업은 경제활동 영역에서만 특별히 나타나는 현상은 아니다. 우리는 사회의 아주 다른 영역에서도 분업의 영향력이 점점 더 커지는 것을 관찰한다. 정치, 행정, 법률의 기능은 점점 더 전문화되고 있다. 예술과 과학의 영역에서도 이 점은 마찬가지이다. 우리는 철학이 유일한 과학이었던 시대와는 거리가 먼 시대에 살고 있다. 철학은 이제 수많은 특수 분과 학문들로 나뉘어져서, 각 분야는 자신만의 고유한 연구 대상과 방법론과 정신을 가지고 있다." Emile Durkheim(민문홍 역), 사회분업론 (아카넷, 2012), 72면.

57) Emile Durkheim(민문홍 역), 사회분업론 (아카넷, 2012), 77-78면.

58) Emile Durkheim(민문홍 역), 사회분업론 (아카넷, 2012), 272면.

59) 민문홍, 옮긴이 해제, in: Emile Durkheim(민문홍 역), 사회분업론 (아카넷, 2012), 609면.

60) Anthony Giddens(박노영/임영일 역), 자본주의와 현대 사회이론 (한길사, 2008/2010), 171-172면.

으로 분화된다고 해서 자연스럽게 유기적 연대가 이루어지지는 않는다. 사회체계와 생물유기체는 같지 않다. 생물유기체의 경우는 기능적으로 분화된 기관들이 각기 자신의 기능을 수행함을 통해 유기적으로 활동할 수 있지만, 사회체계의 경우는 그렇지 않다. 이는 사회체계에서 기능적 분화는 생물유기체와는 달리 사실적 개념이 아닌 규범적 개념이기 때문이다. 현재까지 '기능적 분화에 따른 연대'를 확인할 수 있는 것은 '사회적 시장경제'라는 형태이다.[61] 사회체계가 '기능적 분화에 따른 연대'를 이루기 위해서는 제대로 된 '복지체계'를 수립하는 것뿐 아니라, 자본주의의 총체성에 대항하여 자본주의 경제체계와 정치, 예술, 교육, 법 등의 다른 기능체계와의 부정한 연결고리를 끊는 것이 동시에 진행되어야 한다. 이 때문에 자본주의와 민주주의의 적절한 경계선을 긋고, 자본주의가 민주주의에 흘러들어오지 못하게 하는 것이 무엇보다 중요하다.[62] 활기찬 자본주의와 함께 활기찬 민주주의도 누리려면, 무엇보다도 경제와 정치 두 영역을 분명히 구분해야 한다.[63]

3. 현실적 전망, 그리고 규범적 대안으로 '인정투쟁'

하지만 현실적 전망은 그리 밝지 않다. '세계화'와 관련하여 국민국가의

---

61) 사회적 시장경제(Soziale Marktwirtschaft)는 독일 프라이부르크 학파의 '질서자유주의'가 진화한 것이다. '사회적 시장경제'라는 표현은 뮐러-아르마크(Alfred Müller-Armack)가 처음으로 사용했다. 이에 대해서는 Michel Foucault(심세광/전혜리/조성은 역), 생명관리정치의 탄생 (난장, 2012), 160면 참조.

62) Robert B. Reich(형선호 역), 슈퍼자본주의 (김영사, 2008/2010), 22-23면.

63) Robert B. Reich(형선호 역), 슈퍼자본주의 (김영사, 2008/2010), 322면; 시장을 모든 문제를 해결하는 마법으로 받아들이는 대신 선별적으로 시장에 접근하는 자세가 필요하다. Colin Crouch(유강은 역), 왜 신자유주의는 죽지 않는가 (책읽는수요일, 2011), 47면. 좋은 사회를 만들기 위해서는 국가, 기업, 시민, 시민사회 사이의 계속되는 긴장이 존재하는 경제가 필요하다. Colin Crouch(유강은 역), 왜 신자유주의는 죽지 않는가 (책읽는수요일, 2011), 262면.

위기와 복지국가의 위기가 초래되기 때문이다.64) "가장 커다란 문제는 세계화라고 봅니다. 규모가 큰 나라는 비효율성을 상당히 감당할 수 있습니다. 하지만 세계화가 진행되면 그럴 여유가 사라지지요. 세계화가 확대되면

---

64) 고봉진, "재분배, 사회권, 인정", 법철학연구 제15권 제3호 (한국법철학회, 2012), 136면; 세계화에 따른 국민국가의 위기와 복지국가의 위기에 대해 사회과학자들은 다음과 같이 말한다[아래의 내용은 Armin Pongs 엮음(김희봉/이홍균 역), 당신은 어떤 세계에 살고 있는가? 1편(한울, 2003)과 Armin Pongs 엮음(윤도현 역), 당신은 어떤 세계에 살고 있는가? 2편(한울, 2010)에 있는 내용이다]. "국민국가는 삶의 큰 문제를 다루기에는 너무 작고 삶의 작은 문제를 다루기에는 너무 크다(Daniel Bell, 1편 38면)." "정책과 국가는 전지구적 연결에 직면하여, 그로 말미암아 발생하는 과제와 문제들에 의해 과부하 상태가 된다. 이것이 바로 고전적인 정치의 종말인 것이다(Helmut Willke, 1편 275면)." "우리가 분명히 알아두어야 할 것은 국가 개입적 사회, 복지국가는 19세기 후반부에 분명하게 정의되었던 사회공동체를 만들었다는 것입니다. 그 국가의 형태는 초기 자본주의가 만들어놓았던 파괴와 빈곤에 대한 대응이었습니다. 지체부자유자와 노인, 질환자에 대한 강제적 연대공동체가 만들어졌는데, 그것은 국가의 강제 의료보험체계의 형태로 개인이 담당할 수 없는 위험을 조직화하는 것이었습니다. 오늘날 우리들은 큰 문제에 봉착하고 있습니다. 국민국가적 경제와 지역적으로 규정된 연대공동체가 지구화의 역동성에 의해서 해체되고 있는 것이 그것입니다. 정치와 국민국가는 점차 사회공동체를 위한 규제적인 행동을 점점 더 할 수 없게 되어가고 있습니다. 왜냐하면 다른 형태의 공동체가 이러한 일을 맡아야 하거나 고유한 개인적인 연대공동체로 정의되어야 합니다(Helmut Willke, 1편 289-290면)." "국민국가적 경계의 해체에 대한 반응으로서 복지국가의 파괴가 그것입니다. 복지국가는 이제 더 이상 유지되기 어렵습니다. 거대한 통치집단으로서 국가들이 서로 경쟁을 하고 있었던 구도는 전지구화의 역동성에 의해 대체되었습니다. 이러한 상황은 복지국가에 수정을 가하고 있습니다(Helmut Willke, 1편 291면)." "오늘날 큰 문제는 광범위한 복지국가의 집행을 충당해야 하는 재정문제입니다. [⋯] 그러나 한 가지 분명한 사실이 있는데, 그것은 어느 정도 세계화와 직접적으로 관련이 있습니다. 그 사실은 복지국가를 유지하기에는 너무 많은 비용이 들기 때문에 불가피하게 단계적으로 감축한다는 것입니다(Amitai Etzioni, 2편 60면)." "세계화의 결과 중의 하나는 국민국가가 그 실체와 주권을 상당부분 포기하게 된다는 것입니다(Anthony Giddens, 2편 83면)." "또 한 가지 예견할 수 있는 것은 불평등이 더욱 확대되고 생활이 더 불안해질 것이라는 사실입니다. 왜냐하면 국민국가적 복지국가는 국제적, 유럽차원의 시장경쟁으로 인한 부정적 영향을 더 이상 완화시켜주기 힘들기 때문입니다(Karl Ulrich Mayer, 2편 255면)."

서 불가피하게 불평등과 불안도 증가하고 있습니다."[65] 세계화된 자본주의의 등장으로 인해 복지국가는 점점 힘을 잃고 있다. 세계화된 자본주의는 자본과 노동의 비대칭적 세계화를 통해 자본과 노동에 대한 왜곡된 인정을 구조화한다.[66] 세계화된 자본주의 시스템은 상위 계층에 돈이 집중되게 하여 부의 극대에 있어서는 가장 효율적이지만 부의 적절한 분배에 있어서 비효율적이다.[67] 낙수효과(trickle-down effect)를 주장하는 이들은 사회적 약자들이 역동적이고 생산적인 요소가 아니기 때문에 그들을 직접 돕는 것은 역효과를 낸다고 주장하지만,[68] 그들이 주장하는 낙수효과는 실제로 그리 크지 않다.[69] 오히려 제기능을 발휘하지 못하는 낙수효과는 자신의 노동력밖에 팔 것이 없는 사람들에게 노동일수의 증가와 실질임금의 삭감을 가져왔다.[70]

---

65) Karen Ilse Horn(안기순/김미란/최다인 역), 지식의 탄생[노벨 경제학상 수상자 10인과의 인터뷰] (와이즈베리, 2012), 90면.

66) 많은 사람들에게 '세계화'는 '경제적 세계화'와 동의어이다. Rebecca Todd Peters(방연상/윤요한 역), 좋은 세계화 나쁜 세계화 (새물결플러스, 2012), 66면; 자본과 관련된 쪽은 세계화를 적극 받아들이는 반면에, 인권과 관련된 쪽은 세계화에 소극적 내지 부정적으로 반응한다. "지구화는 분명한 배제와 포함이라는 지리학을 보여주는데, 국가와 국가 사이에서뿐만 아니라 국가 내부에서도 명확한 승자와 패자로 귀결된다. 가장 풍요로운 사람들에게 지구화는 축소되는 세계(제트기 여행, 지구적 텔레비전이나 월드와이드웹)를 수반하지만, 인류 대다수에게는 심한 박탈감과 연계되는 경향이 있다." John Baylis/Steve Smith/Patricia Owens(하영선 外 역), 세계정치론 (을유문화사, 2011), 38-39면.

67) Joseph E. Stiglitz(이순희 역), 불평등의 대가 (열린책들, 2013), 41면.

68) Slavoj Zizek(김성호 역), 처음에는 비극으로 다음에는 희극으로 (창비, 2010), 32-33면.

69) Joseph E. Stiglitz(이순희 역), 불평등의 대가 (열린책들, 2013) 88면; 스티글리츠는 낙수경제 이론은 아무런 효과를 내지 못하는 데 반해서, 분수경제 이론(trickle-up economics)은 효과를 낼 수 있다고 주장한다. 하위 계층과 중위 계층의 소득이 늘어나면 모든 계층이 ―심지어 상위 계층도― 혜택을 볼 수 있다. Joseph E. Stiglitz(이순희 역), 불평등의 대가 (열린책들, 2013) 89면.

70) Rebecca Todd Peters(방연상/윤요한 역), 좋은 세계화 나쁜 세계화 (새물결플러스, 2012), 79면; 교황 프란치스코는 '교황 권고'에서 통제받지 않는 자본주의는 새로운

'자본'은 국가보다 더 거대하고 무서운 괴물이 되어버렸다. 더 큰 괴물이 되어버린 '자본'을 작은 리바이어던을 통해 통제할 수 있을지 의문이다. 실질적으로 필요한 것은 새로운 '규제권력의 설립'인데, 오늘날 세계화된 자본주의를 규제할 수 있는 정치와 규범은 부재하며 규제권력은 사실상 없다. 세계가 점점 하나로 되어가는 세계화 시대에 한 지역과 한 나라에 타당한 정치와 법규범은 세계화된 자본주의의 문제점을 해결하는 데 한계를 드러낸다.71) 필자는 자본주의의 총체성에 대해 '규범적 개념인 기능적 분화'를 주장하지만, 현실적인 가능성으로 본다면 세계화된 자본주의에 의해 자본주의의 총체성이 강화될 여지가 더 많다. 이는 여전히 '인정투쟁'이 규범적 대안이 될 수밖에 없는 이유다. 인정투쟁은 '무시의 사회적 동학'과 '인정의 병리학'에 기초한다.72) '인정투쟁'은 체제를 전복시키려는 투쟁이 아

독재일 뿐이라고 주장하면서, '낙수 효과'는 잔인하고 순진한 믿음이라고 비판했다. 또한 그는 많은 사람들이 자기 자신을 쓰고 버려지는 '소비재'라고 여기고 있지만, 심지어 이제는 쓰이지도 않은 채 그냥 '지꺼기'처럼 버려지고 있다고 언급했다. 2013년 11월 29일자 경향일보 2면.

71) "지역적으로 구체화된 정치는 그러나 글로벌화된 기능체계의 문제와 점점 더 통약불가능하게 되고 있다." Norbert Bolz(윤종석 역), 세계를 만드는 커뮤니케이션 (한울아카데미, 2009), 54면.

72) '무시의 사회적 동학'과 '인정의 병리학'에 대해서는 Axel Honneth(문성훈/이현재 역), 인정투쟁 (사월의책, 2011), 295면 이하; Axel Honneth(문성훈/이현재/장은주/하주영 역), 정의의 타자 (나남, 2009), 109면 이하; 고봉진, "현대 인권론에서 '정체성'의 의미 ─차이, 정체성, 인권─", 법철학연구 제14권 제1호 (한국법철학회, 2011), 160면 이하; 호네트(Axel Honneth)는 '무시의 사회적 동학' 논문의 '자본주의 사회의 병리학'이라는 장에서 다음과 같이 밝히고 있다. "의사소통 패러다임이 더 이상 합리적 상호이해에 초점을 둔 기획으로서가 아니라 인정의 조건들에 초점을 둔 기획으로 이해되면, 비판적 시대진단도 더 이상 합리성 이론의 좁은 틀 안에 축소되어서는 안 된다. 왜냐하면 이제 사회적 삶의 '장애' 또는 잘못된 발전이라 할 수 있는 것을 재는 기준은 더 이상 지배로부터 자유로운 상호이해의 합리적 조건들이 아니라 인간의 정체성이 발전하기 위해 필요한 상호주관적 전제들 전체가 되어야 할 것이기 때문이다. 그러한 전제들은 한 개인이 성장하면서 사회적 정체성을 획득하고 결국에는 한 사회의 평등하면서도 고유한 구성원으로 스스로를 이해할 수 있도록 해주는 사회적 의사

니라 자본과 노동에 대한 왜곡된 인정구조를 바꾸어 보려는 투쟁이다.[73] 이는 (간접적으로나마) 사회체계의 기능적 분화에도 힘을 실어주는 투쟁이다. 자본과 노동의 비대칭적 세계화에 의해 왜곡된 인정구조를 바꾸려고 하는 동시에 자본주의의 총체성에 반대하기 때문이다.

소통의 형식들 안에 있다. 만약 그 의사소통의 형식들이 그와 같은 온전한 정체성 형성과정의 다양한 과제들을 위해 충족되어야 할 인정의 조건들을 결여하고 있다면, 바로 그러한 상태가 한 사회의 잘못된 발전의 지표가 되어야만 할 것이다. 따라서 의사소통 패러다임이 더 이상 언어이론적으로가 아니라 인정이론적으로 이해되면, 시대진단의 중심에는 인정의 병리학이 자리하게 된다." Axel Honneth(문성훈/이현재/장은주/하주영 역), 정의의 타자 (나남, 2009), 127면.

73) 다시 맑스에 주목할 시점이 되었다. 이번에는 사적(史的) 유물론에 기초한 계급투쟁론이 아니라(필자는 맑스/엥겔스의 사적 유물론에 기초한 계급투쟁론에 반대하며 베른슈타인의 주장이 옳다고 본다), 맑스가 1844년 '경제학-철학 수고'에서 발전시킨 '인간 소외론'이다. 맑스는 '경제학-철학 수고'에서 자본주의의 발전이 엄청난 부를 창출해낸다는 사실과 사회의 대다수 구성원이 자신이 창출한 부로부터 소외된다는 사실 사이의 극단적 부정합성을 보여준다. Anthony Giddens(박노영/임영일 역), 자본주의와 현대 사회이론 (한길사, 2008/2010), 112면; 맑스는 '노동의 본질 안에 있는 소외'를 드러내는데, 노동은 부자를 위해서는 경이로운 작품을 생산하지만, 노동은 노동자를 위해서는 결핍을 생산한다는 것이다. "노동자가 부를 많이 생산하면 할수록, 그의 생산의 힘과 범위가 증대할수록, 더욱더 가난해진다. 노동자가 상품을 더 많이 창조할수록 그는 더 값싼 상품이 된다. 사물세계의 가치증대에 정비례해서 인간세계의 가치절하가 일어난다." Karl Marx(강유원 역), 경제학-철학 수고(이론과 실천, 2012), 88면; 자본주의의 총체화된 모습을 맑스의 다음 문장에서 확인할 수 있다. "지주와 자본가는 특권을 부여 받고, 지주와 자본가는 도처에서 노동자 위에 군림하고 노동자에 대해 법률을 명령한다." Karl Marx(강유원 역), 경제학-철학 수고 (이론과 실천, 2012), 22면; 오늘날 많은 노동자들이 비용으로 계산되고, 브랜드가치(교환가치)와 노동가치 사이의 잉여가치가 엄청난 것을 보면, 맑스의 물화(Verdinglichung), 객체화(Vergegenständlichung) 주장이 '현재의 새로운 맥락에서' 다시 부각될 필요가 있겠다. 맑스의 물화 개념은 인정투쟁의 원동력인 '무시의 사회적 동학'과 '인정의 병리학'과 연결될 여지가 있다.

제5장 계층화와 기능적 분화

Ⅰ. 문제 제기

루만(Niklas Luhmann)은 그의 주저인 '사회의 사회' 제4장 '분화'에서 '근대 사회의 기능적 분화'를 상세하게 다루었다. 여기서 루만은 사회사(社會史)에 등장한 4가지 분화형식을 구분한다: 분절적 분화, 중심과 주변에 따른 분화, 계층적 분화, 기능적 분화.[74] 이 중에서 루만은 현대 사회의 분화형식인 '기능적 분화'에 초점을 맞췄다. 그에 따르면, 하나의 기능을 위해 독립적으로 분화된 각각의 부분체계로 현대 사회는 이루어진다. *이는 하나의 기능이 하나의 체계에 속해 그 체계가 그 기능에 관해서는 우선성을 누리며 다른 모든 기능들의 상위에 있다는 것을 뜻한다.*[75] 현대 사회에서는 체계가 기능적으로 분화되어 있기 때문에 전체 사회가 지침을 내리는 것은 더 이상 불가능하다.[76]

루만은 사회의 주된 분화형식이 계층화에서 기능적 분화로 바뀐 세상에서 계층화가 제거된 것은 아니지만, 이제 계층화가 더 이상 사회 그 자체의 가시적 질서는 아니라고 보았다.[77] 루만은 기능적으로 분화된 사회에서도

---

74) 분절적 분화는 혈통, 거주공동체 또는 두 기준의 조합으로 사회의 부분체계들이 같은 특징을 지닌다. 중심과 주변에 따른 분화는 중심이라는 같지 않은 한 가지 경우를 허용하며, 계층적 분화는 지위 불평등이 성립한다는 점에서 지위가 같지 않다. 기능적 분화는 기능체계들이 같지 않다는 점에서 같다. Niklas Luhmann(장춘익 역), 사회의 사회 2 (새물결, 2012), 710-711면.

75) Niklas Luhmann(장춘익 역), 사회의 사회 2 (새물결, 2012), 857-858면.

76) Niklas Luhmann(장춘익 역), 사회의 사회 2 (새물결, 2012), 710-711면.

사회적 계급이라는 형식으로 계층화가 목격되지만, 이것들은 기능체계 고유 동역학의 부산물일 따름이라고 평가절하한다.[78]

필자가 제5장에서 살피고자 하는 문제는 루만이 '사회의 사회' 제4장 '분화'에서 다룬 '사회분화 이론'에 대한 의문에서 시작되었다. 루만은 기능적 분화의 우선성을 현대 사회의 형식으로 파악하여 체계이론의 관점에서 체계의 기능적 분화를 다뤘지만,[79] 기능적 분화를 체계이론의 관점에서만 볼 것은 아니다. 체계이론의 관점에서 체계의 기능적 분화를 다루다 보면 의도하지 않게 다른 영역의 기능적 분화가 가지는 의미를 놓쳐버릴 염려가 있고, 계층적 분화의 변이를 간과하게 될 여지가 있다.[80]

II. 사회분화는 어떻게 진행되었는가?

루만은 '계층적 분화'에서 '기능적 분화'로 현대 사회의 분화 형식이 전이됐고, 기능적으로 분화된 사회에서 사회적 계급의 형식으로 등장하는 계층적 분화는 사회 질서를 더 이상 형성하지 않는다고 평가했다.[81] 하지만 과연 그럴까? 필자에게 다음 의문들이 생겼다. 계층적 분화에서 기능적 분화로 분화의 주요 형식이 바뀐 것은 사실이지만, 현대 사회에서도 계층적 분화는 여전히 힘을 발휘하는 분화 형식이지 않은가? 외형상으로는 기능적 분화로 보이는 것도 사실은 그 내면에는 계층적 분화가 작용하는 것이 아

---

77) Niklas Luhmann(장춘익 역), 사회의 사회 2 (새물결, 2012), 885면.
78) Niklas Luhmann(장춘익 역), 사회의 사회 2 (새물결, 2012), 710면.
79) Niklas Luhmann(장춘익 역), 사회의 사회 2 (새물결, 2012), 889면.
80) 물론 필자가 대학자 루만의 체계이론을 잘못 이해했는지도 모른다. 필자는 루만의 체계이론에 대해 2차 관찰을 할 뿐이다. 기능적 분화 개념은 다른 분화 개념을 뛰어넘는 차원을 제시함으로써 사회문제에 대한 더 훌륭한 답을 이미 하고 있는지도 모른다.
81) Niklas Luhmann(장춘익 역), 사회의 사회 2 (새물결, 2012), 885면.

닌가? 분화 형식으로 계층적 분화가 여전히 효력을 가진다면, 기능적 분화에만 초점을 맞추는 체계이론의 관점에 문제가 있는 것은 아닐까?

1. 기능적 분화는 기능체계의 자기생산으로 이루어지는가?

루만은 '기능적 분화'를 자기생산체계 이론과 결합시킨다.[82] 루만의 설명에 따르면, 현대 사회는 경제체계, 정치체계, 법체계, 예술체계 등 여러 다양한 기능체계로 분화되어 있다. 각각의 체계는 자신의 의미기준을 따라 (이는 '자기준거'를 뜻하며, '형식'이라고 표현된다) 자기생산을 하며 분화된다. 각각의 체계는 '작동상 닫힌 자기생산체계'로서 자기준거에 기초해 체계와 환경을 구분한다. 체계와 환경의 구별은 이 구별을 통해 구별된 것 속으로, 즉 체계 속으로 재진입한다.[83]

루만이 자신의 체계이론에서 사용하는 '자기준거'나 '자기생산' 개념은 루만 자신이 만든 개념이 아니다. 루만은 칠레의 생물학자 마투라나(Humberto Maturana)가 조어한 아우토포이에시스(autopoiesis) 개념을 빌려 왔다. 마투라나는 그리스 단어인 autos(자기)와 poiein(생산하다, 창조하다)을 합성해 '자기생산'을 뜻하는 '아우토포이에시스'라는 개념을 만들어 생명체계를 특징지었다.[84] 그에 따르면, 생물의 본질적인 특징은 지속적으로 생성하는 자기생성조직(autopoietische Organisation)이라는 점이다.[85] 예컨대 신경계는 작동적 폐쇄성을 지니며, 환경은 신경계에 변화를 유발할 뿐 그것을 결정하지 못한다.[86]

---

82) Niklas Luhmann(장춘익 역), 사회의 사회 2 (새물결, 2012), 872면.
83) Niklas Luhmann(장춘익 역), 사회의 사회 2 (새물결, 2012), 694면.
84) Humberto Maturana(서창현 역), 있음에서 함으로 (갈무리, 2006), 155면.
85) Humberto Maturana/Francisco Varelra(최호영 역), 앎의 나무 (갈무리, 2007), 56면.
86) Humberto Maturana/Francisco Varelra(최호영 역), 앎의 나무 (갈무리, 2007), 104면, 151면.

마투라나는 루만이 자신이 만든 아우토포이에시스 개념을 사회에 적용하는 것을 반대했다. 마투라나가 보기에, 아우토포이에시스 개념을 사회현상들을 설명하는 원리로 사용하는 것은 서술되어야 할 사회현상들을 밝히지 못하고 모호하게 하는 경향이 있다.[87] 루만은 현상들이 유사하며 상황들이 비교가능하다고 봤지만, 마투라나는 이를 옳지 않다고 보았다.[88] 마투라나는 사회라는 개념이 역사적으로 볼 때 생명체계들의 자기생산이라는 생각보다 선행하며, 사회를 분석하는 데에서 나타난 모든 연관된 현상들을 먼저 다루고, 그 다음에 그것들이 자기생산 개념에 의해 보다 자세하게 밝혀질 수 있는지 자문해야 한다고 말했다.[89]

유기체와 사회는 비슷한 점이 많다. 둘 다 성장한다는 점에서 비슷하다. 유기체와 사회는 점점 복잡해지고 점점 기능적으로 분화된다. 기능주의는 자신의 목적을 위해 이용할 수 있는 개념적 저장소로 생물학을 꾸준히 주목해 왔다. 스펜서(Herbert Spencer)는 유기체를 사회에 유추 적용하는 이론을 구상하여 사회를 유기체적 유추로 이해하는 기능주의의 선구자가 되었다.

필자는 생물학과 사회이론을 '기능'의 관점에서 연결하는 시도는 몰라도, 자기복제적 체계(self-reproducing system)라는 관점에서 연관짓는 것에

---

87) Humberto Maturana(서창현 역), 있음에서 함으로 (갈무리, 2006), 171면.
88) Humberto Maturana(서창현 역), 있음에서 함으로 (갈무리, 2006), 171면.
89) "나를 독일에서 유명하게 만들어줘서 고맙습니다. 하지만 나는 당신이 내 생각들을 그런 식으로 활용하는 것에는 동의하지 않습니다. 나는 우리의 사회현상들의 특징들에 대한 문제에서부터 출발하기를 제안하는 바입니다. 사회라는 개념은 역사적으로 볼 때 생명체계들의 자기생산이라는 생각보다 선행합니다. 사회는 논쟁의 제1차적인 주제였습니다. 자기생산과 사회체계들은 훨씬 나중에 나타납니다. 따라서 우리는 사회를 분석하는 데에서 나타난 모든 연관된 현상들을 먼저 다루고, 오직 그 다음에 그것들이 자기생산 개념에 의해 보다 자세하게 밝혀질 수 있는지 자문해 보아야 합니다." "문제는 단순합니다. 니클라스 루만이 자기생산 개념을 사회현상들을 설명하는 원리로 사용한다는 것입니다. 이것은 서술되어야 할 과정들도 사회현상들도 밝히지 못하고 그것들을 모호하게 하는 경향이 있습니다." Humberto Maturana(서창현 역), 있음에서 함으로 (갈무리, 2006), 170-171면.

는 반대한다.[90] 사회를 유기체(생물체)처럼 자기준거적 자동생산체계라고 할 수 있을까? 유기체의 기능체계는 자기준거에 기초한 자기생산을 하지만, 사회의 기능체계도 루만 체계이론이 설명하는 것처럼 자기준거, 자기생산을 하는가? 이는 무리한 유추가 아닐까?[91]

루만은 아우토포이에시스 개념을 사회 현상에 직접 적용한다고 주장하지만, 루만 체계이론을 2차 관찰하는 필자는 생명 현상을 설명하는 이 개념을 사회 현상에 유추 적용할 수 있는지를 살펴야 한다. 먼저 사회 현상과 생명 현상이 유사한지를 살펴야 한다. 사회 현상과 생명 현상은 유사한 면도 있지만, 유사한 점 못지않게 다른 점도 많다. 한 가지 예로 사회는 죽지 않지만 생명체는 죽는다. 사회도 언젠가는 죽을지 모른다. 사회가 죽는다고 해도 양자는 다르다. 대부분의 생명체는 기능이 다해 죽을 때가 오지만, 사회는 그렇지 않다. 더 큰 차이는 유기체(생물체)에서 각각의 기능체계들은 자기준거를 토대로 제 기능을 충실히 수행하지만, 사회의 부분체계는 그렇지 않다. 사회는 오히려 생물체가 아픈 상태와 유사하다. 생물체의 기능체계가 제대로 작동하지 않음으로 인해 병이 난 상태가 사회의 現 상태와 유사하지 않을까?[92]

---

90) Anthony Giddens(윤병철/박병래 역), 사회이론의 주요쟁점 (문예출판사, 1991/2003), 19면, 106면.

91) 루만 체계이론은 자기준거적 체계를 상정함으로써 인간을 사라지게 하는 결과를 초래했다. 이에 따르면, 인간은 더 이상 사회를 설명하는 중요 인자가 아니다.

92) 건강한 유기체적 사회는 유럽의 지식인 천여 명이 1997년 6월 10일 암스테르담에 모여 선언한 '사회의 질 선언'이 제시한 항목을 충족해야 할 것이다: 폭력과 생태적 위협으로부터의 안전, 적절한 주거와 난방, 의복과 음식, 적절한 의료와 사회 서비스, 자신의 취향에 따라 출산하고 아이들을 양육하며 가족과 어울릴 수 있는 충분한 시간, 모든 노동자들을 위한 사회생활을 하는데 충분한 소득, 연령이나 건강상 이유로 일하지 못하는 이들을 위한 적절한 소득, 장애/고령/소수 인종/이민자 등이 지역사회에 충분히 정착하여 생활할 기회, 시민들이 유대감을 유지하고, 위기 상황에 생계를 유지하며, 사회적 위험을 방지할 수 있는 사회보장제도, 생애에 걸친 교육과 훈련 기회 제공, 공평한 과세제도, 국적/연령/성/인종/종교/정치적 신념/결혼 지위/성적 지향

　사회의 기능적 분화가 기능체계의 자기생산으로 이루어지는가? 일견 그렇다고 판단된다. 오늘날 복잡한 사회를 일률적으로 조율할 수 있는 거대한 손은 없다. 각 기능체계의 필요에 따라 더 세분화되어 분화한다. 예컨대 헌법, 민법, 형법 등 기본적인 법률 외에도 여러 관련법이 생기고 관련 학문이 생기는 것을 '기능적 분화'라고 평가할 수 있다. 오늘날 인터넷 전자상거래와 인공지능 기술의 발전을 '기능적 분화'로 볼 수 있다. *하지만 사회의 건강한 상태 유지에 필요한 기능체계가 충분히 분화하였는지는 의문이다.* 이를 덜 분화되었다고 판단하면 오판일까? 많은 나라에서 경제체계나 정치체계는 충분히 분화되었지만 건강한 사회의 한 축이 되는 복지체계는 덜 분화되었다. 생물체의 간조직이나 면역체계에 해당하는 사회의 기능체계가 형성되지 않았거나 덜 분화되었다면 충분히 분화시켜야 하지 않을까? 사회체계가 '자기준거적 자기생산체계'라는 루만의 이론은 한참 성장하는 산업이나 분야를 설명하는 데는 적절하지만, 건강한 사회를 위해 필요한 기능체계인 복지체계가 제대로 갖추어지지 않고 작동하지 않는 것은 설명하지 못한다. 사회에는 기능체계의 자기생산이 적용되는 부분이 있지만 그렇지 않은 부분도 있다는 주장이다. 이는 우리가 익히 알고 있는 '시장의 실패'와 '국가의 실패'로 설명될 수 있다. 사회에는 크게 봐서 보이지 않는 손이 작동하는 시장(市場) 영역과 보이는 손이 작동해야 하는 국가(國家) 영역이 있다. 자율적인 부분과 자율적이지 않은 부분이 있다. 세계 제1등 국가인 미국 사회도 공공성에 기초해 운영되어야 할 의료체계가 시장원리에 의해 운영되다보니 개인파산의 주범이 '의료파산'이라는 말이 있을 정도다.[93]

　등에 따른 차별 철폐. 이재열 外, 한국사회의 질 (한울아카데미, 2015), 333-334면.
93) 미국인의 40%가 의료부채를 가지고 있고, 미국인의 1/4 이상이 의료비를 지불하는 데 어려움을 겪고 있다. 2017.5.2. 미주중앙일보 "미국인 개인파산 주범은 의료비, 40% 의료부채 있어" 기사 참조.

2. 현대 자본주의는 기능적 분화와 양립하는가?

오늘날 체계의 기능적 분화는 어떤 모습을 보이고 있나? 자본주의과 관련하여 과연 체계의 기능적 분화가 제대로 진행되었는가? 경제를 중심으로 판단하면 세계사회는 거대한 경제공동체가 되었다. 세계화된 경제체계는 다른 기능체계에도 막대한 영향을 미친다. 예컨대 강력한 경제를 기초로 미국과 중국은 세계를 무대로 정치를 펼치고, 학문세계에도 그 영향력을 확대한다. 현실적으로 보이는 이러한 모습에서 과연 현상으로서 기능적 분화를 확인할 수 있을까? '기능적 분화' 개념은 사회의 부분 영역들이 서로 떨어져 있다는 매우 오래된 사회학적 인식에서 나왔다.[94] 사회체계가 기능적으로 분화되는 것이 오늘날 현상으로 관찰되는가? 기능적으로 분화되고 있지만 경제체계의 총체성이 오히려 지배하는 것이 아닌가? 몇몇 강대국 중심의 세계 질서가 구축되는 것은 아닌가? 경제뿐만 아니라 학문에서도 그렇지 않은가? 기능적 분화가 진행되고 있지만 기능적 분화는 외형상으로만 그런 것은 아닌가? 그렇다면 도덕의 관점에서 문제를 제기해야 하지 않을까? 사회는 기능적으로 분화되고 있지만 경제체계의 우선성으로 인해 기능적 분화가 방해되는 것은 아닌가?

사회의 기능적 분화는 현대 사회의 양상이지만 그 속에는 여전히 자본의 총체화된 모습이 내재해 있다. 다시 표현하자면 사회는 기능적으로 분화된 것처럼 보일 뿐 실제로는 그렇지 않다. 완전한 기능적 분화는 규범적 개념으로만 존재한다. 현 사회의 특징은 자본주의로 대표된다. '자본주의'라는 말 자체가 '경제체계의 총체성'을 보여주는 단어이지 않을까? '자본주의'는 자본이 가장 중요하다는 의미로 자본을 중심으로 사회가 굴러간다는 의미를 담고 있다.[95] 세계화를 통해 경제체계는 절대 강자로 군림하게 되었다.

---

94) Armin Pongs 엮음(김희봉/이홍균 역), 당신은 어떤 세계에 살고 있는가? 1 (한울, 2003), 190면.

오늘날의 세계화가 없다면 이렇게까지 총체성을 그대로 드러내지는 못할 것이다. 아무도, 심지어 정치체계까지도 경제체계의 독주를 제어할 수 없는 지경이 되었다. 1989년 공산주의 체제가 무너진 이후 자본주의 체제의 독주가 시작되었다. 자본주의 체제의 독주는 자본의 유동성, 경제의 세계화를 통해 가속되었다. 전 세계를 걸쳐 자본주의 체제가 공고해지면서 경제체계는 체계의 기능적 분화를 무시하고 다른 체계를 지배하는 위치로 올라섰다. 맑스가 얘기했던 '하부구조로서의 경제'가 실현된 것이다.

경제의 세계화에는 물론 수많은 장점이 있다. 중국이 세계의 공장이 되면서 급속히 성장하고, 베트남과 동남아시아 국가들이 중국에 이어 세계의 공장 위치를 점하며 발전하는 것을 볼 수 있다. 1970년대와 80년대 우리나라 또한 수출산업을 통해 국가를 일으켰다. 이런 현상을 바라보면 경제의 세계화를 비판하는 목소리가 힘을 잃는다. 사람들은 경제의 세계화를 통해 경제체계에 쏠리는 힘의 불균형을 애써 외면한다.[96] 세계를 다스리는 실질적인 힘은 경제주체들이 넘겨받았지만, 이를 규제할 수 있는 세계규범은 현재 거의 없다. 있다 해도 실효성이 없는 규범에 불과하다. 세계정부를 구상하고 있지만 아직은 먼 이야기일 뿐이다. 국가정부는 글로벌화된 기업들의 정책을 지원할 뿐 사회적 약자를 위해 그들을 제어할 능력을 상실했다. 정

---

95) 자본주의를 생산, 화폐, 권력의 결합체로 보는 시각으로는 홍기빈, 자본주의 (책세상, 2010/2014), 140면 이하; 자본주의를 '경제와 정치의 융합'으로 보고, 자본의 본질을 '권력'으로 보아 자본주의 사회를 생산 체제나 화폐 체제라기보다는 하나의 권력 체제로 파악하는 시각이 있다. 홍기빈, 자본주의 (책세상, 2010/2014), 114-115면.

96) 프리드먼(Thomas Friedman)은 '렉서스와 올리브 나무'에서 세계화 체제가 베를린 장벽이 무너진 후 냉전 체제에 대체하는 지배적인 국제 체제가 되었다고 보았다. 그는 힘의 정치와 혼돈, 문명 충돌, 자유주의라는 시각으로 세계를 파악하는 것을 낡은 것으로 보았다. Thomas Friedman(장경덕 역), 렉서스와 올리브나무 (21세기북스, 2009), 27면, 36면; 그의 말을 많은 사람들이 동의할 것이다. 프리드먼은 세계화 체제가 가져오는 긍정적인 요소를 여러모로 강조했다. 하지만 세계화 시대가 도래한 것에 모두가 공감할지는 몰라도, 세계화 시대를 모두가 좋게 보는 것은 아니다.

부가 기업의 대변인 역할을 수행할 때도 많았다. 글로벌 기업의 막대한 부를 사회적 약자에게 분배하는 정책을 포기했다.[97]

경제체계의 총체성으로 인해 '사회의 기능적 분화'보다는 '하부구조로서의 경제체계'가 더 설득력 있게 다가올지 모르겠다. 하부구조인 경제체계가 상부구조인 여러 체계들에 영향을 미쳐 다른 기능들의 자율적인 운행을 막는 것이다. 물론 사회의 기능체계들이 점차 독자성을 띠기 시작했지만, 그 독자성은 미완의 것일 뿐이다. 완성된 독자성은 경제체계의 총체성을 해체할 때에야 비로소 가능해진다.

3. 체계만 기능적으로 분화하는가?

기능적 분화가 가지는 개념의 폭은 매우 넓다. 루만은 체계의 기능적 분화로 좁혀서 다루었을 뿐이다. 루만은 예컨대 역할/직업/민족의 기능적 분화를 다루지 않았다. 하지만 기능적 분화의 前개념이 분업(分業)인 것을 고려하면 기능적 분화를 체계 개념으로 좁힐 필요는 없다. 체계도 기능적으로 분화하지만, 사람집단도 기능적으로 분화한다. 물론 체계의 기능적 분화와 사람집단의 기능적 분화에서 '기능적 분화'가 뜻하는 바는 같지 않다. 루만이 설명하듯 체계의 기능적 분화는 훨씬 복잡하다.

전(前)근대 사회는 분화되지 않은 사회였다. 사람의 개별적인 특성이나 개성, 특수한 기능, 재능 등은 그 사람의 신분에 철저히 가려졌다. 그 사람이 아무리 훌륭하다 해도 그가 가진 신분을 넘어서지 못했다. 신라시대 육두품이나 조선시대 서얼, 평민을 생각해 보면 알 수 있다. 천민은 더 말할 필요가 없다. 사람은 신분에 묶여 더 이상 분화될 수 없었다. 근대 사회에 이르러 사회는 분화되기 시작했다. 이때 비로소 개인이 탄생했고 개인의

---

97) 특히 우파 정부가 그렇다. 낙수 효과에 기대어 적극적인 정책을 포기하였다. 좌파 정부는 다른 모습을 보이려 하지만, 김대중, 노무현 정부의 경우에도 별 다른 것이 없었다.

인권에 대해 논해지기 시작했다. 최초로 사람을 주어진 신분과 분리해서 생각하기 시작했다. 천부인권 사상은 태어날 때부터 인간존엄을 인정하여 모든 사람에게 동등한 신분을 부여한다. 차별화된 신분에서 동등한 신분으로 바뀌었다. 물론 현실에서 이러한 변화는 점진적으로 나타났지만, 지면(紙面)상으로는 동등한 인간이 되었다. 전근대 신분질서가 무너지자 새로운 '인간'은 생겨났고, 이 동등한 인간상에 기반해 다양한 개인으로 발전되었다. person의 개념도 시대에 따라 바뀐다. 근대 이전에는 주어진 가면을 썼지만, 근대 이후에는 자신이 스스로 가면을 만들어 써야 했다. 사람은 주어진 신분의 사슬을 끊고 기능에 따라 자신을 정의내리기 시작했다. 이처럼 개인은 신분제에 따른 사회질서가 해체되고 사회의 기능적 분화가 진행되면서 탄생했다.[98]

하지만 사회의 기능적 분화는 오늘날 새로운 신분을 만들어낸다는 점에 주목해야 한다(직업/기능에 따른 분화). 사회에는 전문직을 수행하는 사람도 있고, 육체적 노동에 종사하는 사람(호텔 청소부 등)도 있다. 미국 사회에서 대다수 백인은 관리직에 종사하지만, 대다수 히스패닉은 중간직이나 육체노동을 담당한다. 몇 년 전 박근혜 대통령 탄핵과 관련해 영국인 교수의 인터뷰가 화제가 되었다. 인터뷰 도중 어린 아이가 갑자기 화면에 나타나는데 급하게 동양 여성 한 명이 이를 제지했다. 영국인 교수의 아내였지만 서양의 많은 언론은 '보모'라고 소개했다. 이 에피소드를 통해 아시아 여성에 대한 서양의 고정된 사고가 도마 위에 올랐다. 미국 샌디에고 주립대학(UCSD) 가이젤(Geisel) 도서관 청소, 아파트 관리, 주변 나무 심는 작업 등은 히스패닉 사람들이 주로 종사한다. 가게 점원들도 히스패닉 사람들이 많다.[99] 인종에 따라 직업이 분화된다고 볼 여지는 없는 걸까? 우리

---

98) 장은주, 인권의 철학 (새물결, 2010), 31면.
99) 필자가 2017-2018년 미국 샌디에고 주립대학(UCSD)에 방문학자(visiting scholar)로 체류할 때 관찰한 바를 적은 것이다.

나라 경우도 동남아시아와 연변 동포들이 3D 업종에 종사한다. 기능적 분화는 새로운 계층화를 낳지 않는가? 기능과 인종/민족은 서로 연결되어 작용한다. 이런 시각에서 보면 기능적 분화는 포함과 배제의 원리로 작용할 여지가 있다.

Ⅲ. 사회이론의 모색

규범적 사회이론 모델을 구상함에 있어 다음 사항은 필수적으로 고려되어야 한다. 첫째는 새로운 사회이론은 계층화와 기능적 분화를 동시에 고려해야 한다는 점이다. 둘째는 기능적 분화를 전제로 사회문제를 해결하는 규범적 사회이론이 요구된다는 점이다. 셋째는 기능적 분화 개념 자체를 하나의 규범적 과제로 제시하면서 경제체계의 총체성을 막는 방안이 모색되어야 한다. 넷째는 계층화의 문제를 전문적으로 다루는 기능체계가 필요하다는 점이다.

1. 다면적 분화

계층적 분화에서 기능적 분화로 오늘날 사회 분화의 주된 형식이 변했지만, 분화 형식이 완벽하게 넘어간 것은 아니다. 더구나 오늘날 기능적 분화에 따라 계층적 분화가 새롭게 일어나고 있다. 중심과 주변에 따른 분화도 여전히 강력한 힘을 가진다. 교통과 통신, 인터넷의 발달로 공간이 차지하는 비중이 이전보다는 덜하지만, 공간의 영향력은 여전하다. 세계화의 시대적 조류 속에 뉴욕, 상하이 등 거대 도시들의 역할은 더 커졌다. 하나가 된 세계는 몇몇 중심 도시와 다국적 기업으로 재편되었다. 오늘날 유일하게 사라진 분화 개념은 '분절적 분화'이다.

체계의 기능적 분화가 두드러지게 나타나지만, 생물체(유기체)의 기능적 분화에서 보는 것처럼 완전하거나 완벽하지는 않다. 사회 기능체계의 자기 준거와 자기생산은 불멸의 유전자(이기적 유전자)처럼 사회의 *前*과 *後*를 연결한다. 불멸의 유전자에 초점을 맞추면 인간 주체성이 사라지듯, 기능체계의 자기생산에 주안점을 두면 인간은 사라진다. 규범적 관점에서 사회를 바라보는 사람들은 사회 현상을 기능적 분화로만 설명할 수 없다. 인간을 중심에 둔다면 기능적 분화가 아닌 계층화로 설명해야 할 사회문제가 분명 있다. 사회의 양극화 문제가 대표적인 예이다. 신분제는 없어졌지만, 새로운 계급화가 발생하고 있다. 사회이론의 주안점을 '기능적 분화'에 두는 것에는 동의한다. 사회의 중심 분화 형식이 '중심과 주변에 따른 분화', '계층화'에서 '기능적 분화'로 넘어갔기 때문이다. 하지만 '기능적 분화'로는 설명할 수 없는 산적한 사회문제를 외면해선 안 된다. '계층화'라는 사회 분화 형식에도 관심을 기울여야 하는 이유는 충분하다.

현대 사회에서 계층적 분화는 이전 사회와 비교해서 어떤 특징을 갖는가? 확실하게 구분되는 것은 이전 사회는 신분 사회인 반면에, 현대 사회는 아니라는 점이다. 신분제는 확실히 폐지되었지만, 사회적 불평등은 '사회적 계급'이라는 새로운 계층화를 말할 수 있을 정도로 오늘날 심각한 사회문제가 되었다. 그렇다면 신분에서 사회적 계급으로 의미가 변한 계층화된 사회구조를 분석해야 하지 않나? 루만도 신분이라는 개념에서 사회적 계급이라는 개념으로 계층화 개념의 의미론적 전환에 대해 언급했다. 하지만 루만은 계층화가 개별 행태에 미치는 영향이 완화된 것으로 보고, 사회학자들이 계층화를 대신해 사회적 불평등을 선호한다고 보았다.[100]

중산층이 점점 줄어들고 상류층과 하류층으로 양극화되는 현상은 우리 시대의 현실을 대변한다. 개천에서 용은 더 이상 나오지 않고, 부는 세습되

---

100) Niklas Luhmann(장춘익 역), 사회의 사회 2 (새물결, 2012), 885면.

고 있다. 새로운 계층화 사회에서 '포함과 배제' 코드는 점점 더 힘을 얻는다. 자본소득이 임금소득을 앞서기 시작하면서 자산을 가진 사람들과 그렇지 못한 사람들 간의 차이가 점점 벌어지고 있다.[101] 어떻게 계층화해야할지 아직은 정확히 판단할 수 없지만,[102] 자산가, 정규직 노동자, 비정규직 노동자의 차이는 계층으로 표현할 수 있을 만큼 벌어지고 있다. 최근에 등장해 대중에 회자되는 '금수저/흙수저'라는 표현은 이를 상징적으로 보여준다.

오늘날 계층화된 사회를 '7계급 사회'로 설명하는 시도가 있다. 2013년 영국에서는 BBC가 실시한 '영국인 계급 총조사'를 토대로 새로운 분류법을 제시되었다. '경제적 자본', '사회적 자본', '경제적 자본'이라는 3가지 기준을 적용해, 사회 집단을 '엘리트', '안정된 중산계급', '기술적 중산계급', '풍족한 신노동자 계급', '전통적 노동자 계급', '신흥 서비스 노동자 계급', '불안정한 프롤레타리아' 7개 계급으로 세분화했다. 새로운 분류법에는 계급 분류법의 전통적 잣대인 '경제적 자본' 외에도 '사회적 자본', '문화적 자본'이라는 새로운 기준이 첨가되었다. 경제력을 기준으로 '상류층, 중산층, 노동계층'으로 나눈 전통적인 3단계 분류법이 오늘날 계층화된 사회를 잘 설명하지 못한다고 본 것이다. 3단계 분류법으로는 오늘날 인구의 39%만을 분류할 수 있다고 진단했다.[103] 새로운 분류법에는, '중산층'이 '안정된 중산계급'과 '기술적 중산계급' 2단계로 나뉘었다. '노동계층'이 '풍족한 신노동자 계급', '전통적 노동자 계급', '신흥 서비스 노동자 계급', '불안정한 프롤레타리아' 4단계로 세분화되었다.[104] 여기서 우리가 주목해

---

101) Thomas Piketty(정경덕 역), 21세기 자본 (글항아리, 2014).

102) 다음과 같은 분류가 제시되기도 한다. "부자 나라에서는 은행 거래 가능 인구 40퍼센트, 생계 불안 인구 30퍼센트, 배제 인구 30퍼센트로 나오며, 가난한 나라에서는 이 비율이 20-30-50퍼센트가 된다." Philip McMichael(조효제 역), 거대한 역설 - 왜 개발할수록 불평등해지는가 (교양인, 2012), 510-511면.

103) [네이버 지식백과] 7계급 사회 (트렌드 지식사전, 2013. 8. 5. 인물과사상사) 참조.

야 할 계급은 '신흥 서비스 노동자 계급'과 '불안정한 프롤레타리아'이다. 영국 국민의 34%에 해당하는 수치다.[105)

　우리나라에서 비정규직 노동자 비율은 점점 높아지고 있다. 대기업의 경우 15.3%인 반면에, 중소기업의 경우는 5인 이상 10인 미만 중소기업은 58.3%, 5인 미만 중소기업은 79.5%나 된다. 비정규직 노동자는 거의 같은 시간을 일하면서도 정규직 노동자 임금의 절반이 약간 넘는 임금을 받는다. 노동 환경도 열악하고 여러 보장들에 제외되어 있다. 비정규직 노동자들이 증가함에 따라 노동자 계층은 양극화되고 빈곤과 불평등 문제가 심각해졌다.[106) 1997년 외환위기 이후 비정규직 노동자의 비율이 점점 증가하여 이제 거의 노동자의 절반을 차지했다.[107) 비정규직 노동자 문제는 이미 사회적 계급의 문제, 계층화의 문제로 발전했다. 저소득층이 명문대로 진학하는 비율이 줄어든다는 최근 통계에서도 부모의 경제력이 자녀의 대학 입학에 미치는 영향이 점점 커지는 것이 확인된다.[108) 이전 한국 사회에서 교육은 계층을 뛰어넘는 사다리의 역할을 했지만, 지금은 교육 자체가 계층 간 사다리를 걷어찬다. (좀 심하게 표현하자면) 교육은 이제 계층을 견고하

---

104) '기술적 중산계급'은 돈을 많이 벌지만 사회적 인맥이 거의 없고 문화활동도 하지 않는 계급이다. '풍부한 신노동자 계급'은 도시의 젊은 노동자들로 소득은 중간 정도이지만 '사회적 자본'과 '문화적 자본' 향유도가 높은 계급이다. '기술적 중산계급'과 '풍부한 신노동자 계급'을 비교해 보면, '경제적 자본'은 '기술적 중산계급'이 높지만, '사회적 자본과 문화적 자본'은 '풍부한 신노동자 계급'이 높다.

105) 2013년 BBC 조사에 따르면, '엘리트'는 6%, '안정된 중산계급'은 25%, '기술적 중산계급'은 6%, '풍족한 신노동자 계급'은 15%, '전통적 노동자 계급'은 14%, '신흥 서비스 노동자 계급'은 19%, '불안정한 프롤레타리아'는 15%를 차지했다.

106) 새로운 사회를 여는 연구원, 분노의 숫자 - 국가가 숨기는 불평등에 관한 보고서 (동녘, 2014), 89면, 104면.

107) 2017년 7월 2일 '매일경제' 등 신문 기사 참조.

108) JTBC 2017년 4월 15일 방송은 지난 3년 간 전국 4년제 대학생 150만여 명이 국가장학금을 신청한 내역을 입수해 분석했다. 이 내역은 소득 분위별로 나뉘어서 출신 가정의 재산 상태를 알 수 있는 거의 유일한 자료인데, 명문대로 불리는 학교일수록 저소득층 비율이 낮았다.

게 하는 새로운 신분제의 도구로 전락했다. 이를 해결하기 위해서는 교육의 공적 기능을 대폭 강화하고 사설 교육 시장에 적절한 규제가 필요하다.

필자는 '계층화' 개념 자체가 사회를 규범적으로 접근하는 방법이라는 생각을 해보았다. '계층화'는 사회 현상을 규범적 관점에서 그려낸 것으로, '계층화'라는 단어 속에는 해결되어야 할 사회적 문제라는 의미가 내포되어 있다. 사회적 불평등의 문제를 사회적 계급 내지 계층화의 문제로 다루는 것에는 이 문제가 그만큼 심각하다는 점을 드러낸다.

2. 기능적 분화를 고려한 규범적 사회이론의 필요

루만의 '기능적 분화' 이론은 존재론적 전환과 인식론적 전환을 가져오는 거대한 흐름을 담고 있다. 루만은 '기능적 분화'에 기초해서 '2차 관찰 이론'을 설계함으로써 그 흐름을 상당히 구체적으로 묘사했다.

> "기능적 분화의 결과로서 마찬가지로 중요한 것은 관찰이 상당 부분 이차 관찰로, 즉 관찰자들에 대한 관찰로 전환된 것이라고 할 수 있다. 물론 예전의 세계에서도 이미 이차 관찰이 있었다. 하지만 그것은 인지적으로 혹은 규범적으로 폭을 좁게 제한하는 프로그램들의 틀 안에서였을 따름이다. […] 기능적 분화가 관철되면서 이러한 '존재론적 전제'는 무너진다. 그런 전제를 대체할 수 있는 것은 관찰자들에 대한 관찰의 실제 수행뿐이다. 그러한 세계는, 관찰될 수 없는 것을 매체로 해서, 그러한 이차 관찰 수준에서 새로 구성되어야 한다. 모든 기능체계는 자신의 고유한 작동들을 이차 관찰 수준에서 관찰한다고 할 것이다. […] 달리 말하자면, 기능체계들은 자기관찰을 위한 나름의 형식과 기회를 만들어야 하고, 그런 식으로만 현실을 구성할 수 있다."[109]

---

109) Niklas Luhmann(장춘익 역), 사회의 사회 2 (새물결, 2012), 878-879면.

루만의 이론 구성을 다시 2차 관찰해 보면, '기능적 분화론'이 가지는 거대한 파괴력에도 불구하고 다음과 같은 맹점(blind spot)이 있다. 루만이 구분하는 사회의 분화형식(분절적 분화, 중심과 주변에 따른 분화, 계층적 분화, 기능적 분화)을 분화 주체의 관점에서 보면 공간, 인간, 체계로 다 다르다. 공간, 인간, 체계 등 하나를 중심으로 살피면 다른 것에 의한 분화는 부각될 수 없다. 계층적 분화는 신분에 따른 인간집단의 분화이다. 반면에 기능적 분화는 체계의 자기준거성에 따른 체계의 분화이다. 계층적 분화가 우선성을 가졌을 때와 기능적 분화가 우선성을 가질 때의 문제의식은 굉장히 다를 수밖에 없다. 계층화로 인한 문제를 기능적 분화로 제대로 설명하기 어렵다.

루만 체계이론은 인간을 중심에 둔 규범학이 아니다. 루만 체계이론은 체계의 기능적 연관과 체계의 커뮤니케이션을 세계사회 차원에서 논한다는 특징이 있다. 루만은 인간이나 행위가 아닌 사회체계의 커뮤니케이션에 초점을 맞춘다. 체계의 기능적 분화, 체계의 커뮤니케이션을 설명인자로 설정하는 루만 체계이론에서 인간에 대한 규범적 관심은 사라진다. 루만 체계이론에서 인간은 사회를 설명하는 인자(因子)가 되지 못하기 때문이다.[110] 하지만 이론에서 인간이 사라진다는 것은 규범학의 관점에서 볼 때 큰 문제이지 않을 수 없다. 규범학의 최종적인 지향점은 인간이기 때문이다.[111]

루만 체계이론은 '세계사회'를 전제한다. 기능적 연관은 끊임없이 영토적 경계를 넘어 글로벌화하는 경향이 있으며, 기능적 분화로의 이행은 세계사회의 확립으로만 종결에 이를 수 있다.[112] 하지만 기능적 분화의 범주를 세계사회로 보는 것이 (전혀 다른 방향이기는 하지만) 인종과 문화의 영

---

110) 그럼에도 필자는 루만이 인간을 중시하지 않았다고 보지 않는다. 이는 루만 체계이론에 대한 오해라고 생각된다.
111) 규범학으로 사실학/현상학을 비판하는 것이 마땅한지는 모르겠다.
112) Niklas Luhmann(장춘익 역), 사회의 사회 2 (새물결, 2012), 925면.

향력을 도외시할 위험이 있지 않나 의문이 든다.

 루만 체계이론은 분명 규범학과는 동떨어져 있다. 루만은 사회 불평등 문제를 규범적으로 다루지 않았다. 그럼에도 루만 체계이론은 우리에게 많은 것을 가르쳐준다. 특히 필자는 사회문제 해결이 사회의 기능적 분화를 전제하지 않고서는 접근할 수 없다는 입장을 취한다. 사회 체계가 기능체계로 분화되어 이제 더 이상 기능체계를 전제하지 않는 해답은 기대하기 어렵다. "사회의 가장 중요한 기능들은 오직 그것을 위해 독립분화된 기능체계들 안에서만 필요한 성취 수준에서 실현될 수 있다."113)

 계층화로 인한 문제 해결을 위해서도 사회의 기능적 분화를 고려해야 한다.114) 이를 고려하지 않는 사회이론은 급진적인 좌파이론이나 유토피아적인 해결책을 내놓는다. 오늘날 공산주의 계급운동으로서의 노동운동은 빛을 바랬다. 지속된 노동운동의 결과 노동자의 인권은 향상되고, 노동법이나 복지법 등을 통해 노동운동이 주장한 바가 법규범으로 수용되었다. 하지만 오늘날 노동자는 사회에 편입되어 저항세력이라기보다는 문화산업의 수용자로 바뀌었다. 또 다른 측면에서 노동자층의 분화가 일어났다. 일부 정규직 노동자는 노동조합을 통해 엄청난 혜택을 누리는 반면에, 비정규직 노동자는 노동자의 인권을 제대로 보호받지 못하는 법의 사각지대에 놓였다. 비정규직 노동운동이 전개되지만 대중과 정규직 노동자들에게 외면당하고 있다. 예전에는 노동자의 단합된 힘으로 노동운동이 힘을 받았지만, 이제는 노동계가 분열되어 그 힘이 이전만 못하다. 정규직과 비정규직으로 나누어진 노동시장을 제대로 다루지 못한 채, 이것이 현실로 고착되었고 이를 기초로 법규범이 만들어졌다. 잘못된 현실 위에 규범이 세워져 있다. 이러한

---

113) Niklas Luhmann(장춘익 역), 사회의 사회 2 (새물결, 2012), 873면.
114) 사회의 기능적 분화가 진행되고 있고 거스를 수 없는 흐름이라면 문제 해결책도 이를 전제로 해야 한다. 예컨대 한국 의료보험의 전개, 노인장기요양보험 제도의 도입, 사회보장제도의 확대는 복지체계의 기능적 분화로 파악할 수 있지 않을까?

상황에서 현 노동질서를 바꾸어 보려는 운동이나 비판세력의 움직임은 눈에 띄게 줄어든다.

공산주의 국가들이 무너지고 자본주의가 만연한 시대에는 현 자본주의를 뛰어넘는 상상력을 발휘하기 쉽지 않다. 더 나은 세계를 꿈꾸는 것조차 힘들어졌다. 유토피아의 세계는 막을 내렸고, 꽤 오랜 시간이 지나야 새로운 유토피아의 장이 열리지 않을까 싶다. 하지만 공산주의 국가의 붕괴는 결코 사회주의의 붕괴가 아니다. 역사적으로 보면 공산주의와 사회주의는 자본주의와 공산주의의 관계만큼 적대적인 관계였다. 필자가 생각하는 사회주의는 '사회적 시장경제'를 추구하며 복지국가를 만드는 독일, 스칸디나비아 국가 모델이다. 공산주의는 모두에게 공평한 유토피아를 약속했지만 현실에서 유토피아는 실현할 수 없었고, 실제로 나타난 공산주의는 전제국가의 모습이었다. 공산주의를 가장한 새로운 모습의 전제주의 국가의 등장이었다. 아직 남아있는 공산주의 체제 국가도 공산주의의 본 모습과는 거리가 멀다.

유토피아 사회를 현실에 구축하는 것은 불가능하다. 유토피아 사회를 세우는 것은 정의롭고 사랑이 가득한 유일신이 이 사회를 전체적으로 총괄하며 다룰 때에만 가능할지 모르겠다. 매우 복잡해진 이 세상에서는 어느 누구도 사회 전체 체계를 일률적으로 다룰 수 없다. 오늘날 인종과 직업, 기능에 따라 분리된 사회의 각 부분은 그 부분사회의 작동원리에 따라 조직되고 움직이고 분화된다. 한 부분의 전문가라 하더라도 다른 부분이 어떻게 움직이는지 파악하는 것은 쉽지 않다. 기능적으로 분화된 체계라는 사실을 도외시하고 사회문제에 직접적으로 개입하면 단기적으로 문제가 해결될지 모르나, 더 큰 부작용이 따르고 역효과가 난다. 부작용으로 인해 그 부분뿐만 아니라 전체 사회가 더 나빠질 수도 있다. 신(神)이 있다면 오직 신만이 이 사회의 복잡성을 이해하고 해결할 수 있다. 그렇기에 사회를 정의롭게 만드는 데에는 현실적인 한계가 있다. 이론가는 현실적인 한계를 무시하고 이상적인 해결책을 이론화할 것인지, 아니면 현실적인 한계를 염두에 두고 이를 기초로 정의론의 기초를 쌓을 것인지를 선택해야 한다. 필자는 후자를 지향한다. 정의론을 세우는 데 사회의 현실을 늘 염두에 두어야 하며, 우리가 할 수 있는 것과 할 수 없는 것을 가능한 한 구분해야 한다. 이제껏 많은 사회주의 이론은 전자를 지향했다. 하지만 루만에 따르면, 좌파 이론은 정치적인 급진성이 아니라 이론적 급진성이 결여되어 있다.115)

호네트(Axel Honneth)도 그의 책 '사회주의 재발명'에서 사회주의 이론에 대해 일침을 가했다. 호네트는 '기능적 분화에 대한 무능력'이라는 사회주의의 숙명적 유산에 대해 언급한다. 초기 사회주의자는 19세기 초기 산업주의 정신에 깊이 도취되어 그 누구도 점진적으로 진행되는 근대 사회의 기능적 분화 과정을 인지할 준비를 갖추지 못했다.116) 초기 사회주의자들은 경제적 결정론에 경도되어 있어, 핵심적 기능 영역들의 규범적 독자성에 대한 가정으로 대체할 준비가 전혀 되어 있지 않았다.117) 호네트가 보기에, 오늘날 사회주의 학자도 마찬가지다. 호네트는 제럴드 코헨(Gerald A. Cohen)이 2009년 사회주의 사회 비전을 제시할 때 각기 고유한 행위 논

---

115) Niklas Luhmann(김종길 역), 복지국가의 정치이론 (일신사, 2001), 25면.

116) Axel Honneth(문성훈 역), 사회주의 재발명 (사월의책, 2016), 159면. "이렇게 사회의 기능적 분화 과정 자체를 고려하지 않았던 점은, 왜 사회주의자들이 사회적 자유라는 자신들의 이념을 다른 사회 영역을 규범적으로 규명하기 위해 생산적으로 만들려는 노력을 전혀 하지 않았는지 그 이유를 설명해 준다. 즉 이러한 부분체계의 현상들이 항상 경제적 원칙이나 방향 설정을 통해 규정되기 때문에 이들이 각기 고유한 독자적 기능 논리를 전혀 가질 수 없다면, 이러한 부분체계에서 독자적 형태의 사회적 자유의 실현을 탐색할 필요가 없었다는 것이다." Axel Honneth(문성훈 역), 사회주의 재발명 (사월의책, 2016), 160면.

117) Axel Honneth(문성훈 역), 사회주의 재발명 (사월의책, 2016), 170-171면. "물론 기능적 분화에 대한 사회주의의 감각중추 결함을 사후적으로 수정함으로써 사회주의를 혁신하려는 것은 얼핏 보기보다 상당히 감행하기 어려운 시도이다. 왜냐하면 경제적 '중심주의'를 각기 고유한 독립적 규범에 종속된 행위 영역들이란 표상으로 대체한다는 것은 분명 간단한 일이 아니기 때문이다." Axel Honneth(문성훈 역), 사회주의 재발명 (사월의책, 2016), 158면.

리를 갖고 있는 다양한 사회 영역의 분리에 대해 언급도 하지 않은 채 다양한 과제 영역들 사이의 안정된 경계 설정도 없는 캠핑장을 미래 사회의 모델로 삼았음을 언급한다. 이에 대해 호네트는 "사회적 삶은 결코 캠핑장에서의 삶일 수 없다"는 뒤르켐의 말로 비판했다.[118] 오늘날 사회를 다양한 과제 영역들 사이의 안정된 경계 설정이 없는 캠핑장으로 구상하는 것은 적절치 않다.

호네트는 사회의 기능적 분화를 고려하면서 그 속에서 사회적 자유를 실현시킬 방법을 모색한다. 호네트는 기능적으로 분화된 근대 사회라는 사회 이해에 따라 사회주의 전체 프로젝트가 근본적으로 어떻게 변화해야 하는지를 기술하고자 했다.[119] 그는 혁명 주체라는 프롤레타리아 사상에 결정적으로 작별을 고하고, '사회적 자유'라는 핵심 사상을 사회 분화라는 현실에 적합하도록 만드는 작업을 하였다. 하지만 호네트는 '사회주의 재발명'에서 이 둘이 어떻게 연결될 수 있는지는 자세히 다루지 않았다.[120] 다양한 기능 영역 사이의 '유기적' 협력에 대해서만 언급하고 있을 뿐이다.[121] 호네트는 유기체 전체의 보존이라는 목적을 향한 모든 부분체계의 협력이라는 헤겔의 생각에 기대어, 미래 사회를 더 이상 아래로부터 즉 생산관계에 의해 중앙에서 통제된 질서가 아니라, 오히려 독립적이지만 합목적적으

---

118) Gerald A. Cohen, Sozialismus - warum nicht?, München, 2010; Emile Durkheim, Erziehung, Moral und Gesellschaft - Vorlesung an der Sorbonne 1902/1903, Darmstadt, 1973), 200면: Axel Honneth(문성훈 역), 사회주의 재발명 (사월의책, 2016), 160면에서 재인용함.

119) Axel Honneth(문성훈 역), 사회주의 재발명 (사월의책, 2016), 103-104면.

120) 필자는 호네트의 사회적 자유 개념, 즉 내가 자유로운 것은 남이 자유롭기 때문이라는 상호주관적 자유 개념 자체가 이상적인 개념이라고 생각한다.

121) Axel Honneth(문성훈 역), 사회주의 재발명 (사월의책, 2016), 162면 이하; 호네트는 유기체 모델이 과거와 현재 사회에 경험적으로 적용되는지 여부에 대해서는 일련의 반론이 있을 수 있지만, 이를 논외로 한다면, 이는 규범적 숙고를 위한 자극이 될 수 있다고 보았다. Axel Honneth(문성훈 역), 사회주의 재발명 (사월의책, 2016), 164면.

로 함께 작용하는 기능 영역들의 유기적 전체로 표상한다.[122]

> "만약 헤겔의 사회철학에서 그가 이미 기능적 관점에서 구별한 사회 영역들의 구조에 대해 어떻게 생각했는지를 탐색한다면, 어쩔 수 없이 살아있는 유기체 모습이라는 실마리와 마주치게 된다. 왜냐하면 헤겔이 근대 사회의 노동 분업적 구조를 종합적으로 기술하려 할 때면 언제나 유기체 전체의 보존이란 목적을 향한 모든 부분체계의 협력이란 생각에 의존한 것처럼 보이기 때문이다. 즉 사회 영역들은 다 합쳐져 각기 고유한 규범에 따라 사회 재생산이라는 포괄적 목적에 기여하는 성과를 낸다는 점에서 흡사 신체의 조직들이 서로 연관된 것과 같다는 것이다."[123]

필자는 호네트가 헤겔과 맑스가 도입했던 유기체 모델을 규범적으로 이해하는 것에는 찬성하지만, 두 가지 점에서 의문이 생겼다. 첫째는 유기체 모델이 과연 타당한가 하는 점이다. 유기체 모델을 기초로 사회주의의 '사회적 자유'를 주장할 수 있는지가 의심스럽다.[124] '사회적 자유' 개념 자체에 대해서도 의문이 들고, 사회적 자유를 어떻게 각각의 부분 영역에서 실현시킬 것인지는 여전히 불분명하다. 두 번째는 호네트가 '사회주의의 재발명' 마지막에서 구체적인 방법은 제시하지 않은 채 사회주의의 이상을 다시 언급하는 것 같아서 그렇다. 호네트는 모든 사회적 자유들이 각기 고유한 기능적 차이 속에서 강제 없이 협력하는 것보다 더 좋은 그림이 없다고 하면서 사회구성원들이 각기 자신의 상호작용 동반자의 관심과 도움에 기대어, 인격적이고 정서적인 친밀성, 경제적 독립성, 정치적 자기결정에

---

122) Axel Honneth(문성훈 역), 사회주의 재발명 (사월의책, 2016), 163면, 167면; '분업의 유기적 연대'를 주장하는 뒤르켐처럼, 헤겔은 '기능적 분화의 유기적 연대'를 주장하는 거라고 필자가 판단한다면, 이는 잘못된 판단일까?
123) Axel Honneth(문성훈 역), 사회주의 재발명 (사월의책, 2016), 163면.
124) 뒤르켐의 유기체 이론을 기초로 '사회적 자유'를 주장하는 견해로는 문성훈, 새로운 사회적 자유주의 (사월의책, 2022), 542면 이하.

대한 공유된 욕구를 해방시킬 때, 우리 사회는 문자 그대로 사회적이 될 것이라는 기대를 그린다.[125]

호네트가 (유기체 모델을 통해) '기능적 분화'와 '사회적 자유'를 연결하는 데서 무리한 (그래서 이상적으로 보이는) 이론 구성을 시도하고 있지는 않은가? 호네트도 표현하듯이, 사회주의의 자유 개념('사회적 자유')은 공화주의의 자유 개념('비지배로서의 자유')을 훨씬 더 넘어선다.[126] 반면에 필자는 사회문제의 해결 수준을 훨씬 낮추어 현실에 맞게 재편해야 한다는 생각이다. 이에 다시 루만의 생각으로 다시 돌아간다. 루만에 따르면, 사회의 기능적 분화를 전제로 사회기능체계의 해결책이 있을 뿐이다. 기능체계는 다른 기능체계의 기능을 떠맡을 수 없으며, 다른 기능들이 다른 곳 어디에선가 충족된다고 전제한다.[127] 필자가 루만의 설명에서 가장 설득력 있다고 생각되는 부분이다.

우리가 사회문제를 해결하려고 해도 사회가 기능적으로 분화된 이상 하나의 완전한 해답은 기대하기 어렵다. 계층화 문제, 사회불평등 문제가 아무리 심각해도 이를 단번에 해결할 방법은 없고, 정치권에서 직접적으로 해결할 방안을 마련할 수도 없다. 정치권에서는 문제를 해결할 수 있는 듯 선거공약에서 주장하지만, 허무맹랑한 공약으로 그치는 경우가 한두 번이 아니다. 좌파정부가 들어서도 사회불평등의 문제를 제대로 해결하지 못했다. '경제 민주화'의 구호나 정책도 시장과 가격, 효율성이 강조되는 경제체제에, 정치체계에나 적용되는 규범적 해결방식을 도입했다는 점에서 적절하지 않다고 보인다. 물론 '경제 민주화'를 주장하는 분들의 문제의식에는 동의한다.[128]

---

125) Axel Honneth(문성훈 역), 사회주의 재발명 (사월의책, 2016), 187-188면.
126) Axel Honneth(문성훈 역), 사회주의 재발명 (사월의책, 2016), 62면.
127) Niklas Luhmann(장춘익 역), 사회의 사회 2 (새물결, 2012), 864면.
128) '경제 시스템' 영역에 '경제 민주화'를 주장하는 것은 타당하지 않다. '민주화'라는 '정치 시스템'에 적절한 용어를 '경제 시스템'에 적용하는 것은 오늘날의 기능적 분

3. 규범적 과제로서 기능적 분화

현실 사회에서 체계의 완전한 기능적 분화는 이루어지지 않았는데, 무엇보다도 '경제체계의 총체성' 때문이다. 우선 경제체계의 총체성을 배제하는 움직임이 있어야 한다. 단어 사용에 있어서도 경제체계의 총체성을 드러내는 '자본주의' 대신에 경제체계의 총체성이 배제된 '시장경제'라는 단어를 지향해야 한다. 교육, 의료, 복지 영역은 시장 논리로 움직어서는 안 되는데도 경제 논리가 전 영역에 과도하게 개입하고 있다.[129] 사회 기능체계들이 제대로 굴러가기 위해서는 경제체계의 과도한 권력을 제어해야 한다.

루만이 설명하는 '체계의 기능적 분화'와 필자가 주장하는 '체계의 기능적 분화'는 큰 차이점이 있다. 전자는 사실적 개념인 반면에, 후자는 규범적 개념이다. 전자는 기능을 중심으로 분화 개념을 설명하지만, 후자는 기능만을 고려하지는 않는다. 기능 외에도 여러 다른 개념이 함께 분화를 설명할 수 있다. 기능만을 강조하는 것은 자본주의의 총체성을 제대로 드러내지 못할 위험이 있다. 호네트도 사회 분화를 사회적 사실이 아니라 '과제'로 보는 것에 대해 이야기한다.[130] 호네트는 '사회주의 재발명' 제4장에서 사회주의를 재발명하는 도구로 '기능적 분화'를 들고 있다.[131]

화와 어울리지 않는다. '경제 민주화'란 용어를 굳이 사용하지 않더라도 제대로 운영되는 '경제 시스템'을 갖기 위한 매개 개념이 가능하다. '경제 민주화'란 용어 자체가 오늘날 '총체화된 자본주의', '공룡이 되어버린 경제 시스템'을 통제하기 위한 거라는 점에서는 십분 이해되지만, '기능적 분화'의 관점에서는 적절한 용어 선택이아니다. 오늘날의 현실에서는 '경제 민주화' 개념을 비판적으로 봐야겠지만, 그보다훨씬 더 '총체화된 자본주의'를 경계해야 한다. '총체화된 자본주의'에 반대해 '경제민주화'가 등장했고, 이 주장에 대해 이의가 별로 없다. 다만 '경제 민주화' 단어 자체가 문제일 수 있다는 지적을 할 뿐이다.

129) 장하성, 한국 자본주의 (헤이북스, 2014), 109면.
130) Axel Honneth(문성훈 역), 사회주의 재발명 (사월의책, 2016), 149면.
131) 호네트의 언급은 '규범적 개념으로 기능적 분화'를 주장하는 것처럼 보였다. 필자가독일 유학을 마치고 2007년 한국에 돌아올 때 학문적 포부는 니클라스 루만과 악셀

기능적 분화로 보이는 사회분화 현상은 진행되고 있지만, 필자에게는 미완성의 모습이다. 겉으로 드러난 부분만으로 이를 바라보면 사회의 실제 중요한 문제들은 그 속에 파묻힌다. 사회의 불평등, 가난, 삶의 질 등의 중요한 실제적인 문제를 조금이라도 드러내면 기능적 분화는 더 이상 분화의 모습이 아니다. 사회의 실제적 문제를 해결할 수 있는 '과제로서 기능적 분화' 개념이 필요하다. '기능적 분화'를 현상학적 개념으로 보는 사고에서 벗어나 '과제'로 바라보면, 새로운 사회비판이론을 구축할 수 있는 이론적 기반을 가질 수 있다.

'과제로서 기능적 분화'에서 중요한 체계는 복지체계다. 사회복지 시스템이 잘 갖춰진 곳이어야 사회가 건강할 수 있다. 사회의 제 기능이 제대로 효과를 발휘해야 전체 사회가 건강해진다. 해답은 노동운동, 계급운동에 따른 공산주의 사회 건설이 아니다. 해답은 '복지체계의 수립'이다. 복지체계의 수립은 계층화 문제를 근본적으로 해결할 수 없지만 많은 부분 해소한다.[132]

기능적 분화는 사회문제 해결의 방식을 나타낼 뿐 아니라, 문제 해결의 한계점(제한된 역량)도 동시에 드러낸다. 오늘날 사회문제의 해결은 체계의 기능적 분화를 무시하고는 상상할 수 없다. 체계의 기능적 분화에 기반해 사회의 기능체계가 사회문제에 반응하고, 더 나아가 체계 분화가 더 이루어지면 이후 그 문제를 다루는 특수한 기능체계가 발생한다. 루만은 전통적인 의미의 자선이나 빈민구제가 아니라 구조적 변화를 위한 노력이 중요하다고 보며, 하나의 기능체계가 발생 중인 것을 관찰할 수 있을지도 모른

호네트를 결합시켜 하나의 사회이론을 만드는 것이었다. 호네트의 '사회주의 재발명'에 나오는 '기능적 분화'라는 주제 하에 루만과 호네트가 연결될 수 있겠다고 생각됐다.

132) "스칸디나비아 국가들과 영국의 학자들이 내놓은 꼼꼼한 한 연구에 따르면 계층 이동성은 스칸디나비아 국가들이 영국에 비해 더 높고, 영국은 미국에 비해 더 높은 것으로 나타났다. 복지 정책이 잘 된 나라일수록 계층 이동이 더 활발하다는 사실은 결코 우연의 일치가 아니다." 장하준, 그들이 말하지 않는 23가지 (부키, 2010), 288면.

다고 언급했다.[133]

　사회 현상을 기술하는 차원에서는 기능체계의 작동과 새로운 기능체계의 발생 등을 목격할 수 있지만, 그 기능체계가 인간의 노력 없이 체계 자체만으로 만들어지는 것일까? 복지체계는 진보와 보수의 끊임없는 대립 속에 정치체계의 작동과 경제체계의 작동 가운데 생성된다. 사회체계가 기능적으로 분화되지만, 모든 기능체계가 똑같은 힘을 가지고 있지 않다. 경제체계와 정치체계는 사회문제에 미치는 영향이 다른 부분체계의 그것보다 훨씬 강력하다. 복지체계가 제대로 수립되지 않은 국가에서 경제체계나 정치체계가 복지체계에 미치는 영향은 막대하다. 유기체에서 심장이나 뇌가 중요한 기능을 수행하는 것처럼, 사회에서도 경제와 정치는 심장과 뇌와 같은 기능을 수행한다. 복지체계는 정치체계와 경제체계의 영향 하에 만들어지며, 자기준거성을 갖기까지는 꽤 오랜 시간이 필요하다. 복지체계가 제대로 갖추어진 후에는 자기준거성을 띠면서 발전하지만, 복지체계가 형성되기까지는 부단한 인간의 노력이 필요하다. 오랜 복지의 경험이 있는 국가를 보면 복지의 논리가 정치의 좌우 논리에 크게 흔들리지 않는다. 하지만 우리나라의 사정은 어떤가? 복지의 역사가 짧아서인지 복지의 논리는 정치와 경제 논리에 좌우된다는 느낌이다. 복지체계가 좌우의 논리에 흔들림이 없으려면 복지를 강조하는 정치의 힘과 시민운동이 더 필요하다.

---

133) 루만은 다음 견해들을 인용하고 있다. Dirk Baecker, Soziale Hilfe als Funktionssysteme der Gesellschaft, Zeitschrift für Soziologie, 23(1994), 93-110면; Peter Fuchs/Dietrich Schneider, Das Hauptmann-von-Köpenick-Syndrom: Überlegungen zur Zukunft funktionaler Differenzierung, Soziale Systeme, 1(1995), 203-224면; "그것이 혼란을 주는 것은 무엇보다도 사회에 대한 기능체계들의 보편적 관할권 주장이 이를 통해 한계를 아주 눈에 띄는 방식으로 드러냈기 때문이다. 이 문제가 개별 기능체계들 안에서 해결될 수 있을 것이라고 기대할 수는 없다. […] 그래서 오히려 기능적 분화로부터 생기는 배제 문제를 - 사회원조 층위에서든 개발원조 층위에서든 - 다루는 하나의 새로운, 이차적인 기능체계가 형성되는 것을 생각해볼 수 있을 것이다." Niklas Luhmann(장춘익 역), 사회의 사회 2 (새물결, 2012), 733-734면.

제6장 자기준거적 체계로서 복지체계

Ⅰ. 체계의 자기준거와 구조적 연결

　루만의 체계이론을 통해 복지체계를 이론작업하려는 시도는 (좀 더) 현실에 기반한 실효성있는 이론을 펼칠 수 있는 장점이 있다. 루만의 자기준거적 체계이론은 기능적으로 분화된 현대 사회의 현실을 잘 드러내 준다. 여기에는 이상에서 현실을 규율하는 원리를 찾는 작업보다 현실에 기반한 실효성있는 원리를 찾는 작업이 중요하다는 인식이 자리잡고 있다. 이러한 작업은 롤즈가 추구한 '철저한 준수론'의 입장과는 다르다. '우연성'과 '복잡성'을 피하면서 도덕적인 힘이 결여된 '이기주의'를 비판하는 롤즈의 정의론과 달리, 루만의 체계이론은 '우연성'과 '복잡성'은 피할 수 없는 현실임을 인식하고 '체계의 자기준거'라는 일종의 '이기주의'를 그 이론의 핵심으로 삼고 있다.[134]

---

134) 루만 체계이론이 부정의한 현실을 정당화하는 보수적인 이론이라는 견해는 타당하지 않다는 점을 우선 밝히고 싶다. 물론 루만 자신은 좌파이론에 매우 비판적이다. 루만은 좌파이론에 정치적인 급진성이 아닌 이론적인 급진성이 결여되어 있음을 지적한다[Niklas Luhmann(김종길 역), 복지국가의 정치이론 (일신사, 2006), 25면]. 예컨대 좌파이론은 사회가 더욱 복잡해지면서 뭔가를 결정하는 관점이 더욱 다양해진다는 점을 고려하지 않는다[Niklas Luhmann(김종길 역), 복지국가의 정치이론 (일신사, 2006), 38면]. 반면에 루만의 체계이론은 많은 좌파이론가를 매료시키는 무엇이 있다. "루만이 프랑크푸르트 학파에 대해서 이처럼 거부하고 있음에도 불구하고, 수많은 좌파들은 언제나 루만 이론의 독특한 매력에 사로잡혔다. 이 점은 1970년대 초, 맑스의 분석 틀과는 현저하게 구별되는, 전체 사회에 대한 새로운 형태의 분석이 필요하다는 학문적 요구가 등장했기 때문이다. 1970년대 중반 학생 운동이 마감된

1. '전체/부분'에서 '체계/환경'으로

루만 체계이론에서 중심 개념은 체계의 '작동상의 폐쇄성(operative Geschlossenheit)'과 체계 간의 '구조적 연결(strukturelle Kopplung)' 개념이다. '작동상의 폐쇄성'과 '구조적 연결' 개념을 이해하기 위해서는 우선 '체계와 환경' 개념을 이해해야 하며, 이는 '전체와 부분' 개념과의 비교를 통해 알 수 있다.

세계의 질서를 규정하는데 이제껏 강한 효력을 가진 개념은 '전체와 그 부분(das Ganze und seine Teile)'이라는 개념이다.[135] '전체' 개념은 이 세계를 구성하는 질서가 이미 주어져 있다는 존재론적 사고, 형이상학적 사고에서 기인한다. '존재함/존재하지 않음(Sein/Nichtsein)'의 구별(Unterscheidung)을 통해 세계질서는 구성된다.[136] 이에 따르면, 주어진 질서의 효력은 그 스스로 존재한다. 반면에 인간의 실정법 질서는 이 주어진 질서를 따를 때 효력을 가진다. '전체/부분'의 구별은 '위/아래'의 구별에 의해 존재의 위계질서로 완성된다.[137] 존재의 위계질서는 불변한 것과 가변한 것에 따라, 완전한 것과 완전하지 않은 것에 따라, 보이는 것과 보이지 않는 것에 따라 위/아래로 나뉜다.[138]

이후 독자적인 맑스 사상은 아마도 최후의 위기를 겪었다고 말할 수 있다. 이에 일련의 좌파 지식인들은 새로운 이론적 지향을 찾게 되었다. 이러한 과정에서 루만의 사상은 좌파 지식인들이 스스로를 다른 어떤 이데올로기로 위장하지 않고서도 새로운 무엇인가를 수용할 수 있도록 해주었다."[Walter Reese-Schäfer(이남복 역), 니클라스 루만의 사회 사상 (백의, 2002), 158면 이하]. 특정 가치에 대한 고백으로는 충분하지 않으며, 현대 사회에 맞는 방안을 제시해야 한다.

135) 이 개념은 '중앙과 그 주변(das Zentrum und seine Peripherie)' 개념과 비슷한 뜻을 지닌다.

136) "있는 것은 있다고 말하고, 없는 것(있지 않는 것)은 있지 않다고 말하는 데에 진리가 있다." (아리스토텔레스, 형이상학, 4권 7장; 1011b 27).

137) Niklas Luhmann, Die Gesellschaft der Gesellschaft (suhrkamp, 1998), 919면.

138) Niklas Luhmann, Die Gesellschaft der Gesellschaft (suhrkamp, 1998), 919면 이하.

　루만은 '전체/부분'의 구별을 따르지 않고, 이를 '체계/환경'으로 대체한
다.[139] 이 세상에서 직접적인 인식은 불가능하며, 단지 관찰자(Beobachter)
의 시각에서만 이 세상을 파악할 수 있다는 루만 체계이론의 주장은 '실재
존재론'을 해체한다.[140] 관찰자를 도입함을 통해 관찰자와 무관하게 말할
수 있는 것은 없게 된다. "말해지는 모든 것은 관찰자를 통해 말해진 것이
다(Humberto Maturana)."[141] 루만은 관찰자의 관찰을 기초로 '인식'은 구성
된다는 주장(구성적 인식주의)을 펼치며, 이 관찰자의 관찰을 다른 관찰자
가 관찰하는 '관찰의 관찰'을 통해 질서가 '전체와 부분'의 관계가 아닌 '체
계와 환경'의 관계에 있음을 말한다. 이를 루만은 '2차적 질서의 관찰
(Beobachtung zweiter Ordnung)'이라고 명명한다.[142]

　'보편'이나 '전체'의 이름으로 주장되는 많은 것들은 사실 강자나 권력집
단의 이데올로기일 가능성이 높다. 보편적 진리로 선포되는 것이 특정 집
단의 이데올로기일 가능성이 농후하다.[143] 어떤 집단에 분명해 보이는 진
리가 다른 집단의 시각에서는 자명해 보이지 않고 의문투성이일 수 있
다.[144] 루만의 '2차적 질서의 관찰'은 한 집단에는 자명한 것이 왜 다른 집
단에는 자명하지 않는 이유를 설명해 준다. 2차적 질서의 관찰은 1차적 질
서의 관찰에 아르키메데스의 점을 인정하지 않으며, 2차적 질서 더 나아가
3, 4차적 질서의 관찰이라는 다양한 시각의 틀을 제공한다. 관찰에 있어 어
떤 특권적 지위를 인정하지 않으며, 어떤 위계적 질서도 인정하지 않는
다.[145] 2차적 질서의 관찰자는 관찰된 체계가 못 본 사각지대를 관찰할 수

---

139) 자세히는 Niklas Luhmann(박여성 역), 사회체계이론 1 (한길사, 2007), 67면 이하.
140) Margot Berghaus, Luhmann leicht gemacht (Böhlau, 2003), 29면.
141) Niklas Luhmann, Einführung in die Systemtheorie (Wissenschaftliche Buchgesellschaft,
　　 2004), 140면.
142) Niklas Luhmann(이남복 역), 현대 사회는 생태학적 위협에 대처할 수 있는가 (백의,
　　 2002), 45면.
143) Immanuel Wallerstein(유희석 역), 지식의 불확실성 (창비, 2004), 180면.
144) Immanuel Wallerstein(유희석 역), 지식의 불확실성 (창비, 2004), 183면.

있다.[146) 2차적 질서의 관찰자에 의해 자신이 관찰되고 있다는 사실을 관찰된 체계가 인지한다면, 이는 자신이 볼 수 없는 부분에 대한 반성적 통찰로 이끈다.[147) 계층적 분화가 아닌 기능적 분화가 이행된 사회체계에서는 전체 체계를 들여다 볼 수 있는 중심은 존재하지 않으며,[148) 각각의 기능체계 중심의 분화된 인식만이 존재할 뿐이다.[149)

2. 체계의 '작동상의 폐쇄성'과 체계 간의 '구조적 연결'

체계의 작동상의 폐쇄성(operative Geschlossenheit)은 체계가 단지 그 자신과의 관련성 하에서만(다른 말로 그 자신의 의미기준에 의해서만) 작동함을 말하며, 그 스스로의 작동을 통해 재생산됨을 말한다.[150) 체계의 작동 자체는 그 자체의 네트워크를 통해 이루어지며, 스스로 재생산한다. 체계의 의미기준은 차이(Differenz)를 낳으며, 이 차이를 토대로 선택(Selektion)이 이루어지며, 이 선택을 통해 보전한다.[151) 체계는 자신의 고유한 작동을 통해 체계의 구성요소뿐만 아니라, 구조 또한 스스로 생산한다. 이처럼 체계의 작동상의 폐쇄성은 체계의 자기생산(Autopoiesis)을 뜻한다.[152) 체계는

145) Georg Kneer/Armin Nassehi(정성훈 역), 니콜라스 루만으로의 초대 (갈무리, 2008), 136면.
146) Georg Kneer/Armin Nassehi(정성훈 역), 니콜라스 루만으로의 초대 (갈무리, 2008), 137면.
147) Georg Kneer/Armin Nassehi(정성훈 역), 니콜라스 루만으로의 초대 (갈무리, 2008), 136면.
148) Niklas Luhmann(김종길 역), 복지국가의 정치이론 (일신사, 2006), 53면.
149) "먼저 분화된 체계들 내에서 (이를테면 전지전능한 통제 중심부와 같이) 통제 중심부 자신을 포함한 전체 체계를 들여다 볼 수 있는 특권적인 자리가 존재하지 않는다. 오히려 분화가 언제나 의미하는 바는 체계 내에서 서로 들여다 볼 수도 없고 정확하고 확실하게 계산해 낼 수도 없는 다수의 하위체계들이 새로 만들어진다는 것이다." Niklas Luhmann(김종길 역), 복지국가의 정치이론 (일신사, 2006), 61면.
150) Niklas Luhmann, Das Recht der Gesellschaft (suhrkamp, 1995), 440면.
151) Niklas Luhmann(박여성 역), 사회체계이론1 (한길사, 2007), 89면.

그 자신의 고유한 작동을 통해 구조를 생산하며, 이렇게 생산된 구조는 연이은 작동을 가능케 한다.[153] 현실의 조건 하에서 체계의 자기생산은 계속된다.[154]

체계가 환경의 종속 하에서 작동하거나 환경이 작동을 주도하게 되면, 이를 자기준거적 체계라고 말할 수 없다. 하지만 이는 체계가 환경으로부터의 기여가 없이 스스로의 힘으로 존재할 수 있다는 것을 뜻하지 않는다. 환경은 체계의 작동상의 폐쇄성에 '외부 자극'으로 그 역할을 수행하지만, 체계의 구성요소와 구조를 생산하는 것은 자기준거적 체계이지 결코 환경이 아니다.

체계는 환경과 교류하되, 자신의 의미기준을 따라 선택하고, 구별하고, 관찰한다. 자기준거적 체계만이 구별할 수 있고 관찰할 수 있다.[155] 체계의 자기준거(Selbstreferenz)는 폐쇄성을 특징으로 한다. 하지만 이 폐쇄성은 완전히 닫혀 있음을 뜻하지 않는다. 작동상의 폐쇄성에서 폐쇄(Geschlossenheit)는 꽉 막힌 절연으로서의 폐쇄(Abgeschlossenheit)를 의미하지 않는다.[156] 폐쇄성은 오히려 개방성의 전제조건이다. 폐쇄되어 있기 때문에 무엇에 개방될 수 있다. 체계의 폐쇄성 때문에 그 체계는 다른 체계와 구조적으로 연결된다. 체계의 작동상의 폐쇄성은 체계 간의 구조적 연결의 전제가 된다. 다른 말로 말하면 '투입에 의한 연결'은 존재하지 않으며, 다만 '폐쇄에 의한 연결'만이 존재한다.[157]

사회체계가 기능적 분화로 넘어감에 따라 기능체계 간의 관계에서 새로

152) Niklas Luhmann, Die Gesellschaft der Gesellschaft (suhrkamp, 1998), 65면.
153) Niklas Luhmann, Die Gesellschaft der Gesellschaft (suhrkamp, 1998), 439면.
154) Niklas Luhmann, Die Gesellschaft der Gesellschaft (suhrkamp, 1998), 183면.
155) Niklas Luhmann, Das Recht der Gesellschaft (suhrkamp, 1995), 175면.
156) Niklas Luhmann, Das Recht der Gesellschaft (suhrkamp, 1995), 43-44면.
157) Niklas Luhmann(이남복 역), 현대 사회는 생태학적 위험에 대처할 수 있는가 (백의, 2002), 55면.

운 종류의 구조적 연결이 요구된다. 즉 기능체계의 자율성과 작동상의 폐쇄성을 고려하는 연결이 요구된다.[158] 자기준거적 체계의 작동상의 폐쇄성을 강조하면 할수록, 체계가 자신의 작동상의 폐쇄성 하에서 다른 체계와 어떻게 관련을 맺는가에 대한 물음이 더 급박하게 제기된다.[159] '작동상의 폐쇄성'은 체계와 환경과의 관계에서 체계의 작동방식을 말하는 반면에, '구조적 연결'은 체계와 체계 간의 연결방식을 말한다. 구조적 연결의 특징은 체계 간에 같은 시간에 연속적인 연결이 이루어지는 것이 아니라, 어느 한 체계에 연결을 집중한 채 그 외 다른 체계에는 전혀 무관심하게 반응할 수 있다는 점이다.[160] 자기준거적 체계는 동시에 어떤 체계에게는 더 민감하게 반응을, 다른 체계에게는 무관심을 나타낼 수 있다. 자기준거적 체계는 여러 다른 체계와의 연결을 선별적으로 할 수 있다. 예컨대 경제체계와의 구조적 연결이 제대로 안 될 경우, 정치체계와의 구조적 연결에 더 집중할 수도 있다. 시간이 지나 여건이 달라지면 또 다른 모습으로 구조적 연결이 이루어진다. 자기준거적 체계는 다른 체계와의 '반응성'에 초점을 맞추며, 이는 시간의 흐름에 따라 달라진다.

II. 자기준거적 체계로서 복지체계

1. 전체 사회를 조종하는 개념의 한계

우선 언급해야 할 점은 전체 사회를 조종하는 개념으로서의 '복지국가'

---

158) Niklas Luhmann, Das Recht der Gesellschaft (suhrkamp, 1995), 481면.
159) Niklas Luhmann, Das Recht der Gesellschaft (suhrkamp, 1995), 440면.
160) Niklas Luhmann, Die Gesellschaft der Gesellschaft (suhrkamp, 1998), 779면. 루만은 체계가 '구조적 연결'을 통해 체계 간에 아날로그 관계가 아닌 디지털 관계를 맺는다고 설명한다.

개념은 타당하지 않다는 것이다.[161] 왜냐하면 전체 사회를 조종하는 개념으로서 '복지' 개념을 상정하면, 복지국가는 기술적으로는 그 능력의 한계 지점에, 도덕적으로는 국가 개입의 정당성 문제에 봉착하기 때문이다.[162] 전체 사회를 조종하는 개념으로서 복지 개념은 기능적으로 분화된 현대 사회의 새로운 조건을 무시한다. 복지국가의 작용수단으로는 '법'과 '화폐'가 있는데,[163] 복지국가는 고도로 복잡화되고 기능적으로 분화된 현대 사회의 특징을 알지 못하고 분화된 세계를 중앙에서 통제하려다 보니 역효과가 발생한다.[164]

전체 사회를 조종하는 개념으로서의 경제 개념을 상정하는 것 역시 타당하지 않다. '신자유주의'에 따라 경제가 모든 것을 결정하며, 보이지 않는 손이 복지를 자동적으로 이룰 것이라는 또 다른 유토피아는 현실과는 거리가 멀다. 전체 사회를 조종하는 복지국가가 '逆效果'를 낳는 반면에, 전체 사회를 조종하는 신자유주의의 경제는 '反效果'를 낳는다. 이처럼 전체 사회를 조종하는 '총체적인' 개념 도구는 적절하지 않다.

전체 사회를 조종하는 개념 도구는 개념도구가 표방하는 기능(예컨대 '복지국가에서 복지'나 '신자유주의에서 경제')과 이를 담당하는 기관(예컨대 국가나 시장)이 하나의 기능과 하나의 기관에 집중된다. 이는 무엇보다도 현대 사회가 자기준거적으로 작동하는 여러 기능체계로 분화되었다는 점을 도외시한 것이다. 현대 사회에서 중앙통제식 해결방식은 역효과나 반

---

161) 여기에는 '실제로 우리는 이 세계 전체를 변화시킬 수 있다'는 희망이 있다. 하지만 이러한 낙관론은 다음의 문제를 지니고 있다. "이 낙관론이 이미 오랫동안 논의해 온 구조적 복합성의 문제점을 과소평가해 왔다. 특히 이 낙관론은 복합성 개념이 차이의 관점에서 비로소 의미를 획득하며, 그것과 체계와 환경의 차이라는 관점에서 의미를 획득하는 단위라는 것을 제대로 인식하지 못했다." Niklas Luhmann(이남복 역), 현대 사회는 생태학적 위험에 대처할 수 있는가 (백의, 2002), 28면.
162) Niklas Luhmann(김종길 역), 복지국가의 정치이론 (일신사, 2006), 14면.
163) Niklas Luhmann(김종길 역), 복지국가의 정치이론 (일신사, 2006), 109면 이하.
164) Niklas Luhmann(김종길 역), 복지국가의 정치이론 (일신사, 2006), 111면.

효과를 가져오며(이는 '시장의 실패'나 '정부의 실패' 개념으로 설명된다), 기능적으로 분화된 사회의 여건에 알맞은 해결방식을 찾는 것이 중요하다.

필자는 '복지국가' 개념 대신에 '복지체계' 개념을 기능적으로 분화된 현대 사회의 여건에 알맞은 해결방식으로 제안한다. 전체 사회를 조종하는 '복지국가' 개념은 능력의 한계를 드러내지만, 사회의 부분체계를 조종하는 '복지체계' 개념은 능력의 한계를 오히려 그 개념요소로 한다. 복지체계는 자신의 의미기준에 따라 스스로 작동하고 자기생산을 하게 된다. 따라서 무엇보다도 '경제를 규율하는 복지'나 '경제에 종속되는 복지'가 아닌 '스스로를 중심으로 작동하는 복지체계'를 갖추는 것이 중요하다. 복잡하고 기능적으로 분화된 현대 사회에서 전체사회를 조종하는 규범적 이념으로서 '복지'는 정의나 추상적인 원리로 정당성을 부여받을 수 있을지 몰라도 실효성을 확보할 수는 없다. 반면에 현대 사회에서 자기준거적 체계로서 복지체계는 기능적으로 분화되지 않은 도덕의 기능을 어느 정도 받아들이지만, 체계가 갖는 한계를 고려하며 자신의 한계를 인식하는 데에서 실효성이 나온다.

2. 복지체계의 자기준거와 구조적 연결

'복지체계'는 사회의 중요한 한 기능을 담당한다. 현대 사회의 법체계, 경제체계, 교육체계, 정치체계처럼 복지체계 또한 현대 사회의 중요한 기능을 수행한다. '복지국가' 개념은 이 개념이 가지는 한계에도 불구하고 복지가 현대 사회에서 가지는 중요성을 역설적으로 보여준다. 사회의 부분체계로서 복지체계는 인간으로서의 최저생활을 보장하는 기능뿐만 아니라(이 부분에서 '보편적 인권'의 기능과 겹치며, 복지체계의 최소한의 정당성이 확보된다), 개인이 자기실현을 할 수 있는 최소한의 조건을 보장해주는 기능을 담당한다.

여기서 필자는 루만 체계이론의 도움을 받아 기능적으로 분화된 사회에서 복지체계가 수행하는 기능을 중심으로 '체계'로서의 복지체계를 구상한다. 루만에 따르면 기능적으로 분화된 사회에서는 '자기준거'를 중심한 자율성을 피할 수 있는 체계는 없다.[165] 따라서 체계의 자기준거적 작동방식의 개념을 복지에 도입하는 것이 그 핵심이다. "여기서 개략적으로 제시된 이론은 그 단초를 자기준거성이 실행되는 방식 속에서 찾고 있다. 이러한 체계과정을 어느 정도 현실적으로 포착할 수 있을 때라야 비로소 체계가 이와 같은 조건들 하에서 환경에 적합하게 작동할 수 있는지, 바꿔 말해, 정치적 해결책이 요구될 때 그리고 요구되는 한, 체계가 사회의 다른 체계들 (특히 경제나 교육) 내의 문제들과 사회 체계 내 여타 환경의 문제들을 인지하고 수용할 수 있는지 하는 물음을 다시금 제기할 수 있다."[166] 자기준거적 체계는 정보처리를 체계와 환경의 차이를 통해 실행하며, 전체 사회를 구속하는 개념으로서의 복지국가와는 달리 지속적으로 자신의 가능성의 한계에 주의를 기울인다.[167]

자기준거적 체계로서 복지체계는 그 자신의 자동생산(Autopoiesis)에 따라, 자신의 의미기준을 따라 자신과의 관련성 하에서만 작동하게 된다. 복지 개념을 전체 사회를 구속하는 개념이 아니라 체계로서의 복지체계를 구상함을 통해, 사회 현실에 더 접근하는 동시에 복지체계가 환경으로 축소될 수 없는 독립된 '체계'임을 드러낸다. 외부 환경요소가 복지체계의 작동에 '외부 자극'으로 영향을 미치지만, 그 외부 환경요소에 어떻게 대응할 것인가를 결정하는 것은 복지체계 그 자체이다. 복지체계는 외부의 환경요인에 개방되어 있지만, 그 작동을 결정하는 것은 복지체계 그 자체이다. 복

165) Niklas Luhmann, "The Self-Reproduction of Law and its Limits", in: Gunther Teubner, Dilemmas of Law in the Welfare State (Walter de Gruyter, 1986), 112면.
166) Niklas Luhmann(김종길 역), 복지국가의 정치이론 (일신사, 2006), 79면.
167) Niklas Luhmann(김종길 역), 복지국가의 정치이론 (일신사, 2006), 147면.

지체계는 인지적으로는 개방적으로 작동하지만, 동시에 규범적으로는 폐쇄적으로 작동한다. 복지체계는 그 작동상의 폐쇄성으로 인해, 그 자신에게 고유한 '복잡성'을 유지한다. 예컨대 경제체계의 영향을 받기는 하지만 '복지체계'의 작동에 있어서는 경제체계는 '환경'에 불과하다. 경제체계로부터의 영향은 '외부 자극'에 지나지 않으며, 이에 선별적으로 선택하고 대응하는 주체는 자기준거적 체계로서의 '복지체계'이다.

　복지체계는 다른 체계와의 관계에서는 구조적으로 연결된다. 경제체계와 복지체계를 예로 들어 설명하면 다음과 같다. 경제체계도 자기준거적으로 작동하는 부분체계이며, 복지체계도 기능적으로 분화된 체계로서 동등한 지위를 갖는다. 따라서 '구조적 연결'의 측면에서는 양자는 체계와 환경의 관계에 있지 않으며, '체계 대 체계'의 관계를 갖는다. 복지체계는 경제체계에 종속되어 있지 않으며, 반대로 경제체계 또한 복지체계에 종속되어 있지 않다. 양자 모두 자기준거를 기준하여 자신의 의미 기준에 따라 작동하는 체계이며, 양자는 각자의 작동상의 폐쇄성을 기초로 한 연결점을 찾는다. 복지체계의 작동에서는 경제체계는 환경에 지나지 않지만, 경제체계의 작동에 있어서는 복지체계는 환경이 된다. 반면에 '구조적 연결'의 측면에서는 자기준거적 체계 간의 연결 문제가 발생한다. '구조적 연결'을 통해 자기준거적 체계로서 복지체계는 여러 다른 체계와의 연결을 선별적으로 할 수 있다. 예컨대 경제체계와의 구조적 연결이 제대로 안 될 경우, 복지체계는 정치체계와의 구조적 연결에 더 집중할 수 있다. 이처럼 복지체계는 다른 체계와의 '반응성'에 초점이 맞춘다.

　경제의 효율성과 복지의 비효율성을 대비하여 복지부분을 대폭 축소하려는 시도는 복지가 수행하는 기능, 즉 인간으로서의 필요를 충족시키는 기능을 무시할 여지가 많다. 복지의 기능을 고려한다면, 복지체계의 자기준거성을 유지한 채 그 체계 안에서 효율성을 높이는 방안을 모색하는 것이 타당한 해결책이 될 것이다. 이 해결책은 '복지체계의 구조적 연결' 개념으로 나타난다. 다만 복지체계의 구조적 연결은 효율성을 직접적으로 겨냥하지는 않으며, 다른 체계와의 '반응성'에 초점을 맞추어 복지체계의 효율성을 증진시킨다.

3. '인권에 대한 보편규범과 복지체계에 대한 전문규범' 연구의 병행

객관적으로 타당한 질서가 이미 존재한다는 실재존재론과 이를 직접적으로 인지할 수 있다는 강한 인지론을 토대로 한 '강한 자연법'의 역사는 인류 역사에서 로고스(Logos), 신 그리고 인간 이성을 토대로 타당성을 얻었지만, '강한' 자연법의 효력은 이제 그리 '강하지' 않다. 대신 실재존재론적 자연법에 비추어 실정법(특히 헌법이나 국제법)에 올바른 기준들이 규정됨을 통해, 눈에 보이지 않는 자연법 대신에 눈에 보이는 실정법을 근거 기준으로 삼더라도 전부는 아니지만 다수의 문제들이 해결될 수 있게 되었다. 이전에 자연법이 담당했던 기능을 이제는 많은 경우 헌법에 실정화된 기본권을 통해 법규범의 정당성 여부를 심사하는 것이 가능해진 것이다. 물론 새로이 나타나는 현상에 대해서는 새로운 인권(기본권) 해석이 필요하며, 인정투쟁이 여전히 요구된다.

(헌법에 규정된 기본권을 포함한) 인권과 복지체계는 서로 겹치는 부분이 있으면서도 겹치지 않는 부분이 있다는 것이 필자의 생각이다. 자기준거적 체계로서 복지체계는 양자가 겹치는 부분에 대해서는 '보편적 인권'과 함께 협력해야 한다. 체계의 '자기준거'는 존속의 원리이지 합리성의 원리가 아니다.168) 자기준거적 체계에서는 자기의 의미기준을 중심으로 계속되는 '작동'에 그 중점이 있으며, 그것의 정당성 여부에 중점이 있는 것은 아니다. 정당성 부여를 위해서는 '인권'의 도움이 필요하다. '인권'으로 복

---

168) Niklas Luhmann(김종길 역), 복지국가의 정치이론 (일신사, 2006), 130면.

지체계 모두를 근거지울 수는 없지만, 복지체계의 근간만은 '인권'으로 정당성을 확보해야 한다. 루만에 따르면, 기능적으로 분화된 세계에서 도덕은 특정한 기능을 지니지 않은 규범성을 지녔기 때문에 그 힘을 잃는다.[169] 필자는 잃어버린 도덕의 기능을 오늘날 구체화된 '보편적 인권'과 '복지체계'가 대체하고 있다고 생각한다.

  법학의 대상은 끊임없이 변화하고 있으며, 그 속도는 이전부터 지금이 더 하며 미래에는 지금보다 더 할 것이다. 법학의 필연성은 변화하는 세계의 속도와 관련되어 있다. 변화하는 세계에 기준을 제시하는 어려운 과제가 법학에 주어져 있다. 세계사회의 구속력 있는 질서를 구성하는 막중한 임무가 법학자에게 주어져 있다. 이는 예전에 신학자와 철학자에게 주어졌던 일로, 법학자가 이 일을 현대 사회에서 주로 담당한다.[170] 다원화되고 복잡하고 기능적으로 분화된 현대 사회에서의 규범적 문제는 현실로부터 발전되어야 하며, 이상으로부터 사회로 접근해서는 안 된다. 특히 사회의 복잡성의 증가에 따른 자기준거적 기능체계로의 분화를 고려해야 하며, 이에 대응해서 법규범 또한 변화한다는 점을 고려해야 한다. 사회가 변하면 법학도 변한다.

  전문규범으로서 '복지법'과 보편규범으로서 '인권법'을 아울러 보는 시각이 필요하다. 이는 이론연구가에게 매우 매력적인데, '전문규범과 보편규범의 근거지움으로서 법학'에 '현대 법학의 학문성'이 자리잡고 있기 때문이다. 전문규범으로서 '복지법'과 보편규범으로서 '인권법'에 필자의 관심이 쏠리는 이유이기도 하다. (루만의 자기준거적 체계개념으로 풀어내는 '복지체계'는 필자가 '근본이익과 정체성'을 중심으로 풀려고 하는 '인권'과 병행할 때

---

169) Otfried Höffe(박종대 역), 정의 (이제이북스, 2004), 55면.
170) 이제껏 경제학자가 이러한 역할을 수행하는 이론 구성을 많이 개진했다. 하지만 올바른 규범적 질서의 관점에서 볼 때, 경제학자의 이론 구성에는 문제가 많다는 것이 필자의 생각이다. 규범적 질서의 구성은 경제학자의 몫이 아니다.

의미가 있다.171) 전문규범에서는 "피레네 이쪽에서의 진리가 저쪽에서는 오류이다"는 파스칼(Pascal)의 말이 타당한 반면에, 보편규범에서는 타당하지 않다. 현대 사회에서 전문규범과 보편규범을 어떻게 근거설정할지는 '현대 사회에서 규범의 효력(Geltung der Norm in der modernen Gesellschaft)'에 대한 문제제기이다. 특히 전문법의 분야는 법 일반이론을 각 영역에 연역적으로 적용하는 것이 아니라, 각 전문영역의 규범근거지움에 대한 보다 깊이 있는 연구를 요한다. 이는 전문규범으로서 '복지법'에도 해당되는 말이다. 전문규범으로서 복지법규에 대한 연구가 '자기준거적 체계로서 복지체계'를 대상으로 한다면, 전문규범으로서의 '복지법'에 대한 연구는 상당한 의미를 지닐 것이다.

---

171) 고봉진, "근본이익, 정체성과 인권 - 예비적 고찰", 법철학연구 제10권 제1호 (한국법철학회, 2007), 259면 이하.

제7장 다원주의와 기능적 분화

체계이론은 체계이론의 관점에서 '체계의 기능적 분화'를 언급한다. 필자가 생각하기에 '체계의 기능적 분화'는 '다원주의'와 밀접한 관련을 맺는다. '다원주의'는 현대 사회의 특징을 잘 드러내는 단어다. '체계의 기능적 분화론'은 크게 봐서는 다원주의의 흐름 속에서, 세부적으로는 마투라나와 바렐라의 인지 이론, 마이클 왈저의 '다원적 평등', 포스트모더니즘의 흐름과 맥을 같이 한다.

필자는 '체계의 기능적 분화' 개념이 규범적 개념으로서 오늘날 사회문제를 해결하는 '현실적인' 지위에 있음을 보이려 한다. 루만 체계이론의 관점에서 시작하나, 필자의 주장과 루만의 주장에는 큰 차이점이 있다. 루만은 '체계의 기능적 분화'를 사실적 개념으로 설정한 반면에, 필자는 사실적 개념뿐만 아니라 규범적 개념으로 사용하기 때문이다.

Ⅰ. 현대 사회의 특징

사회는 공동사회인 게마인샤프트(Gemeinschaft)에서 이익사회인 게젤샤프트(Gesellschaft)로 성격이 변했다.[172] 사회는 주어진 존재의 세계로부터 점점 멀어졌고, 공동체성에서 이탈되었다. 현대에는 초월성을 사유하는 인

---

172) Daniel Bell(이상두 역), 이데올로기의 종언 (범우, 2015), 36면; Ferdinand Tönnies(곽노완/황기우 역), 공동사회와 이익사회 (라움, 2010).

간이 소멸되었고, 인간은 '공리주의 질서' 안에 거주한다.[173] 현대인은 인간적 유대, 사회적 유대가 점점 사라지는 사회에 살고 있다. 1950년대 미국의 사회학자 데이비드 리스먼(David Riesman)의 '고독한 군중', 1970년대 미국의 사회학자 리처드 세넷(Richard Sennett)이 쓴 '공적 인간의 몰락', 1990년대 폴란드 출신 사회학자 지그문트 바우만(Zygmunt Bauman)이 저술한 '액체근대', 사회학자 김윤태의 '사회적 인간의 몰락' 등은 '사회의 해체'를 이야기한다.[174]

개인은 더 이상 공공의 일을 자신의 일로 여기지 않는다. 관계에서 단절되고 사적인 영역에 국한된 '백치'(그리스어 'idios'에서 온 말로 '자기 자신에게만 국한된 자'라는 뜻이다)가 되었다.[175] 공적 관심이 사라지고 사적 관심이 전면에 등장할 때 인간은 시민성을 잃는다. 이런 상황에서 '시장 전체주의'의 길은 열린다.[176] 경제적 접근 방식이 지배한 지 꽤 되었다.[177]

공동사회에서 이익사회로 변하면서 공동성이 사라졌다. 개인은 개별성을 얻었지만 그 개별성의 무게는 사람마다 달랐다. 신흥 자본가 계층은 개별성을 마음껏 발휘하지만, 프롤레타리아는 그 개별성을 발휘할 수 없다. 노

---

173) 한국사회이론학회 엮음, 뒤르케임을 다시 생각한다 (동아시아, 2008), 291면.

174) David Riesman(이상률 역), 고독한 군중 (문예출판사, 1999); Zygmunt Bauman(이일수 역), 액체근대 (강, 2009); 김윤태, 사회적 인간의 몰락 (이학사, 2015).

175) Alain Supiot(박제성/배영란 역), 법률적 인간의 출현 (글항아리, 2015), 15면.

176) '시장 전체주의'라는 관점에서 아렌트의 책을 참조하면 어떨까 싶다. "한나 아렌트는 전체주의의 경험으로부터 끄집어낸 교훈들 가운데 하나는 '전체주의의 지배로 향하는 길 위에 내딛는 필수적인 첫걸음이 바로 인간에게서 법인격을 죽이는 것'이라는 점이다." Alain Supiot(박제성/배영란 역), 법률적 인간의 출현 (글항아리, 2015), 17면.

177) 베버는 경제적 접근방식이 지배하고 있다고 보았다(하지만 그는 맑스의 사적 유물론에는 반대했다). "베버가 보기에 경제적 관점은 이제 '유행이 된 지' 오래다. 모든 삶의 영역에서 - 그러한 지적 상황을 베버는 이렇게 요약한다 - 경제적 접근방식이 지배하고 있음을 본다. 정치를 대신해 사회정책이, 법률관계를 대신해 경제적 권력관계가, 그리고 정치사를 대신해 문화사와 경제사가 부각되고 있다. 그 결과 이 모든 영역의 연구자들은 단순히 '경제학의 시녀'에 지나지 않는다." 김덕영, 막스 베버 (길, 2012), 294면.

동은 소외되었고, 법과 제도는 그들 편이 아니다. 사회의 공동성이 상실되어 이제 호소할 데도 없어졌다. 노동운동이 일어났고 사회주의가 발흥했다. 사회주의 이념으로 사회 내에 복지시스템을 구축하며 사회의 공동성을 새롭게 구축하려 했다. 하지만 자본주의의 총체성 영향 하에 스칸디나비아 국가 등 몇몇 나라를 제외하고는 복지시스템은 제대로 구축조차 되지 못했다.

사회 해체의 배후에는 정치사상이 자리한다. '신자유주의'로 대표되는 '소극적 자유' 사상이 자본주의의 세계화, 자본주의의 총체성을 정당화한다. 근대 이후, 도덕과 윤리는 자연법의 붕괴와 더불어 더 이상 직접적으로 주장할 수 없게 되었다. 오늘날은 가치상대주의에 기반한 자유주의가 대세로 등극했다. 윤리/도덕과 정치의 간격이 멀어지고, 윤리/도덕과 법이 분리되면서 국가나 어떤 집단도 공권력으로 전체 사회에 윤리/도덕으로 간섭할 수 없게 되었다.[178] 그러는 사이 자유주의라는 이름으로 '자유지상주의'가 대세가 됐다. 미셸 푸코(Michel Foucault)는 '자유주의 통치성'이 시장 영역뿐만 아니라 일상적인 삶의 논리도 경쟁과 수익서 위주로 재편한다고 강조했다. 모든 '사회적인 것'이 '경제적인 것'으로 대체되었다. 사회적 인간은 '호모 에코노미쿠스'가 되었다.[179]

사회 공공시스템이 구축된 사회는 공동체를 전제로 할 수 있겠지만, 그렇지 못한 사회는 가족 공동체를 제외하고는 원자론적 개인이 전면에 나선다. 인륜적 공동체로서의 사회는 무너졌다. 공공시스템에 의해 인위적으로 공동체를 만들지 않으면 공동체는 상상할 수 없다. 현대 사회는 이전과 다르다. 비인격적인 원자적 사회인 게젤샤프트에서는 자본주의의 강력한 힘에 대응할 힘이 없다. 자본주의는 공동체를 무너뜨렸고 공동체는 다시 세워지지 않았다. 공동체를 대신해 복지시스템을 구축하려고 하지만 이마저도 자본주의는 허물어뜨린다.

---

178) Daniel Bell(이상두 역), 이데올로기의 종언 (범우, 2015), 135면.
179) 김윤태, 사회적 인간의 몰락 (이학사, 2015), 34-35면.

물론 이전 공동사회인 게마인샤프트가 바람직한가는 또 다른 문제다. 그 사회는 신분사회로 동질성이 지배하는 사회였다. 동양은 유교이념이 지배하는 사회였고, 서양은 가톨릭과 기독교가 지배하는 사회였다. 헨리 메인 (Henry Maine)은 근대 사회가 신분에서 계약으로 변모했다고 말했다.[180] 신분질서에 의해 공동체 속 개인의 위치는 고정되어 있었다. 그러다가 근대 이후 공동체가 와해되고 신분질서가 약해지면서 개인은 그것에서 해방되어 계약을 맺을 수 있는 위치로 옮겨졌다. 고정적인 위치에서 기능인의 자유로 바뀐 것이다.[181] 하지만 계약을 맺을 수 있는 형식적 자유는 빈부격차에 의해 실질적인 자유로까지는 나아가지 못했다. 신분과 다른 또 다른 계급이 이를 대신했다. 게마인샤프트에서 게젤샤프트로 변한 이상, 다시 게마인샤프트로 되돌아갈 수 없다. 공동체주의와 공화주의는 사상으로서 대단한 이론이지만 현실에서 실현될 수 없는 이유가 여기에 있다. 사회의 성격이 바뀌었다.

> "만약 근대 사회철학이 원자론적 가정에 갇혀있기 때문에 더 높은 단계의 사회 공동체 형태를 설명할 수 없다면, 이것이 정치철학적 이론 형성에서 의미하는 것은 무엇보다도 어떤 다른 새로운 기본 개념 체계를 발전시켜야 한다는 점이다."[182]

필자는 현대 사회에 적합한 기본 개념을 '현대 사회의 기능적 분화'에서 찾고자 한다. '사실적 개념으로서 기능적 분화'에서 출발해 '규범적 개념으로서 기능적 분화'를 규범적 사회이론의 과제로 제시한다.

---

180) Henry Sumner Maine(정동호/김은아/강승묵 역), 고대법 (세창출판사, 2009).
181) Daniel Bell(이상두 역), 이데올로기의 종언 (범우, 2015), 42면.
182) Axel Honneth(문성훈/이현재 역), 인정투쟁 (사월의책, 2011), 47-48면.

Ⅱ. 사회체계의 기능적 분화

현대 사회가 복잡해짐에 따라, 사회는 동일성에서 이질성으로 분화된다. 이전 공동체는 하나의 동일한 개념으로 설명됐지만, 현대 사회는 여러 다른 개념으로 설명되는 부분사회로 나뉘게 된다. 기능에 따라 전문화가 이루어지고, 전문화된 영역에서는 작동 형식과 방식이 특수화된다. 한 영역에서 사용되는 개념과 용어는 다른 영역과는 상이하며, 합리성과 정당성의 기준마저도 달라진다.

근대에서 현대로 넘어오면서 사회는 크게 변화했다. 이런 변화를 감지했던 학자들은 Gemeinschaft와 Gesellschaft로 사회 성격이 변화되었음을 봤고, '신분에서 계약으로' 주된 매체가 달라졌다고 주장했다. 이런 사회의 변화에 맞추어 사회학자들이 주목한 개념이 있는데, 이는 '분화(分化)' 개념이다. 영어로는 differentiation이고 독일어로는 Differenzierung이다. '분화'는 원래 생물학적 개념인데, 세포가 분열 증식하며 성장하는 동안 서로 구조나 기능이 특수화하는 현상을 뜻한다. 몇몇 사회학자들은 '분화' 개념에 주목하면서 이를 복잡화되고 전문화되는 사회를 설명하는 주된 사회학적 개념으로 받아들였다. 분화 개념으로부터 짐멜(Georg Simmel)은 화폐 분석을, 뒤르켐(Emile Durkheim)은 도덕적 연대 형식의 변화를, 베버(Max Weber)는 종교, 경제, 정치 등 서로 상이한 생활 질서의 합리화를 다루었다. 오늘날 '분화' 개념은 그 자체 개념만으로도 무게를 갖는다.[183]

루만(Niklas Luhmann)도 '분화' 개념에 당연히 주목했고, 체계이론의 관점에서 '체계의 기능적 분화'를 다뤘다. 이전 사회에는 계급, 계층에 따른

---

183) "사회학은 학문으로 존재하기 시작한 이래 분화 문제를 다루고 있다. 분화는 이미 개념만으로도 어느 정도 주목받을 자격이 있다. 이 개념은 서로 다른 것의 통일성(또는 통일성의 산출)을 말하고 있다." Niklas Luhmann(장춘익 역), 사회의 사회 2 (새물결, 2012), 691-692면.

역할이 중요했지만 오늘날 사회에는 기능에 따른 전문화가 주된 분화의 모습이라고 파악하면서, 계층적 분화에서 기능적 분화로 분화 형식이 변모했음에 초점을 맞추었다.

　루만에 따르면, 사회의 여러 기능체계는 '체계의 기능적 분화'의 결과로 나타난다. 기능체계는 각자의 의미기준을 통해 분화되며, 각각의 기능체계는 자신의 기능 우위를 토대로 자기생산적 체계를 형성한다. 자기생산적 체계의 가장 큰 특징은 '작동상의 폐쇄성'인데, 체계의 작동이 체계 자신의 의미 기준에 의해 폐쇄적으로 이루어진다는 뜻이다. 이처럼 체계의 자기생산과 체계 작동상의 폐쇄성은 같은 의미로 파악할 수 있다.

　체계와 체계의 관계는 부분체계들의 자기생산에 기초해서 구조적 결합으로 연결된다. 이때도 부분체계들 간의 의존성은 줄지 않고 증가하는데, 체계와 환경의 차이라는 형식을 쓴다는 특징이 있다.[184] 체계의 '작동상의 폐쇄성'과 체계들 간의 '구조적 연결'은 여러 다른 기능체계에 동일하게 나타난다.

　루만은 기능적으로 체계 분화된 사회에서 통합 문제를 어떻게 해결할지 고민했다. 그 대답은 '분화/통합의 문제'를 '자기생산과 구조적 결합'의 구별로 대체하는 것이었다.[185] 루만은 기능적으로 분화된 세계를 관찰하면서 (오늘날 체계에서 진행되는 기능들과 코드들의 특화는 이미 체계의 방향을 다른 방식으로 설정하는 것을 거부한다),[186] 유기체(생물체)의 '자기생산과 구조적 결합'과의 유사점을 발견했다.

　루만은 '구조적 결합' 개념을 통해 사회통합의 문제를 해결하고자 했다. 그는 부분의 기능이 전체의 유지를 위해 봉사한다는 주장을 포기했다. 전체에서 파악하는 통합의 문제를 포기하는 대신 부분체계들이 스스로 관계

---

184) Niklas Luhmann(장춘익 역), 사회의 사회 2 (새물결, 2012), 814면, 855면, 858면.
185) Niklas Luhmann(장춘익 역), 사회의 사회 2 (새물결, 2012), 891-892면.
186) Niklas Luhmann(장춘익 역), 사회의 사회 2 (새물결, 2012), 881면.

를 설정한다는 주장을 펼친다. 그에 따르면, 통합 문제를 제기하지 않아도 '자기생산과 구조적 연결'을 통해 충분히 사회질서는 유지될 수 있다.

체계의 기능적 분화는 각각의 특수한 기능과 그것의 소통 매체를 각각의 부분체계에 자리하게 한다.[187] 기능이 부분체계에 분화되어 있기에 사회문제가 생겼을 때 부분체계들이 그 의미에 따라 반응한다. 부분체계의 역할이나 기능, 부분체계 간의 관계에 대해 전체 사회가 지침을 내리는 것은 불가능하다.[188] 하나의 부분체계에 하나의 기능이 특징적으로 독립 분화되어 전체가 아닌 부분체계가 사회에서 우선성을 갖는다. 물론 사회체계의 충분히 많은 기능들이 독립분화에 이르고 나서야 사람들은 새로운 질서를 그 자체로부터 해석할 수 있다.[189] 전체체계를 규율하는 하나의 이념이나 중심된 사상은 없으며, 단지 부분체계를 작동하는 원리와 기준이 있을 뿐이다. 부분체계의 기능이 중요하며, 부분체계와 관련된 영역에서는 부분체계가 우선한다. 체계의 기능적 분화는 바로 이 점을 설명해준다.

'체계의 기능적 분화'는 부분체계의 '2차적 질서의 관찰'을 가능하게 하는 장점이 있다. '2차적 질서의 관찰' 이론은 마투라나(Humberto Maturana)와 바렐라(Francisco Varela)의 인지 생물학에 기인한 이론이다. 마투라나는 관찰자를 자신의 사고의 출발점으로 삼고, 어떤 존재론적 전제도 두지 않았다. 마투라나는 '존재의 대사슬(Great Chain of Being)'을 끊고, '있음에서 함으로', 대상의 본질에서 그것의 생산과정으로 시선을 돌린다. 그에 따르면, 관찰자는 모든 것의 원천으로 관찰자가 없으면 아무것도 존재하지 않는다.[190] 관찰자의 '함'을 통해 존재는 구성되며, 무수히 많은 실재들이 존재하고 그 실재들은 각각 완전히 정당하며 타당하다.[191]

---

187) Niklas Luhmann(장춘익 역), 사회의 사회 2 (새물결, 2012), 815-816면.
188) Niklas Luhmann(장춘익 역), 사회의 사회 2 (새물결, 2012), 711면.
189) Niklas Luhmann(장춘익 역), 사회의 사회 2 (새물결, 2012), 820면, 857-858면.
190) Humberto Maturana(서창현 역), 있음에서 함으로 (갈무리, 2006), 11면, 43면.
191) Humberto Maturana(서창현 역), 있음에서 함으로 (갈무리, 2006), 65면.

차이에 기초한 구분을 통해 관찰자의 인식이 이루어진다.[192) 모든 인식에는 재귀성이 있다. 하나를 인식하면 그 인식이 또 다른 인식을 부른다. 연속되는 인식은 '어느 한' 세계를 산출한다. 마투라나와 바렐라는 인식이 '저기 바깥에 있는 바로 저' 세계의 표상이 아니라 삶의 과정 속에서 '어느 한' 세계를 끊임없이 산출하는 것이라고 보았다.[193) 실재(Realität)는 인식하는 자와 무관하게 주어진 것이 아니라, 인식하는 자의 인식 속에서 구성되는 것이다. 실재는 관찰자의 인식행위에서 생성된다. 인식활동이 세계를 산출한다. 조심해야 할 것은 두 학자의 견해가 유아론적 독단을 의미하지 않는다는 점이다. 두 사람은 표상주의(객관주의)에 못지않게 유아론을 경계했다.[194) 자신들의 '비표상주의'가 유아론으로 비칠 수 있기 때문이다.

III. 다원주의의 흐름

1. 다원주의와 기능적 분화

기능적 분화는 현대 사상의 주요 흐름과 맥락을 같이 한다. (법)철학의 역사에서 절대주의와 상대주의의 싸움은 계속되었다.[195) 고대와 중세, 근대까지 객관주의/절대주의가 주류를 차지하면서 이에 반하는 주관주의/상대주의는 작은 물줄기를 형성했을 뿐이다.[196) 근대 이후로는 상대주의가 조그만

---

192) Humberto Maturana/Francisco Varela(최호영 역), 앎의 나무 (갈무리, 2007), 34면.
193) Humberto Maturana/Francisco Varela(최호영 역), 앎의 나무 (갈무리, 2007), 7면, 33면, 43면.
194) Humberto Maturana/Francisco Varela(최호영 역), 앎의 나무 (갈무리, 2007), 270-271면.
195) Richard J. Bernstein(정창호/황설중/이병철 역), 객관주의와 상대주의를 넘어서 (보광재, 1996), 26면.
196) Richard J. Bernstein(정창호/황설중/이병철 역), 객관주의와 상대주의를 넘어서 (보광재, 1996), 26면, 34면.

물줄기에서 거대한 격류가 되었다.[197] 그 중심에 '자유주의'가 있다.

근대 이후 사상에서 자유주의는 전성기를 구가하고 있다. '자유주의'는 가치의 상대성에 기초한 이론이다. 자신이 옳다고 믿는 가치를 선택할 뿐, 옳은 가치가 이미 주어져 있지 않다. '자유주의'는 '가치상대주의'나 '가치다원주의'와 맥락을 함께 한다.[198] 자유주의 이론은 모두에게 옳은 주어진 도덕이란 불가능하다는 전제에 기초하며, 가치다원주의라는 토대를 갖고 있다.[199]

> "자유를 우위에 놓고 법적, 정치적, 사회적 평등을 견제하는 경우 이는 '다원주의' 가치를 전제한다. 이는 자연적이고 본구적인 자유를 평등의 우위에 놓을 경우 *어느 특정 획일적 가치기준이 들어설 여지가 없다는 구조적 장점을 지닌다.* [⋯] 더불어 이 경우에도 다양한 가치기준이 공평하게 공존하며, 이러한 다원적 가치기준 하에 불평등이 분산됨으로써 그 심화를 최대한 감소시키고 보다 나은 사회발전을 가져온다는 장점을 갖는다."[200]

오늘날에는 사상의 주안점이 실체 개념에서 기능 개념으로 이행되는 것을 확인할 수 있다. 기능 위주의 설명은 다원주의와 맥락을 같이 한다. "사회체계의 기능적 분화는 각 기능체계가 고유한 자기생산을 수행할 수 있게 한다. 동시에 '지배적' 입장에서 모두를 말할 수 있었던 위치는 제거된다. 이를 통해 - 전통적 기대에 비견할 때 - 상대주의 혹은 다원주의로 기술되는 풍부한 논리적 구조가 생겨난다."[201]

---

197) Richard J. Bernstein(정창호/황설중/이병철 역), 객관주의와 상대주의를 넘어서 (보광재, 1996), 34면.
198) Mark Lilla/Ronald Dworkin/Robert Silvers 편집(서유경 역), 이사야 벌린의 지적 유산 (동아시아, 2006), 9면.
199) John Gray(김용직/서명구 역), 자유주의 (성신여자대학교 출판부, 2007), 제2판 서문, 7면.
200) 이봉철, 현대인권사상 (아카넷, 2001), 92면(이탤릭체는 필자에 의한 것임).

포스트모더니즘 이론도 마찬가지다. 포스트모던의 특징은 다원성을 중시하는 것이다. 모던 시대의 지식은 권력과 결합되어 정상과 비정상의 구조를 만들어냈다. 다원성은 사회 약자, 사회 소수자에 방점을 찍어 그들의 정체성에 기초해 의미를 생산할 수 있는 배경이 된다. "포스트모더니스트들은 이 세계에는 단 한 가지의 관점만 있는 게 아니라 개인에 따라 수많은 다른 시각들이 있을 수 있다고 주장함으로써 그런 반란을 정당화했다. 포스트모던 사회학은 완전한 인간 경험을 이루는 다양한 시각들에 대한 포용과 다원주의를 강조했다. 그들은 이 세상에서 우리가 지향해야 할 단일한 이상적 체제가 있는 것이 아니라 각각 가치를 지닌 다양한 문화 경험이 혼재한다고 생각했다."[202]

2. 체계 다원주의

'체계 다원주의'는 기능에 따라 분할된 여러 기능체계를 상정한다. 경제체계, 정치체계, 학문체계, 예술체계, 법체계, 복지체계 등으로 사회는 기능에 따른 부분체계로 나뉜다. 모든 시스템은 자체 추진력을 생성하는데,[203] 이는 체계의 자율성(autonomy)으로 발전한다.

자율성(autonomy)은 auto(자신)와 nomos(규율)로 이루어진 단어로 '자기규율', '자기제어'를 뜻한다.[204] 자율성은 언어의 초창기에는 자연에 적용되는 개념이었다. 자연 생태계는 스스로 규율하고 스스로 움직였다. 자연보다 더 큰 개념인 코스모스도 자율적인 존재였다. 근대 이후 자율적인 자연

---

201) Niklas Luhmann(장춘익 역), 사회의 사회 2 (새물결, 2012), 1283면.
202) Jeremy Rifkin(이원기 역), 유러피언 드림 (민음사, 2005), 14면.
203) Kevin Kelly(이한음 역), 기술의 충격 (민음사, 2011), 20-22면, 25면.
204) "자율성(autonomy)이라는 말은 그리스어의 auto(자신)와 nomos(규율)로 이루어진 것으로 문자 그대로 자기제어를 의미한다. 이것은 시스템의 회귀적 구조로부터 이끌어낼 수 있다." Gregory Bateson(박지동 역), 정신과 자연 (까치, 1998), 155면.

에서 자율적인 인간으로 이론의 초점이 넣어갔다. 현대로 넘어가면서 사회이론의 설명 인자는 자연도 아니고, 인간도 아닌 시스템(체계)이 되었다. 현대사회이론에서 체계는 자율성을 띠면서 이전 인간이 담당했던 역할을 담당했다. 기능체계는 자신의 상승된 수행능력을 독립 분화된 체계의 아우토포이에시스적 자율성에서 얻는다.205) 시스템의 회귀적 구조에서 체계가 자율적으로 작동한다는 점을 이끌어낸다.206)

애덤 스미스(Adam Smith)가 분업의 효과를 '통치가 잘 되고 있는 나라'에 적용하고 있음을 주의해야 한다. 분업의 효과로 최하층의 국민에게도 풍요로움을 안겨 주는 것은 분업의 결과 각종 생산물이 크게 증가하기 때문이기도 하지만,207) 무엇보다도 '통치가 잘 되고 있는 나라'이기 때문이다. 여기서 '통치가 잘 되고 있는 나라'는 무엇을 의미하는가? 분업은 통치가 잘 되고 있는 나라에서 그 효능을 제대로 발휘하여 전반적인 풍요가 사회의 모든 상이한 계층들에 확산된다.208) 오늘날로 말하면 사회시스템이 잘 구축된 나라를 뜻한다.

애덤 스미스는 자본주의 초창기를 살았다. 자본주의의 폐해를 심각하게 고려하지 않았다. 이후 사상가들에 의해 자본주의 질서가 야기하는 문제점들이 논의되기 시작했다.209) 애덤 스미스는 교환능력이 분업을 야기하기 때문에, 분업의 정도는 시장의 크기에 제한을 받는다고 보았다.210) 오늘날

---

205) Niklas Luhmann(김성재 역), 대중매체의 현실 (커뮤니케이션북스, 2006), 9면.
206) Gregory Bateson(박지동 역), 정신과 자연 (까치, 1998), 155면.
207) Adam Smith(김수행 역), 국부론(상) (비봉출판사, 2007), 14면.
208) Adam Smith(김수행 역), 국부론(상) (비봉출판사, 2007), 15면.
209) "짐멜이 인간관계의 물화를 이야기하고, 퇴니스가 사회적 공동체 유대의 해체에 주목하고, 베버가 세계의 탈주술화에 관심을 기울이고, 끝으로 뒤르켐이 유기적 연대 형태의 형성을 탐구할 때 여기서 문제가 된 사회화 과정은 새로운 경제질서의 정착이 사회적 생활세계의 도덕적 공동화를 초래하는 과정이었다." Axel Honneth(문성훈/이현재/장은주/하주영 역), 정의의 타자 (나남, 2009), 49면.
210) Adam Smith(김수행 역), 국부론(상) (비봉출판사, 2007), 22면.

세계화된 사회는 시장의 크기가 세계화되어 교환능력이 극대화된다. 분업의 효과가 더 발휘되지만 그만큼 분업의 폐해도 커졌다.

필자는 사회가 제 기능을 발휘하기 위해서는 각각의 기능에 의해 작동되는 시스템이 필요함을 역설한다. 물론 시스템으로 모든 문제가 해결되는 것이 아니며, 최소한의 것만이 충족된다는 점을 인정한다. 하지만 여기에서 출발해야 한다. 각각의 기능체계들이 제 기능을 자율적으로 발휘되도록 해야 하며, 미약한 체계인 복지체계 등 공공시스템은 자율성이 발휘되도록 국가에서 지원해야 한다. 시스템은 이를 운용하는 사회와 관련이 있다. 사회와 시스템은 밀접하게 연결되어 있다.[211]

Ⅳ. 규범적 과제로서 '기능적 분화'

1. 규범적 개념으로서 '기능적 분화'

필자는 '규범적 개념으로서 기능적 분화'를 주장한다. 공동성과 연대를 "다른 방법으로" 구축할 방법을 모색해야 한다고 생각한다.[212] 이전 방식으로는 불가능하다. 이제는 현실 자본주의의 막강한 영향을 무시할 수 없다. 필자가 '사회체계의 기능적 분화'를 규범적 개념으로 제시하는 이유는 자본주의의 흐름을 거스르고자 함이 아니라, 이를 적절히 규율하기 위함이

---

211) 마갈릿(Avishai Margalit)은 인간의 존엄성을 보장하는 '품위 있는 사회'를 주장한다. 품위 있는 사회는 제도가 사람들을 모욕하지 않는 사회로, 전체 사회구조와 관련된 윤리적 개념이다. Avishai Margalit(신성림 역), 품위 있는 사회 (동녘, 2008), 15-16면.
212) 김원섭, "다중맥락사회에서 사회통합과 공공성", 한국사회 13집 제1호 (고려대학교 한국사회연구소, 2012), 123-157면; 김원섭, "루만의 자기생산적 체계이론에서 본 공공성", 한국사회 제14집 제2호 (고려대학교 한국사회연구소 2013), 113-138면; 김종길, "'기능적 분화'로서의 모더니티: 사회적 현실인가 사회학적 신화인가?", 사회와 이론 제15집 (한국이론사회학회, 2009), 39-77면.

다. 맑스(Karl Marx)는 노동자가 노동과정과 그 노동 생산물에 대한 지배력을 상실하고 자본가에 의해 지배되는 것에 저항하며, 소외의 궁극적 원인인 사적 재산권을 철폐하려 했다.[213] 필자는 '자본주의의 철폐'가 아닌 '사회체계의 기능적 분화'를 주장한다. 규범적 관점에서 '자본주의'가 아닌 '시장경제' 용어를 사용할 것을 제안한다. 자본은 사회 곳곳에 영향을 미치기 때문에 '자본주의' 개념 자체가 자본주의의 총체성을 표현한다. 자본은 시장, 즉 경제체계에 제한되어야 한다. 경제체계 외의 정치체계, 학문체계, 예술체계, 복지체계 등도 자본의 영향을 받을 수밖에 없지만, 그 영향력을 최소화하고 독자성을 확보해야 한다. 기능체계의 자율성을 확보해야 하며, 특히 복지체계의 자율성 확보는 매우 중요하다.

사회의 기능적 분화는 현대 사회의 주된 분화 형식이 되었다.[214] 오늘날에는 배타적이며 다른 것으로 대체할 수 없는 사회적 기능에 의해 사회의 상이한 영역들이 의미론적으로 자율화되었다.[215] 하지만 그것은 현실에서 완전하게 실현되지 않고 불완전하게 이루어진다. 특히 '자본주의의 총체성'은 명목상으로는 기능적 분화로 보이는 것도 사실상 자본으로 통합시킨다. 기능적으로 분화된 것처럼 보여도 그 기저에는 자본이 자리하고 있다. 하부체계로서의 경제와 상부체계로서의 정치, 문화 등으로 구분하고, 전자가 후자를 지배한다는 맑스의 이론 구성은 '자본주의의 총체성'에 비추어 보면 타당한 측면이 분명 있다. 반면에 '체계의 기능적 분화'를 강조하는 필

---

213) Daniel Bell(이상두 역), 이데올로기의 종언 (범우, 2015), 244면.
214) "첫째, 현대 세계는 다양한 측면에서의 분화를 그 특징으로 한다. 먼저 근대 이후 개인과 사회, 인간과 자연 그리고 주체와 객체가 상호 독립적인 존재로 분화되었으며, 또한 다양한 문화적·사회적 질서와 세력이 자율성과 고유한 의미와 가치를 지닌 삶의 영역으로 분화되었다." 김덕영, 게오르그 짐멜의 모더니티 풍경 11가지 (길, 2007), 74면.
215) Georg Kneer/Armin Nassehi(정성훈 역), 니클라스 루만으로의 초대 (갈무리, 2008), 172면.

자의 입장은 각 체계가 갖는 독자적인 의미를 부각시킨다. '체계의 기능적 분화'를 주장한다고 해서 맑스가 말하는 하부체계로서의 경제(자본)가 다른 체계에 미치는 강력한 사실적인 힘을 부정하지는 않는다. 해결책이 다르다. 맑스는 '기능적 분화'를 규범적 개념으로 제시하지 않았고, 프롤레타리아 혁명에 의한 자본의 붕괴를 주장했다. 규범적 개념으로서 '기능적 분화론'은 경제체계의 영역을 시장경제로 제한하고, 다른 체계에 미치는 지배력을 차단하는데 주력한다.

막강해진 자본, 경제체계의 지배력에 대항해 '규범적 과제로서의 기능적 분화'는 자본의 영향력, 경제체계의 힘이 다른 체계, 예컨대 정치체계, 학문체계, 예술체계에 미치는 것을 막는다. 다른 부분체계들은 그 자신의 의미 기준에 따라 기능적으로 분화되어야 하는데, 경제체계는 자신의 의미 기준을 다른 체계에 강요한다. 총체화된 자본주의 하에서 경제체계 외의 다른 체계들은 자신의 기준이 아닌 경제체계의 기준을 강요당한다. 그렇다면 기능적 분화가 제대로 되었다고 볼 수 없다. 명시적으로 기능적으로 분화된 것처럼 보일지라도 사실상으로는 자본의 힘에 휘둘리는 것이다.

필자는 '체계의 기능적 분화론'이 현대 자본주의의 총체성에 맞서 하나의 규범적 개념으로 대척점에 서있다고 생각한다. 이는 '기능적 분화'가 갖는 긍정적인 측면을 부각한 것이다. 다른 한편으로 '기능적 분화'는 현대 사회에서 정책과 법을 시행할 때 그 한계를 인지할 것을 요구한다. 이전 사회처럼 도덕적 관점에서 정책과 법을 시행할 것을 전체 사회에 요구할 수 없다. 현대 사회는 이미 기능적으로 분화되어 분화된 부분끼리 다른 의미를 가지며 전체 사회의 의미를 공유하기가 어렵다. '기능적 분화'가 갖는 주된 의미 중 하나는 현대 사회에서 정책을 시행할 때 전체를 고려하기가 점점 어렵다는 것을 인정해야 한다는 점이다.[216] 각각의 기능체계는 그 기능의 영역에

---

216) "기능적 체계 분화이론은 현대사회의 긍정적 측면과 부정적 측면에 대한 원대하고 세련된 경제적 설명도구인 것이다." Niklas Luhmann(이남복 역), 현대사회는 생태학

서 우선권을 가지며, 기능체계의 의미를 좇아 각자의 정책을 시행한다.217)

2. '다원적 평등'과 기능적 분화

필자는 마이클 왈쩌(Michael Walzer)의 이론에서 '체계의 기능적 분화'와
정의론이 조화될 여지를 살필 수 있다고 생각한다. 왈쩌는 '정의와 다원적
평등'에서 '다원적 평등(complex equality)'을 주장했다. 그는 한 가지를 많
이 소유한 사람이 다른 것까지 장악해서는 정의로운 상태가 아니라고 보았
다. 재산을 많이 가진 사람이 명예까지 많이 가지면 안 되고, 재산, 권력,
명예가 각각의 가치에 의해 구별되어야 한다.218) "어떠한 사회적 가치 x도,
x의 의미와는 상관없이 단지 누군가가 다른 가치 y를 가지고 있다는 이유
만으로 y를 소유한 사람들에게 분배되어서는 안 된다."219)

왈쩌는 정의를 '다원적 평등' 개념으로 구성했고, 그 구성은 역사적이고
문화적인 특수성의 산물이라고 보았다. "정의는 인간이 구성한 것이며, 따
라서 정의가 오직 한 가지 방식으로만 만들어질 수 있다는 주장은 의심스

적 위험을 대처할 수 있는가 (백의, 2002), 63면.

217) "사회 전체는 더 이상 시야에 들어오지 않는다. 왜냐하면 사회는 전체적으로 그 자신
을 기능적으로 분화시켰기 때문이다. 그리고 각각의 부분체계는 스스로를 가장 중요
한 것으로 간주한다. 모든 부분체계는 따라서 저마다 사회의 통일성을 다르게 서술
한다. 그 때문에 사회의 어떤 이성적인 정체성에 관해 토론하는 것은 별 의미가 없
다. 따라서 현대를 비판하는 것 역시 마찬가지로 더 이상 의미가 없다." Norbert
Bolz(윤종석 역), 세계를 만드는 커뮤니케이션 (한울아카데미, 2009), 32면.

218) "이 책의 핵심은 다원적 평등(complex equality) 개념에 있다. 즉 재산이나 권력 혹은
명예와 같은 사회적으로 중요한 특정 가치를 소유한 일부 사람들이 그 가치 이외의
다른 가치까지 모두 장악할 수 있는 상황은 정의로운 상태가 결코 아니라는 점이다.
다원적 평등 이론은 여러 가지 사회적 가치들이 서로 구별된다는 점, 따라서 그 분배
원칙 역시 서로 다를 수밖에 없다는 점에서 출발한다." Michael Walzer(정원섭 外
역), 정의와 다원적 평등 (철학과현실사, 1999), 역자 서문, 15면.

219) Michael Walzer(정원섭 外 역), 정의와 다원적 평등 (철학과현실사, 1999), 57면.

러운 것이다. [⋯] 즉 정의의 원칙들은 그 형식에서 그 자체가 다원주의적
이다. 상이한 사회적 가치들은, 상이한 근거들에 따라 상이한 절차에 맞게
상이한 주체에 의해 분배되어야 한다. 이러한 모든 차이는 사회적 가치들
그 자체에 대해 서로 다른 주체들이 서로 상이한 방식으로 이해하기 때문
에 나타난다. 그리고 이러한 상이한 이해들은 역사적이고 문화적인 특수성
의 필연적 산물이다."[220]

　기본적 가치들의 집합을 단 하나로 구성하는 것은 불가능하며, 어떠한 한
가지 가치가 다른 모든 가치를 완벽하게 지배할 수 없다. 어떤 독점도 완벽
할 수 없다. 한 가지를 가진 사람이 다른 모든 것을 다 가진 상태가 되면
사회는 불평등해진다. 왈쩌는 '지배층의 사적인 특권'과 '국가의 강력한 통
제'를 대비시킨다. 양자는 서로 반비례 관계에 있다. 국가가 강력한 통제를
발휘하면 지배층의 사적인 특권이 없어지지만, 국가의 통제가 느슨해지면
사적인 특권이 강력해진다. "많은 시점에서 사적인 특권을 바로잡을 수 있
는 유일한 해결책은 결국 국가의 강력한 통제며, 나아가 국가의 강력한 통
제로부터 탈피할 수 있는 유일한 출구는 사적인 특권이 될 것이다."[221]

　왈쩌는 국가가 소수 지배층의 독점을 철폐해야 함을 설파하지만, 국가의
힘이 허약해진다는 점 또한 우려한다. 그는 '독점의 혁파 혹은 독점에 대한
제한'보다는 '국가 지배의 축소'에 주목한다. "지배가 철폐된다면, 이미 확립
되어 있던 제반 영역의 자율성이 무너진다면, 그래서 한 영역에서 성공을 거
둔 사람이 다른 영역에서도 연이어 성공하고 결국 모든 분야에서 성공한다
면, 그리하여 가치들을 아마 불법적으로 전환할 필요조차 없이 더욱 축적하
게 된다면 어떻게 될까? 이것은 분명 불평등한 사회로 나아갈 것이다."[222]

　왈쩌의 우려는 현대 사회에서 그대로 재현되었다. 소수 지배층의 특권을

---

220) Michael Walzer(정원섭 外 역), 정의와 다원적 평등 (철학과현실사, 1999), 34면.
221) Michael Walzer(정원섭 外 역), 정의와 다원적 평등 (철학과현실사, 1999), 51면.
222) Michael Walzer(정원섭 外 역), 정의와 다원적 평등 (철학과현실사, 1999), 56면.

제약하는 국가의 통제는 점점 약해졌다. 오늘날 자본주의의 총체성으로 소수 자본가 계층은 모든 것을 얻었다. 부와 명예와 권력 모두를 얻었다. 반면에 이를 통제해야 하는 국가의 힘은 점점 약해졌다. 국가와 정부는 글로벌 기업의 확장을 지원하는 세력으로 탈바꿈했고, 약자와 노동자를 보호해야 하는 임무에는 소홀했다. 사실 예전 사회는 더 그랬다. 그때는 국가가 국민을 보호한다는 개념 자체가 미비했다. 신분질서에 의해 소수 신분의 사람들이 모든 것을 독차지했다. 이전의 신분은 사라졌지만, 교육과 자본에 의해 새로운 신분이 생겨나 그들이 모든 것을 차지하는 세상이 됐다.

세계화를 맞이하여 시장과 국가 중에 우위를 점한 것은 시장이다. 지구화, 세계화의 가장 큰 사회학적 변화는 지구화가 국민국가들의 통제력을 상실하게 했다는 것이다.[223] 신자유주의는 국가의 사회적 기능을 경제적 계산에 종속시킨다.[224] 세계화된 사회에서 노동유연성을 주장하지만 이동 유연성은 주장하지 않는다. 연대의 상실과 개인의 상실이 눈에 띄고, '자본주의의 총체성'은 점점 더 강해진다.[225]

---

223) Zygmunt Bauman/Carlo Bordoni(안규남 역), 위기의 국가 (동녘, 2014), 67면.
224) Zygmunt Bauman/Carlo Bordoni(안규남 역), 위기의 국가 (동녘, 2014), 47면.
225) "국가와 시민 간의 끈은 약해지고 있고, 사회는 응집력을 잃은 채 '액체적'이 되고 있습니다. […] 탈대중화는 분명 개인의 자율성에 대한 각성의 과정이지만 동시에 세계 시민에게는 고립 상태이자 대중이 굳게 믿고 있던 사회적 유대들이 상실된 상태입니다." Zygmunt Bauman & Carlo Bordoni(안규남 역), 위기의 국가 (동녘, 2014), 45면; 바우만(Zygmunt Bauman)은 포스트 민주주의의 대표적인 결과를 다음과 같이 들었다. (1) 탈규제, 즉 경제 관계를 지배하던 법들이 무효화되고 그에 따라 금융시장과 주식시장이 가장 우위에 서게 됨, (2) 정치 생활과 선거에서 시민 참여의 감소 (오늘날에는 포스트 민주주의만이 아니라 민주주의 일반에서 일반적으로 볼 수 있는 현상), (3) 경제적 자유주의(신자유주의)의 회귀. 전에는 '공적인' 것이었던 국가의 기능들과 행정 서비스를 사기업과 동일한 경제적 실적 기준에 입각해 사적 부문에 위임, (4) 복지국가의 쇠퇴. 기본 서비스를 모든 시민의 보편적 권리의 일부가 아니라 극빈자들에게만 예외적으로 제공하는 것으로 축소, (5) 압력단체들의 득세. 압력단체들의 힘이 커지면서 정치를 자신들이 원하는 방향으로 끌고 감, (6) 정치의 쇼 비즈니스화. 광고 기술을 이용한 여론 형성. 카리스마적 인물이 아니라 주로 이미

V. 현실적인 이론 구성

필자의 관점에서 규범적 사회이론은 크게 2가지로 나눌 수 있다. 이상적인 이론과 현실적인 이론이다. 양자는 현대 사회의 현실을 어느 정도 고려하는가에 따라 나뉜다. 필자가 따르는 후자의 방법은 현대 사회의 현실을 그대로 따르라는 것이 아니라, 현대 사회의 현실에서 출발해 이에 타당한 해결책을 제시할 것을 요구한다.

필자는 현대 사회를 특징짓는 중요한 사조가 '다원주의'와 '기능적 분화'라고 생각한다. 우리가 살고 있는 현대는 절대적으로 옳다는 사상이 저물었고 서로 다른 가치관에 기초한 사상들이 공존한다. 자연법의 시대는 고대, 중세, 근대에까지 주류를 이루었으나, 현대에는 실증주의에 자리를 내주었다. 이전에는 비주류였던 상대주의가 현대에서는 주류의 위치로 올라섰다. 이런 흐름은 '다원주의'로 대표된다.

체계이론은 기능으로 특화된 여러 체계로 사회가 구성된다고 주장한다. '체계의 기능적 분화'에서 현대의 주된 사조인 '다원주의'의 모습을 확인할 수 있다. 현대 사회는 신분이 아니라 기능이 주된 매체가 되었으며, 서로 다른 기능을 중심으로 '기능적 분화'가 이루어진다. '체계의 기능적 분화'는 현대 사회에서 실제로 일어나는 사실적 현상이다.

필자는 현대 사회에 적합한 규범적 사회이론을 구상함에 있어서 이러한 '사실적 개념으로서 기능적 분화'를 고려해야 한다는 입장이다. 사실적으로 이루어지는 기능적 분화를 고려함이 없이 규범적 개념으로 이상적인 내용을 설정한다면, 이는 이론 자체로는 말할 수 없이 좋을지 모르나 현실에서

지, 시장조사, 치밀한 커뮤니케이션 계획에 따라 만들어지는 지도자, (7) 공적 투자의 감소, (8) 최소한 자유를 보장한다는 인상을 줄 수 있는 민주주의의 '형식적' 측면들의 보존. Zygmunt Bauman/Carlo Bordoni(안규남 역), 위기의 국가 (동녘, 2014), 267-268면.

실현하기에는 어려운 개념이 된다. 필자는 '규범적 개념으로서 기능적 분화' 내지 '규범적 과제로서 기능적 분화'를 현대 사회에 적합한 규범적 사회이론으로 제시한다.

'사실적 개념으로서 기능적 분화'가 현대 사회에서 진행되지만 이는 많은 경우 '자본주의의 총체성'에 의해 제대로 실현되지 못한다. 자본주의에 유리한 기능은 분화가 잘 되는 반면에, 자본주의와는 거리가 먼 기능은 도태된다. 예컨대 경제체계는 분화에 분화를 거듭하지만, 복지체계는 그렇지 않다. 필자가 주장하는 '규범적 개념으로서 기능적 분화'는 현대 자본주의 사회에서 제대로 분화되지 못한 '기능체계'에 관심을 둔다. 동시에 자본주의에 의해 강화되는 경제체계의 과도한 영향력을 제한하려 한다. 경제체계의 영향에서 완전히 자율적인 기능체계는 현실적으로 있을 수 없겠지만, 그렇다고 여러 기능체계의 자율성이 경제체계에 의해 무너지는 것을 경시할 수는 없다. 경제라는 기능이 사회에서 중요한 것은 사실이나, 이는 (비유로 말하자면) 유기체에서 심장과 같은 기능에 해당할 것이다. 심장은 다른 여러 장기에 피와 산소를 공급하는 중요한 역할을 하나, 다른 장기의 자율성에 개입하지 않는다. 경제체계는 심장이나 뇌와 같은 제일 중요한 기능체계이나, 다른 사회의 기능체계가 온전하게 작동하도록 도와줄 뿐이다.226)

'규범적 개념으로서 기능적 분화'는 전체 사회를 하나의 이념으로 개혁해야 한다는 식의 주장을 하지 않는다. 자본주의의 총체성에 의해 '경제체계'가 다른 기능체계에 과도한 영향을 미치는 것을 비판하며, 사회적 약자

---

226) "진정 경제체계로부터 자율적인 기능체계들의 자율화가 가능한가?" 필자는 경제체계의 영향에서 완전히 벗어났다는 의미에서 '자율적인 기능체계'는 상정하기 어렵다고 생각한다. 그럼에서 '자율적인 기능체계'를 주장하는 이유는 오늘날 자본주의의 총체성 하에서 경제체계의 영향이 너무 큰 나머지 다른 기능체계의 자율성을 훼손할 정도로 경제체계가 잘못 운용되고 있기 때문이다. 필자는 '규범적 과제로서 기능적 분화' 개념을 내세우면서 경제체계의 과도한 확장을 막는 방안을 모색하고, 경제체계와는 달리 자율성이 약한 기능체계를 강화하는 방안을 마련하고자 한다.

의 보호를 위해 제대로 분화되지 못한 복지체계와 같은 기능체계를 국가가 나서 형성할 것을 요구한다. 필자는 현재 진행되고 있는 '사회의 기능적 분화'가 규범적으로 조정될 때 제대로 된 '기능적 분화'의 모습이 나타날 거라 생각한다.

현대 사회의 중심 사조인 '다원주의'는 하나의 지배이념에 의해 사회가 통제되는 것을 꿈꾸지 않는다. 하나의 지배이념이 등장하는 것에 경계하며, 이를 건설적으로 비판한다. 하나의 지배이념이 과도한 영향력을 미치는 것을 막고, 하나의 지배이념에 의해 다른 이념이 축소되고 제한되는 것을 경고한다.

현대 사회에서 경제체계는 점점 더 커지며 경제가 하나의 지배이념이 되고 있다. 경제지상주의 하에서 경제체계는 모든 것을 아우르는 기능체계로 변모했다. '사회체계의 기능적 분화'를 규범적 개념, 규범적 과제로 주장하는 필자의 주장은 사회의 여러 기능체계에서도 다원주의를 실천하자는 주장이다. 물론 필자의 주장은 경제체계가 갖는 막강한 역할과 힘을 부정하는 것이 아니다. 경제체계는 막중한 기능체계로서 역할을 수행해야 하나, 그 영향력이 다른 기능체계의 자율성을 훼손할 정도가 되면 안 된다는 주장이다.

필자가 주장하는 '규범적 개념으로서 기능적 분화'는 사회의 기능체계 간의 '다원주의'를 주장하는 것이다. '규범적 개념으로서 사회의 기능적 분화'와 '다원주의'는 주장하는 바가 매우 비슷하며, 필자는 양자가 현대 사회에서 실질적으로 실현될 수 있는 규범적 과제로 제시할 수 있다고 본다.

제3부

기능적 분화와 공리

제8장 공화주의 이론의 명암

공화주의는 원래 군주제에 대항하는 정치이론이었으나, 현대 공화주의는 현대 사회에 만연한 개인주의의 폐해, 신자유주의의 적폐에 맞서는 이론으로 손꼽힌다.[1] 공화주의 이론이 현대 사회의 복잡성과 규모에 비추어 실현 불가능한 요소를 안고 있음에도, 그 주장하는 바는 경청할 만하다. 공화주의 이론에서 어떤 점은 받아들이고 어떤 점은 버릴 것인가? 필자는 이 장에서 공화주의 이론의 명암(明暗)을 살피려 한다.

이 작업은 다음 장에서 다루는 '공리와 자유의 연합'을 설명하는 전초적인 성격을 띤다. 이는 필자가 '규범적 과제로서 기능적 분화'를 주장하는 것과 맥이 닿아 있다.

Ⅰ. 공화주의의 핵심 주장

필자는 이하에서 공화주의의 핵심 주장을 다음 3가지로 정리했다. 법을 통한 공공성 확보, 비지배로서의 자유, 형성적 정치. 공화주의의 자유 개념인 '비지배로서의 자유'에 연유해 '법을 통한 공공성 확보'와 '형성적 정치'는 자연스럽게 연결된다. 공화주의에는 여러 주장이 있으나, 대부분 이 3가지를 담고 있다.

---

1) 김경희, 공화주의 (책세상, 2009/2014), 13면.

1. 법을 통한 공공성 확보

공화주의는 '사회의 공공성'을 강조하는데, 이를 위해 라틴어 '레스 푸블리카(res publica)'를 언급한다.[2] '레스 푸블리카'는 사적 지배(domination)가 최대한 배제된 공적 공간을 뜻하는데, 어느 개인에게도 속하지 않은 공공 사물, 공공 재산을 뜻한다.[3] '레스 푸블리카' 개념에서 알 수 있듯이, 공화주의자들은 '사적 지배'에 반대한다. 공화주의 자유 개념인 '비지배'로서의 자유 개념도 이 때문이며, 법을 통해 사적 지배를 배제하고 공적 지배를 강화한다.

공화주의는 '법의 지배'를 강조하는데, 이는 법을 통해 공적 사물, 공공 재산, 공적 공간이 지켜지기 때문이다. 공화주의가 주장하는 '공화국'은 공공선을 담고 있는 법에 의해 공적 사물, 공공 재산, 공적 공간이 지켜지는 국가이다. 루소(Jean-Jacques Rousseau)는 다음과 같이 썼다. "나는 정부형태가 어떤 것이든 간에 법에 의해 통치되는 모든 국가를 공화국이라고 부른다. 왜냐하면 이때 비로소 공공선이 우위에 서고, 공공의 것이 중요한 것이 되기 때문이다."[4]

공공선을 규율한 법 아래에서 시민들은 권리와 의무를 함께 나눈다. 공공선을 담고 있는 법 앞에서 시민들은 평등한데, 이때 평등은 자유주의적 평등을 넘어 사회경제적 평등까지도 포함한다.[5] 공화주의자들은 법 이전에 자유는 존재하지 않는다고 보아 '법으로부터의 자유'를 주장하지 않고, '법

---

2) 네이버 두산백과 '레스 푸블리카(res publica)' 참조.
3) Maurizio Viroli(김경희/김동규 역), 공화주의 (인간사랑, 2006), 역자 서문, 8면.
4) Maurizio Viroli(김경희/김동규 역), 공화주의 (인간사랑, 2006), 16면.
5) "법 앞의 평등을 강조하는 것은 자유주의적이며 사회경제적 평등을 강조하는 것은 이를 넘어선 사회민주주의적인 것이라면서 양자를 구분하는 경향이 있지만, 공화주의는 양자를 같은 것으로 본다." Maurizio Viroli(김경희/김동규 역), 공화주의 (인간사랑, 2006), 역자 서문, 11면.

을 통한 자유'를 추구한다. '법을 통한 자유'에서 법은 사적 지배를 배제하고 공공선을 증진시켜 시민의 자유를 보장한다. 공화주의자들은 진정한 자유는 사적 공간이 아닌 공적 공간에서 이루어진다는 신념을 표한다.[6)

반면에 자유주의는 모두가 공유하는 선은 근거가 매우 박약하며, 현대 사회처럼 다원화된 사회에서는 공공선에 대한 합의가 가능하지 않다고 본다. 개인을 자율적 존재로 파악하는 자유주의에 따르면, 개인들이 자신들의 선관(善觀, conception of the good)을 스스로 형성하고 추구할 수 있다(개인의 자율성 테제). 개인의 자율성을 신뢰하므로, 자아는 공동체에 앞서고 목적에 앞서고 좋음(선함)에 앞선다. 따라서 국가는 특정한 선관을 개인에게 강요해서는 안 된다(국가의 중립성 테제). 이는 자유지상주의와 의무론적 자유주의 모두에 해당하는 것으로, 정의는 좋은 삶에 대한 특정한 개념과는 상관없이 자유지상주의와 의무론적 자유주의가 상정하는 옳음의 문제로 결정된다(좋음에 대한 옳음의 우선성 테제, The Priority of the Right over the Good). 자유주의에 따르면, 옳음은 좋음과 엄격하게 구분되고 옳음은 좋음과 별개로 도출된다는 의미에서 옳음은 좋음에 우선하며, 국가는 좋음에 대해 중립을 지켜야 한다.

하지만 자유지상주의에 따라 공공선에 기초한 법규범과 정책을 포기할 경우, 시장의 효율성에 모든 것을 맡기게 되어 공익을 제대로 실현할 수 없다는 문제가 발생한다. 자유지상주의는 시장의 효율성을 너무 믿는 나머지 사회적 약자를 배려하는 정치의 중요성을 놓친다. "문제가 되는 것은 이처럼 필연적인 시장 중심적 불평등이 자신의 영역을 넘어서, 민주주의의 시민권, 교육, 보건의료, 혹은 공적 명예 같은 것들처럼, 지불할 수 있는 능력에 준거하지 아니하고 재화들이 분배되어야 하는 다른 정의의 영역을 오염시키는 것이다."[7)

---

6) Maurizio Viroli(김경희/김동규 역), 공화주의 (인간사랑, 2006), 역자 서문, 11면.

7) Will Kymlicka(장동진 外 역), 현대 정치철학의 이해 (동명사, 2005), 277면.

공화주의자들은 (공동체주의자들과 마찬가지로) 자유주의에 따라 국가 중립성이 강화된다면 복지국가에 의해 요구되는 희생을 시민들이 받아들이도록 하는 공동선의 공유기반을 약화시킬 것이라고 비판한다.[8] 공화주의자들이 보기에, 자유주의의 문제는 '개인주의'에 대한 자유주의의 강조에 있으며, 자유주의적인 '권리의 정치(politics of rights)' 대신 '공공선의 정치(politics of the common good)'가 필요하다고 본다.[9] 자유주의는 '신자유주의'의 위협을 막을 만큼 강하지 않다. 자유주의에 기초한 시장의 광범위한 지배를 인정하게 되면 공공선은 위축될 수밖에 없다. 공화주의자들은 국가가 공공선을 강제할 수 있는 법적 기반이 필요하다고 본다.[10]

2. '비지배'로서의 자유

공화주의는 타인의 자의적 의지로부터의 자유인 '비지배(non-domination)'로서의 자유를 추구한다.[11] 공화주의자들은 '간섭의 부재'로서의 자유에 만족하지 않았다. 그들은 '주종적 지배(예속)의 부재'를 원했다. '비지배'로서의 자유는 사적 형태의 주종적 지배(예속) 자체가 존재하지 않는 상태, 예속이 없는 상태로서의 자유다.[12] '비지배'로서의 자유는 소극적 자유인 '불간섭으로서의 자유'를 훨씬 뛰어넘는다. 주종적 지배 또는 예속이 없는 상태는 간섭의 '가능성' 자체가 없는 상태이다.[13]

공화주의는 실제적인 간섭이 없는 경우라도 타인의 위협적인 권력에 지

---

8) 장동진, 현대자유주의 정치철학의 이해 (동명사, 2001), 177면.

9) Will Kymlicka(장동진 外 역), 현대 정치철학의 이해 (동명사, 2006), 298면.

10) 고봉진, 법철학강의 (제2판, 제주대학교 출판부, 2016), 212면 이하.

11) 곽준혁, 경계와 편견을 넘어서 - 우리시대 정치철학자들과의 대화 (한길사, 2010/2011), 29면.

12) Maurizio Viroli(김경희/김동규 역), 공화주의 (인간사랑, 2006), 91면, 96면.

13) Maurizio Viroli(김경희/김동규 역), 공화주의 (인간사랑, 2006), 104면.

배된다면 부자유하다고 보았다.14) 타인의 간섭이 없어도 타인의 예속적 지배가 있는 경우는 다음과 같은 경우다. "시민들이 법을 전혀 두려워하지 않는 독재자나 과두지배계급에 의해 핍박받는 경우, 여성이 자신의 남편으로부터 학대를 당하면서도 전혀 저항할 수 없거나 사후적으로도 법의 보호를 받지 못하는 경우, 근로자들이 고용주나 감독자의 크고 작은 횡포 아래 놓여지게 되는 경우, 퇴직자가 자신이 당연히 받을 권리가 있는 연금을 수령함에 있어서 담당 공무원의 변덕에 좌우되는 경우, 환자가 건강을 되찾는 것이 의사의 호의에 달린 경우, 젊은 학자들의 직업적 미래가 연구성과의 질이 아니라 선배 학자의 변덕에 좌우되는 경우, 시민의 검사의 자의적인 말 한마디에 의해 언제라도 감옥에 수감될 수 있는 경우 등, 이 모든 경우에서 간섭은 보이지 않는다."15)

반면에 타인의 간섭이 있어도 타인의 예속적 지배가 없는 경우가 있다. 소득에 비례하여 세금을 부과하는 누진세가 대표적인 예이다.16) '불간섭으로서의 자유'를 주장하는 자유주의자들은 누진세로서의 세금이 '간섭'으로서 개인의 자유를 침해한다고 보지만, '비지배로서의 자유'를 추구하는 공화주의자들은 그렇지 않다. 공화주의자들은 법에 의해 개인적 선택에 부과되는 제한이나 간섭은 자유에 대한 제한이라기보다는, 오히려 공화주의적 자유의 핵심적인 구성요소로서 자동차의 브레이크처럼 꼭 필요한 거라고 믿었다.17)

공화주의자들에게 공화정은 시민의 자유를 수호하는데 가장 적합한 통

---

14) Philip Pettit(곽준혁 역), 신공화주의 (나남, 2012), 한국어판 머리말, 6면.
15) Maurizio Viroli(김경희/김동규 역), 공화주의 (인간사랑, 2006), 92-93면.
16) "두 가지 예만 들자면, 시민들에게 소득에 비례해서 세금을 내라고 강제하는 법률, 또는 살인을 저질렀을 때 시민들을 종신형에 처하는 법률은 분명히 제한이자 규제이며, 또한 간섭이다. 하지만 이러한 간섭에 의해 내가 다른 사람들의 자의에 예속되는 것은 결코 아니다." Maurizio Viroli(김경희/김동규 역), 공화주의 (인간사랑, 2006), 95-96면.
17) Maurizio Viroli(김경희/김동규 역), 공화주의 (인간사랑, 2006), 108면.

치방식이다. 법의 지배를 통해 사적 지배를 배제하면서 시민의 자유를 수
호하기 때문이다.[18] 키케로(Cicero)의 '클루엔티오를 위한 변론'의 한 문장
은 다음과 같다. "우리 모두는 자유롭기 위해 법에 복종한다."[19] 공화주의
자들이 보기에, 사적 예속과 법적 구속은 둘 중 하나를 선택해야 하는 관계
에 있다. 공화주의자들에 따르면, 예속을 줄이기 위해서는 법적 구속을 늘
려야 한다.[20] 자유주의자들은 법이 자유를 필연적으로 제한한다고 보는 반
면에, 공화주의자들은 법이야말로 자유를 보장한다고 본다.[21]

3. 시민의 형성적 정치

공화주의는 '시민적 덕성'을 갖춘 시민들의 자치가 이루어져야 '비지배
로서의 자유', '법을 통한 자유'가 실현된다고 보았다. 공화주의자들은 공화
주의를 실현할 방법으로 시민적 덕성(civic virtue)과 자치(self-governance)
를 내세웠다. 그들은 시민들의 자치 능력을 배양시키고 '좋음'을 만들어나
가는 형성적 정치(formative politics)를 추구했다. 형성적 정치는 시민들 속
에 자치에 필요한 인격적 성질을 함양시키는 정치를 말한다.[22] 공화주의자
들은 시민의 자유가 그냥 이루어지는 것이 아니라는 점을 잘 알았다. 그들
이 주장하는 '비지배로서의 자유', '법을 통한 자유'는 역동적인 형성적 정
치를 필요로 했다. 시민들의 참여와 자치가 요구되었고, 이를 위해 시민의
높은 덕성이 필요했다.

공화주의는 개인주의에 빠져 있는 자유주의를 강력하게 비판한다. 자유
주의 정치철학은 개인의 선택 자유에 기반을 둔다. 개인이 자신의 가치를

---

18) Maurizio Viroli(김경희/김동규 역), 공화주의 (인간사랑, 2006), 113면.
19) Maurizio Viroli(김경희/김동규 역), 공화주의 (인간사랑, 2006), 110면에서 재인용함.
20) Maurizio Viroli(김경희/김동규 역), 공화주의 (인간사랑, 2006), 119면.
21) Maurizio Viroli(김경희/김동규 역), 공화주의 (인간사랑, 2006), 132-133면.
22) Michael Sandel(안규남 역), 민주주의의 불만 (동녘, 2012), 18면.

자유롭게 선택할 수 있다는 점에서, 국가는 개인에게 일정 가치를 강요할 수 없다. 국가는 개인의 선택을 존중해야 하며, 국가는 '좋은 삶이 무엇인가'에 대해 중립을 유지해야 한다. 공화주의자들이 보기에, 자유주의 정치철학은 이 때문에 시민의 자치를 고양할 수 없고 사람들은 공공 생활을 제대로 형성할 수 없다. 이 점이 공화주의자들이 자유주의 정치철학을 비판하는 핵심이다. 동시에 공화주의는 자유주의적 자유관을 강력하게 비판한다. 자유주의의 핵심 원리인 '자유' 자체가 잘못 설정되었다고 비판한다. "자유주의적 자유관은 그 나름의 호소력은 있으나 자치를 뒷받침하는 시민적 자원이 결여되어 있다. 자유주의적 자유관이 우리의 공공생활을 힘들게 하는 무력감을 다룰 준비가 되어 있지 않은 것은 바로 이러한 결함 때문이다. 현재 우리 삶의 기준으로 작용하고 있는 공공철학은 자유를 약속하지만 자유를 보장하진 않는다. 왜냐하면 오늘날 우리의 공공철학은 자유에 필요한 공동체 의식과 시민적 참여 의식을 고취시킬 수 없기 때문이다."[23]

공화주의 자유 개념인 '비지배로서의 자유'는 시민적 덕성의 형성을 통해, 시민의 참여와 자치를 통해 추구할 수 있다. 형성적 정치의 역동성이 없이는 자유는 불가능하다. 형성적 정치를 통해 사회의 법에 공공선을 심어야 한다. 국가는 시민적 덕성을 갖춘 시민을 길러야 하고, 이들 시민은 공적 공간에 적극적으로 참여해야 한다. 루소는 자유와 형성적 정치의 연관성을 간략한 문장으로 표현했다. "자유 없이 애국은 불가능하며, 비르투 없이 자유는 불가능하며, 시민들 없이 비르투는 불가능하다."[24]

---

23) Michael Sandel(안규남 역), 민주주의의 불만 (동녘, 2012), 19면.
24) Maurizio Viroli(김경희/김동규 역), 공화주의 (인간사랑, 2006), 169면.

Ⅱ. 공화주의는 현대 사회에서 실현 가능한가?

필자는 앞에서 공화주의의 주장을 세 가지로 정리했다: 법을 통한 공공성 확보, '비지배'로서의 자유, 시민의 형성적 정치. 공화주의자들이 보기에 '자유주의적 자유' 개념은 '법의 지배'와 '시민의 형성적 정치'를 이끌어내지 못하며, 자유에 필요한 공공성을 확보하는데 무기력하다. 공화주의자들은 '공화주의적 자유' 개념이 '법의 지배'와 '형성적 정치'를 이끌어낸다고 본다. 공화주의의 주장은 비지배로서의 자유, 법을 통한 공공성 확보, 형성적 정치가 한 묶음처럼 연결된다는 점에 매력이 있다.

하지만 이하에서는 공화주의의 이론 구성을 비판적인 시각에서 살펴볼 생각이다. 공화주의 이론이 현대 사회에 적합한 이론인지를 살펴볼 생각이다. 공동체를 지향했던 이전 사회와 달리, 현대 사회는 복잡해지고 기능적으로 분화된 사회가 되었다. 공화주의 이론을 주장했던 시대와 오늘날의 시대가 너무 달라진 것은 아닌지 살펴야 한다. 공화주의 이론 자체는 아주 훌륭하지만, 현실에서 과연 실현가능한 것인지 살펴볼 것이다. 무엇보다도 '실현 가능성'의 측면에서 시민의 자치, 형성적 정치의 가능성에 의문이 든다.

1. 현대 사회에 '시민의 형성적 정치'는 가능한가?

필자가 보기에, 공화주의의 주장은 다음 화살표 방향으로 진행된다. 시민의 형성적 정치 → 법을 통한 공공성 확보 → 비지배로서의 자유. '비지배로서의 자유'를 실현하기 위해 '법의 지배'가 필요하고, '형성적 정치'가 뒷받침되어야 한다. 필자가 주목한 것은 공화주의 주장의 가장 핵심적인 위치에 '형성적 정치'가 있다는 점이다. '비지배로서의 자유'를 실현하기 위해서는 시민적 덕성을 갖춘 시민을 기르고, 시민의 자치가 행해져야 한다.

하지만 오늘날의 관점에서 가장 문제시되는 것은 '시민적 덕성', '자치',

'형성적 정치'에 대한 것이다. 현대 사회의 복잡성과 규모를 생각할 때, 공화주의 전통에서 말하는 '시민적 덕성', '시민의 자치'가 가능할지 필자는 의문이다.[25] 이전 사회와 현대 사회는 너무나도 달라져 이전에 타당했던 이론들이 오늘날에서 실현 불가능한 것이 적지 않다. 필자는 '시민적 덕성', '자치', '형성적 정치'를 주장하는 공화주의 이론이 그 대표적인 예라고 생각한다. 물론 그 주장하는 바는 옳고 타당하다는 점을 인정한다. 하지만 옳고 타당한 이론이라 하더라도 현대 사회에 적용 가능한가는 또 다른 문제다. 이는 고대인의 자유관과 현대인의 자유관이 매우 달라졌다는 점과도 일맥상통한다.

현대 사회는 점점 이질적으로 분화되어 갔다. 동질성에 기초한 사회의 공동체는 무너지고, 이질성에 기초해서 부분사회로 분화되었다. 현대 사회는 너무나 복잡하고 다원화되어서 공동체의 모습으로 다시 통일시킬 수 없다. 공동체로 파악할 수 있는 아주 작은 범주의 사회에서는 공감능력이 나름 잘 발휘된다. 자신과 비슷한 처지에 있는 사람에게 공감능력이 발휘된다. 하지만 사람의 수가 많아지고 공동체로 파악할 수 없을 정도로 커진 사회에서 인간의 공감능력은 제한된다. 공동체에서 이익사회로 변한 사회에서는 도덕이나 윤리가 아닌 법에 의해 질서가 유지된다. 개인 양심이 여전히 큰 기준으로 작용하지만 이전 공동체 사회만 못하다. 사회는 여러 부분사회로 다시 나뉘며, 그 안에서 부분적으로 인간의 공감능력이 발휘된다. 자신이 속한 사회 이외의 사회에 자신의 공감능력을 확대하는 '이타적' 인간은 그리 많지 않다.

---

25) "시민적 자유 노선을 되살리려는 시도는 반드시 두 가지 반론에 직면할 수밖에 없다. 첫 번째 반론은 공화주의적 이상의 부활 가능성에 의문을 제기한다. 두 번째 반론은 공화주의적 이상의 부활이 바람직한가를 문제 삼는다. 첫 번째 반론은 현대 세계의 규모와 복잡성을 생각할 때 공화주의 전통에서 말하는 식의 자치를 바라는 것은 비현실적이라고 주장한다." Michael Sandel(안규남 역), 민주주의의 불만 (동녘, 2012), 421면.

현대 사회는 '도덕과 윤리의 상실'을 경험하고 '시민의 상실'을 마주한 다. 루소 스스로도 근대 사회의 문제점을 다음과 같이 말했다. "고대 정치 인들은 끊임없이 도덕과 덕을 둘러싸고 고심하고 대화했으나, 우리 시대의 정치인들은 상업과 돈을 두고만 지껄인다."26) "우리에게는 물리학자와 기 하학자, 화학자, 시인과 음악가, 화가들이 있으나, 더는 시민들이 존재하지 않는다."27) 한국 사회도 점점 개인화 추세가 두드러지게 나타나고 있다. 이 전 공동체 문화와 달리, 오늘날 개인화된 문화 속에서 '나홀로 밥'을 즐기 는 사람이 늘어났다. '관계'와 '권태기'를 합성한 신조어인 '관태기'란 용어 도 등장했다.28) 물론 개인주의적 성향이 한국의 그릇된 공동체 문화를 고 쳐주는 긍정적인 측면도 분명 있다.29) 필자는 공동체만이 시민의 덕성을 키울 수 있고 개인주의는 할 수 없다는 주장을 펼치는 게 아니다. 형성적 정치를 위한 시민의 양성이 공동체주의보다는 개인주의 하에서 힘들다는 점을 말하고 싶을 뿐이다. 개인주의 하에서 잘 형성된 시민이라 하더라도 형성적 정치로 나아가기는 꽤나 힘들다는 점을 말하고 싶다. 시민적 품성 은 호혜적 사회관계의 촘촘한 네트워크 속에 자리 잡고 있을 때 가장 강력 한 힘을 발휘하기 때문이다.30) 개인화된 개인들로 인해 공공 영역에 대한 관심이 사라지고 공공에 대한 우위가 사라지고 있다.31)

　오늘날 사회는 '개인주의'와 '도구적 이성'의 척도가 팽배해 있다. 대표 적으로 찰스 테일러(Charles Taylor)는 '개인주의'와 '도구적 이성'의 폐해

---

26) Frank Miller Turner(Richard Lofhouse 엮음, 서상복 역), 예일대 지성사 강의 (책세상, 2016), 38면.
27) Frank Miller Turner(Richard Lofhouse 엮음, 서상복 역), 예일대 지성사 강의 (책세상, 2016), 39면.
28) '대학내일20대연구소'가 2015년 말 발표한 '2016 20대 트렌드 리포트'에서 처음 사용 한 용어이다.
29) 문유석, 개인주의자 선언 (문학동네, 2015).
30) Robert Putnam(정승현 역), 나 홀로 볼링 (페이퍼로드, 2000), 17면.
31) 김윤태, 사회적 인간의 몰락 (이학사, 2015), 318면.

를 지적했다.[32] 그는 현대 사회에 통용되는 '개인주의'를 '불안'의 근원으로 파악했다. "사람들은 각자 자기의 삶에만 초점을 맞추었기 때문에 보다 광범위한 시야를 상실해 버렸다. [⋯] 이를 통해 우리의 삶은 (높낮이 없이) 덤덤하게 되고 협소해진다. 우리의 삶은 갈수록 의미를 상실하게 되고, 우리는 타인의 삶이나 사회에 대해 점점 무관심해진다."[33] 나와 사회가 연결되어 있다는 생각은 점점 사라진다. 사회와의 연관 속에 자신의 인생을 설계하는 사람은 줄어들고 개인 간의 연결은 드물게 일어난다. '나 홀로 볼링'을 즐기는 사람은 점점 늘어난다. '고독한 군중' 속에 개인은 공적(公的) 영역에 무관심하며 사회문제를 가까이 하기 꺼린다. '사회적 인간의 몰락', '공적 인간의 몰락'을 논할 정도가 되었다.

'개인주의'와 더불어, '도구적 이성'은 현대 사회에 통용되는 척도가 되었다.[34] 프랑크푸르트학파 2세대 철학자인 하버마스(Jürgen Habermas)는 '상호주관적 이성'으로 '도구적 이성'에 맞서며 현대 사회의 합리성을 세우려 하지만,[35] '도구적 이성'은 점점 더 강화되고 있다. 오늘날처럼 '총체화된 자본주의' 사회에서 '인간 이성'은 목적에 합당한 수단을 찾는 '도구적 이성'을 뛰어넘기가 어렵다. 프랑크푸르트학파 1세대 비판이론가인 호르크하이머(Max Horkheimer)의 지적처럼, '이성의 도구화'는 이념과 언어를 도구화하고, 사유를 도구화하고, 활동을 도구화하고, 학문과 예술을 도구화하고, 결국 인간마저도 도구화한다.[36] 인간 이성은 인간의 자기보존 행위가 가지는 효율성을 판단하기 위한 척도로 전락하고 말았다.[37]

---

32) Charles Taylor(송영배 역), 불안한 현대사회 (이학사, 2009), 21면.
33) Charles Taylor(송영배 역), 불안한 현대사회 (이학사, 2009), 13면.
34) Charles Taylor(송영배 역), 불안한 현대사회 (이학사, 2009), 14면.
35) Jürgen Habermas(장춘익 역), 의사소통행위이론 1, 2 (나남출판, 2006).
36) Max Horkheimer(박구용 역), 도구적 이성 비판 - 이성의 상실 (문예출판사, 2006), 233면.
37) 김원식, 배제, 무시, 물화 (사월의책, 2015), 78-79면.

'公的 영역'이 '私的 영역'에 의해 침해당하고 정복되었다고 주장하는 대표적인 학자는 폴란드의 사회학자 바우만(Zygmunt Bauman)이다. 그는 현대 사회가 사회 유대의 약화, 시민의 소멸과 개인의 등장, 사회적 실존의 불안함으로 대표되는 '액체 사회(liquid society)'로 변모했다고 진단한다.[38] 바우만은 하버마스가 염려하는 '생활세계의 식민지화'가 아니라, 그 반대 현상이 문제된다고 본다.[39] 공적 영역에 의해 사적 영역이 침해되는 것이 아니라, 사적 영역이 공적 영역을 침해하는 것이다. 이에 따라 비판이론의 과제는 전도된다.[40]

사회 안전망의 부재, 공공성의 부재는 '시민의 탄생'을 어렵게 만든다. 시민이 부재하다면, 어떻게 자치를 이룰 것인가? 시민 덕성은 그냥 키워지지 않는다. 관심과 제도가 미비한 곳에서 성숙한 시민을 기대하는 것은 어불성설이다. 물론 군사정권 등의 폭정과 같은 큰 악(惡)이 존재할 때는 사정이 달랐다. 민주화된 사회에서는 시민들의 존재가 오히려 더 약화되는 아이러니에 처했다. 퍼트남(Robert Putnam)이 말하는 '사회적 자본'은 사회 구조, 제도와 정책이 사회 구성원들에게 신뢰를 줄 때에야 비로소 생겨난다.[41] 신뢰가 없는 상황에서 신뢰할 것을 기대할 수 없다. 사회 다수의 이익이 되는 정책과 제도가 상존할 때 시민의 힘은 키워진다.[42]

폴리스(Police)라는 작은 공동체에서는 사회에 참여하고 적극적으로 의견을 개진하는 것이 가능할지 몰라도, 오늘날의 큰 사회에서는 불가능하다. '폴리스 모델'은 현대 사회에 적합하지 않다. 작은 규모의 공동체에 참여하

---

38) Zygmunt Bauman(이일수 역), 액체근대 (강, 2009), 257면 이하.
39) Zygmunt Bauman(이일수 역), 액체근대 (강, 2009), 84면, 112면.
40) Zygmunt Bauman(이일수 역), 액체근대 (강, 2009), 84면.
41) Robert Putnam(정승현 역), 나 홀로 볼링 (페이퍼로드, 2000), 17면.
42) '형성적 기획', '형성적 정치'는 시민적 덕성을 지속적으로 가르치는 정책을 말한다. Will Kymlicka(장동진/장휘/우정열/백성욱 역), 현대 정치철학의 이해 (동명사, 2006), 400면.

여도 이로써 큰 규모의 사회에 영향을 미치기가 쉽지 않다. 한 나라의 정부
조차 오늘날 주어지는 세계적인 문제를 다루기에 적합하지 않다는 목소리
가 나온다. 정부는 큰 문제에는 너무 작고, 작은 문제에는 너무 크다. 오늘
날 현대 사회의 규모와 복잡성을 고려할 때 공화주의에서 이야기되는 '자
치'는 비현실적이다.43) 물론 작은 규모의 단위에서는 충분히 가능하다. 작
은 규모의 공동체에서는 자치를 펼칠 수 있는 시민이 생산되기 때문이다.
"토크빌에 따르면 시민들의 손이 미치는 작은 범위 내에서 통치의 기술을
연마할 수 있게 해준다."44)

　아리스토텔레스(Aristoteles)를 따르는 공동체주의자는 정치에 참여하면
서 적극적으로 의견을 개진하는 '고대인의 자유'를 우선시한다. 하지만 이
는 고대(古代) 사회의 특징을 너무 과도하게 짚어낸 것이다. 정치에 적극적
으로 참여하는 고대 시민의 자유는 공적 영역에서 배제된 여성, 노예, 무산
계급의 존재가 있었기에 가능했다.45) 유산(有産) 남성의 자유는 있었는지
몰라도, 여성과 노예, 무산(無産) 계급의 자유는 없었다. 아리스토텔레스는
시민이 정치에 제대로 참여하려면 육체노동은 노예가 맡아야 한다고 공공
연히 주장했다.46) 노예는 재산이고 생명 있는 도구일 뿐이었다.47)

　고대 그리스인들은 사적 영역은 중시하지 않고 공적 영역에 참여하는 데
서 가치를 찾았다.48) 사적 영역의 어원이 '결여'에서 왔다는 점도 이를 보

---

43) Michael Sandel(안진환/이수경 역), 왜 도덕인가? (한국경제신문, 2010), 289면; '디지
　　털 민주주의'의 가능성이 제기되지만, 온라인 공간에서의 담론 형성은 가능할지 몰라
　　도 이를 통해 '자치'를 실천하는 것은 불가능하다.
44) Michael Sandel(안진환/이수경 역), 왜 도덕인가? (한국경제신문, 2010), 313면.
45) Alan Ryan(남경태/이광일 역), 정치사상사 - 헤로도토스에서 현재까지 (문학동네,
　　2017), 34면, 37면.
46) Alan Ryan(남경태/이광일 역), 정치사상사 - 헤로도토스에서 현재까지 (문학동네,
　　2017), 137면.
47) Aristoteles(천병희 역), 정치학 (숲, 2009), 25면.
48) Will Kymlicka(장동진/장휘/우정열/백성욱 역), 현대 정치철학의 이해 (동명사, 2006),

여준다. 'privation'은 '결여'라는 뜻으로 개인을 뜻하는 'private'는 여기에서 나왔다. 하지만 벤자민 꽁스탕(Benjamin Constant)은 사람들이 고대인의 자유에 향수를 느끼는 것을 비판하면서, 고대인의 자유를 재현하려면 노예제를 다시 도입해야 한다고 말했다.[49] 사적 삶에 대한 경멸은 이에 종사하는 여성에 대한 경멸과도 연결되었다.[50] 반면에 사회에 관심이 없는 사람을 'Idiotes'라고 불렀다. '바보'라는 뜻인 'Idiot'는 여기서 나왔다.[51] 하지만 이는 고대 사회가 사회에 관심을 둘 수 없는 여성과 노예, 무산 계급을 바보로 취급하는 것을 당연시했음을 염두에 두어야 한다.

　공화주의가 주장하는 '비지배로서의 자유'를 실현할 매체가 현대 사회에는 턱없이 부족하다. 개인주의와 도구적 이성에 매몰된 사회에서 적극적인 시민을 기대하기 어렵다.[52] 시민운동의 동력도 점점 떨어지며 시민이 참여할 조직도 점차 없어진다. "일단 참여가 줄어들면, 즉 참여의 수단인 측면 조직들이 쇠퇴해지면 개별적 시민은 곧 거대한 관료주의적 국가 앞에 홀로 남게 되며, 정확히 말해서 무기력함을 느끼게 된다."[53] 가장 큰 문제는 '개인주의'와 '도구적 이성'을 극복할 수 있는 방안이 마땅치 않다는 점이다. '비지배로서의 자유' 개념은 시민적 덕성, 시민 자치, 형성적 정치와 연결되는데, 그 연결고리가 공화주의가 주장하는 것만큼 현대 사회에서는 강하지 않다. 실현 불가능하다는 주장을 넘어 심지어 위험하다는 주장까지 제

414면.

49) Alan Ryan(남경태/이광일 역), 정치사상사 - 헤로도토스에서 현재까지 (문학동네, 2017), 876면.

50) Will Kymlicka(장동진/장휘/우정열/백성욱 역), 현대 정치철학의 이해 (동명사, 2006), 415면.

51) 김윤태, 사회적 인간의 몰락 (이학사, 2015), 320면.

52) Charles Taylor(송영배 역), 불안한 현대사회 (이학사, 2009), 19면; 찰스 테일러는 개인주의와 도구적 이성에 매몰된 사회에서는 '자기실현'의 가치에도 고상한 것이 없다고 말한다. Charles Taylor(송영배 역), 불안한 현대사회 (이학사, 2009), 28면.

53) Charles Taylor(송영배 역), 불안한 현대사회 (이학사, 2009), 21면.

기될 정도다.

> "요즘의 정치사상가들 사이에서는 공화주의 저자들이 이야기하는 시민
> 적 덕성이라는 것은 실현불가능한 것이거나 위험스러운 것, 또는 실현불
> 가능하면서 동시에 위험스러운 것이라는 생각이 퍼져 있다. 즉 현재의 민
> 주주의 사회의 시민들은 개별집단의 이해에 묶여 있어 공공선을 추구할
> 동기를 가지기 어렵다는 점에서 '실현불가능'하고, 오늘날의 다문화적 사
> 회에서 시민들의 시민적 덕성이 강해지는 경우, 시민들은 다른 것에 대해
> 서는 덜 관대해지고 자신들의 것에 대해서는 더욱 열광적으로 될 가능성
> 이 있기 때문에 '위험'하다는 이야기다. 끝으로, 그들은 어떻게 시민적 덕
> 성이 충만한 사회를 만들려다 보면 어쩔 수 없이 시민들의 자유가 제한될
> 위험이 있을 것이라고 주장한다."[54]

2. '공공선과 시민의 순환' 고리가 존재하는가?

'복지국가'로 알려진 나라들은 누진 세금을 통한 세수를 통해 탄탄한 공공
영역과 복지체계를 운영하고 있다. 교육과 의료가 전 국민에게 제공되는 사회
를 만들었다. 교육과 의료를 '공유화'한 것이다. 서구의 여러 나라들은 수십
년의 투쟁과 논쟁을 거쳐 의료의 공공성과 교육의 공공성을 구축했다. 누진적
세금 정책을 통해 사회 안전망을 갖추는데 여러 반대가 있었지만, 오랜 시간
에 걸쳐 구축하는데 성공했다. 스웨덴 '국민의 집(Folkshemmet)' 모델이나
독일 '사회적 시장경제(soziale Marktwirtschaft)' 모델은 한 순간에 이루어진
것이 아니다. 오랜 세월을 거쳐 지속적으로 진행된 공공성 확보 노력이 체계
적으로 이루어져서 가능했다. 국내외 경제 사정에 의해 오늘날에도 여전히
축소하자는 움직임이 있지만, 그럼에도 이미 탄탄하게 확립된 기초를 흔들
정도는 아니다. '복지병'에 걸렸다거나 복지로 국가가 망한다는 주장이 제기

---

54) Maurizio Viroli(김경희/김동규 역), 공화주의 (인간사랑, 2006), 146면.

되지만, 여전히 견실하게 사회 안전망을 받치고 있다. 반면에 미국과 같은 나라는 막강한 부가 있음에도 불구하고 사적 자치에 많이 의존하는 나라다. 공공 영역이 탄탄하지 못해 공공시설과 사립시설의 격차는 엄청 나다. 교육과 의료를 개인 스스로 해결해야 해서, 가난한 국민은 그 혜택을 제대로 받을 수 없다. 우리나라의 사회 질서도 이제까지 효율적인 사적 영역에 많이 의존했다. 공적 영역은 최소한의 것만 보장할 뿐이다. 공공 영역을 확보하기 위한 정책들이 있음에도 불구하고, 정부의 여러 정책들은 부자를 직접적으로 위하는 정책을 실시함으로써 공공 정책의 재분배 효과는 상쇄된다.[55] 사적인 의료를 공적인 사회보험체계에 강제로 연결시켜 의료 공공성을 대체했지만, 탄탄한 교육 공공성은 상실했다. 교육은 민간의 영역으로 넘어가 더 이상 개천에서 용이 날 수 없는 구조가 되었다. 경제의 급속한 발전을 단기간에 이루었지만 그에 어울리는 사회 안전망을 구축하지 못했다. 좌파와 우파의 간극이 커서 동일한 아젠다를 설정하기조차 어렵다. 그 가운데 시민의 삶은 점점 공공성과는 거리가 멀어지고 개인화되었다.

필자는 우리나라에 '공공선과 시민의 순환' 고리가 존재하는지 근원적인 의문을 제기하고자 한다. 의료의 공공성, 교육의 공공성이 제대로 확립되지 못한 국민의 시민의식은 어떨까? 시민의 적극적 참여, 탄탄한 공공 영역, 시민의 탄생은 서로 밀접하게 연결되어 있기에, 어디서부터 시작해야 할지 막막한 지경이다. 공공시설을 믿지 못하고 사적인 민간시설에만 의탁하는 사회에서 과연 공공성을 추구할 시민을 기대할 수 있는가? 이것이 한국 사회의 현실이지 않는가? 공화주의의 주장이 기본적으로 백번 옳지만(필자 또한 공화주의의 주장에 공감한다),[56] 이론과 현실은 별개의 문제이지 않

---

55) 이종수, 정부는 공정한가? (대영문화사, 2012), 15면. "대부분의 정부 정책은, 그것이 비록 특정한 분배 의도를 지닌 정책이 아니라 하더라도, 장기적·거시적으로 볼 때 부유집단의 사회경제적 지위를 강화하는 방향으로 작용한다." 이종수, 정부는 공정한가? (대영문화사, 2012), 43면.
56) 깨어있는 시민 없이 탄탄한 공공 체계를 만드는 것이 가능한가? 이 점에서 공화주

나? 현실에 기반해서 실현 가능한 이론을 전개했는지 묻지 않을 수 없다. 교육과 의료에서 배제된 사람들이 시민의식을 발휘할 리 만무하다. 소외되고 배제되면 이로 인해 저항하게 되지만 그 저항도 그리 거세지 않다. 공공체계가 구축되지 않은 상태에서 깨어있는 시민을 기대하기 어렵고, 깨어있는 시민이 없는 상태에서 공공 체계의 구축을 기대하기 어렵다. 문제는 여기에 있다. 형성적 정치가 없이는 제대로 된 공공성을 확보하기 어려운데, 형성적 정치의 기반은 벌써 무너진 것처럼 보인다. '시민의 힘'을 현실적으로 확보하기가 쉽지 않다.

시민의 적극적 참여에 의해 공적 영역이 탄탄하게 갖추어지면 이로써 형성적 정치를 펼칠 수 있는 시민이 양성된다. 이 시민들이 다시 공적 영역을 탄탄하게 유지해 나간다(형성적 정치 → 법을 통한 공공성 확보 → 형성적 정치). 시민과 공공선의 선순환이 제대로 이루어지면 문제가 없다. 필자 또한 이 의견에 아무런 이의를 제기할 수 없다. 올바른 해답을 제시하고 있기 때문이다. 다만 현대 사회에는 이 선순환의 고리가 끊어졌다는 것이 제일 큰 문제점이다. 공공선을 지향하는 시민을 양성할 공적 시스템이 제대로 갖추어지지 않은 상태에서 시민의 탄생을 기대할 수 없다. 복지체계로도 시민의 탄생을 기대하기가 어렵다. 복지체계가 잘 갖추어지더라도, 복지 수혜를 받는 시민의 자율성 확보는 쉽지 않다. 복지체계를 통해 수혜를 받아도, 시민적 덕성과 자치 능력은 배양할 수 없고 더 약화된다는 비판이 제기된다.[57] 수혜자로서의 시민이 아닌 권리자로서의 시민을 배양해야 한다.

는 강한 설득력이 있다. '공공 체계의 구축'이 중요한 만큼 '시민의 힘'은 중요하다. 제도권 정치의 힘이 제대로 발휘되려면 넓은 의미의 정치, 시민 정치가 절실히 요구된다.

[57] 로버트 케네디의 우려이다. "그의 우려는 복지국가가 실현되더라도 자치참여와 밀접한 관련이 있는 자유는 보장될 수 없다는 통찰, 다시 말해 복지국가가 자치에 필요한 시민적 능력과 공동체적 자원들을 제공할 수 없을 뿐만 아니라 심지어는 약화시킬 수도 있다는 통찰에서 비롯된 것이었다." Michael Sandel(안규남 역), 민주주의의 불

이는 복지체계를 통해 이루어지는 것이 아니라, 탄탄한 공적 영역을 통해 가능하다. 문제는 탄탄한 공적 영역을 구축하는 것이 말처럼 쉽지 않다는 점이다.

여전히 '불간섭으로서의 자유'를 주장하는 자유주의가 팽배하고, 공동체와 절연되어 사적인 영역을 추구하는 현대인의 삶을 조명해 보면, '공적 영역'을 바로 세우는 것이 얼마나 어려운 작업인가를 실감하게 된다. 공적 영역이 제대로 구축되지 않은 상태에서 시민은 탄생할 수 없다. 오늘날 사회 문제를 내 문제처럼 인식하고 공동체 의식을 가지고 참여하는 시민의 모습은 거의 찾아보기 어렵다. 한국 사회에서 공동체라고 하면 지역 공동체 등을 생각해 볼 수 있지만, 이마저도 연고와 혈연에 매여 있다. 시민운동이 활성화되고 있지만, 그 운동의 여파를 시민들 모두에게 전파하기는 역부족이다. 오늘날 부의 불평등은 생활양식의 불평등으로 나타난다. 계층화의 문제는 계급화의 성격을 띤 정도로 매우 심각한 사회문제가 되었다. 한 공동체의 구성원으로 살아가는 것이 아니라, 여러 계층이 격리된 채 다른 생활을 영위하며 살아간다.

3. '비지배로서의 자유' 대신에 '적극적 자유'는 어떤가?

필자는 공화주의가 주장하는 '법을 통한 공공성 확보'나 '비지배로서의 자유' 개념에 대해 그리 큰 이의가 없다. 필자 또한 공화주의가 주장하는 바에 매우 동감한다. 공화주의적 자유개념은 '법을 통한 공공성 확보'가 사회 구성원의 자유 증진에 직결되는 문제임을 가장 잘 드러낸다.

법을 통해 사회의 공공선을 지키고, 법을 통해 공적 공간, 공적 재산이 지켜야 한다. 공공선을 실현하는 것은 법의 가장 중요한 역할 중 하나다. 하지만 우리는 법의 이러한 역할을 자주 망각한다. 법은 개인의 사적 이익

만 (동녘, 2012), 398면, 401면.

(권리)을 보호해야 하지만, 공적 사물을 효과적으로 지켜야 하는 더 중요한 사명을 가지고 있다. 현대 사회로 가면 갈수록 도덕을 통한 공적 공간의 확보가 어려워지기에, 강제력을 수반한 법에 의지할 수밖에 없다. 이로 인해 개인의 자유와의 관계 설정이 점점 더 어려워진다. 공화주의는 자신들의 자유관('비지배로서의 자유')을 통해 양자의 조화를 꾀한다. 진정한 자유는 사적 공간이 아닌 공적 공간에서 이루어진다. 이처럼 공화주의적 자유 개념은 '법을 통한 자유'라는 특징이 있다.

자유주의, 공화주의, 공동체주의가 바라보는 '개인의 자유'가 다르기에, 공공성을 확보하는 법의 제정과 집행을 바라보는 것 또한 매우 다르다. 한 가지 예로 오늘날 '법을 통한 공공성 확보'는 여러모로 어려운데, 그 이유 중 하나는 개인의 자유와 공공선이 충돌하는 것으로 보이기 때문이다. 특히 공공성을 확보하는 법과 제도들은 힘있는 사인(私人)의 자유를 침해하는 것으로 보인다. 소극적 자유론을 주장하는 입장이나 신자유주의의 입장에서는 공공선을 추구하는 법이 개인의 자유를 심각하게 침해한다고 본다. 이들에게는 웬만한 공익이나 공공선보다 개인의 자유가 우선시된다. 예컨대 복지 재원 확보를 위한 누진세 적용은 개인 선택의 자유를 침해하기에 법으로 제정해서는 안 된다.58) 반면에 공화주의자들은 소득에 따른 세금은 간섭하는 것이라기보다는 '비지배'를 실현하는 수단이 되기 때문에 선택의 자유를 침해하지 않는다고 본다.

이론상으로 공화주의가 '법을 통한 공공성 확보'에 훨씬 유리한 입장을 담고 있다. 그럼에도 (앞에서도 살펴보았듯이) 필자는 그 실천 방안에 문제점을 제시했다. 시민적 덕성을 키우고 자치를 통한 자유를 추구하는 '형성적 정치'를 현대 사회에서 실현하기 어렵다면, '법을 통한 공공성 확보'를 어떻게 추구할 것인가? 의료의 공공성, 교육의 공공성이 확립된 상태라면

---

58) Michael Sandel(안규남 역), 민주주의의 불만 (동녘, 2012), 17-18면.

시민의식이 성숙하겠지만, 그렇지 않은 상태라면 시민적 덕성과 자치 능력, 형성적 정치의 역량을 기대할 수 있을까? 필자는 공화주의적 자유 개념에 대해서는 큰 이의가 없음에도, 이를 실천하는 공화주의의 방법에 대해서는 큰 의문을 가지고 있다.

우리의 과제를 한 단계 낮추어 보는 것이 어떨까? 자율적이고 형성적인 시민을 양성하지 못해도, 최소한의 시민의 자유를 보장하는 체제는 어떤가? 필자는 '평등지향적 자유주의'를 이런 시각에서 바라본다. 고대인은 개인의 자유를 공동체와 연결시켜서 생각했다. 공동체를 우선하고 공동체에 봉사하는 가운데 개인의 자유를 추구했다. 공동체가 제대로 유지되지 않으면 공동의 자유를 확보할 수 없기에, '시민적 덕성'을 기르고 시민들의 자치를 강조하지 않을 수 없었다. 반면에 오늘날에는 시민적 참여의 붕괴가 진행되고 있다. 오늘날 많은 사람들은 개인의 자유를 공동체와 연결시키지 않는다. 복잡하고 다원화된 현대 사회는 동질성이 아닌 이질성에 기초하고 있어, 사회의 공동체성을 찾기 어렵다. 이제 개인은 공동체이든 사회이든 자신이 속한 단체와 별개로 자유를 추구한다. 자유로운 개인과 사회의 분화는 연관되어 있다. 루만(Niklas Luhmann)은 근대적 개인성의 원천이 '사회 속에서 계층분화가 기능분화로 이행한 것'에 있다고 지적하였다.[59] 개인화되고 원자화된 개인은 더 이상 '시민적 덕성'이나 '자치', '형성적 정치'에 관심을 두지 않는다. 이런 상황에서 (아무리 '시민적 덕성', '자치', '형성적 정치'가 중요하고 올바른 거라고 해도) 현대 사회에서 이를 실천하기는 요원해졌다.

이러한 현실기반적 이유를 근거로 자유주의적 가치관은 널리 퍼졌고 오늘날 지배적인 가치관이 되었다. 세속화된 사회는 도덕과 윤리를 지탱해 줄 사상을 잃어버렸고, 자유주의 시대는 방종에 이르고 있다. 현대 사회에

---

59) Zygmunt Bauman(문성원 역), 자유 (이후, 2002), 81면.

서 개인의 자유 사상은 공동체와의 연결 고리를 잃어버렸다. 그러면 어떻게 할 것인가? 한 쪽에서는 현실에서 실현가능하지 않은 이론을 주장하고, 다른 한쪽에서는 현실을 개선할 수 없는 이론을 주장한다. 자유주의적 가치관 내에서 분화가 일어나는 것은 이 때문이다. 자유주의 가치를 받아들이면서도 현실을 개선할 수 있는 이론, 롤즈(John Rawls)와 드워킨(Ronald Dworkin) 이론과 같은 평등지향적(의무론적) 자유론이 등장한다. 필자가 보기에 '적극적 자유'를 주장하는 자유주의는 공화주의에 못지않은 자유 개념을 가지고 있다.[60] 자유를 위해서는 자원(資源)이 있어야 한다. 빈곤을 단순히 낮은 소득이 아니라 '기본적 역량의 박탈'로 보아야 한다.[61] 사회에는 현실적으로 자유로운 사람이 있고 자유롭지 못한 사람이 있다. 자유로운 사람은 자유를 가능하게 하는 자원이 있다. 그러나 자유롭지 못한 사람은 생존의 갈림길에서 힘들어하기에 자유를 제대로 누릴 수 없다. 자유를 누리기 위해서는 먼저 생존이 확보되어야 하고, 생존을 넘어 자기를 실현할 수 있는 재원과 역량이 있어야 한다. 자유를 보장하는 정치체계 속에 살고 있지만, 우리들 중에도 여전히 자유롭지 못한 사람들이 적지 않다.

필자는 여기서 '공화주의적 자유' 개념에 대한 작은 의문 2가지를 부언하고자 한다. '공화주의적 자유' 개념에 대한 작은 의문 하나는 '비지배로서의 자유' 개념으로 '기본권의 제한'과 관련된 이론 구성을 명확하게 할 수 있는가 하는 점이다. 오늘날 대부분의 기본권 이론은 자유주의의 입장에서 기본권과 공익의 충돌을 다룬다. 자유주의 기본권 이론 자체가 나름 선명한 이론 구성을 할 수 있다는 장점이 있다. 공익을 담고 있는 법이 기

---

60) '적극적 자유' 개념과 '비지배로서의 자유' 개념이 차이가 남에도 불구하고 서로 비슷하다는 견해도 있다. "소극적 자유의 문제가 각각의 개인들이 얼마나 자유로운가의 문제라면, 적극적 자유의 문제는 누가 지배하는가의 문제와 관련된다고 할 수 있다. 때문에 소극적 자유와 적극적 자유의 대립은 자유주의와 공화주의 사이의 근본적 대립의 기초로 지적되곤 한다." 김원식, 배제, 무시, 물화 (사월의책, 2015), 31면.
61) Amartya Sen(김원기 역), 자유로서의 발전 (갈라파고스, 2013), 64면.

본권을 제한하는데, 그 제한이 정당한지를 비례성의 원칙을 통해 꼼꼼하게 살피기 때문이다. 공화주의적 기본권 이론에 기초해 기본권과 공익의 충돌을 다룰 수 있는 여지는 없는가? 공화주의적 자유 개념에 기초해 자유와 공익의 충돌을 다루는 이론이 발전하지 못한 이유는 무엇일까? 이는 진정한 자유는 사적 공간이 아닌 공적 공간에서 이루어진다는 신념을 표하는 공화주의적 자유 개념을 이론화하기 어렵기 때문은 아닐까?

또 다른 작은 의문은 공화주의적 자유관을 사회 구성원 모두가 공유할 수 있는지에 대한 것이다(물론 이 의문은 자유주의적 자유관 등 모든 자유관에 동일하게 적용되는 문제이다). 공화주의는 자유주의보다 훨씬 부담스럽지만, 공동체주의보다는 덜 부담스럽다. 공동체주의는 공동체의 공동선을 우선시하는 반면에, 공화주의는 '비지배자유'를 앞세우기 때문이다.62) 공동체주의자들은 공화주의자들과 달리 특정한 도덕적 선 관념을 공유할 수 있다고 믿는다.63) 하지만 오늘날과 같은 다원주의 사회에서 공동체 가치라는 명목으로 특정한 선 관념을 공유하는 것은 사실상 불가능하다. 국가가 공동체의 선 관념을 법과 정책을 통해 강제할 수 없다. 그렇다면 공화주의자들이 주장하는 '비지배로서의 자유' 개념은 사회 구성원들이 공유할 수 있는 가치가 되는가? 공유할 만한 충분한 가치가 있는 자유 개념임에도, 현실적으로 공유될 가능성은 그리 높지 않다. '자유' 개념의 의미 폭은 가치관에 따라 매우 다르다. 이는 아마도 '인간존엄' 개념의 다의성보다 더 큰 의미의 폭을 가진다.

---

62) Philip Pettit(곽준혁 역), 신공화주의 (나남, 2012), 옮긴이 머리말, 18-19면.
63) Maurizio Viroli(김경희/김동규 역), 공화주의 (인간사랑, 2006), 138-139면.

III. 공공 시스템과 정치

공화주의가 주장하는 시민적 덕성을 현대 사회에서 기대하는 것은 과도한 것이 아닐까? 그렇다고 해서 법에 의한 공적 영역의 확보와 운영을 포기할 수는 없다. 따라서 필자에게는 공동체가 아니어도(공동체주의에 의하지 않더라도), 시민적 덕성과 자치의 방법이 아니어도(공화주의에 의하지 않더라도), 법을 통한 공적 영역의 확보가 가능한가 하는 의문이 든다. 이는 사회가 이질적으로 분화되고 기능적으로 분화됨에도 불구하고 어떻게 연대를 확보할 것인가 하는 물음과 일맥상통한다. 필자는 현대 사회의 문제점을 해결하기 위해서는 현대 사회에 적합한 해결 방안이 마련되어야 한다고 생각한다. 현대 사회의 문제점을 고대 사회에 적합한 이론을 통해 해결할 수는 없다. 현대 사회에 적합한 이론 구성이 필요하다.

1. 공공 시스템의 형성과 발전

우리 사회는 충분히 복잡한 사회가 되었다. 복잡해서 일률적으로 다룰 수가 없다. 이제는 각 기능체계의 분화를 논할 수밖에 없다. 복잡하지 않은 사회에서는 전체로서의 사회를 다룰 수 있었지만, 현대 사회처럼 복잡한 사회에서는 하나의 원인으로 사회 현상을 설명할 수 없다. 중앙에서 모든 것을 조절하는 체계는 불가능하며, 대신 기능체계가 이를 대신한다.

이런 시각에서 볼 때, 공화주의는 '시민적 덕성', '이에 기초한 형성적 정치'에 모든 것을 거는 '비현실적인' 이론이다. 이론상으로 시민의 형성적 정치가 제대로 돌아가면 그 이후 문제는 자동적으로 해결되지만, 현실적으로는 형성적 정치에 모든 원인을 돌릴 수는 없다.[64] 필자는 '시민'을 대신

---

64) 물론 박근혜정부의 적폐에 대한 촛불 운동에서 볼 수 있듯이, 시민이 직접적으로 일어나 사회의 흐름을 바꾼 예는 적지 않다. 하지만 이는 부정이 극에 달했을 때 나타나는

해 '공공 시스템의 운영'에 눈을 돌리고자 한다.

필자가 생각하는 체계는 '복지체계'와 같은 체계이다. 사회의 공공 시스템도 여기에 해당한다. 물론 복지체계와 같은 체계는 그냥 자동적으로 만들어 운영되지 않는다. 먼저 시민과 정치가 함께 어울려 정의로운 시스템을 만들고, 그 이후 정의로운 시스템이 제대로 기능하게 해야 한다. 이때 사회 불평등에 대항하는 사회운동의 영향력을 무시할 수 없다. 사회체계의 거대 변화는 주로 사회운동에 그 시발점을 두고 있다. 사회운동을 통해 사회 불평등의 거대한 흐름에 제동을 걸 수도 있고 경고장을 날릴 수 있다.[65] 사회운동은 정치에 영향을 미치고 경제에도 영향을 미친다. 사회운동은 운동으로서 역동성을 가지고 있지만 그 운동이 종국에 지향하는 바는 '체계의 변화'이다. 사회 불평등을 완화하고 사회 불평등을 교정할 수 있는 장치를 마련하고 이 장치가 제대로 운행되는 것을 목표로 한다. 사회운동이 무엇인가를 직접 하는 것은 아니다. 사회운동을 사회 불평등을 낳는 체계의 문제점을 지적하고, 사회 불평등을 시정할 체계의 수립과 운행을 지향한다.

필자는 공화주의가 주장하는 '형성적 정치'가 초창기 복지체계의 형성과 이후 복지체계의 발전에 필요하다고 본다. 필자는 공화주의 이론에 비판적이지만, 공화주의 주장을 일부 받아들일 수밖에 없다. 형성적 정치가 없이 복지체계를 수립하는 것이 가능할까 하는 의문 때문이다. 복지체계는 시민의 참여 없이 만들 수 없다. 복지체계를 형성한 이후에도 '형성적 정

현상이다. 평소에 사람들은 공공선과 상관없이 살다가도 그 사회의 부정의가 심각해질 때 시민성을 다시 띤다. 평소에는 시민과는 별개의 삶을 살다가 부정의한 시기에 시민으로 등장한다. 시민의 형성적 정치는 아이러니하게도 부정의가 존재할 때 강한 힘을 갖는다.

65) 때론 사회운동은 거대한 정치운동으로 변하기도 한다. 이전 공산주의 운동이 그런 흐름이었다. 이는 전혀 다른 사회를 꿈꾸는 거대한 흐름이었다. 오늘날의 사회운동은 조금 성격을 달리 한다. 몇몇 소수의 운동을 제외한 대부분의 사회운동은 자본주의의 모순에 저항하고 소수자 운동으로 사회 불평등이 시정될 것을 요구한다.

치'는 계속되어야 하지만, 많은 부분 사회를 정의롭게 만드는 기능은 체계에 맡겨진다. 경제체계와 같은 자율적인 체계는 계속해서 자기준거에 기초해 자기생산을 통해 분화되어 가지만,[66] '초창기 복지체계'와 같은 비자율적인 체계는 그렇지 못하다. 자율적인 체계와 비자율적인 체계는 '비동시성의 동시성'을 드러낸다. 자율적인 체계는 체계의 자율성에 맡길 필요가 있지만, 비자율적인 체계는 여전히 국가에 의해 이끌어질 필요가 있다. 자율적인 체계는 그 자율성을 따라 확장하는 경향이 있지만, 비자율적인 체계는 그렇지 않다. 비자율적인 체계라고 해도 자율성을 갖추지 않을 때만 국가가 주도할 뿐이지, 어느 정도 자율성을 갖춘 뒤에는 그 자율성에 맡길 필요가 있다. 복지체계가 제대로 기능하기 시작할 때부터는 시민의 형성적 정치나 국가는 복지체계의 운행에 영향을 미칠 수는 있지만 그 영향력은 제한된다.

복지체계가 수립되지 않았다면 복지체계의 '자기준거성'을 말할 수 있을까? 자율적인 체계를 만들기 위해서는 먼저 '시민과 정치의 콜라보'에 기초한 제도 개혁이 있고 이것이 지속적으로 유지되어야 한다. 정의로운 체계가 만들어지지도 않았고, '시민과 정치의 콜라보'도 제대로 이루어지지 않는다면, 그 국가는 공공선을 실천할 수 없다. 법을 통한 공공성 확보는 자연스럽게 이루어지지 않으며, 공공성을 담는 법이 그냥 만들어진 역사는 없다. 서구 복지사회가 그저 만들어진 것이 아니다. 공공성을 보장하는 법

---

66) 불평등을 낳는 것도 체계이고, 불평등을 시정하는 것도 체계를 통해서이다. 체계에는 정의로운 체계가 있는가 하면, 정의롭지 못한 체계가 있다. 물론 사회의 부분체계 하나만을 보아서는 안 된다. 예컨대 사회의 경제체계는 부의 창출을 직접적인 목적으로 할 뿐 부의 공정한 분배를 목적으로 하지 않는다. 부의 공정한 분배를 정의롭다고 판단한다면 경제체계는 정의롭지 않은 체계에 해당한다. 하지만 부를 창출하는 경제체계가 정의롭지 않다고 일률적으로 판단할 수는 없다. 만약 경제체계가 소수 대기업에 유리하게 치중되어 있다면 정의롭지 않다고 판단하겠지만, 공정거래에 기초하여 대기업과 중소기업이 상존하고 있다면 이를 정의롭지 않다고 판단할 수 없다. 경제체계는 복지체계나 학문체계과는 다른 기능을 수행하기 때문이다.

이 탄생하려면, 시민의 적극적인 참여가 그 전에 먼저 요구된다. 더 나가서는 시민들의 투쟁이 요구된다. 법은 시민의식의 반영이고, 그 나라 정치의 반영이기 때문이다. 복지체계의 자기준거에 의존하기 전에, 우선 제대로 된 복지체계를 먼저 만들어야 한다.[67] 하지만 복지체계가 제대로 운영되기 시작하면 시민의 직접적 정치보다는 체계의 자율성에 문제 해결을 맡겨야 한다.

2. 정치의 힘

정치에서 답을 구하고자 할 때는 언제나 정치는 몸을 담구면 안 되는 더러운 곳이라는 인식이 우리를 가로 막는다. 우리나라 정치는 3류라는 현실적인 제약도 무시하기 어렵다. 세계 여러 나라의 정치를 살펴보면, 그 정치가 사회 발전의 장애물이 되는 현실을 목도한다. 그럼에도 몇몇 선진국의 예를 살펴보면, 위대한 시민운동의 힘을 정치가 넘겨받아 정치 혁명을 이룬 곳이 적지 않다. 필자가 관심을 두는 것은 위대한 정치를 통해 그 나라의 공공 시스템이 구축된 예를 몇몇 선진국에서 발견할 수 있다는 점이다. 스칸디나비아 국가와 독일의 예가 바로 그것이다. 스웨덴의 '국민의 집' 역사나 독일의 '사회적 시장경제' 역사를 살펴보면 정치의 힘을 확인할 수 있다.

미국 44대 대통령 오바마는 그의 책 '담대한 희망'에서 "왜 정치판처럼 더럽고 추잡한 곳에 뛰어들려고 하는가"는 질문에 다음과 같이 말한다. "그런 회의적 시각을 갖는 것을 이해한다. 하지만 정치에는 또 다른 전통이 있다. [⋯] 그것은 아주 단순하고 분명한 생각에 기초를 두고 있다. 우리는 서로서로에 대해 관심과 이해관계를 갖고 있고, 그 때문에 우리를 하나로 결집시키는 힘이 분열시키는 힘보다 더 강하다는 것이다. 지금보다 더 많

---

67) (매우 어려운 환경임에도) 복지체계의 수립에는 '형성적 정치'가 절실해 보인다. 필자는 점점 공화주의자가 되고 있는 느낌이 들었다. 그만큼 공화주의의 주장에 공감해서이다. 하지만 필자는 확실히 공화주의자는 아니다.

은 사람들이 그런 생각이 옳다고 믿고 그에 따라 행동한다면, 모든 문제를 해결하지는 못해도 상당한 성취를 이룰 수 있다. […] 정책의 우선순위를 약간만 조정해도 모든 어린이가 자신의 인생을 개척해 나가도록 도와줄 수 있고 국가적으로 당면한 여러 어려운 문제들을 잘 대처할 수 있다."[68]

정치는 사회문제를 개선하는 데 매우 유력한 방법이자 수단이다.[69] 시민혁명은 사회의 부정의에 저항하고 사회의 부정의를 무너뜨릴 수는 있어도 사회 정의를 구체적으로 세울 수는 없다. 사회 정의를 구체적으로 세우는 작업은 시민혁명의 힘을 이어받은 정치의 몫이다. 정치권은 사회에 공공 시스템을 제대로 구축하는 작업을 해야 한다.

정치가 공공 시스템 구축에 어느 정도 관심이 있는가에 따라 세계 여러 나라를 판단할 수 있다. 공공 시스템 구축과 전혀 관계없이 정치가 엉뚱하게 돌아가는 나라가 있는가 하면, 공공 시스템을 단단하게 구축하는데 정치의 온 역량을 쓰는 국가도 있다. 공공 시스템이 구축되지 않은 나라에서 공공성에 관심을 두는 시민의 탄생을 기대하기는 어렵다.

3. 공공 시스템과 시민의 순환

오늘날 공공 시스템의 작동 없이 시민의 탄생을 기대하기 어렵다. 공공 시스템에 의해 공공성이 강조될 때에야 적극적으로 참여하는 시민이 양성된다. 공화주의와 필자의 주장을 서로 비교해 보면, '닭이 먼저냐, 달걀이 먼저냐'를 따지는 것에 지나지 않아 보이기도 한다.

그럼에도 필자는 공공 시스템의 구축과 적절한 운영을 먼저 강조하고 싶다. 공공 시스템을 구축하기 위해 정치는 힘을 발휘해야 한다. 시민의식이 공공 시스템을 구축하는데 투영되지만, 공공 시스템을 통해 시민은 다시

---

68) 박상훈, 정치의 발견 (후마니타스, 2011/2015), 21-22면에 재인용함.
69) 박상훈, 정치의 발견 (후마니타스, 2011/2015), 33면.

탄생한다. 공공 시스템과 시민은 서로 순환하면서 서로가 서로의 조건이 되는 관계에 있다. 물론 필자가 공공 시스템을 통해 양성된다는 시민은 공화주의가 말하는 시민과는 다른 모습이다. 공화주의가 말하는 시민적 덕성을 갖추지 못할 수도 있다.

제대로 된 공공 시스템이 아예 만들어지지 않은 국가에서는 사회의 극한 부정의에 대항하는 시민 불복종이나 혁명은 가능할지라도, 이를 토대로 공공 시스템이 일시에 만들어지지 않는다. 공공 시스템이 일단 만들어진 후에도, 이후 그 시스템이 제 기능을 발휘하지 못하고 무너질 때가 있다. 이 경우 시민의 형성적 정치는 다시 큰 영향력을 발휘한다. 시민의 형성적 정치가 언제나 필요한 것은 아니며, 복지체계 등이 제대로 기능하지 않아 사회의 부정의가 드러날 때 다시 등장한다.

필자는 공화주의 이론을 법을 통한 공공성 확보, '비지배'로서의 자유, 시민의 형성적 정치로 요약했다. 필자는 공화주의 자유관인 '비지배로서의 자유'나 '법을 통한 공공성 확보'에는 이견을 제시하지 않았다. 필자의 이견은 "시민의 덕성에 기초한 형성적 정치가 과연 현대 사회에 가능한가"에 집중되었다. 공화주의 이론에서 '시민의 덕성에 기초한 형성적 정치'는 제일 중요한 위치에 있다. 시민의 형성적 정치가 가능해야 법을 통한 공공성 확보와 비지배로서의 자유가 가능해지기 때문이다. 필자는 현대 사회에서 시민의 덕성을 제고하기 어렵고 시민의 형성적 정치를 기대하기 어렵다는 입장이다.

필자는 '시민'에 향한 공화주의의 눈길을 '공공 시스템과 정치'로 돌려야 한다는 입장이다. 물론 사회의 공공 시스템이 시민의 참여 없이 형성된다고는 생각하지 않는다. 하지만 공공 시스템을 조성하는 데는 시민보다는 제도권 정치의 힘이 크다고 생각한다. 여기서 필자가 생각하는 '정치'는 '기술로서의 정치'가 아니라 '시스템을 구축하는 형성적 정치'를 말한다. '국민의 집' 구상을 현실에서 이루어낸 스웨덴의 정치나 '사회적 시장경제'

를 구축한 독일의 정치를 교사로 삼을 수 있다.

공화주의가 주장하는 '비지배로서의 자유'와 '법을 통한 공공선 확보'를 이루기 위해서는, 무엇보다 제도권 정치의 힘에 의해 '공공 시스템'이 사회에 구축되어야 한다. 물론 여기에 시민의 힘도 필요하다. 필자가 생각하는 '시민의 힘'은 공화주의가 생각하는 것보다 비중이 작으며, 필자가 상정하는 '시민의 개념'도 공화주의와 다르다. 필자는 시민적 덕성을 갖추고 사회에 적극적으로 참여하는 시민보다는, 각자의 분야와 위치에서 자신의 가치를 실현하는 시민을 상정한다.

이제 현실적인 문제 하나를 제시한다면, 과연 우리나라 정치를 통해 공공 시스템을 구축할 수 있을까 하는 의문이다. 스웨덴과 독일의 예를 보면 공공 시스템에 한 순간에 형성되지 않았다. 수십 년에 걸친 정치권의 노력이 필요했다. 세계의 많은 국가에서는 '공공성'을 무시한 채 정치가 행해지기에, 시민이 다시 나설 수밖에 없는 상황이 되곤 한다. 우리나라는 시민의 힘을 통해 사회 부정의를 물리쳤지만, 정치의 힘을 통해 공공 시스템을 제대로 구축하지는 못했다. 오늘날 대한민국 정치권을 바라볼 때, 제도권 민주주의에 기대는 것은 너무 유치한 발상일까? 존경받고 박수 받는 정치가 일정 기간 연속될 때, 우리 사회의 공공 시스템은 비로소 제자리를 잡을 것이다.

제9장 자유와 공리의 연합

'사적 영역의 위상 강화', '다원주의의 인정', '현대 사회의 복잡성'은 공동체주의보다 자유주의가 현대 사상의 주된 흐름이 된 이유이다. 자유주의는 현대의 대표적인 정치이론이자 현대 법이론의 근간이 되는 사상이다.[70] 그런데 '私的 영역'에 의한 '公的 영역'의 붕괴, '다원주의'의 '잘못된' 운용, '현대 사회의 복잡성'은 '자유주의'를 위태롭게 하는 원인이기도 하다. 자유주의는 현대 사회에 적합한 (법)사상임에는 틀림없지만, 시대 과제를 해결하기는 필요충분한 요소를 갖추었는지는 의문이다.

현대 (법)사상의 대세(大勢)인 '자유주의'는 위태롭다. 그렇기에 공동체주의나 공화주의가 '자유주의'를 비판하는 내용들이 설득력 있게 다가온다. 자유는 공동체의 붕괴, 시민의 부재 속에 시들기 때문이다. 이하에서는 '자유주의'에 대한 여러 비판을 '공리주의'를 통해 보완할 수 있을지를 고찰하려 한다.

다수의 이익을 추구함에 공리주의의 목표가 있기에, 자유주의를 보완하는 이론으로 공리주의를 주목해야 한다. 특히 밀(John Stuart Mill)의 공리주의는 '효용에 기초한 정의'를 추구하면서도 '개인의 자유와 권리'에 주목하기에, 자유주의의 단점을 보완하면서 동시에 자유주의의 장점을 취한다.

---

70) John Gray(김용직/서명구 역), 자유주의 (성신여자대학교 출판부, 2007), 7면.

Ⅰ. 자유주의의 명암(明暗)

1. 자유주의의 명(明)

자유주의의 큰 장점 중 하나는 현대 사회의 시대 분위기와 맥을 같이 한다는 점이다. 사적 영역의 강화, 다원주의의 확대, 현대 사회의 복잡성과 더불어 자유주의는 광범위하게 수용되었다. 법이론 또한 이제껏 자유주의 법이론이 주된 흐름이었다. 뿐만 아니라 자유주의는 개인의 자유, 개인의 권리가 확장되는 역사 흐름에도 부합되는 사상이다.[71]

'사적 영역의 확대 흐름', '다원주의 흐름', '사회 복잡화 흐름'과 맥을 같이 한다는 점은 자유주의가 공동체주의보다 우위를 점하는데 큰 역할을 했다. 공동체주의는 이론상으로는 아주 좋다. 하지만 이전 공동체 사회에서는 가능할지 몰라도 오늘날 사회에는 적합하지 않다. 퇴니스(Ferdinand Tönnies)가 공동사회에서 이익사회로 변모되었다고 설파한 것도, 메인(Henry Maine)이 신분적 관계로부터 계약적 관계로 바꿨다는 것을 말한 것도 모두 이전 사회와 오늘날 사회를 비교한 데서 나온 사유였다.[72] 신분이 강조되고 공동체가 강조되는 사회에서는 다원주의의 꽃이 필 수 없었다. 자유주의 존재론의 핵심은 개인주의다.[73] 근대에 넘어서야 비로소 개인의 가치가 조명되었고, 집단 중심

---

71) 헤겔은 인류의 역사를 자유의 확대 과정으로 보았고, 마샬도 시간의 흐름에 따라 자유권, 정치권, 사회권으로 권리가 확장되면서 사람들 간의 불평등은 줄어든다고 보았다. T. H. Marshall(김윤태 역), 시민권과 복지국가 (이학사, 2013), 13면, 222면 이하; T. H. Marshall/T. Bottomore(조성은 역), 시민권 (나눔의 집, 2014), 29면, 35면.

72) Ferdinand Tönnies(곽노완/황기우 역), 공동사회와 이익사회 (라움, 2017); Henry Summer Maine(정동호/김은아/강승묵 역), 고대법 (세창출판사, 2009).

73) Anthony Arblaster(조기제 역), 서구 자유주의의 융성과 쇠퇴 (나남, 2007), 49면; 한국 사회 '공동체'의 문제점도 '공동체주의'를 논하는 데 방해물이 된다. 한국 사회 배경을 마이클 샌델(Michael Sandel)도 이해했는지, '한국에서의 자유주의적 개인주의'에 대해 이렇게 말했다. "전통과 공동체, 권위를 중요시하는 한국 사회에서는 자유주의

의 사고가 아닌 개인 중심의 사고가 꽃을 피웠다. (필자는 자유주의의 개인주의적 사고를 완전히 지지하는 것은 아니다. 후에 논하겠지만 공리주의의 도움을 받아 집단주의적 사고도 필요하다는 입장이다.)

개인주의에 기반한 자유주의는 '권리론의 발전'을 가져왔다. 자유지상주의와 '의무론적 자유주의'에서 중시하는 권리는 서로 다르지만, '자유'와 '권리'는 함께 성장했다. 자유지상주의에서는 '재산권'이 발전한 반면, '의무론적 자유주의'에서는 '사회권'이 성장했다. (물론 필자의 입장에서는 자유지상주의의 영향 아래 '재산권 이론'이 발전된 것은 자유주의의 明이라고 보기 어렵다. 아무튼 권리 이론이 발전한 것은 사실이다.)

2. 자유주의의 암(暗)

오늘날 자유주의 사상에서 주장하는 자유가 소극적 자유인지, 적극적 자유인지, 아니면 또 다른 의미의 자유인지, 자유주의 내에서 의견이 합치되지 않는다. 의견이 합치되지 않는 걸 넘어 극렬하게 대립한다. 노직(Nobert Nozick), 프리드먼(Milton Friedman), 하이예크(Friedrich Hayek)로 대표되는 '자유지상주의'와 롤즈(John Rawls)와 드워킨(Ronald Dworkin)이 주장하는 '의무론적 자유주의'는 '자유주의'라는 공통점을 빼면 극과 극으로 대립한다.[74] 전자는 야경국가를 지지하는 반면에, 후자는 복지국가를 뒷받침한다.

적 개인주의가 기운을 북돋우는 것이요, 힘을 주는 해방적 이상이요, 진보적 개혁을 위한 유망한 자원이라는 것을 나는 깨달았다. 자유주의적 정치철학에 대한 내 자신의 도전은, 자유주의적 개인주의가 너무나 친숙해서, 대부분의 공적 담론에서 지배적 힘을 가진 정통적인, 그리고 인식하지 못하는 사이에 이루어지는 출발점으로 역할을 하게 된 사회에서 형성된 것이다." Michael Sandel(김선욱/강준호/구영모/김은희/박상혁/최경석 역), 공동체주의와 공동선 (철학과현실사, 2008), 10면.

74) 그 이전에도 영국에서 비슷한 대립이 있었다. '불간섭으로서의 소극적 자유'를 주장하는 '고전적 자유주의'의 등장 이후, '적극적 자유'를 주장하는 '수정주의적 자유'가 제기되었다. John Gray(김용직/서명구 역), 자유주의 (성신여자대학교 출판부, 2007), 63면.

자유주의와 공동체주의의 차이보다 양 진영의 차이가 더 심하다. 한 가지 대표적인 예로 '소득과 부의 재분배'에 대해서 자유지상주의는 반대하는 반면, '의무론적 자유주의'와 공동체주의는 찬성한다.

오늘날 거대한 자본주의의 영향 하에 자유주의는 '소수의 자유'를 대변하는 사상으로 전락할 위험에 처했다. 약자의 자유를 부르짖던 자유주의가 역사적 사명을 망각한 채, 소수 부자와 권력자를 옹호하기 시작한 것이다.[75] 자유의 진보적인 의미가 퇴색되는 느낌까지 든다.

자유주의는 권리를 온전하게 보장하는데 실패했다. 여전히 자유지상주의가 우세한 지 '재산권'에 대해서는 더 이상 제한을 가하기가 어렵고, '사회권'은 국가 재정이 허락해야 인정되는 것으로 프로그램화되었다. 자유주의에 의해 '자유권'은 신장되었지만, 능력 없는 자유가 진정한 자유일 수는 없다.[76] 가난한 자에게는 '사회권'이 전제되어야 '자유권'이 의미를 갖는다. 자본주의가 고도로 발달함과 동시에 그 자본주의를 제한할 수 있는 제도적 장치가 필요하다. 사회 안전망의 구축과 복지체계의 구축 없이는 '사회권'은 실천되기 어렵고, '자유권'도 얻기 어렵다.

현대는 '가치다원주의'의 시대가 되었다. '상대주의'로 변하기 쉬운 '다원주의'는 '자유주의'가 사상계의 대세를 차지하는데 크게 기여했지만, '공동체주의'가 성숙하기에 척박한 토양을 제공한다. '상대주의'로 변하기 쉬운 '다원주의' 때문에 공동체 가치를 사회의 지배 가치로 내세워 올바름을 선도하기 어렵다. 오늘날은 좋음(the good)에 대한 한 가지 가치로 옳음(the right)을 규정할 수 없다.[77]

---

75) 최태욱 엮음, 자유주의는 진보적일 수 있는가 (폴리테이아, 2011), 8-9면.
76) '역량으로서의 자유'에 대해서는 Amartya Sen(이상호/이덕재 역), 불평등의 재검토 (한울아카데미, 2008); Amartya Sen(김원기 역), 자유로서의 발전 (갈라파고스, 2013); Martha Nussbaum(한상연 역), 역량의 창조 (돌베개, 2015).
77) 자유주의는 '옳음이 좋음과 상관없이 규정된다'는 의미에서 'The Priority of the Right over the Good'을 주장하는 반면에, 공동체주의는 '옳음은 좋음을 통해 규정된다'는

'다원주의'를 잘 운용하면, 하나의 지배적인 사상과 생각이 지배하는 것이 아니라, 다른 사상과 다른 생각이 서로 공존하는 세상을 만들 수 있다. '관용'에 기초해 다른 생각, 다른 가치도 법에 의해 규제가 되지 않는 한 허용된다. '다원주의'의 원래 취지와 달리, 개인주의가 팽배해지면서 서로에게 무관심해지는 현상이 심해진다. '가치 다원주의'는 '관용'의 토대가 되는 주요한 사실임에도, '가치의 문제'를 '선호의 문제'로 생각하는 오류를 범할 위험이 크다. '가치 다원주의'라고 해서 이 가치도 옳고 저 가치도 옳다는 식의 접근은 옳지 않다. '가치 상대주의'에 기초한 무관심이 확산된다.[78] 그렇기에 드워킨(Ronald Dworkin)은 '가치 다원주의'가 오늘날 일어나는 근본적이고 실질적인 문제들을 회피하는 구실로 빈번히 사용된다고 비판했다.[79] 이런 와중에 '자본주의'의 힘은 더 커지고, 가치의 우월을 논하지 않는 사이에 '돈의 가치'는 점점 커진다. 누구도 돈의 힘 앞에서는 자유롭지 못하며, 돈의 가치에 대해서는 누구나 인정하기 마련이다. 자본 이외의 다른 가치를 제대로 형성하지 못함으로 오늘날 '자본주의의 총체성'에 대항하기가 어렵다.

뜻에서 'the Priority of the good over the right'를 말한다.

78) Charles Taylor(송영배 역), 불안한 현대사회 (이학사, 2009), 24-25면.

79) Mark Lilla/Ronald Dworkin/Robert Silvers 편집(서유경 역), 이사야 벌린의 지적 유산 (동아시아, 2006), 155면; 드워킨은 자유 개념을 새롭게 정립함으로써 자유의 가치와 평등의 가치는 충돌하지 않는다고 보았다. "가치들의 개념을 재구성하는 것은 바로 우리입니다." Mark Lilla/Ronald Dworkin/Robert Silvers 편집(서유경 역), 이사야 벌린의 지적 유산 (동아시아, 2006), 157면.

Ⅱ. 공리주의 돌아보기
- 功利主義인가 公利主義인가?

공리주의에 대한 비판은 크게 두 가지로 나눌 수 있다. 첫째, 공리주의에 대한 비판이 행위자 자신의 '효용'에 정의의 기준을 맞추었다는 점에 있다. 공리주의가 효용을 다룬다는 점에 기존 공리주의 용어는 功利主義였다(영어로는 utilitarianism이다). 효용으로 사회 정의를 다루는 것은 부적절하며, 심지어는 정의에 반한다는 비판에 대해선 밀이 아주 강력하게 반박한 바 있다. 밀은 효용에 기반을 두지 않은 채 정의에 관한 가상의 기준을 제시하는 모든 이론을 반박하는 한편, 효용에 바탕을 둔 정의가 모든 도덕성의 중요한 부분이 되고 그 어느 것보다 더 신성하고 구속력이 강하다고 보았다.[80]

둘째는 공리주의에 대한 비판은 '행위자 자신'의 효용에 정의의 기준을 맞추었다는 점에 있다. 모든 사람의 행복을 한데 합친 총량에 공리의 기준이 있다는 점을 확인한다면, 공리주의에 대한 비판은 비판의 초점을 잃는다. 공리주의의 명칭이 功利主義보다는 公利主義가 타당하다는 필자의 생각에 기초하면, 공리주의의 용어 자체에서 공공을 담고 있는 내용이 선명하게 드러난다. 공리주의 이론은 그 성격상 사회적이다.[81] 공리주의 이론은 윤리적 이기주의가 아니라 사회 전체를 위해 최대의 선을 촉진한다는 점에서 보편적이다.[82]

공리주의에서 논하는 '공리'는 다수의 이익이지, 지배계급의 이익이나 어느 일방의 이익이 아니다. 오늘날 다수의 이익이 도외시되고 '소수와 다수'로 재편되는 사회에서, 공리주의가 말하는 '공리'는 재조명될 필요가 있

---

80) John Stuart Mill(서병훈 역), 공리주의 (책세상, 2007), 118-119면.
81) Julián Marías(강유원/박수민 역), 철학으로서의 철학사 (유유, 2016), 576면.
82) 이동희, "현대인권론과 공리주의", 법철학연구 제12권 제1호 (한국법철학회, 2009), 448면.

다. 공리주의는 '다수'에게 이익이 되는 효용을 말하지 어느 일부 계층에게 이익이 되는 효용을 주장하지 않는다. 모든 사람의 행복을 한데 합친 총량이며, 관련되는 모든 사람의 행복을 뜻한다.[83] 그럼에도 공리주의가 주장하는 '공리'는 효율, 목적합리성, 경제적 이익 등으로 오해받았다.[84] 필자는 공리주의에 대한 오해에서 비롯되었다고 생각된다.[85]

1. 효용에 기초한 정의(正義)

'공리주의'에 반대하는 사람들은 '利'에 초점을 두고 이를 부정적인 의미로 파악했다. 정의를 다룰 때 '이익'을 따지는 것이 불편하다는 것이다. 하지만 필자가 볼 때 이는 잘못되었다. 공리주의 관점에서 볼 때 '이익'을 논하지 않고서는 '정의'를 논하기 어렵기 때문이다. 필자 또한 '정의'는 밀의 구상을 좇아 '효용과 결부된 정의'를 추구하는 게 낫다는 생각이다. '정의'가 전적으로 '이익'과 결부된 것은 아니지만 상당 부분 연관되어 있다.

공리주의가 '최대 다수의 최대 행복'을 법과 정책의 기준으로 삼음에도 불구하고, 공리주의는 왜 정의에 반한다는 오명을 덮어쓴 것일까? 밀은 '공

---

83) John Stuart Mill(서병훈 역), 공리주의 (책세상, 2007), 32면, 41면.

84) 밀은 공리주의를 공격하는 사람들이 인간 행동의 옳고 그름에 관한 공리주의적 판단 기준의 관건이 되는 행복이 행위자 자신뿐 아니라 관련되는 모든 사람을 포함한다는 사실을 제대로 인정하지 않는다고 언급하면서, 나사렛 예수의 황금률에서 공리주의 윤리의 정수를 발견할 수 있다고 밝혔다. John Stuart Mill(서병훈 역), 공리주의 (책세상, 2007), 41면; 그럼에도 루이스 코저(Lewis Coser)마저 '사회사상사'에서 공리주의 자들을 경제적 자기이익에 기초하는 자로 잘못 서술했다. Lewis Coser(신용하/박명규 역), 사회사상사 (한길사, 2016), 230면.

85) 밀은 이미 '공리주의'에서 공리주의에 대한 비판점을 5가지로 분류하고, 그 비판이 적절하지 않음을 상세히 다루었다. 비판점 5가지는 공리주의가 쾌락주의라는 비판, 공리주의가 이기주의라는 비판, 공리주의가 자기 헌신의 도덕성을 부정한다는 비판, 공리주의가 무신론이라는 비판, 공리주의가 주장하는 효용원리가 정의에 반한다는 비판이다. John Stuart Mill(서병훈 역), 공리주의 (책세상, 2007), 41-119면.

리주의'에서 철학이 시작한 이래, 효용이나 행복이 옳고 그름의 판단 기준
이 된다는 이론 수용에 가장 큰 장애물이 된 것 중 하나가 바로 정의
(justice)에 관한 생각이라고 했다.[86] 밀에 따르면, 공리주의 비판자들은 '효
용'에다 '편의(expediency)'라는 이름을 붙이고 그것과 원리를 손쉽게 대비
함으로써 비도덕적인 이론이라고 부당하게 낙인찍는다.[87] 밀은 정의와 효
용은 결코 분리될 수 없으며, 효용에 바탕을 둔 정의가 모든 도덕성의 중요
한 부분이 되고, 그 어떤 것보다 더 신성하고 구속력도 강하다고 주장한다.
효용이나 행복이 옳고 그름의 판단 기준이 된다는 이론에 가장 강력한 반
대를 제기했던 것은 정의(justice)에 관한 생각이었다. 하지만 정의는 사물
의 어떤 내재적 성질이나, 온갖 종류의 편의적인 것과는 질적으로 구분되
는 무엇인가 절대적인 것이 아니다. 정의와 효용은 결코 분리될 수 없는 것
이다.[88] 정의가 효용과 아무 상관없이 정해지는 절대적인 것이라면 왜 정
의에 대해 논의가 그렇게 많은가?[89] 정의는 사회 전체 차원에서 사회적 효
용이 아주 높은 것으로서, 효용과 불가분의 관계에 있다.[90]

---

86) John Stuart Mill(서병훈 역), 공리주의 (책세상, 2007), 89면.
87) "공리주의 도덕을 비난하는 사람들이 이런 핵심적인 성격을 곰곰이 들여다본다면, 다
    른 도덕 이론에 비해 공리주의가 특별히 모자라는 것이 있다고 과연 말할 수 있는가?
    인간 본성을 발전시키는 데 이보다 더 아름답거나 더 고차원적인 윤리 체계를 생각할
    수 있는가? 공리주의가 가지고 있지 못한 탁월한 행동 원리를 구비한 체계가 과연
    존재할 수 있는가? 나는 그렇게 생각하지 않는다." John Stuart Mill(서병훈 역), 공리
    주의 (책세상, 2007), 42면, 49면.
88) John Stuart Mill(서병훈 역), 공리주의 (책세상, 2007), 89면.
89) "무엇이 사회에 유익한 것인가를 둘러싸고 논란이 많듯이, 정의가 무엇인가 하는 문
    제에 대해서도 의견이 분분하며 숱한 논쟁이 벌어지고 있다." John Stuart Mill(서병훈
    역), 공리주의 (책세상, 2007), 111면.
90) John Stuart Mill(서병훈 역), 공리주의 (책세상, 2007, 125면. "정의가 문제되는 곳에는
    늘 편의가 관련된다는 것은 너무나 자명한 사실이다. 다만 정의라는 말에는 특별한
    감정이 수반되어 있으므로 편의와 구별된다." John Stuart Mill(서병훈 역), 공리주의
    (책세상, 2007), 125-126면.

"정의가 정책(policy)보다 더 신성한 것이며, 후자는 전자가 충족되고
나서야 관심을 기울여 볼 만한 대상에 지나지 않는다고 말하면, 그것은
오랜 착각에 지나지 않는 것인가? 결코 그렇지 않다. [⋯] *나는 효용에 기*
반을 두지 않은 채 정의에 관한 가상의 기준을 제시하는 모든 이론을 반
박하는 한편, 효용에 바탕을 둔 정의가 모든 도덕성의 중요한 부분이 되
고 그 어떤 것보다 더 신성하고 구속력도 강하다고 생각한다."91)

밀에 따르면, '최대 행복 원리'를 따를 경우 우리가 우리 자신의 이익을
고려하든 아니면 다른 사람의 이익을 고려하든, 가능한 한 고통이 없고 질
적으로나 양적으로 할 수 있는 한 최대한 즐거움을 만끽할 수 있는 그런
존재 상태에 이르는 것이 궁극적 목적이 된다.92) 밀은 잘못된 교육과 왜곡
된 사회 제도만 아니라면 거의 모든 사람이 이런 수준의 행복을 누릴 수
있을 것이라고 주장했다.93) 또한 밀은 웬만한 판단 능력을 갖춘 사람이라
면 이 세상에 만연한 구체적 해악의 대부분이 제거될 수 있고, 인간 사회가
지속적으로 발전한다면 그런 것이 궁극적으로는 크게 축소될 수 있을 것이
라고 보았다. 예컨대 밀은 빈곤 문제는 개인의 건전한 상식과 건실한 태도
가 합쳐진 사회적 지혜가 발휘된다면 완전히 해소될 수 있다고 보았다.94)

2. 功利가 아닌 公利

공리주의는 이 세상을 가능한 한 최선의 곳으로 만들고자 하는데,95) 그

---

91) John Stuart Mill(서병훈 역), 공리주의 (책세상, 2007), 118면(이탤릭체는 필자에 의한
   것임).
92) John Stuart Mill(서병훈 역), 공리주의 (책세상, 2007), 32면.
93) John Stuart Mill(서병훈 역), 공리주의 (책세상, 2007), 35면.
94) John Stuart Mill(서병훈 역), 공리주의 (책세상, 2007), 38면.
95) Katarzyna de Lazari-Radek/Peter Singer(류지한 역), 공리주의 입문 (울력, 2019), 10면,
   19면.

방법은 고통을 완화하고 쾌락을 증진하는 방법이다. 공리주의는 고통을 완화되는 정도, 쾌락이 증진되는 정도를 공리성(utility)으로 표현한다. 공리성을 가치 판단의 기준으로 삼아 옳고 그름을 판단한다. 벤담(Jeremy Bentham)은 '공리성의 원리'가 옳고 그름의 기준이며, 공리성의 원리 외에 다른 어떤 규제자도 필요하지 않다고 주장했다.[96]

이런 벤담의 주장에 대해 모든 중요한 도덕적 문제를 쾌락과 고통이라는 하나의 저울로 측정하는 오류를 범한다는 비판이 제기되었다.[97] 하지만 쾌락과 고통을 저울로 하는 것은 공리주의의 장점이기도 하다. 공리주의가 사람들을 매혹시킬 수 있었던 이유는 대부분의 인간들이 이미 믿었던 바를 확인하는 방식을 가졌다는 점인데, 그것은 모든 사람이 쾌락과 행복을 욕망한다는 사실이다.[98] 공리주의가 매력적인 이유는 신의 존재나 영혼 또는 여타의 모호한 형이상학적 실체에 의존하지 않는다는 점과 '결과주의(consequentialism)'라는 점이다.[99]

필자가 보기에, '공리성'이 중요한 것은 사실이나, '공리성'보다 더 중요한 것이 있다. "공리성이 적용되는 대상"이다. 사실 이는 '공리성의 원리' 정의 그 자체에 포함되어 있는 것이지만, 이를 더 강조하지 않으면 안 된다. '공리성의 원리'는 특정 개인에게 적용될 뿐만 아니라, 정부의 정책에 대한 것이기도 하고,[100] 일반 공동체에 적용되는 것이기도 하다. 필자는 개인보다는 정부나 일반 공동체에 적용되는 '공리성의 원리'에 주목한다. 공리성이 다수의 공리라는 점에 주목하면 공리주의의 명칭을 公利主義라고도

---

96) Jeremy Bentham(고정식 역), 도덕과 입법의 원리 서설 (나남, 2011), 60면.

97) Michael Sandel(이창신 역), 정의란 무엇인가 (김영사, 2010), 58면, 73면.

98) Samuel Enoch Stumpf/James Fieser(이광래 역), 소크라테스에서 포스트모더니즘까지 (열린책들, 2008), 505면.

99) Will Kymlicka(장동진/장휘/우정열/백성욱 역), 현대 정치철학의 이해 (동명사, 2006), 14면.

100) 벤담은 '정부의 모든 정책'에 대한 것이라고 표현했지만, 필자는 '정부의 모든 정책'에 적용되지는 않는다고 본다. 그래서 '정부의 정책'이라고만 표현했다.

명명할 수 있다.[101] 밀도 '공리주의' 저서에서 공리주의의 기준이 행위자 자신의 최대 행복이 아니라 모든 사람의 행복을 한데 합친 총량이라는 점을 확실히 했다.[102] 이는 베카리아와 벤담이 언급한 '최대 다수의 최대 행복'이라는 공리주의의 유명한 격언에서도 확인된다.[103]

개인에 적용되는 '공리성의 원리'는 최적의 결과를 산출하기 위한 최고의 수단이라는 측면에서 효용성의 증진을 강조할 여지가 있다. 이 때문에 공리주의뿐만 아니라 경제학도 효용에 큰 관심을 둔다. 공리주의의 공리 개념이 경제학의 효용 개념으로 오해될 수 있지 않을까 염려된다. 공리를 효용으로 해석하면 경제학의 효율성 개념이 법과 정책에 들어올 가능성이 자연스럽게 높아진다. 경제학의 공리 개념은 효용을 효율성의 관점에서 바라보는데, 그 효과는 '최대 다수의 최대 행복'과는 의미가 멀다.

경제학적 정의 개념을 경계하는 필자 입장에서는 공리가 효용이라는 점에는 동의하나, 공리주 명칭에는 공리주의가 진정으로 추구하는 바가 담겨야 한다는 생각에서 公利主義로 표기하는 것이 옳다고 본다. 법(철)학의 관점에서 공리주의의 공리는 功利가 아닌 公利인 것이다. 공리주의 주창자인 벤담과 밀도 이 점을 분명히 했다.

밀은 정의란 *사회 전체 차원에서 사회적 효용이 아주 높기 때문에 다른*

---

101) 공리주의가 기초하는 utility가 효용을 뜻하기에 한자 표현으로 功利가 일견 타당해 보인다. 하지만 공리주의의 핵심 주장은 효용 그 자체가 아니다. 공리주의의 핵심 주장은 '효용에 기초한 정의'이며, 이는 '최대 다수의 최대 행복'으로 표현된다. 필자의 생각에는 공리의 한자 표기를 반드시 功利로 할 필요는 없다. 오히려 公利로 표현하는 것이 공리주의의 내용을 명확하게 드러낸다는 점에서 더 낫다. Utilitarianism는 '功利主義'가 아닌 '公利主義'로 표기되어야 한다.

102) John Stuart Mill(서병훈 역), 공리주 (책세상, 2007), 32면.

103) '최대 다수의 최대 행복'은 벤담이 창안해 낸 개념이 아니고, 베카리아(Cesare Beccaria)의 '범죄와 형벌'에서 가져온 개념이다. Robert L. Arrington(김성호 역), 서양 윤리학사 (서광사, 1998), 491면; Cesare Beccaria(한인섭 역), 범죄와 형벌 (박영사, 2006), 8-9면(역자 서문), 30면, 170면.

어떤 것보다 더 강력한 구속력을 지니는 특정한 도덕적 요구를 지칭한다고
본다.104) 법(철)학에서 보는 공리주의는 행위자 자신이 아닌 다수에 초점을
두고, 효용에 기반을 두지만 그 효용이 개인의 편의가 아닌 다수의 이익 증
진이라는 입장이다. 이런 관점에서 보면 公利主義는 정의론으로 충분히 다
룰 수 있다. 밀은 다수의 이익에 기반한 효용과 개인의 편의를 분명히 구분
했으며, 효용이 편의라는 비판은 타당하지 않음을 분명히 했다. "사람들은
효용에다 편의(expediency)라는 이름을 붙이고 그것과 원리를 손쉽게 대비
함으로써 비도덕적인 이론이라고 부당하게 낙인찍는 경우가 자주 있다. 그
러나 *옳은 것과 대립되는 의미로서의 편의*는, 이를테면 정치인이 자신의
권력을 지키기 위해 조국의 이익을 희생하는 경우처럼 일반적으로 *행위자
본인의 특정 이익*을 뜻한다."105)

  필자는 '공리주의'의 '공리'를 '다수의 이익'으로 해석한다. 필자는 '효
용'보다는 '이익'이라는 용어가 공리주의에 더 어울린다는 생각이 든다. 공
리는 공공의 이익을 뜻하고, 인권은 개인의 근본이익에 기초한다.106) '이
익'에는 여러 스펙트럼이 있으나, 근본이익과 공공의 이익은 이기적인 이
익 개념과는 전혀 별개의 차원이다.

  현대 자본주의에 의해 '다수의 문제'가 부각되는 점은 공리주의가 각광
을 받게 되는 주된 배경이 된다. '소수의 문제'가 다루어질 때는 이를 다룰
수 있는 적절한 이론이 유용하다. 반면에 '다수의 문제'가 주된 주제가 될
때에는 '다수의 문제'를 적절히 다룰 이론이 필요하다. 공리주의는 '최대
다수의 최대 행복'을 지향하고 다수의 公利를 다룬다는 점에서 '다수의 문
제'를 다룰 수 있는 최적의 이론이다. 현대 자본주의의 총체성으로 오늘날

---

104) John Stuart Mill(서병훈 역), 공리주의 (책세상, 2007), 125면.
105) John Stuart Mill(서병훈 역), 공리주의 (책세상, 2007), 49면(이탤릭체는 필자에 의한
    것임).
106) '근본이익으로서의 인권'에 대해서는 고봉진, "근본이익, 정체성과 인권 - 예비적 고
    찰", 법철학연구 제10권 제1호 (한국법철학회, 2009), 259면 이하.

경제영역은 사회 전 영역에 영향을 미친다. 소수의 자본가가 다수의 노동자를 지배하는 새로운 계급사회로 점점 변하고 있다. 이는 공리주의가 태동했던 시기와 맥락을 같이 한다. 벤담은 영국 귀족계급이 서민들을 지배하면서 자신들에게 유리하게 만든 법과 제도, 사회 문화를 공리주의를 통해 타파하려 했다.107) 이는 전형적인 '소수 대 다수'의 구조다. 다수를 형성하는 세력이 귀족계급에서 자본가계급으로 바뀌었을 뿐, '소수 대 다수'의 구조라는 점은 유사하다. 현대 사회가 '소수 대 다수'의 구조라는 점에서 공리주의는 이 시대에 진보적인 이론으로 다시 부상된다.108)

3. 공리와 자유의 공존

다수의 이익, 다수의 효용에 초점을 맞춘 공리주의는 그럼에도 비판을 받는다. 그 주된 내용은 공리주의가 '소수자의 권리 보호'에 미흡하다는 것이다. 공리주의가 다수의 공리에 집중하기에, 일견 이러한 비판은 적절해

---

107) Samuel Enoch Stumpf/James Fieser(이광래 역), 소크라테스에서 포스트모더니즘까지 (열린책들, 2008), 516면; 밀은 벤담을 이론과 제도 양면에서 영국 개혁의 아버지로, 그의 시대와 국가의 위대한 전복적인(subversive), 대륙 철학자들의 용어를 따르자면 비판적인(critical) 사상가였다. John Stuart Mill, 벤담, in: John Stuart Mill(박상혁 역), 존 스튜어트 밀의 윤리학 논고 (아카넷, 2020), 20면; 다음 문장에서 그런 내용을 잘 알 수 있다. "우리의 현존하는 제도와 관련해 지금까지 만들어진 변화들과 앞으로 만들어질 더 큰 변화들은 철학자들의 작업이 아니라 최근에 힘이 증가된 사회의 많은 부분들(계급들)의 이익과 본능의 작업이다. 그러나 벤담이 그런 이익과 본능들을 가진 사람들에게 목소리를 주었다." John Stuart Mill, 벤담, in: John Stuart Mill(박상혁 역), 존 스튜어트 밀의 윤리학 논고 (아카넷, 2020), 18-19면.
108) "빈부 격차가 없고 고립된 부족 공동체의 세계에서 공리주의는 아주 과도한 요구를 하지는 않을 것이다. 다양한 종류의 사치품을 즐기는 많은 부유한 사람들과 극빈 상태에서 살고 있는 많은 사람들이 함께 살고 있는 세계에서 그리고 부유한 사람들이 가난한 사람들을 도울 수 있는 효과적인 통로들이 존재하는 세계에서 공리주의는 더 과도한 요구를 할 것이다." Katarzyna de Lazari-Radek/Peter Singer(류지한 역), 공리주의 입문 (울력, 2019), 138면.

보인다. 하지만 공리주의는 다른 이론과의 연합에 열려 있다는 점을 고려하면, 공리주의는 이런 비판을 피해갈 수 있다. (필자의 생각에 따르면) 공리가 공공의 이익(public interest)이고 인권은 근본이익(basic interest)라는 점에서 공리와 인권은 상충되는 것이 아니고 어떤 면에서 연결되어 있다.

밀은 '공리와 자유의 연합'을 주장했다. 밀 스스로 '공리주의'를 저술하면서도, 밀 시대 당시 대표적인 소수자인 여성의 권익을 위해 '여성의 종속'을 썼다는 점에서도 알 수 있다.[109] 밀은 '자유론'의 저자이기도 하다. 자유론의 기초가 되는 '해악원칙'을 상세히 다루었고, 사회가 개인에게 행사할 수 있는 권한의 한계를 명확하게 다루었다.[110] 밀은 공리를 중시하는 동시에 자유를 중시했다.

밀은 '공리주의'를 표방했지만 '자유론'을 동시에 주장했다는 점에서 특이하다. 밀은 '공리주의'에서 다수를 위한 공리(公利)를 강조했지만 '자유론'에서는 '다수의 횡포'를 경계했다. 밀은 집단 의견이 개인의 독립성에 정당하게 간섭하는 데는 한계가 있다고 보았다.[111] 밀의 '자유론'은 사회가 개인에 대하여 정당하게 행사할 수 있는 공권력의 성질과 한계에 대한 내용이다.[112] 그는 해악 원칙(harm principle)을 인간에게 허용된 행위와 허용되지 않는 행위를 구분하는 '도덕 기준'으로 제시했을 뿐 아니라, 법규범이 금지해야 할 것과 금지하지 않아야 할 것을 구분하는 '법적 기준'으로 보았다.[113]

밀에게 '자율성'은 '공리' 만큼이나 중요한 개념이다. 스스로 자신의 주인이 될 수 있다는 '자율성' 개념은 밀의 사상에서 핵심적인 역할을 담당한

---

109) John Stuart Mill, 여성의 종속, in: John Stuart Mill(서병훈 역), 존 스튜어트 밀 선집 (책세상, 2021), 879면 이하.
110) John Stuart Mill, 자유론, in: John Stuart Mill(서병훈 역), 존 스튜어트 밀 선집 (책세상, 2021), 309면 이하.
111) John Stuart Mill(김형철 역), 자유론 (서광사, 2009), 22-23면.
112) John Stuart Mill(김형철 역), 자유론 (서광사, 2009), 22-23면.
113) 고봉진, 법사상사 소고 (한국학술정보, 2014), 221면 이하.

다.114) 밀은 권력이 문명사회의 한 구성원에게 본인의 의사에 반해서 정당한 제재를 가할 수 있는 유일한 목적은 타인에게 가해지는 해악을 방지하는 것이라고 보았다. 밀은 타인의 권리와 이익을 침범하지 않는 한계 내에서 개인의 개별성이 계발되고 요청된다고 강력하게 주장했다.115)

'공리'와 동시에 '자율성'을 강조하는 밀에게서 우리는 '공리와 자유의 연합'을 가장 잘 발견할 수 있다. 물론 공리론과 자유론이 어떻게 조화를 이룰 것인가는 여전히 의문이 남는 문제다. 밀은 '자유론'에서 다음과 같이 말했다. "나는 모든 윤리적 문제가 궁극적으로 공리에 호소하는 것이라고 생각한다. 그러나 그것은 진보적 존재인 인간의 항구적 이익에 기초한 광의의 공리이어야 한다. 개인의 행위가 타인의 이익과 연관되는 한, 그 항구적 이익을 위하여 개인의 자발성이 외부의 통제에 구속되는 것이 정당화된다고 나는 주장한다."116)

밀은 잘못된 곳에서 잘못된 방법으로 일어나는 '개인의 자유에 대한 국가의 간섭'을 경계했다. 공리를 이유로 개인의 자유를 개입하는 것이 아니라, 전통, 관습, 여론, 후견의 이름으로 개인의 자율성과 개별성을 침해하는 것에 반대했다. 밀은 치료용을 제외한 모든 종류의 발효음료 제조를 금지하는 법, 안식일 엄수에 관한 법, 영국 언론이 모르몬교에 가하는 무차별적 언어폭력의 예를 들었다.117)

밀은 '공리주의'에서 "공리"를 강조했고, '자유론'에서는 "자유"를 강조

---

114) Alan Ryan(남경태/이광일 역), 정치사상사 - 헤로도토스에서 현재까지 (문학동네, 2017), 923면.

115) John Stuart Mill(김형철 역), 자유론 (서광사, 2009), 103면 이하.

116) John Stuart Mill(김형철 역), 자유론 (서광사, 2009), 31면; '공리론'과 '자유론'이 조화될지 여부에 대해서는 이에 부정적인 이사야 벌린(Isaiah Berlin) 등 여러 사상가의 논의가 있다. 이에 대한 소개로는 서병훈, 역자 해제, in: John Stuart Mill(서병훈 역), 공리주의 (책세상, 2007), 144면 이하.

117) John Stuart Mill(서병훈 역), 자유론 (책세상, 2005/2007), 156면 이하; John Stuart Mill(김형철 역), 자유론 (서광사, 1992/2009), 149면 이하.

했다. 다음 문장에서도 이를 알 수 있다. "사회향상이라는 위대한 목표는 내가 보기에 재산에 관한 현행법이 목표로 삼지 않는 노동의 결실을 정의롭게 분배하는 과제와, 최대의 개인 자유를 결합하는 상태의 사회에 적합하도록 인류를 함양을 통해서 길러내는 데에 있어야 한다."[118]

'공리와 자유' 중 밀이 어느 것을 우선했는가에 대해서는 논란의 여지가 있으나, 공리를 우선하는 것으로 보인다.[119] 이에 대한 밀의 언변은 '자유론'에 나온다. 밀은 자연권으로서의 권리론에 반대하며 공리를 기준으로 삼았다. 그러면서 공리의 경우에 외부의 힘이 개인의 자율성을 제한할 수 있다고 주장한다. "나는 효용이 모든 윤리적 문제의 궁극적 기준이 된다고 생각한다. 그래서 효용에 바탕을 두지 않는 추상적 권리 이론이 나의 주장에 도움을 줄 수도 있겠지만, 나는 아무 말도 하지 않았다. 그러나 이 효용은 진보하는 존재인 인간의 궁극적인 이익에 기반을 둔, 가장 넓은 의미의 개념이어야 한다. *이런 이익 개념 때문에, 오직 다른 사람의 이익에 영향을 주는 행위에 대해서만 외부의 힘이 개인의 자율성을 제한할 수 있다고 주장한다.*"[120] 밀은 그 예로 (누군가 다른 사람에게 해가 되는 행동을 하면 그 사람이 당연히 법에 따라 처벌받는다는 것을 들 뿐 아니라) 다른 사람에게 도움이 되는 이런저런 일, 이를테면 법정 증언이라든가 자신이 속한 사회의 이익을 위해 필요한 공동 방어나 공동 작업의 일정 부분을 감당하는 일을 든다. 또한 이웃을 위험에서 구해주고 자기방어 능력이 없는 사람을 악용하

---

118) John Stuart Mill(박동천 역), 정치경제학 원리 1 (나남, 2010), 14면.
119) '존 스튜어트 밀 선집'을 출간한 서병훈 교수도 인터뷰에서 이 점을 언급했다. 그는 엄밀하게 따져보면 공리주의가 한 발짝 앞서가고 조금 뒤에 처져서 자유론이 따라가며, 결국은 '공리주의'와 '자유론' 이 두 권의 책이 밀 사상의 양대 기둥이라고 말한다. 서병훈 교수는 밀 철학의 핵심 개념을 '다면성'이라고 표현했다. 밀이 쓴 '사회주의 – 공리주의 – 자유론 - 여성의 종속'이라는 책제목만 봐도 그 스펙트럼이 꽤 넓다는 것을 알 수 있고, 그렇다고 모순되지 않고 나름의 정합성을 갖추고 있다.
120) John Stuart Mill(서병훈 역), 자유론 (책세상, 2005/2007), 32면(이탤릭체는 필자에 의한 것임); John Stuart Mill(김형철 역), 자유론 (서광사, 1992/2009), 31면.

지 못하게 간섭하는 등의 자선의 손길을 내미는 일도 예로 든다.[121]

4. 다수자 문제

역사적으로 공리주의는 소수의 귀족 계층을 위해 다수의 권리가 무시되던 시대에 생겨났다. 그렇기에 소수의 엘리트로부터 다수를 보호하는 것이 문제될 때에 공리주의는 정의를 실현하는 사상적 기반이 되었다.[122] 벤담은 왕, 귀족원, 기존 교회를 제거하고 미국 모델에 따라 민주제적 질서를 건설하려 했다.[123] 공리주의는 다수의 희생을 대가로 정당하지 못한 특권을 누리는 자들을 공격하는 논리로 이용되었다.[124] 공리주의자들은 민주주의의 확장, 형법상의 개혁, 복지조항 등을 주장했다.[125] '최대 다수의 최대 행복'을 주장하는 공리주의는 '민주주의'와도 궤를 같이 했다. 소수의 이익이 아닌 다수의 이익을 위해 운영되는 통치가 '민주주의'다.[126]

역사적으로 공리주의가 상당히 진보적이었던 것처럼,[127] 오늘날에도 진

---

121) John Stuart Mill(서병훈 역), 자유론 (책세상, 2005/2007), 33면; John Stuart Mill(김형철 역), 자유론 (서광사, 1992/2009), 32면.
122) Will Kymlicka(장동진/장휘/우정열/백성욱 역), 현대 정치철학의 이해 (동명사, 2006), 65면.
123) Samuel Enoch Stumpf/James Fieser(이광래 역), 소크라테스에서 포스트모더니즘까지 (열린책들, 2008), 516면.
124) Will Kymlicka(장동진/장휘/우정열/백성욱 역), 현대 정치철학의 이해 (동명사, 2006), 62면.
125) Will Kymlicka(장동진/장휘/우정열/백성욱 역), 현대 정치철학의 이해 (동명사, 2006), 62면.
126) 페리클레스의 유명한 연설은 "우리의 정부 형태는 소수가 아닌 다수의 이익을 위해 운영되기 때문에 민주주의라고 불립니다"라고 언급했다. 물론 페리클레스는 죽은 여성을 애도하는 것에 여성의 공적 역할을 제한함으로써 민주주의에 대한 생각의 한계를 여실히 드러냈다. Alan Ryan(남경태/이광일 역), 소크라테스에서 포스트모더니즘까지 (열린책들, 2008), 52-53면.
127) Will Kymlicka(장동진/장휘/우정열/백성욱 역), 현대 정치철학의 이해 (동명사, 2006),

보적인 이론이 될 수 있다. 왜냐하면 오늘날은 소수의 강자와 다수의 약자, 1% 대 99%의 사회이기 때문이다. 다수를 위한 입법과 정책을 펼치기에 공리주의가 적합할 수 있다. 소수가 지배하고 다수자는 지배당하는 현 구조에서는 다수자를 위한 입법과 정책을 펼치기에 공리주의가 제일 적합하지 않을까? 공리주의는 여전히 체제 순응적이라는 비판을 받아야 할까?128) 필자는 체제 비판적으로 활용할 가능성이 더 많다고 본다. 특권을 누리는 소수의 엘리트로부터 억압받는 다수를 보호하는 것이 쟁점일 경우에, 공리주의는 명확하고 진보적인 해법을 제시해주기 때문이다.129) 다수를 보호하는 정책이 문제될 때는 공리주의는 좋은 이론이 될 수 있다. 오늘날은 소수의 강자와 다수의 약자가 함께 어울리지 못하는 사회이지 않는가? 우리 사회에서 소수자 문제도 중요하지만, 요즘은 다수자 문제가 더 심각한 문제이지 않은가? (소수자 문제를 등한시하자는 주장이 아니다.130) 동시에 같은 비중으로 살펴야 한다는 생각이다.)

최근 수십 년 동안 '소수자 문제'가 정치 쟁점이 되면서, 소수자 권리, 소수자 정체성, 소수자 운동 등이 사회이론에서 각광을 받았다. 소수자 문제는 다수에 의해 소수가 탄압받을 때 생긴다. 다수인 남자, 자국민, 이성애자에 의해 소수인 여자, 외국인, 동성애자가 억압되는 문제를 해결하기 위함이다.131) 하지만 근래에는 '자본주의의 총체성'으로 말미암아 다수에 의

16면.

128) "현대 공리주의는 '놀라울 정도로 체제 순응적'이다. […] 공리주의 철학은 제1차 세계대전 이전에, 그리고 그 후 수년 동안에도 […] 여전히 대담하고, 혁신적이고, 체제 전복적이기까지 한 교리로서, 과거 성공적인 사회비판의 역할을 수행한 경력을 가지고 있었다. 나는 공리주의가 차츰 그 역할을 상실하고 있으며, 이제는 오히려 장애요소가 되고 있다고 생각한다." Will Kymlicka(장동진/장휘/우정열/백성욱 역), 현대 정치철학의 이해 (동명사, 2006), 62-63면.

129) Will Kymlicka(장동진/장휘/우정열/백성욱 역), 현대 정치철학의 이해 (동명사, 2006), 65면.

130) 고봉진, 현대 법사상사 소고 (피엔씨미디어, 2016), 99면 이하.

해 탄압받는 소수가 아니라, 다수의 문제가 다시 부각되고 있다. 가진 자와
가지지 못한 자의 격차가 점점 벌어지고 있다. 부의 격차는 부의 격차를 넘
어 생활양식의 격차, 삶의 격차, 교육의 격차, 자유의 격차로 나타나고 있
다. 현대 사회에서는 다시 '다수자 문제'가 정치 쟁점이 되어야 한다. 공리
주의가 등장했던 시대 분위기와 비슷해졌다. 공리주의는 역사적으로 소수
의 특권층이 다수의 희생 위에 특권을 누리던 시대에 진보적인 이론으로
등장했다.132) 억압받는 다수의 문제는 미래 사회에 더 부각될 것으로 보인
다. 최근 유발 하라리(Yuval Noah Harari)는 인공지능(AI)에 의해 노동력이
대체되는 미래 사회의 문제를 다뤘다. 알고리즘이 인간의 '인지능력'을 뛰
어넘는 인공지능의 시대에는 인공지능이 인간의 능력을 뛰어넘는다.133) 더

131) "현대적 정체성은 근대적 정체성이 가지는 총체성(totality)을 부정하고, 근대적 이분
법 논리에 도전하면서, 차이와 특유함을 강조한다. 현대적 정체성은 각자가 중심에
놓이게 되며, '타자'로서 중앙의 정체성에 의해 규정되지 않는다. 근대적 정체성은
중심이 되는 정체성만이 규정할 수 있으나, 현대적 정체성은 각자가 자기 자신을 규
정할 수 있게 된다. 남자, 자국민, 이성애자를 중심으로 정체성을 구성하고, 이를 토
대로 여자, 외국인, 동성애자의 정체성을 규정해버리는 억압적 관계를 탈피하여, 현
대적 정체성은 중심에서 배제된 타자의 지위를 회복시킨다. 현대에 이르러 '정체성
정치'의 시대가 열렸고, 이는 지역적이고 특수하고 독특한 것에 대한 존중으로 보편
주의의 균형을 잡아주려 한다. 총체성의 보편세계에서 차이는 동일성에 융해되고 특
수는 보편에 굴복하지만(총체성을 띠는 근대적 정체성은 통합시키는 만큼 분열시킨
다), 새로운 정체성의 시대는 차이를 진지하게 받아들이고 차이에 대해 관용하며 차
이가 존엄하다는 점을 인정한다. 새로운 상황은 새로운 언어를 요구한다. 집단적 사
회운동이 퇴조하고 새로운 '정체성'의 시대를 맞아 흑인, 여성주의자, 라티노(중남미
계 미국인), 동성애자들이 운동의 주체로 등장하게 되었다. 이들의 소수자 운동은 소
수자들이 자신의 주변적인 정체성을 자각하고 그것을 바꾸려는, 미드의 언어에 따르
면 me-identity를 자각하고 I-identity에 기반해 새로운 me-identity를 만들어 나가는
운동이다." 고봉진, "현대 인권론에서 정체성의 의미 - 차이, 정체성, 인권", 법철학
연구 제13권 제1호 (한국법철학회, 2010), 167면.
132) Will Kymlicka(장동진/장휘/우정열/백성욱 역), 현대 정치철학의 이해 (동명사, 2006),
21면.
133) "산업혁명이 일어난 이래로 사람들은 기계화가 대량실업을 초래할까봐 두려워했다.
실제로 그런 일이 일어나지 않았던 것은 옛 직업이 쇠퇴하면서 새 직업이 진화했고,

구나 인공지능은 '연결성과 업데이트 가능성'을 통해 인간이 가지고 있지 않는 능력을 소유한다.[134) 유발 하라리는 빅데이터 알고리즘 시대가 유례 없는 최고의 불평등 사회일 수 있다고 경고한다. 그는 모든 부와 권력은 극소수 엘리트의 손에 집중되고, 대다수 사람들은 사회와의 관련성을 잃고 무용계급으로 전락하는 미래 사회를 그렸다.[135) 인공지능으로 생기는 새로운 일자리는 고도의 전문성을 요하기에 비숙련 노동자가 노동 훈련을 통해 숙달할 수가 없다. 소수 노동력의 부족과 다수 비숙련 노동자의 높은 실업률이 동시에 상존할지도 모른다.[136)

사람이 기계보다 잘할 수 있는 일이 항상 있었기 때문이다. 하지만 이것은 자연의 법칙이 아니며, 따라서 미래에도 계속 그럴 거라는 보장은 없다. 인간은 두 가지 유형의 기본능력을 가지고 있는데, 육체능력과 인지능력이다. 기계가 육체능력에서만 인간과 경쟁하는 한, 인간이 더 잘하는 인지적 작업들을 늘 찾을 수 있었다. 이렇듯 기계들은 순수한 육체노동을 맡은 반면, 인간은 적어도 몇 가지 인지기술을 요하는 직종에 집중했다. 하지만 알고리즘이 패턴을 기억하고 분석하고 인식하는 일을 우리보다 잘하게 되면 어떤 일이 일어날까?" Yuval Noah Harari(김정주 역), 호모 데우스 - 미래의 역사 (김영사, 2017), 436면.

134) "AI는 인간을 해킹하고 지금껏 인간 고유의 것이었던 기술 분야에서 인간을 능가하는 데 그치지 않을 태세다. AI는 또한 인간이 아니어서 갖는 고유한 능력까지 있다. 이것이 AI와 인간 노동자 사이에 정도의 차원을 넘어 질적인 차이를 만들어낸다. AI가 보유한 비인간 능력 중에 특별히 중요한 두 가지는 연결성과 업데이트 가능성이다. 인간은 개별자이기 때문에 서로서로 연결해서 모두를 최신 상태로 유지하기가 어렵다. 반면에 컴퓨터는 개별자가 아니어서 하나의 탄력적인 네트워크로 통합하기가 쉽다. 따라서 우리가 직면한 위험은 수백만의 개별 인간 노동자를 수백만의 개별 로봇과 컴퓨터로 대체하는 것이 아니다. 오히려 그보다 개별 인간은 통합된 네트워크에 의해 대체될 가능성이 높다. 따라서 우리가 자동화를 생각할 때, 인간 운전사 한 명을 자율주행 차량 한 대와 비교하거나 인간 의사 한 명을 AI 하나와 비교하는 것은 잘못이다. 그보다 인간 개인의 능력들을 합산한 것을 통합 네트워크의 능력과 비교해야 한다." Yuval Noah Harari(전병근 역), 21세기를 위한 21가지 제언 (김영사, 2018), 48-49면.

135) Yuval Noah Harari(김정주 역), 호모 데우스 - 미래의 역사 (김영사, 2017), 442면; Yuval Noah Harari(전병근 역), 21세기를 위한 21가지 제언 (김영사, 2018), 122면.

136) Yuval Noah Harari(전병근 역), 21세기를 위한 21가지 제언 (김영사, 2018), 59-60면.

필자가 여기서 주장하는 바는 미국 정치철학에서 등장하는 주요 사상의 순서와 정반대이다. "권리 기반 도덕은 경쟁 상대인 공리주의를 이기고 널리 확산되었지만 최근에 시민들과 공동체의 과도한 요구로부터 도전을 받고 있다. 게다가 이러한 도전은 점점 커지고 있다."[137] 필자가 생각하는 해법은 그 순서가 반대다. 자유주의에 대한 공동체주의의 신랄한 비판은 자유주의가 공리주의를 받아들임으로 어느 정도 해결할 수 있다고 생각한다. 공리주의는 공동체주의의 요구를 현실 사회에서 실현 가능한 수준에서 받아들이는 창구로 사용될 수 있다.

공리주의와 공동체주의는 매우 다른 이론임에도, 개인보다 전체를 더 생각한다는 점에서는 비슷하다. 밀의 저서들('공리주의', '자유론', '여성의 종속')을 살펴보면서, 오늘날 '자유주의의 문제점'을 보완할 수 있지 않을까 싶다. 오늘날 실현되기 어려운 공동체주의의 이상을 '공리주의'라는 실현 가능한 수준으로 내리는 작업도 가능하다. '공동체 가치'에 대한 합의보다는 '公利에 대한 합의'가 더 쉽다는 생각이 든다. '공동사회'에서는 공동체 가치를 우선하는 게 어렵지 않지만, '이익사회'에서는 '공동체 가치'보다는 '공리'를 우선하는 것이 낫다. '소수 대 다수'로 양분화된 사회에 사는 사람들에게는 '공리'를 앞세우는 공리주의적 사고가 '공동체 가치'보다 더 받아들이기 수월해 보인다. '公利'는 다수자 권리와도 일치한다. 오늘날은 소수자 못지않게 다수자가 위기에 처한 사회임을 인지해야 한다.

5. 소수자 문제

공리주의에 대한 비판 중 가장 큰 비판은 공리주의가 다수의 공익에 기여하는 경우에 소수자의 권리를 존중하지 않을 수 있다는 비판이다. 하지만 이는 벤담의 공리주의에는 해당할지 몰라도, 밀의 공리주의에는 해당하

---

137) Michael Sandel(안진환/이수경 역), 왜 도덕인가? (한국경제신문, 2010), 162면.

지 않는다. 밀은 '자유론'에서 공리주의와 접합할 수 있는 '자유주의'를 이미 뚜렷하게 표방했다.[138]

공리주의를 부정적으로 보는 입장에서는 공리주의가 다수의 이익을 위해 소수의 이익을 희생할 위험성이 있다고 비판한다.[139] 자유주의자들이 공리주의에 대응해 내놓은 대안은 '정의(justice)'와 '권리(rights)'였다.[140] 하지만 이제는 공리주의자들도 '권리'를 포용한다. 공리주의를 주장한다고 해서 개인의 권리가 전체의 이익을 위해 희생할 것을 요구하지 않는다. '최대 다수의 최대 행복'은 인간의 감성, 공감을 요구하기에, 공리를 추구하는 것이 소수자가 자신의 권리를 희생할 것을 요구하지 않는다. 개인의 권리는 집단적 목적을 추구할 때도 존중되어야 하고, 집단적인 목적에 의해 뒷받침되어야 한다.[141]

공리주의를 통해 다수의 공리를 추구한다고 해서, 소수자의 권리나 정체성, 차이가 도외시되어서는 안 된다. 다수의 공리를 지도이념으로 내세우는 영역은 혜택받는 소수와 배제되는 다수가 존재하는 영역이다. 반면에 소수자의 권리, 정체성, 차이를 앞세우는 영역은 지배적인 문화, 가치, 정체성에 의해 소수 집단의 문화, 가치, 정체성이 무시되고 법적으로 보호받지 못할 때 생긴다.[142] 예를 들어 살펴본다면, 전자는 자본주의로 인해 심화되는 양극화 문제에서 생기고, 후자는 여성, 흑인, 장애인, 동성애자, 소수 민족 등

---

138) John Gray(김용직/서명구 역), 자유주의 (성신여자대학교 출판부, 2007), 60면.
139) Will Kymlicka(장동진/장휘/우정열/백성욱 역), 현대 정치철학의 이해 (동명사, 2006), 62면.
140) Will Kymlicka(장동진/장휘/우정열/백성욱 역), 현대 정치철학의 이해 (동명사, 2006), 397면.
141) Alan Ryan(남경태/이광일 역), 정치사상사 - 헤로도토스에서 현재까지 (문학동네, 2017), 1297면.
142) 이에 대해서는 '보론: 인권과 인정투쟁' 참조; Axel Honneth(문성훈/이현재 역), 인정투쟁 (사월의책, 2011), Iris Marion Young(김도균/조국 역), 차이의 정치와 정의 (모티브북, 2017) 참조.

의 문제에서 제기된다.

공리를 앞세운다고 해도 소수자 문제가 도외시되어서는 안 된다. 공리를 강조한다고 해서 소수자 문제의 해법에까지 공리를 주장하는 건 아니다. 소수자 문제는 소수자 운동의 정체성 투쟁이나 차이의 정치로 해결해야 한다. '공리'를 해결책으로 제시하는 부분은 '지배하는 소수 對 도외시되는 다수'가 문제되는 영역일 뿐이다. '지배하는 다수 對 도외시되는 소수'가 문제되는 소수자 영역은 다른 해법이 제시되어야 한다. 밀이 공리를 강조하면서도 개인의 권리를 강조하고, 그 당시 소수자인 '여성의 권리'를 동시에 주장했다는 점을 주목해야 한다. 밀은 '여성의 종속'에서 당시 영국 사회에 여성이 처했던 상황을 비판적으로 고찰하면서, 동등한 교육 기회, 동등한 참여 기회 등을 주장했다.[143]

필자의 공리주의는 소수자의 권리를 도외시하지 않는다. 다수가 문제일 때는 공리를, 소수가 문제될 때는 소수자의 인정투쟁, 차이에 기초한 이론을 주장한다. 공리주의가 비판받는 지점은 '다수의 공리와 소수자의 권리'가 충돌할 경우이겠지만, 이 경우에 필자는 일방적으로 다수 공리의 편을 들지 않는다. 다만 '다수의 공리와 소수자의 권리'가 충돌하는 것이 아니라, 다수의 공리를 위해 개인의 권리를 제한해야 하는 경우라면, 밀의 주장처럼 공리를 위해 개인의 권리를 제한하는 것이 정당화될 수 있다. 뿐만 아니라 필자의 공리주의는 소수자의 권리 주장이 인정투쟁으로 나타난다면 이는 사회가 용인해야 한다고 주장한다. 따라서 다수의 공리를 위해 소수자가 희생을 강요당한다는 공리주의에 대한 비판은 적절하지 않다.

---

143) John Stuart Mill(서병훈 역), 여성의 종속 (책세상, 2006), 142-144면, 162-163면.

제10장 공리와 제도

벤담의 공리주의에는 자기존경심(self-respect) 같은 단어가 단 한 번도 나오지 않는다. 벤담의 윤리 체계는 인간에게 있어서 자기도야라는 바람을 인정하지 않으며, 인간에게 자신을 도야할 수 있는 그런 힘 자체가 인간 본성 안에 있다는 것을 인정하지 않는다.[144] 뿐만 아니라 그는 도덕적 영향력에 대해 잘 알지 못했다.[145] 하지만 벤담의 주된 주장은 개인적 윤리에 있지 않았다. 벤담의 공리주의는 제도에 초점이 맞추어져 있었다.[146] 벤담은 당시 제도를 평가함에 있어 공리라는 구체화된 기준을 제시했고, 이를 통해 실제로 법률의 영역에서 큰 성과를 거두었다.

벤담의 공리주의라도 원자적 이기주의를 결코 지향하지 않는다. 이런 점에서 자본주의와 공리주의가 결탁한다는 주장은 (필자의 관점에서는) 맞지 않다.[147] 공리주의가 쾌락과 고통을 말하지만, 이는 개인의 관점보다는 다

---

144) John Stuart Mill(박상혁 역), 존 스튜어트 밀의 윤리학 논고 (아카넷, 2020), 56면, 61면.

145) "그의 철학은 도덕적 영향을 고려하지 않고 이해할 수 있고, 행할 수 있는 것이라고 할 수 있다. 그러나 도덕적 영향력을 고려해야 하는 곳에서 그 이론은 잘못되었다. 그는 인간사의 비즈니스 부분이 인간사의 모든 것이라고, 최소한 입법가와 도덕가가 관심을 가져야 하는 모든 것이라고 혼동하는 실수를 저질렀다." John Stuart Mill(박상혁 역), 존 스튜어트 밀의 윤리학 논고 (아카넷, 2020), 65면.

146) "벤담의 취향이 윤리학적 탐구가 아니라 사법의 영역에 있었다는 것은 세상 사람들을 위해서는 행운이었다. 사실 명백한 윤리학의 영역에서 그의 이름으로 출판한 것은 '의무론'을 제외하고는 없었다. 그러나 벤담을 존경하는 사람들은 '의무론'이 출판되었다는 데에 대해 깊은 유감을 표명하며, 그 책을 거의 언급하지 않는다." John Stuart Mill(박상혁 역), 존 스튜어트 밀의 윤리학 논고 (아카넷, 2020), 62-63면.

147) 벤담의 공리주의와 자본주의의 결탁이 이기주의를 조장한다는 주장으로는 강신주

수의 관점에서 그렇다. 쾌락과 고통을 기준으로 삼는 것은 개인적 공리(功利, utility)의 관점이 아닌 집단적 공리(公利, public interest)의 관점에서 그렇다. 고통과 쾌락을 말한다고 해서 이것이 이기주의를 조장하는 것은 아니다. 물론 자신의 쾌락, 자신의 고통만을 중시한다면 이기주의라는 비판을 면하기 어렵다. 하지만 공리주의가 말하는 쾌락과 고통은 자신의 쾌락, 자신의 고통에 국한되지 않는다. 공리주의는 타인의 쾌락, 타인의 고통을 고려하는 정책과 제도를 만들 것을 주문한다. 공리주의는 '최대 다수의 최대 행복'을 지향하는 이론이다.

공리주의는 쾌락이 가진 어감 때문인지 나쁜 이론으로 오해받기 쉽다. 하지만 공리주의에서 말하는 쾌락은 흔히 이해되는 '쾌락'과는 다른 의미라는 점을 이해해야 한다. 더구나 공리주의는 '고통의 감소 내지 제거'를 주장한다. 이 세상에 '고통'만큼 구체화되고 드러나는 것이 있겠는가? '고통의 감소 내지 제거'만큼 윤리나 제도에서 실현해야 할 것이 있겠는가? 공리주의가 말하는 '고통과 쾌락'은 그것을 파악하는 것이 벤담의 책에서 확인되듯 실제로는 그리 쉬운 것이 아님에도 불구하고,[148] 형이상학적인

(지승호와의 대화), 살아야겠다 (EBS BOOKS, 2022), 26-27면.

148) 벤담에 따르면, 쾌락이나 고통의 가치는 다음 네 가지 여건에 따라 더 커지거나 더 작아진다. (1) 쾌락이나 고통의 강도(intensity), (2) 그것의 지속성(duration), (3) 그것의 확실성(certainty) 또는 불확실성(uncertainty), (4) 그것의 근접성(propinquity) 또는 소원성(remoteness). 여기에 벤담은 쾌락이나 고통 그 자체뿐만 아니라 그것이 이끌어 낼 수 있는 결과들도 함께 고려한다. (5) 그것의 생산성(fecundity), 또는 동일한 종류의 감각이 뒤따를 가능성, 즉 그것이 쾌락이라면 쾌락이, 고통이라면 고통이 뒤따를 가능성, (6) 그것의 순수성(purity), 또는 반대되는 종류의 감각이 뒤따르지 않을 가능성, 즉 그것이 쾌락이라면 고통이, 고통이라면 쾌락이 뒤따르지 않을 가능성. 여기에서 벤담은 한 가지 요건을 더 붙인다. (7) 그것의 범위 즉 그것이 적용될, 또는 (달리 말하면) 그것에 영향 받을, 개인들의 수. 따라서 어떤 쾌락이나 고통의 가치가 그 각자와 관련하여 고려되는 다수의 개인들에게, 그 가치는 다음 일곱 가지 여건에 따라, 더 커지거나 더 작아질 것이다. 다시 말하면 다음 여섯 가지 여건과 (1) 쾌락이나 고통의 강도, (2) 그것의 지속성, (3) 그것의 확실성 또는 불확실성, (4) 그것의

내용보다는 파악하기 수월하다.[149]

공리주의에 대한 오해는 여전히 크다. 공리를 통해 규범적 내용을 구성하려는 시도는 소수자의 권리를 침해한다는 비난을 받는다. 하지만 '공리'가 ('최대 다수의 최대 행복'이라는 공리주의의 유명한 표현처럼) '다수의 이익'을 지향한다는 점을 살핀다면, 공리주의에 대한 오해가 풀릴 수 있으리라 생각된다.

Ⅰ. 제도 공리주의

1. 쾌락 공리주의, 선호 공리주의

공리주의에 대한 원초적인 비판은 공리주의가 쾌락주의라는 점을 들지만, 쾌락주의라는 비판은 키레네학파에 대한 비판에는 적절할지 모르나 공리주의에는 어울리지 않는다. 쾌락주의라는 비판은 공리주의를 선취했던 에피쿠로스 철학에 대한 비판에도 어울리지 않는다.[150] 에피쿠로스 철학은 오히려 쾌락이 고통의 부재와도 관련된다는 점을 설명함으로써, '고통'과 '쾌락'이라는 공리주의의 양대 기준을 고스란히 담고 있다. 에피쿠로스는 고통을 제거하는 과정에서 생기는 쾌락을 '동적인 쾌락'으로 정의하고, 고통이 없는 상태를 안정적으로 유지하는 쾌락을 '정적인 쾌락'으로 정의했다.[151]

근접성 또는 소원성, (5) 그것의 생산성, (6) 그것의 순수성. 또 한 가지 여건, 다시 말하면 (7) 그것의 범위 즉 그것이 적용될, 또는 (달리 말하면) 그것에 영향 받을, 개인들의 수. Jeremy Bentham(고정식 역), 도덕과 입법의 원리 서설 (나남, 2011), 67-69면.

149) 존 스튜어트 밀은 '벤담'이라는 제목의 논문에서 벤담이 한 것의 혁신과 가치를 이루는 것은 그의 견해가 아니라 그의 방법론이라는 점을 언급하면서, 이는 철학에서 혁명이라고 말한다. John Stuart Mill(박상혁 역), 존 스튜어트 밀의 윤리학 논고 (아카넷, 2020), 28면, 38면.

150) Robert L. Arrington(김성호 역), 서양윤리학사 (서광사, 1998), 164면.

공리주의가 말하는 '쾌락'은 (키레네학파가 말하는 쾌락과는 다른) '영혼의 맑은 상태'와 같은 의미의 쾌락이며, (에피쿠로스 철학이 말하는 바와 같이) '고통의 제거'를 포함하는 개념이다. 그럼에도 많은 사람들은 '쾌락'의 개념을 곡해한다. 이는 '쾌락' 어감 자체가 그리 긍정적인 것이 아니어서 그런 것 같다. '쾌락 공리주의'에서 '쾌락'은 좋은 의미임에도 불구하고 사람들은 그렇게 받아들이지 않는다. (에피쿠로스 철학의 '쾌락에 대한 오해에서 알 수 있듯이) '쾌락 공리주의'는 일반 사람들이 공리가 '쾌락의 증진' 외에도 '고통의 제거'로 설명된다는 점을 놓칠 가능성이 있고, '쾌락'을 잘못된 의미로 오해할 여지가 있다는 점에서 문제된다. '쾌락'에 대한 사람들의 부정적 인식과 '쾌락과 공리'의 의미가 겹친다는 점을 감안하면, '쾌락 공리주의'는 적합하지 않은 개념 설정이다.

'선호 공리주의'는 '선호'를 공리주의 개념으로 제시한다. '선호 공리주의'에 따르면, 옳은 행위는 사람들의 선호를 최대한 만족시키는 행위이다. 법(철)학에서의 공리가 다수의 선호와 무관한 건 아니지만, 공리를 선호로 설명하기에는 부족한 면이 있다. 무엇보다 선호(preference)는 경제학의 공리 개념이라는 점에서 공리주의 개념으로 적합하지 않다. 경제학은 사람들에게 무엇이 선인지를 알려 주는 학문이 아니라, 사람들이 자신들이 선택한 것들에서 더 많은 것을 얻도록 해 주는 학문이다.[152]

'선호 공리주의'는 벤담이 '공리주의'와 다른 원리로 설명한 '공감과 반

---

151) 인간의 욕구 중에 자연적이고 필연적인 욕구를 충족하는 것이 고통을 제거하는 것이기 때문에 동적인 쾌락을 주는 것과 일치한다. 에피쿠로스는 동적인 쾌락이 충족된 상태에서 정적인 쾌락을 추구하는 '아타락시아(ataraxia)'를 주장했다. 이는 영혼이 평정한 상태, 정신의 균형 잡힌 평온상태를 말한다. Epicurus(오유석 역), 쾌락 (문학과지성사, 2013), 20면 이하; Hans J. Störig(박민수 역), 세계 철학사 (이룸, 2008), 298면.

152) Katarzyna de Lazari-Radek/Peter Singer(류지한 역), 공리주의 입문 (울력, 2019), 90-91면.

감의 원리'와 비슷한 점이 있기 때문에, 선호를 공리와 동일시할 수 없다. '공감과 반감의 원리'는 어떤 한 인간이 어떤 행위를 승인하거나 부인할 경우, 그 행위가 이익 당사자의 행복을 증진시키는 경향이 있거나 감소시키는 경향이 있다는 것 때문이 아니고, 단지 그런 행위를 승인하거나 부인하도록 이끌린다는 이유로 그 행위를 승인 또는 부인하는 원리를 말한다. 벤담은 '공감과 반감의 원리'가 엄격성의 측면에서 오류를 범하기 쉽다고 비판했다.[153] 개인이 선호하는 행위라 해도 과연 이익을 가져다줄지는 확실치 않으며, 그 반대도 마찬가지다. 강자의 선호를 약자의 선호보다 우위에 놓을 가능성도 농후하다. '선호 공리주의'는 흡사 개인의 자유를 증진시키는 것 같아 '자유주의'와 비슷하다는 생각이 들며, 국가의 정당한 간섭마저 배제되는 결과를 가져온다. 국가의 간섭에는 정당하지 않은 것과 정당한 것이 있다. 다수의 이익을 위해서 개인의 선호를 따르지 않을 경우도 충분히 있다.

2. 규칙 공리주의와 제도 공리주의

벤담은 효용을 측정하는 방법을 7가지로 세분해서 설명했다: 쾌락이나 고통의 강도, 그것의 지속성, 그것의 확실성, 그것의 근접성, 그것의 생산성, 그것의 순수성. 그것의 범위.[154] 하지만 7가지 요소를 객관적으로 측정하는 방법이 없다는 점이 약점이다. 행위마다 그 결과를 산정해야 하는 '행위 공리주의'(act-utilitarianism)는 이런 어려움이 있다.

그렇기 때문에 '규칙 공리주의'(rule-utilitarianism)가 힘을 얻는다. 규칙 공리주의는 사회의 다수에게 최선의 결과를 가져다주는(혹은 가져다줄 것으로 예상되는) 규칙을 공리의 입장에서 기준으로 받아들인다. '규칙 공리주의'는

---

153) Jeremy Bentham(고정식 역), 도덕과 입법의 원리 서설 (나남, 2011), 44면, 55면.
154) Jeremy Bentham(고정식 역), 도덕과 입법의 원리 서설 (나남, 2011), 68-69면.

특정 행위가 최선의 결과를 가져온다는 것보다 최선의 결과를 가져올 것이라고 기대되는 규칙에 따른 행위를 옳은 행위로 본다. 규칙 공리주의는 규칙에 따를 때 최선의 결과를 가져올 것으로 예상하는 규칙에 의존하므로 좋은 결과를 산출할 확률이 높고, 개별 행위의 결과를 계산하는 것보다 훨씬 쉽고 효율적이다.[155] 하지만 규칙이 정해지면 실제 상황에서 그 규칙을 따랐을 때 최선의 결과를 낳지 않더라도 그 규칙을 따라야 한다.[156]

필자는 '제도 공리주의(制度 公利主義)'를 통해 다수의 이익을 위한 제도를 만들고 운영할 것을 주장한다. 물론 '제도 공리주의'에도 문제점이 있다. 어느 제도가 다수의 이익을 어느 정도 가져올지 정확히 측정할 수 없다는 비판이 제기되고, 주장하는 사람의 가치관에 따라 어느 제도가 다수의 이익을 가져오는 제도인지에 대한 의견이 분분하다는 비판이 제기된다. 이 점은 '규칙 공리주의'에도 적용된다. 이런 의문점에도, 필자는 '제도 공리주의'를 다루는 실익이 크다고 생각된다.

'제도 공리주의'의 주된 주장은 사회 다수에게 이익이 되는 제도를 도입하는 것이다. 다수의 고통을 제거하고 다수의 쾌락을 증진시키는 제도를 도입하자는 주장 내용이 명칭 자체에 이미 드러나 있다. 사회개혁은 다름 아닌 제도개혁이며, 제도의 설립과 운영을 통해 公利를 증진시키는 것이다. 제대로 된 시스템 구축의 중요성을 '제도 공리주의'는 강조한다.[157] 필자의 입장에서 '제도 공리주의'를 살피면, '제도 공리주의'는 '규범적 과제로서 사회의 기능적 분화'를 촉진한다. 약자를 살피는 사회의 중요한 기능을 공리를 촉진하는 제도를 통해 확보하려 한다.

---

155) 네이버 지식백과 사전 '규칙 공리주의'에서 참조함.
156) 이동희, "현대인권론과 공리주의", 법철학연구 제12권 제1호 (한국법철학회, 2009), 449면.
157) 물론 제도의 구축은 한 순간에 이루어지는 것이 아니고 그 운영 또한 올바른 방향으로 가기가 쉽지 않다. 제도를 운영하는 사람들이 선한 것만이 아니고 악하기도 하기 때문이다. 잘못된 제도를 고치고 개혁하기는 생각만큼 쉽지 않다.

(앞서 여러 차례 언급한) 밀의 입장이 '제도 공리주의' 입장이라고 할 수 있다. 밀은 '공리주의'에서 모든 개인의 행복이나 (더 실감 나게 현실적으로 이야기하자면) 이익이 전체의 이익과 가능하면 최대한 조화를 이루도록 법과 사회 제도를 만들어야 한다고 주장했다.[158] 밀은 '사회주의' 저서를 다음 문장으로 마무리한다. "그 핵심은 현재 상황에서 사회가 주는 직접적 혜택을 거의 누리지 못하고 있는 많은 사람에게 더 많은 혜택을 주는 방향으로 *제도를 변화시키는 것*이다."[159]

공리는 개인 윤리가 아닌 사회 조직 체계로 파악되어야 하고, 우리의 과제는 사회제도가 공리를 증진하는 것으로 만드는 데 있다. 사회 제도를 만들고 운영함에 있어서는 '고통 제거의 우선성'과 '쾌락 증진의 이차성'을 고려해야 한다.

Ⅱ. 고통 제거와 쾌락 증진

공리 증진은 '고통 제거'와 '쾌락 증진'으로 구성된다. 이 때 고통과 쾌락은 다수의 고통과 다수의 쾌락을 말한다. 개인적 차원에서 보면, 고통을 제거하고 쾌락을 증진할 때 (개인의) 행복이 증진된다. 사회적 차원에서 보면, 다수의 고통을 제거하고 다수의 쾌락을 증진할 때 (사회의) 공리가 증진된다.

필자는 여기서 사회적 차원의 '고통 제거'와 '쾌락 증진'을 다루며, (명백하게 구분되는 건 아니겠지만) '고통 제거의 우선성'과 '쾌락 증진의 이차

---

158) John Stuart Mill(서병훈 역), 공리주의 (책세상, 2007), 42면.
159) John Stuart Mill, 사회주의, in: John Stuart Mill(서병훈 역), 존 스튜어트 밀 선집 (책세상, 2021), 867면(이탤릭체는 필자의 의한 것임); John Stuart Mill(정홍섭 역), 사회주의 (좁쌀한알, 2018), 131면.

성'으로 나누어 설명하려 한다. 공리주의가 다수의 편이라고 해서 다수의
쾌락이 소수의 고통보다 앞서는 게 아니다. 쾌락보다는 고통이 우선한다는
점을 감안하면 그 반대일 가능성이 높다(하지만 일률적으로 평가할 수 없
는 것은 사안에 따라 경중이 다르기 때문이다).

1. 고통 제거의 우선성

사회에 존재하는 고통을 제거한다 해도 고통은 줄일 수 있을 뿐 완전히
제거하기는 어렵다. 늘 고통은 우리 사회에 존재한다. 그럼에도 사회의 다
수가 고통을 겪고 있다면 제거하거나 경감되도록 법과 제도를 만들어야 한
다. 명백히 드러나는 고통이라면, 제도를 통해 제거할 수 있는 고통이라면
우선 고통 제거에 나서야 하는 게 맞다. 필자의 '제도 공리주의'는 '고통 제
거의 우선성'을 내세운다.

공리주의는 고통에 무척 민감한 이론이다. 벤담은 옳고 그름의 잣대는
이성이 아니라 고통이라고 언급했다.[160] 고통에 주안점을 두는 이론은 현
상학이지 형이상학이 아니다. 호르크하이머(Max Horkheimer)는 "나는 일반
적으로 형이상학자라는 사람들이 인간이 받고 있는 고통에 대해서는 거의
눈도 거들떠보지 않는다는 것을 알고 있다"고 말했다.[161]

인간의 고통이 눈에 보임에도 일부 사람에게는 보이지 않았다. 대표적인
예로 노예의 고통을 들 수 있다. 벤담은 노예의 고통에 주의를 기울였다.

---

160) 벤담은 고대 철학자들의 무신경함 때문에 동물의 이익이 무시되어 왔고, 물건(things)
의 부류로 전락했다고 언급하면서, 문제는 '이성을 발휘할 수 있는가?'도 아니고 '말
을 할 수 있는가?'도 아니고, '고통을 느낄 수 있는가?'라고 주장한다. Jeremy
Bentham(고정식 역), 도덕과 입법의 원리 서설 (나남, 2011), 443면; 공리주의는 인
간뿐 아니라 동물을 포함한 감각 있는 존재의 보호를 주장한다. 이 점에서 공리주의
는 여러 생명윤리학자의 이론적 근거가 되었다.

161) Martin Jay(황재우/강희경/강원돈 역), 변증법적 상상력 (돌베개, 1981), 85면; Martin
Jay(노명우 역), 변증법적 상상력 (동녘, 2021), 115면.

고통을 기준으로 삼는 공리주의는 고통을 기초한 인권론과 연결된다. 고통이야말로 인간의 근본이익이 부정될 때 생겨나는 것이기 때문이다. 밀은 공리와 독립적인 것으로서의 추상적 권리라는 관념으로부터 자신의 논증에 도입될 수 있는 일체의 장점을 포기한다고 말했다.162) 하지만 이는 추상적 권리를 말할 뿐, 고통과 연관된 구체적 권리는 아니다.

　'고통 제거'의 측면이야말로 공리와 인권이 연결되는 지점이다. 공리와 '자연권으로서의 권리'는 관계가 없으나,163) 공리와 '근본이익으로서의 인권'은 '고통 제거'의 측면에서 밀접하게 연결된다. '고통 제거'는 고통에 기반한 구체적 권리인 인권과 연관되기 때문에, '쾌락 증진'보다 우선된다. '고통 제거의 우선성'은 그런 이유에서다.

2. 쾌락 증진의 이차성

　'쾌락 증진의 이차성'에서 '쾌락'은 (앞서 설명한 바대로) 키레네학파의 쾌락이나 부정적인 의미의 쾌락이 아니다. 여기서 쓰이는 쾌락 개념은 좋은 의미다. 고통으로부터의 자유와 쾌락이야말로 바람직한 목적이 된다는 것이 공리주의의 핵심 명제다.164) '쾌락' 개념을 대신해 '행복' 개념을 쓸 수도 있지만, 사실 '행복' 개념은 '고통 제거'와 '쾌락 증진'을 모두 포함하는 개념이어서 여기서는 '쾌락' 개념을 사용했다. '쾌락' 개념 또한 에피쿠로스 철학처럼 '고통 제거'를 포함하는 광의의 개념으로도 파악할 수 있으나, 여기서는 고통과 쾌락을 구분해 고통과 대비되는 개념으로 사용한다.

　'고통 제거'와 '쾌락 증진'의 관계를 살펴보면, '고통 제거'가 '쾌락 증진'

---

162) John Stuart Mill(서병훈 역), 자유론 (책세상, 2005/2007), 32-33면; John Stuart Mill (김형철 역), 자유론 (서광사, 1992/2009), 31-32면.

163) 벤담이 자연권을 비판한 것은 유명하다. 벤담은 자연법과 자연권에 대한 논의는 무의미하며, 수사학적 난센스에 지나지 않는다고 보았다.

164) John Stuart Mill(서병훈 역), 공리주의 (책세상, 2007), 25면.

보다 우선한다. 필자는 이를 '고통 제거의 우선성'과 '쾌락 증진의 이차성'이라고 표현했다. 에피쿠로스도 이 순서를 정확히 인지했다. 자연적이고 필수적인 욕구를 충족되어 고통이 제거된 후에, 고통이 없는 상태를 안정적으로 유지할 것을 주문했다.

'쾌락 증진의 이차성'이라고 해서 '쾌락 증진'이 중요하지 않은 게 아니다. '쾌락의 증진'은 '고통의 제거'와 비견할 만하며, 사회 전체의 공리를 증진시킨다. 선진사회일수록 이 측면이 더 중요해진다. 선진사회에서는 고통을 생산하는 제도가 상대적으로 적어, 쾌락을 증진하는 제도 차원이 중요해지기 때문이다. 후진사회일수록 고통을 생산하는 제도가 많아 이 제도의 폐지가 문제된다. 대표적인 예는 이전 사회의 '계급 제도'와 오늘날 인도에 여전히 존재하는 '카스트제도'를 들 수 있다. 문화와 종교라고 항변할지 모르나, 공리주의 입장에서 판단하면 공리에 반하는 문화와 종교는 정당성을 확보하기 어렵다.

Ⅲ. 구체적인 문제들

공리주의가 말하는 '공리 증진'은 2가지 차원으로 나뉜다. 공리를 증진하기 위해서는 고통을 줄이고 쾌락을 늘려야 한다. '제도 공리주의'의 관점에서 본다면, 나쁜 제도는 없애고 좋은 제도는 늘려야 한다. 하지만 아무리 좋은 제도라 하더라도 운영하는 사람이 나쁘다면 그 제도가 제대로 운영될 리 없다. 그렇기에 제도 그 자체뿐만 아니라 제도의 실질적인 운영을 함께 다뤄야 한다. 인간에게는 이기적인 측면과 이타적인 측면이 모두 있다는 점을 충분히 고려해야 한다.

1. 잘못된 제도

'제도 공리주의'에서 제도는 다수의 고통을 제거하고 다수의 쾌락을 증진하는 제도여야 한다. 하지만 현실 제도에는 다수의 고통을 수반하고 소수의 쾌락을 증진하는 제도가 꽤 있다. '택지개발사업'이 그 한 예이다. 공공에 돌아가야 할 택지개발사업의 이익을 일부 소수 개발자가 차지했다. 현재의 택지개발사업은 전면적으로 수정되어야 한다.

공공 자산을 최대한 유지하는 정책과 제도를 시행해야 한다. 공공 자산을 민간으로 돌려 사유화하면 결국 피해는 대다수 국민들이 안게 된다. 소수에게는 좋은 정책이지만 다수에게는 나쁜 정책이다. 이에 더해 가능하면 공공 자산을 늘리는 정책과 제도를 시행해야 한다. 공공재는 유형 자산뿐만 아니라 무형 자산도 포함된다. '누진세'나 '요양기관 강제지정제'는 가치관에 따라 그 평가가 다르나, (필자의 입장에서는) 꼭 필요한 제도이다. 물론 다른 쪽에서는 '잘못된 제도'라고 평가할 것이다(이처럼 '제도 공리주의'는 가치관에 따라 제도를 평가하는 내용이 달라지는 단점이 있다).

'私有 정당화'의 전제로 로크는 공유가 풍부해야 한다고 주장했다.[165] 오늘날은 공유가 빈곤한 시대다. 이 때문에 사회적 약자는 기댈 언덕이 없다. 공유가 부족함에도 사유는 점점 늘어난다. 공유를 뺏어 사유를 증가시킨다. '제도'가 공유를 줄이고 사유를 늘리는 수단으로 사용된다면, 이는 정의에 반한다는 것이 명백하다. 공유를 늘리는 정책과 제도에 대해선 가치관의 대립으로 의견이 분분할 수 있겠으나, 공유를 줄이는 정책과 제도에 대해선 한목소리를 내야 한다. 물론 한목소리를 기대하기는 쉽지 않다. 필자의 '제도 공리주의'는 사유에 못지않게 공유가 중요하다는 입장이어서, 현재 지배적인 사상인 '자유지상주의'와 대립한다.

밀은 *잘못된 교육과 왜곡된 사회 제도*만 아니라면 거의 모든 사람이 가

---

165) John Locke(강정인/문지영 역), 통치론 (까치, 1996/2007), 34-35면.

능한 한 고통이 없고 질적으로나 양적으로 할 수 있는 한 최대한 즐거움을 만끽할 수 있는 수준의 행복을 누릴 수 있을 거라고 주장했다. 밀은 이 세상에 만연한 구체적 해악의 대부분이 제거될 것이며, 그 대표적인 예로 빈곤 문제를 들었다.[166] 밀의 주장이 이상적으로 들리지만, 제도와 교육이 잘못되지 않고 공리를 증진하는 쪽으로 만들어지고 운영된다면 실제로 가능할지 모른다. 빈곤 문제가 해결되지 않았다는 것은 현실에서 공리를 증진하는 제도를 만들지 못했거나 만들어도 제대로 운영하지 못했기 때문이다. 스칸디나비아 국가들을 보면 사회제도 구축이 할 수 있는 게 많음을 알게 된다. 현실에서 이룰 수 없는 이상적인 주장을 하는 게 아니다.

2. 규제의 역설

좋은 의도로 제도를 만들었지만, 제도 운영 과정에서 역효과가 나오는 것도 적지 않다. 그렇기에 애초부터 규제의 역효과를 고려해서 제도를 만들 필요가 있다. 제도 자체의 취지는 다수의 이익을 위한다고 해도, 제도 운영 과정에서 그 반대의 결과를 초래한다면 이는 올바른 제도라고 할 수 없다. 많은 규제가 사회를 좋게 하겠다는 선의로 만들어지나, 좋은 의도만으로 규제가 정당화되는 것이 아니다. 규제는 좋은 결과로써 평가되고 정당화된다.[167] 좋은 결과가 나올 거라고 기대하고 예측하는 것으로는 부족하다. 좋은 결과를 의도하는 것으로는 정당화될 수 없다. '제도 공리주의'의 입장에서 제도가 정당화되기 위해서는 좋은 결과가 실제로 나와야 한다.

'비정규직 보호법'이 그 대표적인 예라고 생각된다. '비정규직 보호법'은 2년간 비정규직으로 근무할 경우 정규직으로 전환하게 함으로써 비정규직을 보호하도록 했다. 하지만 정규직 채용에 부담을 느낀 사측은 비정규직

---

166) John Stuart Mill(서병훈 역), 공리주의 (책세상, 2007), 38면.
167) 최성락, 규제의 역설 (페이퍼로드, 2020), 260면.

을 2년만 채용한 후 해고하고 다른 비정규직 노동자를 채용했다. '비정규직 보호법'이 '비정규직 해고법'이 된 것이다.

'비정규직 보호법' 도입으로 비정규직을 보호하겠다는 취지였지만, 그 결과는 정반대로 나왔다. 문제는 법 시행 이전에 그 결과가 충분히 예견되었다는 점이다. 의도와 달리 결과가 나쁘게 나오리라는 것이 충분히 예견되었음에도 법은 통과되었고, 그 결과는 예견한 대로 나왔다. '비정규직 보호법'이 도입한 제도는 '규제의 역설'로 인해 '나쁜 제도'가 되고 말았다. 나쁜 결과를 도입 전에 충분히 예견할 수 있었다면, 제도는 취지나 의도가 아닌 결과로써 평가되어야 한다. '제도 공리주의'는 취지나 의도가 아닌 결과로써 제도를 판단한다.

'비정규직 보호법'과 달리 미래에야 알 수 있는 결과를 정확히 예측하기 어려운 경우가 많다. 그렇기에 어느 제도는 실험적으로 작은 규모에서 시행하는 것이 요구되기도 한다. 미래의 결과를 정확히 예측하기는 사실상 불가능하지만, 그럼에도 현재에서 할 수 있는 최선의 노력을 기울려야 한다. 현대 정책과 제도에는 이득과 위해를 동시에 포함하는 '위험 예측'의 영역이 점점 커진다.

시행 제도의 결과가 100% 좋게 나올 것을 기대할 수 없고, 그렇게 나오지도 않는다. 위험이 도사리는 영역에서는 더더욱 그렇다. 가치관의 차이에 따라, 진보와 보수의 시각 차이에 따라, 어떤 제도가 '규제의 역설'을 가져오는지 여부 자체에 대한 평가도 달라질 수 있다. 여러 어려움에도 불구하고, '제도 공리주의'의 제도는 '규제의 역설'을 피해갈 수 있는 제도여야 한다. 제도를 수립하고 운영함으로써 다수의 이익을 실질적으로 증진시키는 결과를 산출해낼 수 있어야 한다. 때론 진보와 보수의 가치관에 묶인 전통적인 주장을 뛰어넘는 제안이 필요할지 모른다. 이런 점에서 '제도 공리주의'는 진보와 보수가 정책으로 만날 수 있는 지점을 제공한다(물론 극명하게 대립되는 지점이기도 하다).

3. 기본권 제한의 정당성

밀은 '자유론'에서 타인에게 해악을 가하지 않는 한 자유롭다고 주장하면서도, 공리의 경우에 외부의 힘이 개인의 자율성을 제한할 수 있다고 주장하며 몇몇 예를 들었다. 하지만 공리와 기본권이 충돌하는 경우를 상세히 다루지는 않았다.

공익과 사익을 비교형량하여 공익이 앞설 경우에는 공익을 우선해야 한다.[168] 하지만 사익이 근본이익에 해당할 경우까지 공익이 우선하는 것은 아니다. 공익을 이유로 개인의 기본권을 제한하는 데는 상당한 제약이 따른다. 이는 '기본권 제한의 정당성'의 문제로 '비례성 심사'라는 엄격한 심사를 받는다. 현행 헌법재판은 개인의 기본권에 주안점을 두고 '기본권 제한의 정당성' 문제로 다룬다.

개인의 기본권과 다수의 공리를 비교할 때, 어디에 중점을 둘 것인가는 매우 중요한 문제이다. 필자는 기본권에 치중된 현행 심판구조에서 공리로 비중을 옮길 필요성을 느낀다. 다수의 공리를 개인의 기본권보다 앞세우는 것은 문제가 있다 하더라도, 양자를 최소한 동일선상에 놓고 비교형량해야 하지 않을까 생각된다.[169]

헌법재판의 '비례성 심사'에서 '공리'는 '목적의 정당성'과 '법익의 균형성'에서 다루어진다. 그런데 헌법재판 결정을 가만히 들여다보면 '공리'를 심도 깊게 다루지 않는 경우가 종종 있음을 알 수 있다. '목적의 정당성'과 '법익의 균형성' 부분에서 공리는 간단하게 언급하고 지나가는 경우도 많

---

168) 밀의 다음 언급이 이와 관련되어 있다. "다른 사람에게 영향을 주는 행위에 한정해서 사회가 간섭할 수 있다." John Stuart Mill(서병훈 역), 자유론 (책세상, 2005/2007), 31면; John Stuart Mill(김형철 역), 자유론 (서광사, 1992/2009), 30면.

169) 권리는 대체로 강자에 유리하다. 약자의 권리인 사회권이 제대로 보장되지 않는다는 점에서, 이 점은 기본권에서도 그런 게 아닌가 싶다. 현실에서는 누구의 권리인가가 중요하다.

다. '수단의 적절성'과 '피해의 최소성' 심사에서는 기본권 제한이 최소화될 것을 엄밀하게 요구함으로써 기본권 중심의 심사를 한다.

'과외 결정'(헌재 2000. 4. 27. 98헌가16 등)에서 헌법재판소 다수의견도 '교육의 공공성'을 심각하게 다루지 않고 개인의 기본권을 더 중시했다. 다수의견은 '학업의 설립·운영에 관한 법률 제3조'가 과외교습을 '원칙적 금지, 예외적 허용'하는 것이 배우고자 하는 아동과 청소년의 인격의 자유로운 발현권, 자녀를 가르치고자 하는 부모의 교육권, 과외교습을 하고자 하는 개인의 직업선택의 자유 및 행복추구권이 침해된다고 보았다.[170] 다수의견은 '피해의 최소성' 심사에서 과외금지 조항이 원칙적으로 허용되고 기본권적으로 보장되는 행위에 대하여 '원칙적 금지, 예외적 허용'의 방식을 취하지 않고, '원칙적 금지, 예외적 허용'의 방식을 취했다는 점을 문제 삼았다. 다수의견에는 '교육의 공공성'을 심각하게 다루지 않았는데, 이는 '입법목적의 정당성'에서 '교육의 공공성'을 비교적 간단하게 다루고 넘어갔다는 점에서 확인된다. '법익의 균형성' 판단에서도 '교육의 공공성'이 고려될 여지가 전혀 없었다.

반면에 이영모 재판관의 소수의견은 '교육의 공공성'을 공리의 차원에서 중요하게 다루어, 사교육이 학교교육의 공공성을 침해하지 않을 것을 요구한다. 사교육의 한 부분인 과외교습은 학교교육에 종속된 보충교육에 해당

---

170) 심판대상 조문은 다음과 같다. 학원의 설립·운영에 관한 법률 제3조(과외교습) 누구든지 과외교습을 하여서는 아니된다. 다만, 다음 각호의 1에 해당하는 경우에는 그러하지 아니하다.
1. 학원 또는 교습소에서 기술·예능 또는 대통령령이 정하는 과목에 관한 지식을 교습하는 경우
2. 학원에서 고등학교·대학 또는 이에 준하는 학교에의 입학이나 이를 위한 학력인정에 관한 검정을 받을 목적으로 학습하는 수험준비생에게 교습하는 경우
3. 대학·교육대학·사범대학·전문대학·방송통신대학·개방대학·기술대학 또는 개별 법률에 의하여 설립된 대학 및 이에 준하는 학교에 재적중인 학생(대학원생을 포함한다)이 교습하는 경우

할 뿐이다. 이영모 재판관은 이런 관점에서 중시하는 기본권 자체를 달리했다. 이영모 재판관은 "모든 국민은 능력에 따라 균등하게 교육을 받을 권리를 가진다"는 헌법 제31조 제1항에 규정된 기본권을 중시했다. "이 사건 법률조항은 학교교육과정과 직접 관련되는 초·중·고등학생의 개인 과외교습을 제한하여 공공성을 가진 학교교육의 정상화를 도모하고 학생들로 하여금 균등하게 교육을 받을 권리를 실현하는 데 그 목적이 있다." 이영모 재판관은 '교육의 공공성'과 '균등하게 교육을 받을 권리'를 '입법목적의 정당성'에서 '법익의 균형성'까지 '비례성 심사'의 전체 과정에 반영해 심사했다.

헌법 제31조 제1항 '균등하게 교육을 받을 권리'에서 알 수 있듯이, 사회권적 기본권은 공리와 밀접하게 관련되어 있다. 공리에 의해 제한되는 개인권적 기본권은 주로 사회적 약자가 아닌 사람들과 관련되어 있음을 주지해야 한다. 과외 교습은 부유한 집안이나 경제적으로 여유 있는 집에서 받는 것인 반면에, 공공 교육은 집안 형편이 넉넉지 못한 집에 더 유용한 것이다. (물론 공리에 의해 개인적 기본권을 당연히 제한된다는 것은 절대 아니다. 공리와 기본권을 비교형량함에 있어 기본권을 심각하게 생각하는 만큼 공리를 심각하게 다루라는 주문이다.)

'과외결정'의 다수의견은 '교육의 공공성'이라는 공리를 심각하게 다루지 않은 채 개인권적 기본권에 중점을 둔 반면에, 이영모 재판관의 소수의견은 '교육의 공공성'을 중시하면서 문제되는 기본권을 '균등하게 교육을 받을 권리'로 봤다. 필자는 이영모 재판관의 견해에 찬성한다. '과외결정'의 다수의견과 소수의견을 통해 우리는 기본권과 공리 중에서 어떤 것에 중점을 두는지에 따라 결정 내용이 달라지고, 종국에는 제도에 막대한 영향을 미친다는 것을 알게 된다. 2000년 '과외결정' 다수의견에 따라 오늘날 우리 사회는 사교육의 전횡을 막을 수 없게 되었고, 공교육의 붕괴 또한 막을 수 없게 되었다. '과외금지 제도'는 공리의 관점에서 좋은 제도였지만 아쉽게

도 붕괴되었다. 그것도 기본권의 이름으로 말이다.

4. '전체주의'라는 우려

'제도 공리주의'가 부딪히는 또 다른 어려움은 공리를 전면에 내세우면 '전체주의'와 비슷해지는 것이 아니냐는 비판이 제기된다는 점이다. 이는 공통이익에 기초한 '일반의지'를 내세웠던 루소의 경우도 마찬가지였다. 루소는 법을 '일반의지의 선언'이라고 보았다. 루소의 사상에서 가장 큰 논란이 일어나는 부분은 이익의 공동성에 기초한 '일반의지'에 대한 것이다. 루소는 이익의 공동성에 기초한 일반의지에 의해 통치되지 않고 잘못된 정부에 의해 통치된다면, 평등은 피상적이고 공허한 것이 된다고 주장한다. 평등은 가난한 자를 가난 속에 그리고 부자를 약탈 속에 머물게 하는 데 쓰일 뿐이고, 법은 유산자에게는 유익하고 무산자에게는 해로운 것이 된다.[171] 일반의지를 위해 개별의지의 관철을 포기해야 한다는 루소의 주장이 전체주의를 정당화한 것이 아니냐는 비판이 제기되었다.[172]

공리주의는 일반의지를 위해 개별의지를 포기해야 한다는 과격한 주장을 펼치지 않는다. 공리주의는 공리를 기준으로 앞세우면서도 '개인의 자유와 권리'를 중시한다. 필자의 주장이 공리와 개인의 기본권이 충돌하는 지점에서 지금 현재 이론보다는 공리를 좀 더 고려하자는 취지의 주장이라는 점을 생각한다면, 전체주의라는 비판은 성급한 비판이 될 것이다.

현재는 자유와 공리 중에서 자유를 우선하는 입장이 대세적인 입장이다. 법률의 정당성을 따질 때, '기본권 제한의 정당성' 입장에서 파악하는 것도 그런 맥락이다(물론 이는 기본권이 헌법에 규정되어 있다는 점에 기초한

---

171) Jean-Jacques Rousseau(이환 역), 사회계약론 (서울대학교 출판부, 1999), 31면.
172) Jean-Jacques Rousseau(이환 역), 사회계약론 (서울대학교 출판부, 1999), 역자해설, 215면.

다). 하지만 '제도 공리주의'의 입장을 취하는 필자는 현재 대세적인 입장에서 조금 더 공리 쪽에 기울어진다. 그렇다고 자유를 완전히 무시하고 공리를 앞세우자는 주장이 아니다.

'공산주의'는 이상으로는 훌륭하지만, 현실에서는 개인의 자유와 권리를 침해하는 잘못된 사상이었다. 공리주의가 공산주의의 모습으로 나타나면 '전체주의'라는 비판이 타당할지 모르나, 필자가 생각하는 적절한 모델은 '사회적 시장경제' 모델이다.173) '사회적 시장경제' 모델은 시장경제와 사회주의의 양 요소를 동시에 품고 있는 모델로서 전체주의와는 거리가 멀다.

공리주의가 '사회의 기능적 분화'를 염두에 두고 공리를 주장한다는 점에서도 전체주의와 거리가 멀다는 것을 알 수 있다.

IV. 사회적 시장경제

공리주의가 '최대 다수의 최대 행복'을 지향한다고 해서 모든 분야에서 이를 성취하려는 것은 아니다. 그럴 수도 없고 그렇게 해서도 안 된다. 만약에 세상 모든 정책과 제도에서 공리를 실현한다고 하면, 이는 '사회체계의 기능적 분화'에 부합하지 않는 문제점이 생긴다. 공리를 앞세워야 할 부

---

173) 필자가 보기에 밀은 '사회적 시장경제'론의 선구자로 여겨진다. "고전적 공리주의를 대표하는 밀은 1848년에 발표한 '정치경제학 원리(The Principle of Political Economy)'에서 자유로운 경쟁을 통해 생산의 효율성을 높이고, 합리적인 분배를 통해 경제적 불균형을 해결한다는 두 가지 목표를 제시하고 있다. 밀이 주장하였던 분배정책의 핵심적 내용은 조세 제도와 토지소유 제도를 개혁함으로써 자본주의 사회의 빈부격차를 해소할 수 있다는 것이었다. 자본가를 비롯한 지배 계층에게는 중과세를 적용하고 저소득 노동자 계층에게는 보조금을 지급한다는 밀의 개혁안은 당시로서는 파격적이었다. 생산과 분배를 엄격하게 구분하여 경제문제를 해결하고자 하였던 밀의 이론은 오늘날 자본주의 경제 원리의 기초가 되었다고 평가된다." 오재호, "합리적인 제도와 공리주의", 대동철학 제52집 (대동철학회, 2010), 46면.

분이 있는가 하면, 개인의 자유를 앞세워야 할 부분이 있다. 어느 부분에서는 경쟁이 절실하게 요청되는가 하면, 어느 부분에서는 대다수의 사람이 최소한의 것을 누릴 것을 요구한다.

시장이 모든 부분을 결정해도 안 되지만, 그렇다고 공리가 모든 부분에 최우선과제일 수는 없다. '시장의 실패'와 '정부의 실패'는 '사회체계의 기능적 분화'를 고려하지 않기 때문에 발생한다. 공리주의는 오늘날 자본주의의 총체성에 따른 시장 지배를 경계하며, 자본주의의 확대에 따른 계층 격차를 축소하는 역할을 수행한다. 자본주의에 의해 다시 '다수의 문제'가 부각되었으며, 이는 공리주의가 해결하기에 적합한 문제이다. 필자의 소견에 따르면, 공리주의는 '자본주의의 총체성'에 대항할 수 있는 최적의 이론이다.

필자가 주장하는 '제도 공리주의'는 '사회의 기능적 분화'와 조화를 이룰 것을 요한다. 사회에서 실제로 일어나는 '기능적 분화'를 고려해 법과 제도를 마련해야지, 다수를 위한 제도와 정책이 표면상으로 옳다고 해서 이를 무턱대고 추진해서는 오히려 역효과가 날 수 있다. 사회의 기능적 분화에 발맞추어 적절한 제도 운영을 하는 것이 더 실효적인 효과를 낸다. '규제의 역설' 또한 이런 관점에서 볼 수 있다. 정당성의 관점에서도 '다수를 위한 제도와 정책'이라고 모두 옳은 것은 아니며, 기능적 분화 등 그 배경과 조건을 살피고 실질적으로 다수를 위한 효과가 나올 때 비로소 정당하다 할 것이다. 물론 법과 제도의 초창기에는 결과가 나온 뒤에 정당성이 판단되는 것은 아니며, 추정 결과로써 정당성을 획득한다. 이후 결과가 나온 뒤에는 결과로써 법과 제도는 평가받아야 한다.

'최대 다수의 최대 행복'을 위한 '제도 공리주의'는 사회에 실현된 기능적 분화를 배경으로 규범적인 관점에서 바람직한 기능적 분화를 도모한다. '사실적 개념으로서 기능적 분화'가 '제도 공리주의'를 실현하기 위한 배경과 조건이라면, '규범적 개념으로서 기능적 분화'는 '제도 공리주의'가 실현하고자 하는 목표가 된다.174) 사회에 실제로 일어나는 기능적 분화를 그대로 두는 것으로 만족한다면, 사회에서 자연스럽게 약자를 위한 체계를 분화되기를 기대할 수 없다. "사회는 없다"는 말까지 공공연하게 나오는 이유도 이런 이유다.

반면에 자율적인 영역에까지 '규범적 개념으로서 기능적 분화'로 간섭할 필요는 없다. 시장과 같은 자율적인 영역은 '보이지 않는 손'에 맡기는 것이 최적의 효과를 발휘한다. 개인과 국가의 부가 증가한다는 사실에서 시장경제는 인간 몸에서 뇌와 심장과 같은 역할을 수행한다. 개인이 스스로 발전하려는 의지와 노력은 시장경제를 통해 증진된다. 하지만 자본은 시장경제에 만족하지 않고 시장 외의 영역까지 확대된다.

루소는 인간 불평등을 연구했고, 맑스는 자본주의의 병폐에 해결책을 제시했다. 하지만 현실 공산주의가 실패한 이유도, 루소의 '일반의지'가 현실에서 실현되지 못한 것도, '다수를 위한 제도와 정책'이 자리해야 할 적합한 자리를 제대로 파악하지 못했기 때문일지 모른다. 공산주의도, 루소의 '일반의지'도 '사회의 기능적 분화'라는 여건을 충분히 고려하지 않았기 때문에 실패했다. '사회적 시장경제' 모델은 '사회의 기능적 분화'를 전제로 법과 정책을 펼친다. '제도 공리주의'도 마찬가지다. 사회 전체에 공산주의를 실천하려 하고 일반의지를 실천하려 한다면 이는 제자리를 찾지 못한

---

174) 인간의 인간성을 동시에 고려해야 한다. 인간은 선하기도 하지만 악하기도 하다. 인간은 이기적인 존재이기도 하지만, 이타적인 존재이기도 하다. 인간의 양면성을 외면한 채, 한쪽 면만을 기초한 제도와 정책은 제대로 된 효과를 낳기가 어렵다. 물론 인간의 이기성과 이타성은 기능적 분화의 영역에서 동시에 고려해야 할 내용이다. 시장경제에서 경쟁과 효율성의 요소가 우선지만, 공정 경쟁이라는 관점에서 이타성을 함께 고려해야 한다. 사회안전망의 구축과 복지체계의 구축은 이타성에 기초해야 하지만, 그 운영과정에서 발생하는 이기적인 측면을 놓쳐선 안 된다. 복지체계의 운영에서 방만한 운영이 이루어지는 것은 운영자의 이기심에 기초하지만, 이런 점이 실제로 발생한다는 점을 고려해야 한다. 공공기관의 개혁을 통해 해결해야지, 공공기관의 민영화 같은 방법으로 해결할 문제는 아니다.

것이다. 인간은 원래 그리 정의로운 존재가 아니라는 생각이 든다. 인간의 이성이 대단하다고 하나, 인간의 이성은 이전에는 노예문제와 제국주의를 극복하지 못했고 오늘날에도 빈부격차, 새로운 계층화를 극복하지 못하는 걸 보면 그리 대단한 거라고 생각되지 않는다.

필자는 '사회적 시장경제(soziale Marktwirtschaft)' 모델이 인간의 장점과 인간의 단점을 모두 아우르는 제도라는 생각이 든다. 이 모델은 인간이 공리를 위해 할 수 있는 폭이 상당 부분 제한되어 있음을 인정한다. '사회의 기능적 분화'라는 배경을 충분히 이해하고 이를 바탕으로 사회문제 해결에 접근한다. 시장의 자율성을 인정하고 그곳에서는 적극적으로 공리를 실현하려 하지 않는다. 시장 경쟁의 공정성 문제 등과 같은 문제에만 정부가 개입할 뿐이다. 시장의 영역은 시장 영역의 운영 원리에 맡기고, 시장 외의 영역에 공리를 실천하려 한다. 이는 사회안전망의 구축, 공유영역의 구축을 통해 이루어진다. 교육제도와 의료제도를 통해 교육의 공공성, 의료의 공공성을 확보한다.

필자는 '규범적 과제로서 기능적 분화'를 시장 외의 영역에서 실현할 것을 주장한다. 그런 점에서 필자의 관점에서는 '공리주의'와 '규범적 과제로서 기능적 분화'는 매우 밀접한 관련성이 있다. 시장 외의 영역에서 공리를 실현함으로 바람직한 모습의 기능적 분화를 이루려하기 때문이다. 이는 시장과 국가의 힘이 적절히 안배되어야 가능한 일이다.

공리주의는 자본주의의 총체성에 대항하는 대항 이론이 된다. 자본주의의 총체성으로 인해 다수가 고통 받는 상황이 초래되고 있다는 점에서 공리주의 이론은 더욱 힘을 받는다. 소수의 자본가와 다수의 노동자로 계층이 나뉘고, 다수의 노동자는 자본주의의 확장으로 인해 (이전보다 생활수준이 나아졌는지는 모르나) 소수와 다수의 격차 차이, 생활수준의 차이 등을 경험한다. 자본주의의 총체성 하에서는 다수를 위한 이론이 필요하다. 공리주의는 '최대 다수의 최대 행복'을 위한 이론이며, 다수의 이익을 증진시키는 이론적 토대가 된다. '제도 공리주의'는 사회 다수를 위한 제도, 사회 약자를 위한 제도를 구축하는데 기여한다.

제11장 공리와 기능적 분화

필자는 이 장에서 (서로 관련이 없어 보이는) 공리(公利)와 기능적 분화(機能的 分化)가 사실은 밀접하게 연결되어 있음을 보이려 한다. 이는 우선 두 가지 점에서 그렇다. 공리의 확립을 통해 자본주의의 총체성에 대항함으로써 경제체계에 의해 다른 기능체계의 자율성이 침해되는 것을 막고, 공리의 확립을 통해 사회적 약자를 위한 기능체계인 복지체계를 확립하고 사회안전망을 구축한다는 점이다. 사회안전망의 구축이야말로 기능체계가 제대로 분화할 수 있는 '토대'로서의 역할을 마련하는 데 중요하다.

'규범적 과제로서 기능적 분화'를 실현하기 위해서는 무엇보다도 '자본주의의 총체성'을 해체해야 한다. 필자는 '자본주의의 총체성'을 해체할 이론적 무기로 '공리주의'를 주장한다. 制度를 통한 公利의 확립을 통해 자본주의가 시장경제 외의 영역에 결정적인 영향력을 미치는 것을 막는다. 이를 통해 달성하고자 하는 목표는 '사회체계의 기능적 분화'다. 필자는 이를 '규범적 과제로서 기능적 분화'라고 표현한다.

사람의 몸에서 심장이나 뇌에 해당하는 경제체계는 그 중요성 때문에 다른 체계에 큰 영향력을 미치는 것을 부인할 수 없다. 그럼에도 그 영향력이 결정적인 것이 되어선 안 된다. 자본의 주도성은 '시장경제'에 머물러야 하며, 자본이 다른 기능체계를 이끌어선 안 된다. 이를 위해선 다른 기능체계의 토대가 단단해야 하는데, 이를 '공리'가 담당한다.

자본과 시장이 주가 되는 기능체계는 경제체계이며, 공리가 주가 되는 기능체계는 복지체계다. 경제체계와 복지체계를 제외한 다른 기능체계에서는 자본도 공리도 주된 작동원리가 되어선 안 된다. 자본이 현실적으로 영향력을 미치나 작동원리로 기능해선 안 된다. 공리 또한 전면적으로 등장해서는 안 되며 다른 기능체계들이 제 기능을 제대로 발휘하기 위한 토대로서의 역할을 수행해야 한다.

I. 공리를 실현하는 사회제도 구축

'공리주의'에서 '공리'는 '고통 제거'와 '쾌락 증진'으로 구성된다. 이 때 고통과 쾌락은 다수의 고통과 다수의 쾌락을 말한다. 고통으로부터의 자유와 쾌락이야말로 바람직한 목적이 된다는 것이 공리주의의 핵심 명제다. 쾌락에 대해 잘못 이해하는 사람이 많은데, 공리주의가 주장하는 쾌락은 다수의 쾌락이며 매우 좋은 의미이다.

밀이 보기에, 공리주의의 비판자들은 '공리주의'를 잘 모르면서 공리주의를 흠집 내는 데만 몰두한다.[175] 밀은 공리주의가 ① 쾌락주의라는 비판, ② 이기주의라는 비판, ③ 덕(德)의 중요성을 무시한다는 오해, ④ '무신론'이라는 오해를 하나씩 해명해 나간다. 밀은 '공리주의' 제5장 '정의는 효용과 어떤 관계를 맺고 있는가'에서 공리주의에 대한 가장 큰 비판점을 다뤘다. ⑤ 공리주의의 비판자들은 효용에다 편의(expediency)라는 이름을 붙이고 그것과 원리를 손쉽게 대비함으로써 비도덕적인 이론이라고 부당하게 낙인찍는다.[176] 이에 대해, 밀은 정의와 효용은 결코 분리될 수 없는 것이며, 정의란 사회 전체 차원에서 사회적 효용이 아주 높기 때문에 다른 어떤

---

175) 밀은 '공리주의' 책에서 공리주의에 대한 오해와 비판에 대해 적극적으로 해명했다. '공리주의' 제1장 '머리말'에 밀이 이 책을 쓴 이유가 나온다. 밀은 사람들이 공리주의의 의미에 대해 잘 모르기에 공리주의를 받아들이지 않는다고 봤고, 이 책을 통해 공리주의를 둘러싼 오해를 풀고자 했다. John Stuart Mill(서병훈 역), 공리주의 (책세상, 2007), 19면.

176) John Stuart Mill(서병훈 역), 공리주의 (책세상, 2007), 49면.

것보다 더 강력한 구속력을 지닌다고 보았다.[177]

공리주의에 반대하는 사람들은 '利'에 초점을 두고 이를 부정적인 의미로 파악했다. 정의를 다룰 때 '이익'을 따지는 것이 불편하다는 것이다. 하지만 이런 오해는 (밀이 지적하듯이) 옳고 그름에 관한 공리주의적 판단 기준이 행위자 자신뿐 아니라 관련되는 모든 사람을 포함한다는 사실을 제대로 인정하지 않았기 때문이다. 공리주의의 기준은 '행위자 자신의 행복'이 아니라 '최대 다수의 최대 행복'이다. 밀에 따르면, (동일한 종류에 대해 적절한 대우를 함으로써) 정도라는 측면에서 평등하다고 상정되는 한 사람의 행복이 다른 사람의 행복과 정확하게 동등한 무게를 지니지 않으면, 이 원리는 아무런 이성적 의미가 없는 단어에 불과하게 된다.[178] 다수의 행복에 공리의 기준이 있다는 점을 확인한다면, 공리주의에 대한 비판은 그 초점을 잃는다. 필자는 功利主義보다는 公利主義가 공리주의의 적절한 한자어라고 생각한다. 公利主義에 '최대 다수의 최대 행복' 내용이 선명하게 드러나기 때문이다.

밀은 '공리주의'를 저술하기도 했지만, '자유론'을 저술하기도 했다. 또한 그 당시 사회적 약자인 여성을 위해 '여성의 종속'을 썼다. 흔히들 공리주의는 '소수자의 권리 보호'에 미흡하다고 비판하지만, 이는 밀의 공리주의에는 해당되지 않는다. '소수의 문제'가 부각될 때에는 '소수의 문제'를 잘 해결하는 이론이 필요한 데 반해, '다수의 문제'가 주된 주제일 때에는 '다수의 문제'를 적절히 다룰 설명이 필요하다. 공리주의는 '최대 다수의 최대 행복'을 지향하고 다수의 公利를 다룬다는 점에서, '다수의 문제'를 다루는 최적의 이론이라고 생각된다. 필자의 생각에 따르면, '현대 자본주의'에 의해 '다수의 문제'가 부각된다는 점은 공리주의가 현대 정의론에서 각광을 받을 수 있는 주된 배경이 된다. 이는 공리주의가 태동했던 시기와

---

177) John Stuart Mill(서병훈 역), 공리주의 (책세상, 2007), 118면.
178) John Stuart Mill(서병훈 역), 공리주의 (책세상, 2007), 123면.

맥락을 같이 한다. 벤담은 영국 귀족 계급이 자신들에게 유리하게 만든 법과 제도를 공리주의를 통해 타파하려 했다. 오늘날 다수를 지배하는 계급이 귀족계급에서 자본가계급으로 바뀌었을 뿐, 현대 자본주의는 '소수 대다수'의 구조라는 점에서 이전 계급사회와 유사하다. 이 점에서 공리주의는 이 시대에 진보적인 이론으로 다시 부각될 수 있다.

　윤리학(도덕학)의 관점에서 공리주의보다 나은 사상은 많지만, 제도론의 관점에서는 공리주의가 탁월하다는 생각이 든다. 밀은 윤리나 도덕의 관점에서도 '공리주의'를 옹호하나, 필자는 제도론의 관점에서 '공리주의'를 중시하는 편이다. 밀의 '제도 공리주의(制度 公利主義)'의 측면은 다음 문장에 잘 나와 있다. "모든 개인의 행복 또는 (보다 실감나게 현실적으로 이야기하자면) 이익이 전체의 이익과 가능하면 최대한 조화를 이루도록 법과 사회 제도를 만들어야 한다."179)

　필자는 '자본주의'에 대항할 수 있는 오늘날의 이론적 무기는 '공리주의'라고 생각한다.180) '공화주의'나 '공동체주의'는 '공리주의'보다 더 강력한 주장을 하나, 오늘날 현실에서는 '공리주의'보다 실현가능성이 떨어진다. 사실 '사회의 공공성'을 강조하는 것은 '공화주의' 이론만한 것이 없다. 공화주의는 사적 지배가 배제된 공적 영역인 '레스 푸블리카(res publica)'를 시민의 형성적 정치를 통해 실현하려 한다. 법은 자유를 제한하는 수단이 아니라, 자유를 실현하는 통로가 된다. 공리를 실현하는 법을 통해 사회적 약자의 자유는 확보된다. 필자가 주장하는 공리주의 이론도 공화주의 이론 못지않게 '법

---

179) John Stuart Mill(서병훈 역), 공리주의 (책세상, 2007), 40면.
180) 영국에서 벤담이 자신의 공리주의 이론을 펼칠 당시에, 벤담은 공화주의 철학을 택하지 않고 자신의 공리주의 철학을 전개했다. 벤담은 초창기에 공화주의에 한때 기울었지만 그 시기는 매우 짧았고 피상적이었다. 벤담의 공리주의 철학 이후, 공화주의 철학 자체는 공리주의의 정신에 점점 더 침식당하게 되었다. Elie Halévy(박동천 역), 철학적 급진주의의 형성 2 - 공리주의 신조의 진화(1789-1815) (한국문화사, 2021), 7면, 40면.

을 통한 자유' 개념을 주장한다. 공화주의 이론은 시민의 형성적 정치를 강조하는 반면에, 공리주의 이론은 그렇지 않다. 대신에 필자의 공리주의 이론은 공리를 실현하는 사회제도(여기에는 법도 당연히 포함된다)를 통해 약자의 자유를 확보하려 한다. 다만 공리를 실현하는 사회제도를 어떻게 만들 것인가가 관건이다. 공동체주의나 공화주의를 실현하는 시민이 부재한 상황에서 공동선을 실현하기 어려운데, 공리를 어떻게 실현할 것인가? 공리를 세우는 제도가 만들어져야 하는데, 그 실현 방법은 '시스템을 구축하는 정치'를 통해서다. 정치를 통해 무슨 공리를 추구할까 의문이 들지만, 공리에 대한 합의가 불가능한 것만은 아니다. 종종 그에 대한 합의가 가능하다.[181]

물론 자본주의가 득세하고 이를 뒷받침하는 신자유주의의 영향이 큰 오늘날의 현실에서 공리를 확립하는 법률과 제도를 수립하는 것은 쉬운 과제가 아니다. 오늘날 세계화된 경제 상황에서 비효율적이라고 판단되는 공공 영역을 유지하는 것도 매우 어렵다. 이런 여러 어려움이 있지만, 그럼에도 법률과 제도를 통한 공리의 확립을 도외시해서는 안 된다. 무엇이 다수의 이익이며 어떻게 다수의 이익을 실현할지를 고민해야 한다. 무엇이 사회적 약자를 고려하는 것인지를 살펴야 한다. 다수의 이익에 배치될 때에는 소수 자본을 위한 법률과 제도의 수립은 거부해야 한다. 설사 소수 자본을 위한 법률과 제도가 만들어졌다 해도, 다수의 이익을 위하는 법률과 제도가 반드시 뒤따라 제정되어야 한다. 다수의 이익에 반하는 제도라면 그 개선책을 마련해야 하며 폐지까지도 고려해야 한다.

---

181) "우리는 공리 혹은 행복이, 목적으로는 너무 복잡하고 구체적이 아니어서 직접적으로 추구될 수 없고, 공리나 행복이라는 1차적 목적은 오직 다양한 2차적 목적들을 통해서만 추구될 수 있다고 생각한다. 그런데 이런 2차적 목적들에 사람들 사이에도 합의가 있을 수 있거나, 실제로 종종 합의가 존재하며, 사실 지성인들 사이에는 도덕 형이상학의 중요한 질문들에 관한 서로 대립하는 차이들에도 불구하고, 훨씬 실천적인 의견의 일치가 존재한다." John Stuart Mill(박상혁 역), 존 스튜어트 밀의 윤리학 논고 (아카넷, 2020), 87면.

Ⅱ. 공리와 기능적 분화

필자는 '자본주의의 총체성'에 대항하는 이론적 무기로 '공리주의'를 주장한다. 공리주의는 오늘날 자본주의가 초래한 다수의 문제를 다룬다는 점에서 '자본주의의 폐해'를 수정하기에 적합한 개념 도구가 된다고 생각한다. 공리주의는 자본주의의 대척점에 있는 사상이다. 그렇다고 공리주의가 공산주의처럼 자본주의를 철저히 해체하자는 주장은 아니다. 자본주의의 총체성을 바로 잡는 도구로서 공리주의가 주장하는 '공리'는 큰 역할을 수행할 수 있다. 이를 통해 '규범적 과제로서 기능적 분화'에 기여한다.

오늘날 '자본주의의 총체성'은 무시무시한 힘을 가지고 각 영역에 파급력을 미친다. '자본주의의 총체성' 하에 막강해진 경제체계는 다른 기능체계의 환경이 되는 것에 만족하지 않고 다른 기능체계의 자기준거성을 훼손한다. '자본주의의 총체성'은 '상부구조로서의 경제체계'를 지향한다. 기능체계의 기능적 분화가 온전하게 이루어지기 위해서는 '자본주의의 총체성'이 우선적으로 해결되어야 한다. '자본주의의 총체성'에 대항하는 하나의 전선이 필요한데, 필자는 이를 공화주의가 아닌 공리주의로 구성하려 한다. '자본주의의 총체성'을 깨기 위해서는 그것만큼 강력한 사상이 필요해 보인다. 공동체주의나 공화주의가 그 역할을 수행하면 금상첨화겠지만, 오늘날 시대상황에서 공동체주의와 공화주의는 실현가능성이 희박하다. 필자는 공동체주의나 공화주의를 대신해, 공리주의가 그 역할을 수행할 수 있다고 주장한다.

무엇보다도 자본주의를 시장경제로 제한하는 것이 절실히 요청된다. 현실에서 살피면, 자본의 영향력은 실로 막대하다. 학문의 영역에서도 자본의 힘은 굉장히 크다. 학문을 진흥하는 것 또한 돈을 투자하지 않고는 힘들다. 현실적으로 작용하는 자본의 영향력을 도외시하는 게 아니다. 자본이 투여된다고 해서, 자본의 영향력이 크다고 해서, 자본이 학문의 자기준거성을 훼손해서는 안 된다. 학문에 투여되는 자본은 학문체계 내 자본이어야지, 경제체계에서 투여되는 자본이어선 안 된다. 예컨대 기업에서 대학에 기부금을 내고 건물을 지어준다고 해서, 기업의 논리나 이해관계가 대학에 들어가선 안 된다. 경제체계는 다른 기능체계의 자기준거성을 침해해서는 안 된다. '체계의 기능적 분화'는 자기준거성을 갖춘 체계들이 자율성을 가지는 것을 의미한다. 자본은 기능체계의 중요한 환경이지만(가장 중요한 환경일지 모른다), 자본이 기능체계의 자율성을 침해해서는 결코 안 된다.

필자가 주장하는 '제도 공리주의'는 다수를 위한 제도 수립과 운용을 통해 공리를 통한 사회 연대를 실현하려 한다. 필자가 주장하는 '규범적 과제로서 기능적 분화'는 사회적 약자를 위한 기능체계인 복지체계를 통해 사회 연대를 실천하게 된다. 복지체계와 같은 사회적 약자를 위하는 기능체계가 제대로 작동되어야 한다. 복지체계와 같은 기능체계는 그야말로 '公利'와 밀접한 관련이 있다. 그런데 '사회적 약자'를 돌보는 기능체계는 자연스럽게 발생하지는 않는다. 인위적인 움직임이 필요한데, 이를 위해 '공리'에 기반한 제도와 정책의 마련이 절실히 요청된다. 공리 구축이 전체주의를 뜻하는 것이 아니며, 오늘날에는 공리를 체계 전면적으로 실행할 수도 없다. 공리의 실현 또한 기능적 분화와의 연관 속에서 살펴야 한다.

공리주의는 연대의 가치를 결코 도외시하지 않는다. 도리어 '최대 다수의 최대 행복'을 실현하는 제도와 정책을 통해 사회 연대의 가치를 실현한다. 반대로 공리주의가 '최대 다수의 최대 행복'을 실현하는 과정에서 '전체주의'에 빠질 위험이 있음을 경계하는 목소리가 있다. 하지만 이런 우려는 자유의 가치와 공리의 가치를 함께 고려할 때 피할 수 있는 부분이라고 생각된다. 공산주의가 아닌 '사회적 시장경제'를 실천하는 제도와 정책이 '전체주의'라는 비난을 받을 리 없다. '적극적 자유'를 실현하는 제도와 정책이 잘못된 국가 사회주의라는 비난은 필자의 관점에서는 일리가 없다.

Ⅲ. 시장의 영역, 공리의 영역

시장은 시장경제의 자율성에 기초해 커져 가지만, 공리의 영역은 그렇지 않다. 그렇기에 이 영역에서만큼은 국가의 개입과 간섭이 필수적이다. 공리를 확보하기 위한 국가의 개입과 간섭은 개인의 자유를 침해하는 것이 아니며, 오히려 개인의 자유를 보장하는 것임을 알아야 한다. 이는 '법을 통한 자유'를 주장하는 공화주의에서도 강력하게 주장하는 바이다.

시장과 공리의 두 가지 토대 위에서 사회기능체계가 제대로 분화되는 것을 도모해야 한다. 강력한 시장경제에 못지않는 강력한 공리 영역이 없다면 '규범적 과제로서 기능적 분화'를 실현하기 어렵다. 오늘날 '자본주의의 총체성'에 따라 현실에서 나타나는 '기능적 분화'는 자본주의의 입장에 따라 진행된다. 모든 기능체계에 자본은 영향력을 미치는데, 자본은 환경으로서 영향을 미치는 것을 넘어서 각 기능체계의 주도적인 의미기준마저 넘본다.

오늘날 펼쳐지는 '기능적 분화'를 있는 그대로 옳다고 인정할 수 없다. 여기에는 자본의 영향력이 각 기능에 영향을 막대하게 미치기 때문이다. 자본과 연관된 기능은 발전하나, 자본과 상관없는 기능은 도외시된다. 본래의 기능이 자본과 관련된 연관성을 찾아 변모한다. 시장과 자본이 그 본래 영역을 넘어 과도한 영향력을 미치는 것을 공리의 확립을 통해 막아야 한다.

자본의 강력한 힘에 대응하는 공리의 강력한 진영을 구축해야 한다. 이는 서로가 서로의 영역을 인정한다면 해결된다. 자본은 가능한 한 자신의 주 무대를 시장에 국한해야 한다. 공리는 시장 외의 영역에서 세워져야 하며 시장의 영역에는 개입해서는 안 된다. 물론 자본의 영향력이 시장 외적인 영역까지 막대한 영향력을 행사하기에, 공리 또한 공리의 힘을 시장의 영역에 개입하려 한다. '시장민주주의', '경제의 민주화' 같은 표현이 그런 입장이다.

하지만 해결책은 서로가 서로의 영역에 개입하는 것에 있지 않다. 해결책은 서로가 서로의 영역에 머무는 데 있다. 현재는 시장의 힘이 막강하고 공리는 그렇지 않기에 시장이 시장 외의 영역으로 들어간다. 따라서 현실적으로 해야 하는 급선무는 강력한 공리의 영역을 구축하는 것이다. 이는 사회안전망과 같은 공리적인 토대를 구축하는 것으로 이루어진다.

공산주의는 계획경제를 통해 공리의 영역을 자본의 영역(시장의 영역)에까지 확장하려 했으나 실패로 돌아갔다. 반면에 자본주의는 자본의 영역을 시장 외의 영역까지 무한대로 늘려나간다. 이를 막을 방법을 모색해야 하는데, 우리는 이미 '사회적 시장경제'의 모습에서 그런 모습을 발견한다. '사회적 시장경제'의 구축은 사회의 기능적 분화와 조화를 이룬다. '규범적 과제로서 기능적 분화'를 위해 필요한 메타 체계는 '사회적 경제체계'이다. 경제체계는 그 막대한 힘과 영향력을 자제해야 한다. 이는 시장에서의 규제가 아니라 시장 외의 영역으로의 확대를 막고 시장 외의 영역에 공리를 기초한 질서를 구축하는 것을 통해 이루어진다.

시장 외의 영역에 자본이 진출하고 그 영향력 확대를 막는 것은 시장에서의 규제가 아니다. 이는 당연히 필요한 규제이지만 시장 내적인 규제는 아니다. 자본은 그 한계점을 잊어버리고 확대되는 경향이 있기에 이를 규제할 필요가 생기며, 이를 필자는 시장에서의 규제로 보지 않는다. 시장이든 시장 외적 영역이든, 시장에 맡기자고 하는 사람의 입장에서는 이를 시장에서의 규제라고 볼지 몰라도, 시장과 시장 외의 영역을 엄밀히 구분하는 필자의 입장에서는 꼭 필요한 규제로 이 자체가 시장을 규제하는 것은 아니다.

Ⅳ. 공리의 힘

'자본주의의 총체성'에 대항하기 위해서는, 자본의 힘만큼 강력한 공리의 힘이 필요하다. 공리를 통해 강력한 자본의 힘이 제어될 수 있어야, 제대로 된 '사회체계의 기능적 분화'를 이룰 수 있다. 현재 진행되는 '사회체계의 기능적 분화'는 자본주의의 총체성 하에서 일어나는 기형화된 기능적 분화이다.

'사회체계의 기능적 분화'를 염두에 두고 '자본주의의 총체성'을 해체하려 해야 한다. 공산주의의 패착은 '사회체계의 기능적 분화'를 염두에 두지 않고, 계획경제를 통해 시장경제를 대체하려 했다는 점에 있다. '기능적 분화'가 가장 활발하게 일어나는 '시장' 영역의 자율성을 인정하지 않았던 것이다. 악셀 호네트(Axel Honneth)는 그의 책 '사회주의 재발명'에서 사회주의자들이 사회의 기능적 분화를 전혀 이해하지 못했다고 진단한다.[182] 사회문제가 사회의 기능적 분화를 통해, 사회체계의 기능적 해결방식을 통해 풀어진다는 것을 염두에 둔다면, 사회문제는 사회혁명에 의해 해결될 수 있는 게 아님을 알게 된다. 사회혁명은 패러다임의 전환을 가져오는 큰 틀을 깨는 것이기는 하나, 그걸로 문제가 해결되는 게 아니다. 공산주의의 계획경제는 '사회의 기능적 분화'를 고려하지 않았다. '사회의 기능적 분화'를 통한 해결방안이 사회문제에 대처하는 오늘날의 해결방안이라는 점을 고려한다면, '사회적 시장경제'와 같은 체제 구축이 필요하다. 이는 시장의 영역과 시장 외의 영역, 자본의 영역과 공리의 영역이 적절하게 조화되는 체제 구축이다. 이러한 체제가 있어야 '사회의 기능체계'는 제대로 분화될 수 있다. 이러한 체제로 가야 '자본주의의 총체성' 하에서 잘못 진행된 '사회의 기능적 분화'를 교정할 수 있다.

자본의 힘과 공리의 힘은 '사회체계의 기능적 분화'의 중요한 전제 조건에 해당된다. 다시 말하면 어떤 사회인가에 따라 '사회체계의 기능적 분화'는 달라진다. 자본주의가 총체적으로 지배하는 사회인지, 아니면 '공리'를 실현

---

182) Axel Honneth(문성훈 역), 사회주의 재발명 (사월의책, 2016), 143면 이하.

하는 제도가 시행되는 사회인지, '사회적 시장경제'를 지향하는 사회인지에 따라 '사회체계의 기능적 분화'의 모습이 다르다. 어떤 사회인지는 그 사회의 사회안전망이 어느 정도 구축되었는지를 살펴보면 대략 알 수 있다.[183]

공리를 수립하는 것이 공산주의의 '계획경제'와 같은 방법으로 이루어져서는 안 된다. 공리의 확립은 시장경제와 시장경제가 아닌 것을 엄밀히 구분하는 것에서 시작해야 한다. 시장경제가 아닌 영역에서 시장논리가 확대되는 것을 공리를 실현하는 제도의 확립을 통해 막아야 한다. 예컨대 시장논리가 지배하는 '민간 보험'이 시행되는 의료체계가 아닌 '사회보험'의 형태로 시행되는 의료체계를 만들어야 한다. 시장 논리가 지배하는 교육 시스템을 지양하고, 공공 시스템으로 교육체계를 구축해야 한다. 어떤 세금체계를 만들 것인지도 마찬가지다.

신은 애초에 세계를 공유물로 인류에게 줬지만, 인간들은 이를 점차 사유화했다. 지배자와 피지배자 구분을 통해, 귀족과 평민, 노예의 구분을 통해 공유의 개념을 무시했다. 자본주의가 등장한 후에도 '자본주의의 총체성'은 사적 영역의 확장을 멈추지 않았다. 오늘날 소수의 자본가와 다수의 노동자는 소수의 지배자와 다수의 피지배자 프레임에 있다면, 이는 과도한 표현일까? 이런 의미에서 공화주의가 주장하는 '비지배로서의 자유' 개념은 큰 반향을 얻는다. 하지만 필자는 오늘날 사회에서 공화주의의 실현 가능성은 매우 낮다고 보며, 오히려 규범적 기준을 낮추어야 한다고 믿는다. 필자가 주장하는 이론은 '공화주의'가 아닌 '공리주의'다. '공리'에 기반한 '제도' 수립을 통해 사적 영역에 의해 잃었던 공적 영역을 복구시켜야 한다. 물론 공유물이 빼앗긴 채 오랜 세월이 흐르고 사유를 절대적인 것으로

---

183) 물론 이런 논의에 한 사회를 이루는 사람들의 민족성, 특징, 그 사회의 문화 등을 고려하지 않을 수 없다. 이를 고려해야 제대로 된 논의가 된다. 여기에는 '사회 문화와 행복'과 같은 연구가 필요하다. 하지만 필자의 논의에서는 이를 제외했다. 자본에 맞서는 공리를 강조하는 입장에서 다른 요소들은 다루지 않았다.

보호하는 '자유지상주의'의 이론 때문에 '제도 공리주의'를 주장하고 실현하는 것이 무척이나 어려운 과제임에 틀림없다.

V. 공리와 사회권적 기본권

'규범적 과제로서 기능적 분화'를 실현하기 위해 필자가 구체적인 도구로 삼는 이론은 '공리주의'다. '공리주의'를 통해 '자본주의의 총체성'에 대항하고 사회적 약자를 위한 기능체계인 복지체계를 수립할 것을 주장한다.

'공리주의'를 전면에 내세우는 것은 현대 정치철학의 흐름과는 반대된다. 공리주의에 대한 비판 중 가장 큰 비판은 공리주의가 다수의 공익에 기여하는 경우에 소수자의 권리를 존중하지 않을 수 있음에 있었다.[184] 공리주의는 다수의 이익을 위해서 약자의 희생을 정당화시킬 위험성이 있다는 비판을 받았다. 공리주의의 문제점을 지적하며 롤즈(John Rawls)는 자신의 정의론을 들고 나왔다. 현대 정치철학은 공리주의를 비판하는 것에서 시작했다. 하지만 필자는 다수를 위해 소수를 희생시킨다는 공리주의에 대한 비판이 적절하지 않다고 생각한다. 어떤 정책이나 제도의 시행에서 대를 위해 소가 희생되는 경우는 매우 제한적이다.[185] 이는 오늘날 사회가 다수의 노동자와 소수의 자본가로 이루어진 사회라는 점에서 오히려 필요한 것

---

184) Michael Sandel(이창신 역), 정의란 무엇인가 (김영사, 2010), 58면, 73면.

185) "마키아벨리도 벤담도 대를 위해 소의 희생이 필요한 경우가 있다고 인정한 것도 분명하다. 그러나 그 두 사람은 '언제가 필요한 경우인가'라는 핵심적인 질문을 잊지 않았다. 즉, 다수의 이익을 위해 소수에게 희생을 강요하는 정책은, 다수에게 돌아갈 이익이 소수가 겪어야 할 희생보다 커야 할 뿐만 아니라, 그렇게 하지 않았을 때 전체에게 돌아갈 이익의 감소분이 (또는 전체가 겪어야 할 손해의 증가분이) 그렇게 했을 때 소수가 겪어야 할 희생보다 클 때에만 정당화될 수 있다." Elie Halévy(박동천 역), 철학적 급진주의의 형성 1 - 벤담의 젊은 시절(1776-1789) (한국문화사, 2021), 옮긴이 서문, 8면.

이기도 하다. '자본주의의 총체성'에 직면한 현대 사회의 문제를 푸는 사상적 도구로 필자는 '공리주의'만한 이론을 찾을 수 없다.[186]

자본주의와 결탁한 이론은 공리주의가 아니라 자유주의다.[187] 정확히 말하면 신자유주의로 대표되는 자유지상주의다. 자유주의가 강세인 오늘날에 신자유주의는 잘못된 방향으로 세계를 이끌고 있다. 이는 권리의 해석이나 기본권 해석에서도 마찬가지다. 공리주의는 이러한 권리 해석과 기본권 해석과는 다른 방향을 제시할 수 있다. 자유권적 기본권과 공리의 충돌이 있을 때 일방적으로 자유권적 기본권의 손을 들지 않는다. 공리주의는 동시에 사회권적 기본권에 힘을 실어줄 것이다.

공리가 사회권적 기본권에 힘을 실어주는 한 가지 예를 들어보자. '과외 결정'(헌재 2000. 4. 27. 98헌가16 등 결정)에서 헌법재판소 다수의견은 '교육의 공공성'을 심각하게 다루지 않고 개인의 기본권을 더 중시했다. 다수의견은 '학원의설립·운영에관한법률' 제3조가 침해하는 기본권을 3가지로 나누어 봤다: 배우고자 하는 아동과 청소년의 자유로운 발현권, 자녀를 가르치고자 하는 부모의 교육권, 과외교습을 하고자 하는 개인의 직업선택의

---

186) "특권을 누리는 소수의 엘리트로부터 억압받는 다수를 보호하는 것이 쟁점일 경우에, 공리주의는 명확하고 진보적인 해법을 제시해 준다. 하지만 특권을 누리는 거대한 다수로부터 억압받는 소수를 보호하는 것이 문제일 경우에, 공리주의는 단기적인 효과와 장기적인 효과를 어떻게 정의하고 비교하는가에 따라 모호하고 상충적인 해법들을 제시한다." Will Kymlicka(장동진 外 3인 역), 현대 정치철학의 이해 (동명사, 2006), 65면.

187) 공리주의를 자본주의와 결탁한 이론이라고 생각하는 사람들이 있다. 대표적으로 철학자 강신주는 최근에 출판한 대담 에세이집 '바람이 분다 살아야겠다'에서 자본주의가 쾌락과 불쾌, 이익과 손해를 계산하는 기계적인 인간을 양산하는데, 이를 공리주의적 인간으로 그려내고 있다. 강신주(지승호와의 대화), 바람이 분다 살아야겠다 (EBS BOOKS, 2022), 87면; 벤담의 공리주의가 연대의 가치를 가로막는다는 주장으로는 강신주(지승호와의 대화), 바람이 분다 살아야겠다 (EBS BOOKS, 2022), 27면; 강신주가 말하는 다른 의견에 대부분 수긍하나, 강신주는 공리주의가 말하는 '공리'를 제대로 이해하지 못했다고 생각한다.

자유가 그것이다.

하지만 이영모 재판관은 '소수의견'에서 '교육의 공공성'을 강조함으로써 헌법 제31조 제1항이 규정하고 있는 사회권적 기본권인 '균등하게 교육을 받을 권리'를 부각시킨다. 이영모 재판관은 교육결과의 격차가 학생 각자의 재능과 노력이 아니라 학부모가 가지는 경제력의 차이에 의하도록 하는 것은, 사회적 불평등을 해소하고 열린사회에 이르는 합리적인 변화와 공존의 장(場)이 되어야 할 교육을 오히려 사회적 불평등을 고착시키고 이를 후대에까지 세습하는 수단으로 전락시키게 된다고 보았다. 이영모 재판관은 공공성을 가진 '학교교육의 목적'이 사교육 때문에 지장을 받는다면, 국가는 학교교육의 정상화를 위한 적절한 규제를 할 의무와 책임이 있다. '학교교육의 공공성'의 관점에서 보면, 사교육의 한 부분인 과외교습은 완결적인 교육이 아닌 학교교육에 종속된 보충교육에 해당한다. 이런 관점에서 보면, 공공성을 가진 '학교교육의 목적'과 직접 관련이 있는 과외교습에 관한 학부모의 자녀교육 결정권이나 자녀의 배울 자유에 대한 기본권 제한은 헌법 제31조 제6항에 근거를 둔 것으로 볼 여지가 열린다. 또한 경제적 자유권의 영역인 과외교습자의 직업선택·행사의 자유는 직업의 특성상 교육적·사회적 문제와 직접 관련이 있으므로 아무런 제한 없는 직업활동의 허용은 사회의 질서유지와 공공복리를 해칠 우려가 있다는 판단도 가능해진다.188)

---

188) 이영모 재판관은 소수의견 결론에서 다수의견과는 달리 다음과 같이 결론 내린다. "이 사건 법률조항('학원의설립·운영에관한법률' 제3조)은 국가와 학부모의 공동과제인 자녀의 학교교육과 학부모가 결정하는 사교육의 한 부분인 과외교습과의 조화·조정을 꾀하기 위한 입법으로서 합리성을 벗어난 것으로 인정되지 않으므로 입법자의 판단은 존중하여야 한다. 비록 이 조항이 원칙적인 금지와 예외적인 허용이라는 규율형식을 취하고 있다 할지라도, 그 실질을 보면 이 법에서 허용되는 과외교습은 학습이 부진한 학생들로 하여금 이를 보충하는 데 모자람이 없는 한편, [...] 폐해의 소지가 현저하고 부작용이 보다 큰 개인 과외교습에 한하여 금지하고 있을 뿐이다. 따라서 입법상의 형식이나 내용상의 사소한 결함 또는 법을 집행하는 과정에

VI. 사회 기능체계의 '토대'로서 공리

경제체계를 제외한 다른 기능체계들은 '공리'라는 토대가 필요한데, 이 토대가 튼튼하지 않으면 기능체계는 '자본주의의 총체성'의 영향 하에 들어간다. '자본주의의 총체성' 하에서 자본은 기능체계의 환경을 넘어 기능체계의 작동원리에까지 영향을 미친다. '공리'라는 토대는 '공리'를 실현하는 제도를 구축하고 마련함으로써 성립된다. 정치체계, 학문체계, 예술체계 등 체계가 작동원리로서 '공리'라는 준거점을 필요로 하는 것은 아니다. '공리'는 토대로 작용하는 것이지, 공리가 체계의 작동원리가 되는 게 아니다. '자본'과 '공리'는 경제체계와 복지체계의 작동원리가 되나, 다른 기능체계의 작동원리는 아니다.

필자는 '건강한 사회'를 우리가 지향해야 할 사회의 모습이라고 상정하며, 이를 위해서는 사회의 모든 기능들이 조화롭게 발달해야 한다는 주장을 펼친다.189) 필자는 사회가 병든 모습을 띠는 주된 이유를 '자본주의의 총체성'에서 찾는다. '자본주의의 총체성'으로 인해 시장경제 영역을 넘어 비시장 영역에까지 자본의 논리, 시장의 논리가 확대된다. 사회의 모든 기능들이 조화롭게 발달하기 위해서는 무엇보다도 기능들이 서로 절제해야 한다. 시장의 기능, 자본의 기능이 절제하지 않고 다른 기능들을 좌우할 정도로 영향을 미칠 때에는 시장 외의 기능은 제 기능을 발휘할 수가 없다. 기능체계가 제대로 기능을 발휘하기 위해 '토대로서의 공리'가 필요한 이유다.

유기체에서 부분은 전체와의 조화 속에서 기능적으로 분화한다. 하지만 사회는 그렇지 않다. 그렇기에 토대를 잘 형성해야 한다. 사회는 유기체가

___

서 어려움 및 부작용이 있다고 할지라도 그로 인하여 이 조항이 바로 위헌으로 되는 것은 아니다."
189) 이에 대한 자세한 논의는 제14장 '건강한 사회'에서 다룬다.

아니기에 전체와의 조화를 생각하지 않고 사회체계는 현재의 상황에 최적화된 형태로 분화된다. 사실적인 개념으로서 기능적 분화는 바람직한 분화라고 할 수 없다. 바람직한 기능적 분화를 위한 토대로서 공리를 실현하는 제도가 마련되고 시행되어야 한다. 자본의 총체성에 대항해 공리를 구축하는 것은 사회의 올바른 기능적 분화를 위한 토대로 기능한다. 이는 시장의 영역과 비시장의 영역을 구분하고, 공리를 세움으로써 자본주의의 총체성을 해체하는 것을 뜻한다. 이는 현실에서 '사회적 시장경제'의 형태로 나타난다. '사회적 시장경제' 하에 나타나는 '사회체계의 기능적 분화'와 '자본주의의 총체성' 하에 나타나는 '사회체계의 기능적 분화'는 그 모습을 매우 달리한다.

자본과 공리는 사회체계의 기능적 분화의 토대로 작용해야 한다. 자본과 공리가 적절하게 배분되어야 사회체계는 제대로 기능적 분화가 된다. 그렇지 않고 현재와 같은 자본의 절대적 우위에서는 사회체계의 기능적 분화가 기형적일 수밖에 없다. 쉬운 예를 들어보자. 변호사시험 합격률이 절대적인 지상명령이 되어버린 현재의 로스쿨에서 교과과목의 기능적 분화는 변호사시험 과목을 중심으로 이루어진다. 변호사시험 과목이 아닌 과목은 기능적 분화가 제대로 되지 않으며, 현존하는 과목마저도 위태롭다. 변호사시험 합격률이 유일한 목적이어서는 안 된다. 이에 필적하는 목표가 필요한데 법학의 진흥이나 특성화과목의 부흥이다. 그런데 현행 구조는 이를 정책적으로 지원하지 않으면 안 되는 구조다. 이를 정책적으로 지원해야 변호사시험 과목이 아닌 과목도 발전하고 기능적 분화도 그 안에서 이루어진다. 기초법이라는 명칭으로 퉁 치는 게 아니라 법철학, 법사회학, 법제사, 법여성학 등으로 분화된다. 이런 구조여야 로스쿨 교과과정 체계가 건강하다고 평가할 수 있을 것이다. 로스쿨 합격에만 매몰되어 변호사시험 과목에만 몰리는 현재와 같은 시스템이 건강하다고 할 수 있을까? 변호사시험 과목도 변호사시험 수험 목적으로만 운영된다면, 법학이 설 땅은 과연 어디일지 모르겠다.

'토대(土臺, foundation)'는 체계에 속하지도 환경에 속하지도 않는다. 물론 제대로 된 체계의 기능적 분화를 위해 꼭 필요한 환경이라는 점에서 '환경'이라고도 할 수 있다. 하지만 두 가지 점에서 '환경'과는 차이점이 있다. 첫째는 제대로 된 체계의 기능적 분화에 중요하고 기본이 되는 환경이라는 점이다. 둘째는 그렇기에 '토대'는 어느 정도 확고해야 하며, 이는 수시로 변화하는 '환경'과는 다른 특색이 있다.

대표적으로 '사회안전망'이 '토대'에 속한다. 경제체계만이 자본이 필요한 게 아니다. 학문체계나 예술체계도 자본이 절실하다. 자본이 없이는 현실적으로 학문과 예술을 이끌어 갈 수 없다. 그렇다고 자본이 (경제체계에서는 그 중심 원리가 되겠지만) 학문체계와 예술체계의 중심 원리가 되는 건 아니다. 학문체계와 예술체계는 각각의 원리에 따라 자율적으로 운영된다. 자본이 중심 원리가 되는 것은 경제체계뿐이며, 사회안전망이 중요 내용이 되는 것은 복지체계다. '토대'의 사전적 정의는 ① 목조 건축에서, 기초 위에 가로 대어 기둥을 고정하는 목조 부재, ② 모든 건조물 따위의 가장 아랫도리가 되는 밑바탕, ③ 어떤 사물이나 사업의 밑바탕이 되는 기초와 밑천을 비유적으로 이르는 말이다.[190] 필자의 시각에서 사회안전망은 사회 기능체계가 제대로 된 기능적 분화를 하기 위한 토대로서의 역할을 감당한다.

현대 자본주의에서 자본은 그 강력한 힘으로 사회의 부분 기능체계의 제대로 된 분화와 작동을 왜곡한다. 많은 나라에서는 토대로서의 '사회안전망'이 제대로 구축되어 있지 않다. 다만 스칸디나비아 국가와 같은 몇몇 복지국가에서는 사회안전망이 토대로서 사회 기능체계의 분화에 기여한다. 세계에는 다양한 사회가 존재한다. 세계사회라고 하지만, 필자는 하나의 사

---

190) 네이버 국어사전 '토대' 참조.

회를 염두에 두지 않는다. 하나의 사회라고 하기에는 각각의 사회는 너무나 다르다. 체계, 환경, 토대가 다 다르다. 토대가 아에 없는 국가도 있으며, 자본에 의해 체계와 환경이 지배당하는 사회도 적지 않다.

'사회체계의 기능적 분화' 토대를 제대로 마련해야 한다. 자본의 공세에 필적할 만한 사회안전망의 토대를 갖추어야 한다. 이는 우선 세금 정책과 소득 재분배를 통해야 하며, 사회안전망에 속하는 제도를 요구한다. '토대가 침식당했다'는 표현이 있다. 토대가 건실하기 위해서는 자본과 사회안전망이 공존해야 한다. 하지만 자본주의 하에서의 자본은 사회안전망을 무너뜨리려 하는 경향이 있다. 신자유주의(자유지상주의) 사상의 도움을 받아 사회안전망은 비효율적인 것으로 낙인찍는다. 신자유주의 하에서 토대는 침식당하고 있다.

무언가를 세우려면 항상 토대가 필요하다. 토대가 중요하다. 토대가 무너지면 집이 무너지듯이, 토대가 건실하지 않으면 안 된다. 무엇인가를 구성하려면 토대가 필요하다. 사회체계가 제대로 기능적으로 분화하려면 그에 걸맞는 토대가 필요하다. 토대 위에 구조와 기능이 있는 것이지, 토대가 없이는 제대로 된 구조와 기능이 발휘되기 어렵다. 토대 없는 구조, 토대 없는 기능은 제대로 된 구조와 기능이지 않다.

필자의 관점에서 볼 때, '공리(公利)'는 사회 기능체계가 제대로 분화되기 위한 토대를 제공한다.[191] 공리가 '토대'로서 기능할 때, '공리'와 사회

---

191) 물론 公利만이 사회체계의 토대라고 할 수는 없다. 하지만 公利 制度가 사회체계의 주된 토대가 되는 것은 맞다. 사회의 토대라고 할 수 있는 것에는 무엇이 있을까? '덴마크 사람들처럼'이라는 책에 나오는 바외른스코우 교수의 말을 인용해 보자. "비외른스코우 교수는 한 국가의 행복에 기여하는 보편적인 토대가 있다고 했다. 민주주의 시스템, 국가의 번영, 정의의 기능, 전쟁의 부재 등이 그것이다. 그는 세계 40여 개 국가가 이 기준을 충족한다고 말했다. 일단 이러한 토대가 잘 형성하면 다른 요소, 특히 타인을 신뢰하는 정도나 자신의 인생을 스스로 선택할 수 있는 자유와 같은 요소가 행복에 영향을 끼친다고 한다." Malene Rydahl(강현주 역), 덴마크 사람들처럼 (마일스톤, 2015), 19면.

체계의 '기능적 분화'는 밀접하게 연결된다. 공리라는 '토대'는 사회의 제대로 된 기능적 분화를 가능하게 한다. 물론 자신의 기능들을 하나로 조화시키는 특성이 있는[192] 유기체와 같은 완벽한 기능적 분화는 아니다. "정상 상태가 사물 그 자체에 주어진 것이 아니라면 - 반대로 정상 상태는 우리가 사물에 부여하거나 부여하지 않은 성격이라면 - 이러한 굳건한 토대는 잃게 된다."[193] 공리 제도를 통해 토대를 만든다고 해도 이는 '유기체적 토대'라고 명할 수 있을 정도는 아니다.[194] 사회는 결코 유기체가 아니며 유기체처럼 될 수도 없다. 하지만 공리 제도를 통해 단단한 토대를 만듦으로써 '유기체'에 가까운 분화의 형태를 위한 초석을 마련하게 된다.

'토대'는 흡사 국가의 존재와도 같은 것이다. 국가에 소속된 시민이어야 시민권을 주장할 수 있으며, 국가 없는 난민은 시민권을 현실적으로 주장할 수 없다. 국가 없는 난민이 주장하는 인권은 그것을 보호하는 장치가 없음으로 인해 현실에서는 공허할 때가 많다. 국가의 존재와 소속 여부에 따라 시민과 난민의 시작점이 다르고 그 영향은 막대한 것처럼, 공리의 토대가 제대로 갖추었는지 여부와 그 정도는 사회체계의 기능적 분화의 시작점과 형태에 막대한 영향을 미친다.

'토대'를 어떻게 형성하고 구성할 것인가? 사회안전망이 갖추어지지 않은 채 자본주의의 영향 하에 기능적 분화가 이루어지는 것과 사회안전망을 갖추고 자본주의의 폐해를 어느 정도 방지한 후에 기능적 분화가 이루어지는 것 중에 어느 기능적 분화가 더 나은 사회이겠는가? '자본주의의 총체성'이 지배하는 사회라면 허버트 스펜서가 말한 '적자생존(survival of the fittests)'의 생태계가 펼쳐질지 모른다. 자본이 주된 원리인 기능체계인 경

---

192) Georges Canguilhem(여인석 역), 정상적인 것과 병리적인 것 (그린비, 2018), 63면.
193) Emile Durkheim(윤병철/박창호 역), 사회학적 방법의 규칙들 (새물결, 2019), 139면.
194) '유기체적 토대'라는 표현에 대해서는 Helga Gripp-Hagelstange(이철 역), 니클라스 루만 - 인식론적 입문 (이론출판, 2019), 61-62면.

제체계가 모든 기능체계 위에 군림하며, 다른 기능체계의 원리에까지 자본은 작용한다. 자본에 적합하고 어울리는 기능은 살아남지만, 그렇지 않은 기능은 도태된다. 자본의 정신에 어울리지 않는 사회 기능은 명목상으로만 살아남는다.

'사회안전망'이라는 토대를 제대로 갖춘 사회라면, 자본의 현실적인 영향력은 어쩔 수 없더라도 최소한 자본에 휘둘리지는 않게 된다. 이는 각 기능체계의 자율성을 확보하는 데도 매우 중요하다. 각 기능체계의 자율성은 현대 자본주의의 강력한 영향 하에서 확보되었다고 보기 어렵다. 각 기능체계가 제대로 기능적으로 분화하기 위해서는 '단단한 토대'가 필요하다. 자본에도 흔들리지 않는 토대가 필요하다. 자본은 토대를 구축하는데 필요한 것이지만 과도한 자본의 영향은 사회의 토대를 흔드는 것이기도 하다. 양면성을 갖는 자본은 적당한 수준에 머물러야 한다.

윤리와 도덕이라는 토대를 대신해 '사회안전망'이라는 구체화된 公利 制度가 토대로서 필요하다. 막스 베버가 말한 '프로테스탄트 윤리'가 과연 오늘날 자본주의에도 '자본주의 정신'으로 살아있는지 의문이다. 신이 내게 주신 소명은 이미 잃어버리고 맘몬신이 허락한 사적인 욕망에 공적인 것을 상실한 시대가 되었다. '자본주의 정신'으로 등극한 '신자유주의 정신'은 불평등의 토대를 더욱 다진다. 이에 대항해 공리를 구현하는 사회 제도를 통해 평등의 토대를 만들어야 한다. "현명한 사람이 추구하는 보다 현실적이고 온건한 목표는 '스스로 제어할 수 있는 것 위에 대체로 행복의 토대를 두려고 노력하는 것'이다."[195] 현대 사회에서는 윤리와 도덕으로 토대를 쌓기 어렵다. 윤리와 도덕은 이제 스스로 제어할 수 있는 것이 아니다. 현대인은 (분명 그렇지 않은 사람도 많지만) 더 이상 신의 소명을 진지하게 생각하지 않는다. 고아와 과부를 돌아보는 종교도 때론 매우 폐쇄적인 모

---

195) Julian Baggini(오수원 역), 데이비드 흄 (arte, 2020), 36면.

습을 보인다. 실제로 행해지는, 실질로 윤리와 도덕을 실천하는 제도가 마련되어 있어야 사회체계의 토대가 구축된다. 도덕이나 윤리는 스스로 자동적으로 실천되는 것이 아니라, 이를 구현하는 제도를 매개로 실현된다. 현대 사회에서 도덕과 윤리는 공리를 구현하는 제도로서 표출된다. 물론 이때의 도덕과 윤리는 도덕학이나 윤리학에서 말하는 도덕과 윤리가 아니다. 도덕학이나 윤리학에서 말하는 도덕과 윤리는 실제 제도와 상관없이 언제나 당위로서 말할 수 있는 것이기 때문이다.

필자는 사회 비판 이론의 규범적인 토대를 공리주리 위에 구축하고자 한다. 공리를 구현하는 사회제도를 사회의 토대로 구축해야 '제대로 된' 사회 기능체계의 기능적 분화가 가능하기 때문이다. 공리를 구현하는 사회제도가 사회안전망으로 구축되어야 '자본주의의 총체성'에서 사회적 약자의 피해를 어느 정도 막아낼 수 있다. 공리는 사회안전망으로 사회 토대의 역할을 하지만, 복지체계에서는 중요한 사회 기능으로 자리한다. 이는 자본이 경제체계에서 주된 기능을 수행하면서도, 다른 기능체계에도 막대한 영향을 미치는 것에 대비된다. 공리가 자본과 긴장하는 관계에 있을 때 사회체계의 토대는 제대로 기능하며, 사회의 각종 기능체계는 제대로 된 분화의 모습을 보이게 된다.

사회체계의 토대는 그냥 저절로 이루어지는 게 아니다. 시장전체주의는 계속해서 이 토대를 무너뜨린다.[196] 시장전체주의는 공적 영역을 식민화하는 '액체근대' 위에 사회체계를 구축하려 한다.[197] "서구 국가의 평범한 노동자들 상당수도 거주국의 합법적인 시민이긴 하지만 신자유주의적 시장근본주의의 공격으로 공공 영역이 대거 축소되면서 시민으로서 누려야 할 권리들을 온전하게 누리지 못하고 있다."[198] 필자는 체계와 환경 외에 제3

---

196) Alain Supiot(박제성 역), 필라델피아 정신 (매일노동뉴스, 2019), 5면.
197) Zygmunt Bauman(이일수 역), 액체근대 (강, 2009), 84면.
198) Stephanie DeGooyer/Alastair Hunt/Lida Maxwel/Samuel Moyn/Astra Taylor(김승진

의 요소로서 '토대'를 등장시킨다. 이를 통해 '규범적 사회체계이론'을 구상하며, 이는 '규범적 과제로서 기능적 분화'로 구체화된다. '건강한 사회'를 구축하는데 필요한 '토대'가 되는 요소들을 육성하는 정책을 추진해야 한다. 시장의 강력한 힘에도 무너지지 않는 사회 토대를 공리에 기초해 구축한다면, 이는 사회체계의 제대로 된 기능적 분화를 가능하게 한다.

Ⅶ. 공리와 공감

인간의 공감은 어떤 점에서는 자연발생적인 것이라고 할 수 있다. 맹자의 측은지심(惻隱之心)과 같은 예에서 확인된다. 아기가 우물에 빠졌을 때 이익과는 상관없이 아이를 구하려는 마음이 측은지심이다. 측은하게 여기는 마음이 없으면 사람이 아니다.[199] 하지만 인간은 선한 존재이기도 하지만 악한 존재이기도 하다. 인간은 이타적인 존재이기도 하지만 이기적인 존재이기도 하다. 인간은 평화를 추구하지만 전쟁을 일으키기도 한다. 이런 인간의 양가적인 특성을 고려할 때, 공감의 유무와 강도는 반드시 자연발생적이며 고정된 거라 보기는 어렵다. 인간 본성에 대한 성선설과 성악설의 대립에서도 알 수 있듯이, 어느 입장에 가까운가에 따라 공감의 발현 정도는 달라진다. 인간의 공감 발현 정도는 천편일률적으로 미리 정할 수가 없다. 또한 필자는 인간 이성의 힘이 그리 크지 않다고 생각한다. 때론 인간 이성이 제대로 발현되지만 그렇지 않은 경우도 꽤나 많다. '자본주의의 총체성' 하에서 인간 이성은 도구화된 이성으로 변모하며 이는 정당한 것으로 평가되기도 한다.

공감의 유무 및 그 강도는 인간의 특성과도 관련되지만, 관련성이 더 있

역), 권리를 가질 권리 (위즈덤하우스, 2018), 9면.
199) 맹자(박경환 역), 맹자 (홍익출판사, 1999/2011), 94면.

는 것은 인간이 어떤 사회에 살고 있는가이다. 공감의 유무 및 그 강도는 여러 변수에 좌우되는데, 이는 주로 개인의 특성과 사회의 특성과 연관된다. 인간 전체의 본성이 아니라 개개인의 특성을 살펴야 한다. 개개인이 어떤 사회에 살고 있는지를 살펴야 한다. 개개인의 특성은 사회 제도와 밀접하게 관련된다. 개인이 사는 사회에 공리를 실현하는 제도가 제대로 갖추어져 있을 때, 인간의 공감은 제대로 발현되기 때문이다. 공감은 인간의 본성과 관련된 자연발생적인 것으로 파악하는 차원에만 머문다면 어떤 진보도 이룰 수 없다.

공리(公利)와 공감(共感)은 매우 밀접하게 연결되어 있다. 이는 공리주의자들이 공감을 강조했던 역사적 사실에서도 확인된다. "첫째, 사적 이익과 일반적 이익의 일치는 각 개인의 양심 안에서 우리 이웃의 행복에 직접 관심을 가지도록 만드는 공감의 느낌을 통해서 자생적으로 이뤄진다고 인정할 수도 있을 것이다. 이를 이익 융합의 원리라고 부를 수도 있겠다. 이때 공감의 원리는 공리의 원리의 특별한 형태라고 간주할 수 있기 때문에, 18세기의 도덕학자들 가운데 '도덕감각'의 이론을 제창했던 사람들은 이미 여러 대목에서 '공리주의자'였다고 볼 수 있다."[200] 공리에 기초한 사회 토대는 사회에 속한 사람들의 공감을 증진시킨다. 토대에 해당하는 공리 제도를 제대로 갖춘 사회에서 인간의 공감 능력은 발현된다. 경쟁만이 아니라 협동을 배우고 사회적 약자를 위한 제도 하에서 교육받은 사람들이 있는 사회여야 비로소 제대로 된 사회체계의 기능적 분화가 일어난다.

인간의 공감은 이를 뒷받침해주는 사회 제도가 건실하게 갖추어져 있을 때 비로소 강하게 발현될 수 있다. 맹자의 '항산(恒産) 없이는 항심(恒心)도 없다'는 말은 '제도와 공감'의 상호관련성 맥락에서도 읽혀질 수 있다. 사람의 덕을 기를 수 있는 물질적 조건이 갖추어져야 하듯, 공감을 발현하기

---

200) Elie Halévy(박동천 역), 철학적 급진주의의 형성 1 - 벤담의 젊은 시절(1776-1789) (한국문화사, 2021), 옮긴이 서문, 29-30면.

위해선 공리에 바탕을 둔 사회적 제도가 안착되어 있어야 한다. 필자는 인간의 덕(德)이 아닌, 공리에 기초한 공감(共感)에 무게를 둔다.

공리를 실현하는 제도는 우리 사회의 토대로서 매우 중요한 역할을 담당한다. 공리를 실현하는 사회제도가 제대로 갖추어져 있어야 사회의 기능체계는 제대로 분화한다. '자본주의의 총체성' 하에서는 사회의 기능체계가 제대로 분화되는 것을 기대하기 어렵다. 자본이 모든 가치를 삼키는 사상과 사회 구조 하에서는 사회의 기능마저 왜곡되며, 자본에 유리한 기능은 살아 계속 분화하지만 그렇지 않은 기능은 도태된다. 공리에 기반한 사회제도를 토대로 구축함으로써 오늘날 자본주의에 의해 왜곡되는 '사회체계의 기능적 분화'를 막고, '제대로 된' 사회체계의 기능적 분화를 도모할 수 있다.

제4부

정치철학적 조망

제12장 공공시스템과 자유

I. 완전주의적 자유주의

라즈(Joseph Raz)는 '자유의 도덕'(The Morality of Freedom)에서 '자율성에 기초한 자유(autonomy-based freedom)'를 다루었다. 그가 자유 개념을 통해 도달하려 했던 목표는 자율성의 조건(conditions of autonomy)을 증진시켜 개인이 자율성을 발휘할 수 있도록 도우려는 데 있었다. 개인은 스스로 삶의 과정을 결정할 수 있어야 하며, 외부의 도움은 개인이 자율적이게 되는 배경 조건을 확보하는 데 제한된다.[1] '자유의 도덕'에 나오는 비유처럼, 말을 물에 데려다줄 수 있어도 말에게 마시게 할 수는 없다. 라즈는 자유주의의 입장에서 개인의 자율성을 강조했지만 이를 개인의 전적인 선택에 맡기지 않았다. 그는 국가에게 개인이 자율성을 펼칠 수 있는 여건을 조성해줄 책임이 있다고 보았다.[2]

---

1) Joseph Raz, The Morality of Freedom, Oxford: Clarendon Press, 1986, p. 407.
2) "라즈는 '자유의 도덕'(1986)이라는 정치철학적 주저에서 자유주의의 핵심적 가치인 자율성에 대한 믿음과 가치다원주의를 접합시켜 자유주의에 대한 독특한 해석을 제시했다. 이 책에서 그는 자유주의 국가의 도덕적 비중립성, 가치지향성을 정당화했는데, 이는 적어도 그 수사학적 표현에 있어서만큼은 롤즈, 드워킨 등의 중립주의와 뚜렷이 구분된다. 라즈에 의하면, 자유주의 국가는 개인들이 추구하는 가치관의 옳고 그름에 무관심해서는 안 되며, 개인들이 건전하고 가치 있는 인생관을 추구할 수 있도록 적극적으로 도와주어야 한다. 국가는 타율성을 조장하는 불건전한 가치관의 확산을 막을 도덕적 의무가 있기 때문에 사회의 구성원들이 좋은 삶을 영위할 수 있는 조건을 조성하기 위해 다양한 가치관들을 차별적으로 취급할 수 있어야만 한다. 한마디로 자유주의 국가는 완전주의적이어야 한다." 김비환, 자유지상주의자들, 자유주

개인의 자율성은 개인이 행복하기 위한 필수불가결한 요소인데,3) 그 조
건이 제공되지 않으면 개인은 자율성을 발휘할 수 없다. 라즈에 따르면, 자
율성 원칙은 정부에게 도덕적으로 가치 있는 기회를 요구하고 불쾌한 기회
는 제거할 것을 요청한다.4) 정부는 개인에게 일정한 범위의 옵션과 이를
선택하는 기회를 제공해야 한다. 여러 옵션을 제공할 뿐 강제해선 안 된
다.5) 특정 옵션을 선택해서 제공해서도 안 된다. 개인이 자율성을 발휘하
여 여러 옵션 중에서 선택할 수 있어야 한다. 정부의 의무는 자율성의 조건
을 확보하는 데 머문다.6)

라즈의 자유론은 적극적 자유론에 해당된다. 라즈 스스로도 '자율능력'
으로 이해된 '적극적 자유의 증진과 보호'에 주된 관심이 있다고 했다.7) 필
자가 보기에, 라즈의 자유론이 특색을 띠는 것은 정부가 제공해야 하는 '자
율성의 조건'을 가치와 밀접하게 연관시켰기 때문이다.8) 라즈에 의하면, 국
가는 개인이 추구하는 가치관의 옳고 그름에 무관심해선 안 되며, 개인들
이 건전한 가치관을 추구하도록 적극적으로 도와야 한다. 국가는 나쁜 선
택지를 막아야 할 의무를 진다. 이런 관점에서 라즈는 '자율성의 조건'을
세 가지 요소로 구성했다: 적절한 정신적 능력(appropriate mental abilities),
적당한 범위의 옵션(adequate range of options), 독립성(independence).9)

의자들 그리고 민주주의자들 (성균관대학교 출판부, 2005/2013), 128면; 라즈의 '완전
주의적 자유주의'에 대한 개관으로는 김비환, "라즈의 자유주의적 완전주의의 전제들;
자율성, 다원주의 그리고 실천철학", 법철학연구 제4권 제1호 (한국법철학회, 2001),
101면 이하.

3) Joseph Raz, The Morality of Freedom, Oxford: Clarendon Press, 1986, p. 369.
4) Joseph Raz, The Morality of Freedom, Oxford: Clarendon Press, 1986, p. 417.
5) Joseph Raz, The Morality of Freedom, Oxford: Clarendon Press, 1986, p. 425.
6) Joseph Raz, The Morality of Freedom, Oxford: Clarendon Press, 1986, p. 418.
7) Joseph Raz, The Morality of Freedom, Oxford: Clarendon Press, 1986, p. 425.
8) 라즈는 이미 '자유의 도덕' 첫 장에서 도덕사상과 정치사상의 관심을 받는 '자유에
대한 가치중립적 정의'는 없다고 밝히고 있다. Joseph Raz, The Morality of Freedom,
Oxford: Clarendon Press, 1986, p. 16.

여러 도덕적 가능성을 증진시켜야 한다는 라즈의 완전주의는 어떤 옵션이 적절하다고 특정하지 않았다.[10] 그럼에도 라즈가 언급한 '자율성의 조건'의 내용을 두고 다툼이 발생할 여지는 충분하다. 어떤 것이 '자율성의 조건'에 해당하는지를 두고 의견이 분분하기 때문이다. 무엇이 건전하고 무엇이 불건전한지에 대한 기준이 명확하지 않다.[11] 특히 가치의 객관성, 가치의 인식 가능성 등과 관련된 '가치의 불가공약성'(incommensurability)의 관점에서 문제가 제기된다.

라즈는 자유주의의 대전제인 '좋음에 대한 옳음의 우선성'(The Priority of the Right over the Good) 테제를 수용하지 않고, 옳음과 좋음을 연결시켰다. 라즈는 국가가 공공 도덕성을 증진시켜 개인이 자율성을 바르게 행사하도록 적극적으로 지도해야 한다고 주장한다.[12] 라즈의 '완전주의적 자유주의'는 자유주의가 주장하는 '국가의 중립성'이 국가가 개입해야 할 영역에 개입하지 않음으로써 사실은 특정 생활양식을 고취시킨다는 공동체주의의 비판을 피해간다.[13]

라즈의 주장은 공동체주의가 주장하는 '옳음에 대한 좋음의 우선성'(The Priority of the Good over the Right) 테제와도 다르다. 공동체주의는 '옳음'이 '좋음'에 의해 결정된다는 입장에서 사회와 개인은 공동체의 가치를 투영해야 한다. 반면에 라즈는 개인의 행복 추구는 다양한 가치관이 공존하는 다원주의적 상황에서 개인이 자율성을 발휘함으로써 가능하다는 자유주의의 입장을 고수한다.[14]

---

9) Joseph Raz, The Morality of Freedom, Oxford: Clarendon Press, 1986, p. 372.

10) Joseph Raz, The Morality of Freedom, Oxford: Clarendon Press, 1986, p. 410, p. 418.

11) 건전한 삶의 방식과 불건전한 삶의 방식을 구분할 객관적 방도가 없다는 점에 대해서는 이민열, "국가 완전주의 쟁점과 법해석", 법철학연구 제22권 제3호 (한국법철학회, 2019), 254면 이하.

12) Sandra Fredman(조효제 역), 인권의 대전환 (교양인, 2009), 105면.

13) John Gray(김용직/서명구 역), 자유주의 (성신여자대학교 출판부, 2007), 156면.

14) 김비환, 자유지상주의자들, 자유주의자들 그리고 민주주의자들 (성균관대학교 출판부,

개인이 선택할 수 있는 다양한 선택지가 없으면 개인의 자율성은 실현될 수 없는데, 그 선택지에서 비도덕적인 것은 국가에 의해 제한된다는 것이 라즈의 생각이다.[15] 개인이 비도덕적인 것을 택할 자율성을 주장한다면, 이는 라즈의 자율성 개념과 어울리지 않는다. 국가가 도덕적으로 승인된 한 가지 생활방식을 강제할 수 있다는 생각도 라즈의 자율성 개념에 반한다. 국가는 하나의 생활방식을 강제하는 것이 아니고 나쁜 생활방식을 제거할 뿐이다. 라즈에 따르면, 완전주의는 가치다원주의와 양립할 수 있다. 도덕적으로 가치 있는 삶의 방식들이 여럿 제공되어 그 안에서 개인은 자율적인 선택을 하게 된다.[16]

II. 자유주의와 완전주의의 양립 가능성

완전주의(Perfectionism)가 뜻하는 바가 무엇일까? 이에 대해 언급한 견

2005/2013), 127면; 라즈의 옥스퍼드 제자였던 두 명의 학자(Mulhall & Swift)가 쓴 다음 문장에 주목해보자. "라즈는 특정한 삶의 방식의 가치를 판단하여 시민들의 행복을 증진하는 것이 정당하다고 주장한다. 라즈에 의하면, '개인들로 하여금 타당한 선관념들을 추구할 수 있게 하고 사악하거나 공허한 선관념들을 포기하게 하는 것이 모든 정치행위의 목적이다(The Morality of Freedom, p. 133).' 라즈의 완전주의가 중립적인 국가를 모색하는 정치철학이 아니라 해도, 그럼에도 불구하고 라즈의 완전주의가 '자유주의적'이게 하는 것은 그가, 적어도 현대 사회에서, 좋은 삶이란 자율적인 삶이어야 한다고 주장하는 점이다. 그에 의하면, 개인의 행복은 자신의 삶을 꾸릴 수 있으며 많은 가치 있는 선택지들을 확보할 수 있는지에 달려 있다." Stephen Mulhall/Adam Swift(김해성/조영달 역), 자유주의와 공동체주의 (한울, 2001), 384-385면.

15) 공동체주의에서 자아는 '연고적 자아'로 사회에서 상정하는 '좋음'에 따라 자신을 형성해야 한다. 반면에 '완전주의적 자유'는 공동체주의의 자아 개념을 따르지 않는다. 자아는 자유주의의 입장에서 어떤 선을 따를지 자율성을 발휘한다. 다만 국가는 개인의 자율성이 잘못 발휘되는 것을 막고 제대로 된 자율성 행사로 인도할 책임을 진다.

16) Stephen Mulhall/Adam Swift(김해성/조영달 역), 자유주의와 공동체주의 (한울, 2001), 400-401면.

해를 간단히 소개하면 다음과 같다. 이에 따르면, 개인이 '좋은 삶'을 영위하도록 국가는 완전주의적 의무를 부담한다.

> "국가는 객관적으로 더 나은 가치관들은 장려하고 객관적으로 더 나쁜 가치관들은 제어하는 방향으로 행동하여야 한다(또는 그렇게 행동하는 것이 허용된다)."[17]

> "윤리 이론으로서 완전주의(perfectionism)는 가치의 구조와 인간의 좋은 삶에 대한 이념이다. 즉 인간의 선(goods)은 인간의 욕구 충족이나 쾌락으로 환원될 수 없는 객관적인 것들로 이루어져 있으며, 인간의 삶은 이러한 객관적인 선으로 구성되는 완전성을 달성하거나 완전성에 가능한 한 가까이 있는 삶의 방식을 가질 때 좋은 삶이 될 수 있다는 이념이다. 정치 이론으로서 국가 완전주의(state perfectionism)는 국가의 권한의 범위와 정치적 권한 행사의 궁극적 정당화 사유에 대한 이념이다. 이 이념에 따르면 국가의 근본 과제는 국민이 완전주의가 규정하는 좋은 삶을 누릴 수 있도록 하는 것이며, 국가의 정당성의 원천도 바로 여기서 나온다."[18]

> "도덕 이론으로서의 완전주의는 인간의 어떤 상태나 활동을, 예컨대 지식이나 업적 또는 예술적 창조활동은 그것이 가져오는 쾌락이나 행복과 관계없이 가치를 지니며, 도덕적으로 옳은 행위는 이러한 인간의 '훌륭함'이나 '완전함'을 증진시키는 것으로 정의될 수 있겠지만, 최근에 정치철학에서 논의되는 완전주의는 '사회나 정치 공동체는 각 개별 구성원들이 자신들의 가능성과 탁월성을 인식하고 증진시킬 수 있도록, 또 도덕

---

17) F. Lovett and G. Whitfield, "Republicanism, Perfectionism and Neutrality", The Journal of Political Philosophy 23, 2015, p. 3: 김도균, "국가와 법의 중립성에 관한 고찰 – 동등한 존중으로서의 중립성 원리 -", 법철학연구 제18권 제3호 (한국법철학회, 2015), 52면에서 재인용함.
18) 이민열, "국가 완전주의 쟁점과 법해석", 법철학연구 제22권 제3호 (한국법철학회, 2019), 226면.

적으로 가치 있는 삶을 살 수 있도록 노력하여야 한다'는 주장으로 정의
될 수 있을 것이다."[19]

'자유주의와 완전주의의 양립 가능성'을 언급할 때, '완전주의'라는 용어
가 과연 적절한가?[20] 특정한 삶의 방식이 완전하다는 주장은 가능해도, 여
러 삶의 방식 중에 자율적으로 택하는 것을 '완전하다'고 표현하는 것이 적
절할까? 첫째, 자율적인 삶의 조건이 제공되는 것을 두고 완전하다고 표현
할 수 있을까? 물론 자유주의는 자율적인 선택이 가능하다는 점에 완전성
의 중점을 둘 것이다. 하지만 자유주의가 말하는 '자율성의 조건'은 규범적
으로 제시되기에 실제 현실에서는 완전하게 제공되기가 사실상 어렵다.

둘째, 자율적인 삶의 조건이 제공되어 자율적으로 삶의 방식을 선택할
수 있더라도 이를 통해 자율적인 삶 자체가 실제로 보장되는 것은 아니다.
'자율적인 삶의 조건 제공', '자율적인 삶의 방식 선택', '자율적인 삶'은 서
로 연결되나, 그 연결에도 커다란 간극이 있다. 그렇다면 개인이 삶의 방식
을 자율적으로 선택하는 그 자체를 완전하다고 표현할 수 있을까?

셋째 의문은 통상 완전주의 개념을 좁게 파악하는 입장에서의 의문이다.
완전주의 개념을 좁게 파악하는 입장에서는 자유주의와 완전주의는 양립
할 수 없다는 주장이 자연스럽게 나온다. 완전주의가 말하는 가치가 '특정
한 삶의 방식'이라면, 자유주의는 이런 주장과는 거리가 있다. '완전주의'라
는 용어는 사실 공동체주의나 공화주의처럼 특정한 삶의 방식을 적극적으
로 주장할 때 어울리는 표현이다.[21] 종교에서 주장하는 내용도 완전주의의

---

19) 김영기, "자유주의와 완전주의", 철학연구 제144권 (대한철학회, 2017), 84면.
20) 라즈는 당연히 부인하겠지만[Joseph Raz, The Morality of Freedom, Oxford: Clarendon
    Press, 1986, p. 133, p. 417], 그가 도덕적인 의미에서 완전주의를 주장하는 이상, 라즈가
    표방하는 '완전주의적 가치'와 자유주의의 대전제인 '가치다원주의'가 양립할 수 있는
    지는 검토되어야 할 사항이다. 이에 대해서는 김비환, 자유지상주의자들, 자유주의자들
    그리고 민주주의자들 (성균관대학교 출판부, 2005/2013), 146면 이하.

형태를 띤다. 쉬운 예를 들자면, 교회 공동체는 성경에서 제시하는 삶의 방식을 좋은 삶, 가치 있는 삶이라고 신자들에게 권유한다. 종교와 정치가 분리되기 전에는 종교적 삶을 국가 차원에서 장려했고, 강제적인 수단을 동원기도 했다. 오늘날 일부 이슬람 국가들에서 이런 모습을 확인할 수 있다. 하지만 다른 종교, 다른 가치관, 다른 관점에서 보면 그들이 추구하는 삶의 모습은 완전하지 않으며 심지어는 잘못되었다고 판단되기도 한다.

하지만 '완전주의'는 공동체주의나 공화주의 뿐만 아니라, (라즈의 자유론에서 보았듯이) 자유주의에서도 쓰인다. 자유주의와 완전주의가 양립 가능하다면, 이때 완전주의가 뜻하는 바는 (공동체주의나 공화주의에서 주장하는 것처럼) 특정한 삶의 방식만이 좋고 옳다는 강한 형태가 아니라, 개인이 택할 수 있는 여러 삶의 가능성이 공존하고 이 중에서 개인이 자율성을 발휘해 선택하는 것이 좋다는 약한 의미다.[22]

자유주의와 완전주의가 양립 가능하다면, 이는 자유주의는 자율적인 삶을 완전한 삶의 형태로 파악하기 때문이다. '자유주의적 완전주의'는 개인이 자율적인 삶을 살 수 있도록 국가에게 그 토대를 구축하는 역할을 담당시킨다. 자유주의의 가치는 자율적인 선택을 가능하게 하는 조건을 향한다.[23]

---

21) '완전주의적 공동체주의', '완전주의적 공화주의'라는 용어는 쓰이지 않지만 이런 표현이 더 적합한 표현일지 모른다. 공동체주의나 공화주의를 표현할 때 '완전주의'를 사용하지 않는 것은 공동체주의나 공화주의 자체에 필연적으로 완전주의 개념을 내포하고 있기 때문일 것이다.

22) "완전주의는 정치적으로 특정한 삶의 방식만을 허용하는 극단적이고 강경한 형태(extreme perfectionism)를 취할 수도 있고 충분히 좋은 삶의 방식들을 다원적으로 남겨두는 온건한 형태(moderate perfectionism)를 취할 수 있다고 본다." 이민열, "국가완전주의 쟁점과 법해석", 법철학연구 제22권 제3호 (한국법철학회, 2019), 229면.

23) 필자는 자유주의와 완전주의가 양립 가능하다고 받아들이며, 이를 토대로 필자의 견해를 전개했다.

III. 복지체계와 공공시스템 구축에 완전주의적 시각이 필요하다

1. 라즈의 '완전주의적 자유'

공동체주의에서 자아는 '연고적 자아'로 공동체에서 상정하는 '좋음'에 따라 자신을 형성해야 한다. 반면에 라즈의 '완전주의적 자유주의'에서 상정하는 자아는 어떤 선을 따를지 자율성을 발휘한다. 다만 개인의 자율성 행사가 나쁜 쪽으로 향하지 않도록 국가에 의해 어느 정도 제한된다. 국가는 개인의 자율성이 잘못 발휘되는 것을 막고 제대로 된 자율성 행사로 인도할 책임을 진다.24)

라즈의 '완전주의적 자유' 개념은 도덕적인 의미를 띤다는 특징이 있다. 국가는 도덕적으로 가치 있는 기회를 제공하고 혐오스러운 것은 제거한다.25) "자율성은 가치 있는 것을 추구하는 한에서만 가치가 있다. 자율의 이상은 도덕적으로 용인될 수 있는 선택대상들의 채택가능성만을 요구한다."26) "자율성은 나쁜 선택대안들의 존재와 모순되지 않지만, 나쁜 선택대안들은 자율성의 가치에 어떤 기여도 하지 못한다. 실로 나쁜 대안을 자율적으로 선택하는 삶은 그에 비교할 수 있는 비자율적인 삶보다도 더 나쁘게 한다. 자율성에 대한 우리의 관심은 사람들로 하여금 좋은 삶을 살 수 있도록 해주는 데 있으므로 우리는 가치 있게 자율성을 추구할 이유가 있다."27)

---

24) 김비환, 자유지상주의자들, 자유주의자들 그리고 민주주의자들 (성균관대학교 출판부, 2005/2013), 127-128면.

25) Joseph Raz, The Morality of Freedom, Oxford: Clarendon Press, 1986, p. 417.

26) Joseph Raz, The Morality of Freedom, Oxford: Clarendon Press, 1986, p. 373. [번역은 김비환, 자유지상주의자들, 자유주의자들 그리고 민주주의자들 (성균관대학교 출판부, 2005/2013), 140면의 것에 의함]

27) Joseph Raz, The Morality of Freedom, Oxford: Clarendon Press, 1986, p. 412. [번역은 김비환, 자유지상주의자들, 자유주의자들 그리고 민주주의자들 (성균관대학교 출판부,

국가는 자율성의 조건을 제공할 의무를 진다. 자율성 상실을 막는 것만을 정부의 의무로 아는 것은 잘못인데, 때론 다른 사람의 상황을 개선하지 못하는 것도 그에게 해악을 끼칠 수 있기 때문이다.[28] 라즈는 '해악(harm)'에 자율성의 제반 조건을 갖추지 못한 사람들에게 국가가 자율성의 제반 조건을 제공하지 않은 것까지 포함시킨다. 라즈가 새롭게 해석하는 '해악 원칙'(harm principle)은 그의 '완전주의적 국가관'과 일맥상통한다.[29] 해악 원칙은 국가의 자기 억제의 원칙과는 거리가 멀다.[30]

라즈는 자율성과 해악을 연결하는 묘안을 발휘했다. 정확히 표현하면 자율성의 조건과 해악을 연결했다. 해악의 범주를 어떻게 파악할지는 중요한 문제인데, 라즈는 자율성의 범주를 해악의 개념에 포함시킴으로써 해악 원칙을 독특하게 해석했다. 라즈에 따르면, 개인에게 자율성의 조건이 충분히 제공되지 않으면 그에게 해악을 끼치는 것이 되고 그의 자유를 침해하게 된다. 라즈는 자율성의 조건을 도덕적으로 이해했기에, 국가가 개인에게 도덕적인 기회를 제공하고 비도덕적인 것을 제거하지 않는다면 개인에게 해악을 끼치게 된다. 이는 자유주의 원칙인 '해악 원칙'과 '법적 도덕주의'(legal moralism)가 상반된다는 점에서 매우 특이한 구성이다. 라즈는 해악 원칙을 자율성의 관점에서 해석함으로써 '자율성에 기초한 자유'라는 그의 생각을 더 심화시켰을 뿐 아니라, 자율성의 관점에 도덕적인 가치를 끌어들임으로써 자유주의임에도 '법적 도덕주의'를 어느 정도 끌어들인다.

국가가 개인이 자율성을 발휘할 수 있는 조건을 마련하지 못한다면, 국가는 라즈의 '해악 원칙'에 따라 개인에게 해악을 끼친 것이 된다. 국가의 부작위는 개인에게 해악이 될 수 있다.[31] 라즈의 '해악 원칙'에 기반한다

    2005/2013), 146면의 것에 의함]

28) Joseph Raz, The Morality of Freedom, Oxford: Clarendon Press, 1986, p. 415-416.
29) Sandra Fredman(조효제 역), 인권의 대전환 (교양인, 2009), 106-107면.
30) Sandra Fredman(조효제 역), 인권의 대전환 (교양인, 2009), 106-107면.
31) 공공시스템 및 공공복지의 제공을 자율성의 조건으로 본다면, 국가의 경제적 여건 등

면, 우리가 기존에 알고 있는 소극적 자유와 적극적 자유의 경계는 무너지고, 적극적 자유의 내용으로 파악되는 것들의 많은 부분이 소극적 자유의 내용으로 파악된다. 라즈의 '해악 원칙'을 받아들인다면, 소극적 자유와 적극적 자유의 경계는 새롭게 설정되어야 한다. 신자유주의(자유지상주의) 영향으로 변질된 소극적 자유 개념이 과연 현대 사회에서 자유의 개념으로 적절한지에 대한 의문과 (자율성의 조건 증진이 아닌) '자율성 증진'으로 이해된 적극적 자유는 실현 가능한 것인가에 대한 의문에서 보면, 소극적 자유와 적극적 자유의 이분법이 더 이상 명료하지 않다.

라즈에 따르면, 자율성 원칙은 완전주의 원칙이다.[32) 가치 있는 목표와 관계를 추구할 때에만 자율적 삶은 비로소 가치가 있다. 자율성 원칙은 정부로 하여금 도덕적으로 가치 있는 기회를 창출할 것을 요구하며, 혐오스러운 것들은 제거할 것을 요청한다.[33) 라즈는 도덕적인 의미에서 '자유주의적 완전주의'를 주장했다. 물론 이때 도덕은 공동체주의나 공화주의처럼 강력한 것은 아니다. 개인의 '자율성의 조건'과 관련해 국가에게 도덕적으로 가치 있는 기회를 제공할 것을 요구하고 나쁜 선택지를 제거할 것을 요구하는 정도였다.

2. 공공시스템 구축에 필요한 완전주의적 시각

필자는 도덕적인 의미에서 완전주의적 시각이 필요하다는 라즈의 생각

의 차이에서 오는 실질적인 복지 수준의 차이 등이 국가에 의한 '해악' 내지 '해악'의 방치로 규정된다는 점에서 숙고가 필요하다. 국가가 충분한 능력이 있음에도 불구하고 공공 시스템을 제대로 마련하지 않았다면 이는 해악이라고 파악된다. 반면에 국가의 경제적 여건이 좋지 않아 공공 시스템을 도무지 마련할 능력이 없다면 이를 해악으로 파악하기는 어렵다. 양자의 기준을 설정하기는 어렵지만 해당 국가에 속하는지 파악하는 것은 그리 어려울 것 같지 않다.

32) Joseph Raz, The Morality of Freedom, Oxford: Clarendon Press, 1986, p. 417.
33) Joseph Raz, The Morality of Freedom, Oxford: Clarendon Press, 1986, p. 417.

을 따르지 않는다. 대신에 필자는 복지체계와 공공시스템을 마련하는 데 완전주의적 시각이 필요하다는 입장이다.[34] 국가는 개인이 자율성을 펼칠 수 있는 조건을 마련해야 하는데, 이는 복지체계와 공공시스템을 통해 가능하다. 국가는 복지체계와 공공시스템을 마련하고 확충하는 데 중립적이어서는 안 되며 적극적으로 개입해야 한다. 복지체계와 공공시스템은 특정 가치관과 무관하지 않다.[35] 일례로 스웨덴의 복지체계와 공공시스템은 '국민의 집'이라는 가치관이 자리하고 있다.

우리는 가난한 사람들의 자율성을 보장하는 것이 아니라, 가난한 사람들의 (최소한의) 역량이 갖추어지는 것을 목표로 해야 한다. 역량을 확보하는 것이 자율성을 발휘할 수 있는 최소한의 조건이다. 역량을 확보하는 것은 복지체계와 공공시스템의 구축을 통해야 하고, 복지체계와 공공시스템을 구축하는 데는 완전주의적 시각이 필요하다. 기존 복지정책이 가난한 사람의 자율성을 침해한다는 비판과 관련해, 필자는 가난한 사람의 자존심을 건드리지 않는 제도 구축이 필요하다고 본다. 부자이든 가난한 사람이든 상관없이 모두에게 적용되는 공공시스템의 구축이 필요하다.

자유를 위해서는 우선 최소한의 자원(資源)이 있어야 한다. 빈곤은 부자유와 거의 일치한다. 빈곤은 '기본적 역량의 박탈'로 봐야 한다.[36] 외부 세

---

34) 장동진 교수는 좋은 삶의 논의에 대한 부재는 자유주의 정치철학이 기초하고 있는 중립주의에서 연원한다고 보며, 중립주의가 해결하지 못하는 문제에 대해 완전주의 입장에서 그 해답을 얻을 수 있다고 주장한다. 장동진, "완전주의: 자유주의적 해석", 한국정치학회보 제29권 제4호 (한국정치학회, 1996), 132면.

35) "복지 관련적 요소들을 구현하는 활동들 중에 국가의 개입으로 효과적으로 촉진될 수 있는 것들이 있을 경우, 국가는 바로 그것들이 복지/가치-구성적이기 때문에 (최우선 순위는 아닐지라도) 그것을 정책적 목표로 할 수 있다." 주동률, "자유주의와 완전주의 – 접합의 가능성", 철학 제73권 (한국철학회, 2002), 175면.

36) Amartya Sen(김원기 역), 자유로서의 발전 (갈라파고스, 2013), 55면 이하; Amartya Sen(이상호/이덕재 역), 불평등의 재검토 (한울아카데미, 1999), 79면 이하; Amartya Sen(이규원 역), 정의의 아이디어 (지식의 날개, 2009), 285면 이하.

력의 불간섭을 뜻하는 소극적 자유는 자유의 일면에 지나지 않는다. 사회에는 현실적으로 자유로운 사람이 있고 자유롭지 못한 사람이 있다. 자유는 우선 자율이 아닌 생존과 연결되어야 한다. 생존의 무게는 자율의 무게만큼 무겁다. 부유한 자의 자유나 가난한 자의 자유가 갖는 의미는 아주 다르다. 하지만 부유한 자의 생존과 가난한 자의 생존이 갖는 의미 차보다 큰 것은 아니다. 그들의 삶의 문제로 접근해야 한다.

약자의 자유를 이야기할 수 있어야 한다. 약자의 자유를 최대한 잘 언급한 것은 '적극적 자유관'이다. 그런데 '적극적 자유'는 실현하기가 쉽지 않다. 재분배 정책을 시행하는 국가를 생각해보면 후견주의 입장이 없지 않다. 필자는 재분배 정책과 제도에도 '완전주의적 자유' 개념이 필요하다고 생각한다. 사회적 약자가 자율을 발휘할 수 있는 최소한의 여건을 조성하기 위해 국가의 개입이 필요한데, 이를 실현하기 위해서는 후견주의의 입장보다는 완전주의적 시각이 요청된다.

Ⅳ. 자유와 공공시스템

오늘날 사회이론에서 인간이 사라짐으로써 인간의 자유를 설명하는 것이 무색해졌다. 특히 '적극적 자유' 이론은 자유를 인간의 자율성과 연결시키는 이론이라는 점에서, 이 이론에 미치는 여파가 적지 않다. 인간의 자율성에 대한 믿음이 점점 사라지고 있다. 하지만 필자는 복지체계와 공공시스템의 수립을 통해 인간 자율성의 조건을 마련하는 것이 중요하다고 생각한다. 국가의 개입은 복지체계와 공공시스템의 수립이라는 형태로 이루어지며, 자본주의의 총체성을 막으면서 기능체계의 자율성을 보장해주는 방향으로 이뤄진다. 필자의 체계이론 구상은 기능체계의 자율성과 인간의 자율성을 동시에 지향한다.

복지체계와 공공시스템의 자율성을 확보하는 것이야말로 인간 자율성의
조건을 확보하는 길이 된다('인간 자율성의 조건'이지 '인간의 자율성'이
아님에 주의해야 한다. 인간 자율성의 조건이 확보되어야 인간의 자율성이
발휘될 여지가 생긴다). 체계가 기능적으로 분화되고 전문화된 것은 사실
이지만, 완전한 자율성을 띠는지는 의문이다. 각각의 기능체계는 자율성을
띠기 이전에 자본의 영향, 경제체계의 영향에서 자유롭지 않다. 복지체계가
특히 그렇다. 학문체계, 예술체계 등도 기능적으로 분화되고 전문화되는 것
은 확실하나 완전히 자율적인 체계라고 할 수는 없다. 자율적인 체계이기
위해서는 자본의 영향, 경제체계의 영향에서 벗어나야 한다. 하지만 현실에
서 자본의 영향은 매우 크다. 자본의 영향을 환경이라고 말하기에는 그 영
향력이 너무 막강하다. 그렇기에 루만이 기능체계의 자율성을 강조하는 것
에는 비판이 따른다. "기능적 분화 이론의 루만식 변형태가 흔히 비판받는
내용은 상이한 부분체계들의 자율성을 이론적으로 너무 엄격하게 주장한
다는 것이다. […] 뮌히(Richard Münch)는 정치적, 문화적, 경제적, 종교적,
학문적 행위 담당자들과 조직들의 노력 속에서 그들이 서로 행위를 조율하
며 최소한 잠재적인 공동의 관점을 요구한다고 보며, 이것이 기능체계들이
작동상 자율적이라고 주장하는 루만에 대한 반증이라고 본다."[37]

필자는 복지체계와 공공시스템의 자율성과 가난한 사람들의 자율성의
조건이 관련된다고 생각한다. 물론 복지체계와 공공시스템의 구축을 통해
개인의 역량이 증진된다고 해서 그들의 자율성 조건이 완벽하게 확보되지
는 않는다. 가난한 사람들의 '자율성의 조건'을 확보하는 것은 매우 어려운
과제임에 틀림없다. 복지정책을 통해 가난한 사람들의 자율성이 오히려 침
해된다는 반대 견해도 있다. 이에 대해 필자는 복지를 시혜가 아닌 권리로
파악하는 제도를 도입할 것을 주장한다. 공공시스템 도입을 통해 교육과

---

37) Georg Kneer/Armin Nassehi(정성훈 역), 니클라스 루만으로의 초대 (갈무리, 2008),
180면.

의료 등이 공공화된다면,[38] 권리자로서 떳떳하게 나설 수 있다.[39]

　　사회 발전의 정도를 그 사회를 사는 개인이 느끼는 자유의 정도로 판단하는 방법은 사회와 개인이 연결되어 있다는 걸 알게 한다.[40] GDP가 높다고 해서 개인 행복의 정도가 높은 건 아니다. 역량으로서의 자유, 개인 자율성의 조건에 집중하는 자유론에 기초한다면 개인(특히 가난한 사람들)의 건강과 교육 등에 주목하게 된다.[41]

　　복지 시스템은 결코 비용으로 국한될 문제가 아니다. 경제적인 측면에서도 현재와 미래를 위한 투자이고 생산의 효율을 높일 수 있다. "사회복지 제도들은 단순한 사회적 안전망 이상의 것이다. 신중하게 계획되고 시행된

---

38) 우리나라 의료보장제도는 사회보험으로 운영된다. 모든 국민은 건강보험에 가입해야 한다. 경제적 능력에 따라 보험료를 내지만, 필요에 따라 보험급여를 받는다. 사회연대 원칙에 기초해 전 국민이 혜택을 본다. 사보험으로는 이런 효과를 기대할 수 없다. 우리나라 의료시스템에는 특이한 점이 있다. '당연 요양기관제'가 그것이다. 사회보험의 성공적인 운영을 위해 의료인은 보험의로 종사한다. 공공 의료기관이 활성화되지 않아 민간 의료기관이 공적인 임무를 수행하도록 설계되었다. 이는 공공 의료시설이 대다수를 차지하는 캐나다, 핀란드, 영국 등과 비교되는 점이다. 한국 의료시스템의 공공성을 믿고 그 역량을 신뢰한다면, 그 공공성을 다른 제도에도 구축해야 한다. 물론 상황은 결코 녹녹하지 않다. 사회적 합의를 이끌어내기가 쉽지 않다. 한순간에 될 수 있는 문제도 아니다. 하지만 건강한 사회를 위해선 반드시 가야 할 길이라고 생각된다.

39) 예로 들 수 있는 건 공공의료 시스템의 구축이다. (2017-18년 미국 안식년 연수 때의 경험을 잠시 소개한다면) 미국 병원은 호텔처럼 깨끗하고 좋았다. 사람들은 잘 차려 입었고 병원은 한결 여유가 있었다. 문턱이 꽤 높아 보였다. 한국에 있는 병원과 자연스레 비교됐다. 한국 병원은 늘 사람들로 붐빈다. 대기 시간은 꽤 길고 진료 시간은 매우 짧다. 그런데도 호텔 같은 미국 병원이 좋게 느껴지지 않았다. 시장처럼 편하게 찾을 수 있는 병원이 훨씬 나아 보였다. 병원은 소수를 위한 고급 시설이 아닌 모두가 이용하는 대중화된 곳이어야 하기 때문이다.

40) 대표적으로 Amartya Sen(김원기 역), 자유로서의 발전 (갈라파고스, 2013); Martha Nussbaum(한상연 역), 역량의 창조 (돌베개, 2015).

41) 세계화로 인한 경쟁으로 국가가 감당했던 공공성에 이제는 비효율적이라는 멍에가 씌워져 부담으로 다가온다. 공공 부문의 방만한 운영, '공유지의 비극'과 같은 비판이 제기된다. 하지만 문제점이 있다 해서 공공 부문 전체를 들어내선 안 된다.

다면, 사회복지 제도를 통해 효율성과 생산성의 성장을 높일 수 있다."[42]

한 사회의 시스템이 중요하다. 복지체계와 공공시스템이 자율성을 갖춘 나라는 지구상에 그리 많지 않다. 복지 시스템이 잘 갖추어진 북유럽 국가들과 독일 등이 먼저 떠오른다. 북유럽은 시장경제에서 경제성장의 원동력을 찾았고, 여기에서 얻은 과실로 복지 시스템을 구축했다.[43] 북유럽의 '사회적 시장경제' 모델은 그들의 사회민주주의 전통과 밀접한 관련이 있다. 사회민주주의 정당을 중심으로 투쟁과 타협을 반복한 결과였고, 꾸준히 시스템을 갖추었기에 가능했다.[44] 물론 북유럽 국가들이 모두 단일 민족으로 이루어져 있고, 인구가 적다는 것도 부인할 수 없는 요인이다.[45] 스웨덴, 노르웨이, 덴마크는 인종적으로 노르만인이고 국가 형태도 같고, 인구도 적기에 사회 시스템을 갖추기에 유리했다.[46] 필자가 강조하려는 점은 북유럽

---

42) 장하준(형성백 역), 사다리 걷어차기 (부키, 2004/2008), 189면.

43) Ian Bremer(차백만 역), 국가는 무엇을 해야 하는가 (다산북스, 2011), 80면; "존속되기를 바라는 좋은 사회체계를 가진 현대의 세 나라는 덴마크, 노르웨이 그리고 스웨덴입니다." Alfred North Whitehead/Lucien Price 기록(오영환 역), 화이트헤드와의 대화 (궁리, 2006), 372면. 이에 대해서는 다른 평가가 있는 것도 사실이다. 미국 등 자본주의 국가는 북유럽 3개국이 택한 복지제도의 비효율성을 지적한다. 동시에 복지제도가 사람들의 근로 의욕을 떨어뜨린다는 비판도 있다. 그중 하나를 든다면, 리관유의 평가다. "영국과 스웨덴의 복지 비용이 계속 증가하는 것을 지켜보면서, 우리는 이런 허약한 시스템은 피해야겠다고 생각했다. [⋯] 너무 많은 세금으로 사람들은 성취욕을 잃어버렸다. 그들은 자신의 기본적 욕구를 국가에 의존했다. 우리는 가장이 부모, 아내, 그리고 자식을 비롯한 자기 가족을 부양해야 한다는 유교 전통을 강화하는 것이 최상의 해결책이라고 생각했다." 리관유(류지호 역), 내가 걸어온 일류국가의 길 (문학사상사, 2001), 182-183면.

44) 강신준, 역자 해제, in: Eduard Berstein(강신준 역), 사민주의의 전제와 사민당의 과제 (한길사, 1999/2012), 21-22면.

45) 북유럽 4개국 중 인구가 가장 많은 스웨덴 인구는 2010년 2월 현재 935만 명이며, 덴마크 인구는 550만 명, 노르웨이는 470만 명, 핀란드 인구는 520만 명으로 북유럽 4개국 인구를 모두 합쳐도 2,500만 명 정도에 불과하다. 기타오카 다카요시(최려진 역), 복지강국 스웨덴, 경쟁력의 비밀 (위즈덤하우스, 2010), 26면.

46) 기타오카 다카요시(최려진 역), 복지강국 스웨덴, 경쟁력의 비밀 (위즈덤하우스,

국가와 우리나라의 차이가 아니다. 물론 차이점 때문에 북유럽 모델은 우리나라에 직접적으로 도입하는 것에는 한계가 있다. 필자가 주목하는 것은 다음과 같은 점들이다. 북유럽 국가들도 처음에는 좌우의 대립이 극심했지만, 국가가 복지체계와 공공시스템의 구축에 나선 이후 (정도의 차이는 있어도) 그 방향에 큰 의문이 제기되지 않았다. 복지체계와 공공시스템이 갖추어진 오늘날에는 시스템의 자율성을 띨 정도가 되어 세계화된 자본주의에도 잘 대응하고 있다.

인간은 선하지만 동시에 악함도 갖고 있다. 자본주의가 전 세계에 통용되는 걸 보면 이타심보다는 이기심이 인간의 성향인 듯하다. 공산주의가 제 기능을 하지 못한 것은 인간의 성향에 적합한 이론이 아니기 때문일 것이다. 현실에서의 공산주의는 자본주의보다 더 못한 결과를 초래했다. 필자는 복지체계와 공공시스템의 구축을 통한 인간의 자율성 조건 증진을 추구한다. '사회적 시장경제'의 길이다. 복지체계와 공공시스템의 자율성은 저절로 이루어지지 않는다.[47) 기능적으로 분화된 사회에서 복지체계와 공공시스템의 구축이 없이는 인간의 자율성 조건은 확보되기 어렵다. 라즈는 "비자유주의적 사회에서 사는 자유주의적 개인들은 자율적으로 사는 것이 어렵다는 것을 발견할 것이며, 자유주의 사회에 사는 비자유주의적 개인들은 비자율적으로 사는 것이 어렵다는 것을 발견할 것이다"고 말했다.[48) 필

2010), 30면; "전 세계의 나라들을 살펴보면 인종적으로 동질적인 나라일수록 가난한 계층으로의 소득 재분배 경향이 크다는 것을 확인할 수 있다. 특히 동질적인 스칸디나비아 국가들은 사회안전망이 잘 갖추어진 것으로 유명하다. 미국은 인종적으로 매우 이질적인 나라인데, 미국의 이러한 특징이 낮은 수준의 소득 재분배와 특별한 관련이 있는 것으로 보인다." Alberto Alesina/Edward L. Glaeser(전용범 역), 복지국가의 정치학 (생각의 힘, 2012), 한국어판 서문, 7면.

47) "라즈의 완전주의적 자유주의에서 확인될 수 있었듯이, 정치체계는 자율성으로서의 자유를 실천하는 데 필요한 사회적 조건을 조성하는 데 중요한 영향을 미친다." 김비환, 개인적 자유에서 사회적 자유로 (성균관대학교 출판부, 2018), 344면.

48) 김비환, 개인적 자유에서 사회적 자유로 (성균관대학교 출판부, 2018), 275면에서 재

자는 복지체계와 공공시스템이 갖추어진 사회인지 아닌지에 따라 개인(특히 가난한 사람들)의 자율성 발휘 여부가 좌우된다고 본다. 자율성의 조건이 마련되어야 자율성을 발휘할 게 아닌가! 자율성의 조건이 마련되었다면 개인이 자율성을 제대로 발휘하지 못했다 해도 이는 더 이상 국가의 책임이 아니다. 하지만 자율성의 조건을 국가가 마련하지 않는 것은 국가의 책임 방기다. 복지체계와 공공시스템은 완전주의적 시각에서 적극적으로 확보해야 한다. 복지체계와 공공시스템의 부재는 자유의 부재로 연결된다. 약자의 자유를 위해 자유주의는 완전주의에 의해 보완되어야 한다.[49]

자유의 확보는 일시적으로 이루어지는 게 아니다. 정의로운 사회 체계가 성립되지 않아 자유의 박탈이 꽤 오랜 기간 지속되었다면, 자유를 확보하는 길이 험난할 것이다. 사실 적극적 자유를 확보하는 나라가 그리 많지 않다. 소극적 자유마저 국가권력에 의해 부정되는 사람들도 꽤 많다. 절대적 빈곤으로 살아가는 사람들도 이 세계에는 수없이 많다. 기본적 역량의 박탈인 빈곤 문제를 해결하는 것부터 시작해야 한다. 자율성 발휘의 조건 확보는 그 다음에 이루어질 문제다. 물론 빈곤 문제가 어느 정도 해결되었다면, 자율성 발휘의 조건 확보에 매진해야 한다.[50]

가난한 사람의 자유를 위한 정책은 부유한 사람의 자유를 침해하는 것처럼 보인다. 그렇기에 완전주의적 관점에서 추진력을 얻어야 한다. 사회적

인용함.

49) 자유주의가 토대하고 있는 '사실과 규범의 분리'는 개인의 자율사상을 뒷받침하지만, '사실과 규범의 분리'는 도덕성의 해이를 초래하는 측면이 분명 있다.

50) 한국 의료시스템이 그 대표적인 예다. 1977년 500인 이상 사업장 근로자를 대상으로 한 직장의료보험에서 시작해, 1978년 공무원 및 사립학교 교직원에 확대되었다. 1988년 농어촌지역 의료보험이 실시되었고 1989년 도시지역 자영업자에 확대되었다. 2000년 직장의료보험과 지역의료보험이 통합되었다. 하지만 때론 혁명과도 같은 개혁이 필요할지도 모르겠다. 전반적인 흐름을 바꾸는 일에는 혁명과도 같은 개혁이 필요하다. 예컨대 공공재로서의 교육, 공공재로서의 주거와 같은 문제는 시장에 맡겨서는 해결이 되지 않으며 국가가 전면에 나서야 한다.

약자의 자유를 확보하는 체계를 꾸준하게 갖추는 과정에서 완전주의 관점은 절실해 보인다. 오늘날의 자유는 사회체계 속의 자유이지, 체계를 떠난 자유일 수 없다.[51]

　복지체계와 공공시스템이 나름 자율성을 띨 때까지 국가는 복지체계와 공공시스템의 자율성을 확보하는 데 주력해야 한다. 사회가 공공성을 띠지 않는다면 개인이 자율성을 띨 것을 주장할 수 없다. 공자는 '예기 예운편'에서 노나라의 현실을 개탄하며, 요순시대에 행해졌던 '대도지행 천하위공(大道之行 天下爲公)'을 말했다. 물론 오늘날의 大道와 공자가 말한 大道는 같을 리 없다. 그럼에도 大道가 행해지면 천하가 공공의 것이 된다는 말씀은 여전히 설득력이 있다. 필자가 생각하는 大道는 공공시스템 구축을 통해 이루어진다. 의료·교육의 공공시스템과 사회안전망 시스템은 '개인이 감당할 수 없는' 공공의 일을 할 수 있다.[52] 경제체계는 그 자체로 자율성을 띠고 왕성하게 활동한다. 하지만 '공공시스템'은 처음부터 그 자체의 자율성에 기댈 수 없다. 국가와 같은 강력한 힘의 추진력에 의해 자율성이 우선 조성되어야 한다. 복지체계와 공공시스템이 갖추어진 이후에는 자율적인 추진력을 얻게 된다.

---

51) 사회체계를 완전주의 관점에서 형성해 나가야 한다. 이런 시각에서 체계이론과 인정이론의 연결 고리가 생긴다. 경제체계의 자율성을 끝없이 발전하는 반면에, 개인의 자유를 보장하는 사회체계는 자율성을 잃고 '현대 자본주의의 총체성'에 휘둘리기가 쉽다. 그렇기에 자율성이 부족한 사회체계를 수립하는 이론이 필요하며, 이런 과정에서 인정이론의 도움 또한 필요해 보인다.
52) 물론 공공시스템이 제대로 작동하고 관리되어야 한다. 제대로 관리되지 못하면 또 다른 부정부패의 온상이 된다.

제13장 분배 정의

Ⅰ. 루소의 문제 제기

사회(社會)는 문제 해결책인가? 아니면 문제 그 자체인가? 루소(Jean-Jacques Rousseau)는 사회를 문제 해결책이 아닌 문제 그 자체로 보았다.[53] 루소는 사회에서 일어나는 불평등의 진행을 3단계로 파악했다. '법과 소유권의 설정'이 제1단계이고, '행정권력의 제도화'가 제2단계이며, '합법적인 권력에서 독단적인 권력으로 변화하는 것'이 제3단계이다. 제1단계에는 부자와 빈자가 발생하고, 제2단계에는 강자와 약자로 나뉘며, 제3단계에는 주인과 노예의 상태가 된다.[54] 법률은 인간의 불평등을 야기하는 소유권을 강력하게 보장한다. 이를 통해 강자는 견고하게 되고 약자는 강자에게 종속된다. 루소가 보기에 법은 유산자에게 유리하고 무산자에게는 불리하다.[55] 사회에 의해 발생한 불평등은 소유권의 이름으로 보호되고, 이는 국가와 법률 강제력에 의해 지속된다.

---

53) 1754년 디종 아카데미의 공모 주제인 "인간들 사이의 불평등의 기원은 무엇이며 그것은 자연법에 의해 정당화되는가?"에 루소는 사회가 문제의 해결책이 아니라 문제 그 자체라는 놀라운 주장을 했다. 사회의 성립으로 인해 소유가 도입되고 불평등이 발생했다는 루소의 성찰은 그 당시 사람들에게 충격을 던져주었다. Leo Damrosch(이용철 역), 루소 인간불평등의 발견자 (교양인, 2011), 346면.

54) Jean-Jacques Rousseau(주경복/고봉만 역), 인간 불평등 기원론 (책세상, 2003/2012), 130-131면.

55) Jean-Jacques Rousseau(이환 역), 사회계약론 (서울대학교 출판부, 1999), 31면; Jean-Jacques Rousseau(주경복/고봉만 역), 인간 불평등 기원론 (책세상, 2003/2012), 116면.

사적 소유가 사회 불평등의 가장 큰 원인이라는 루소의 생각은 오랫동안 지속되었다. 사적 소유와 국가의 부당함에 저항해 공산주의 혁명이 일어났다. 하지만 현실의 공산주의 국가는 잘못된 지배를 만들었을 뿐 사적 소유를 폐지하지도, 법률과 국가를 개혁하지도 못했다. 역사상 '공산주의'라는 실험이 있었지만 실패한 것으로 보인다. 자본주의의 문제점에 대해 현재까지 가장 성공적으로 대처한 모델은 '사회적 시장경제'를 도입하고 복지국가를 설립한 북유럽의 모델이라고 생각된다.

사회는 국가와 시장을 모두 포함하는 거대 개념이다. 사회는 국가도 성공하고 시장도 성공해야 건강해지는 거대조직이다. 사회는 국가가 이끌 수도 없고, 시장이 이끌 수도 없다. 한편으론 시장의 자율적 움직임에 기대야 하지만, 다른 한편으론 국가의 보이는 손이 절실하다. 새가 양 날개로 나는 것과 유사하다.

루소는 사회의 문제점을 잘 진단했지만, 루소가 제안한 해결책은 현실과 너무나도 동떨어진 것이었다. 루소는 어떠한 특수 이익, 개별 이익을 인정하지 않고, '일반의지'에 기초한 통치와 법률을 제안했다.56) 개별 이익과 전체 이익의 동일성, 개별 의지와 전체 의지의 동일성을 루소는 현실에서 실제적인 것으로 만들려 했다.57) 이러한 루소의 시도는 그 자신이 그로티우스와 푸펜도르프의 '사회성 이론'에 가했던 비판의 화살을 자신에게 향하게 한다.58)

루소의 일반의지 이론은 그 이론의 올바름 여부를 떠나 현실성을 간직하

---

56) Jean-Jacques Rousseau(이환 역), 사회계약론 (서울대학교 출판부, 1999), 20-21면.

57) Hans Welzel(박은정 역), 자연법과 실질적 정의 (삼영사, 2001), 226면; 이는 루소가 이성을 과대평가하고 집단이익을 과소평가했기 때문이다. Hans Welzel(박은정 역), 자연법과 실질적 정의 (삼영사, 2001), 229면.

58) 예컨대 비정규직 문제에 대해 비정규직 노동자, 정규직 노동자, 기업의 이익이 충돌하는 상황에서 모두가 합의하는 법안을 마련할 수 있을까? 법안을 마련하는 과정에서 조금이라도 자신들에게 유리하게 법안의 내용을 만들려고 하지 않는가?

지 못함으로써 전체주의라는 오해를 샀다.[59] 이론이 아무리 좋은 내용을 담고 있어도 현실과 동떨어져 있다면 (이론으로서의 가치는 몰라도) 사회문제를 해결하는 수단은 될 수 없다. 루소의 동질성 이론은 사실 그가 주장하는 사회 계약론과도 맞지 않았다. 일반의지를 생성하는 계약이란 있을 수 없기 때문이다. 일치가 존재하는 곳에서 계약은 아무 소용이 없다.[60] 루소는 문제 제기는 잘 했지만, 해답을 잘못 내어 놓았다. 후대 사람들도 루소의 문제 제기에 대해 답을 내놓으려 했다. 사회문제 자체에 대해서는 어느 정도 의견 일치가 가능하지만, 문제를 해결하는 방안에 대해서는 매우 다른 방안이 제시되었다.

Ⅱ. '공유'와 '노동가치'

1. 사유(私有)의 정당화로서 공유(共有)

로크(John Locke)는 1690년에 발간된 '통치론(Two Treatises of Government)'에서 애초의 자연상태를 '공유' 상태로 보았다. 필자는 '통치론' '제2권 제5장 소유권에 관하여' 부분에 주목한다. 여기서 로크는 신이 세계를 공유물로 주셨기에, 애초에 세계는 만인의 공유물이었다는 주장을 펼쳤다. 이에 더해 공유물인 자연에 인간이 노동을 투여하면 사유할 수 있다는 '노동가치설'을 주장했다. 공유물인 자연에 인간이 노동을 투여하면 사유가 된다.

    "비록 대지와 모든 열등한 피조물은 만인의 공유물이지만, 그러나 모

---

59) Jean-Jacques Rousseau(이환 역), 사회계약론 (서울대학교 출판부, 1999), 역자해설, 215면.
60) Carl Schmitt(나종석 역), 현대 의회주의의 정신사적 상황 (길, 2012), 33면.

든 사람은 자신의 인신(person)에 대해서는 소유권을 가지고 있다. 이것에 관해서는 그 사람 자신을 제외한 어느 누구도 권리를 가지고 있지 않다. 그의 신체의 노동과 손의 작업은 당연히 그의 것이라고 말할 수 있다. 그렇다면 그가 자연이 제공하고 그 안에 놓아 둔 것을 그 상태에서 꺼내어 거기에 자신의 노동을 섞고 무언가 그 자신의 것을 보태면, 그럼으로써 *그것은 그의 소유가 된다. 그것은 그에 의해서 자연이 놓아둔 공유의 상태에서 벗어나, 그의 노동이 부가한 무언가를 가지게 되며, 그 부가된 것으로 인해 그것에 대한 타인의 공통된 권리가 배제된다. 왜냐하면 그 노동은 노동을 한 자의 소유물임이 분명하므로, 타인이 아닌 오직 그만이, 적어도 그것 이외에는 다른 사람들의 공유물들이 충분히 남아 있는 한,* 노동이 첨가된 것에 대한 권리를 가질 수 있기 때문이다."[61]

"100부셀의 도토리나 사과를 주워모은 자는 그것들에 대한 소유권을 가진다. 그것들은 주워모으자마자 그의 재물이다. *그는 그것들이 상하기 전에 그것들을 사용하도록 주의할 필요가 있을 뿐이다. 그렇지 않으면 그는 자신의 몫 이상을 취한 것이며 다른 사람에게서 빼앗은 셈이 된다. 그리고 그가 사용할 수 있는 것보다 더 많은 것을 저장하는 것은 부정의한 일일 뿐만 아니라 참으로 어리석은 일이다. 그러나 그가 가지고 있는 동안 그것들이 상해서 무용지물이 되지 않도록 하기 위해서 그 일부를 다른 누군가에게 준다면, 그는 그것들을 이용한* 셈이다."[62]

로크가 '노동가치설'을 주장한 것도 놀랍지만, 더 놀라운 것은 사유의 정당화에 2가지 전제조건을 달았다는 점이다. 로크에 따르면, 사유물 이외에 다른 사람들의 공유물이 충분히 남아 있어야 하고, 사유화된 물건은 상하

---

61) John Locke(강정인/문지영 역), 통치론 (까치, 1996/2007), 34-35면(이탤릭체는 필자에 의한 것임).
62) John Locke(강정인/문지영 역), 통치론 (까치, 1996/2007), 51면(이탤릭체는 필자에 의한 것임).

기 전에 사용해야 한다. 인류 초창기에는 공유물이 풍부해 모든 공유물을
누릴 수 있는 권리가 있었고 자유가 있었다. 개인이 사유화하기도 했지만
여전히 다른 사람들의 공유물은 충분히 남아 있었다.

오늘날 사유는 공유를 집어삼켰다. 우리 사회에는 공유물이 충분히 남아
있지 않다. 사유재산은 재산권으로 철저하게 보호하면서도, 별로 남지 않은
공유물은 점점 훼손하고 이마저도 사유화하려 한다. 오늘날 상위 10%로
돌아가는 소득 분은 사상 최대가 되었고 상위 30%와 하위 70%의 소득 격
차는 점점 벌어졌고 가난한 사람에게 돌아가는 몫은 점점 줄어들었다.[63]
중산층은 줄어들고 하류층은 늘었고 소수의 상류층은 계속 부를 축적하고
있다. 자신의 자산을 늘리려는 것은 인간의 이기적인 속성에 적합한 것일
지 모른다. 하지만 인간의 이기적인 속성을 '절대적 재산권'이라는 이름으
로 보호할 필요가 있을지는 모르겠다. 모든 사람의 공존을 이유로, 가난한
사람의 '자유 보장'을 목표로 '부유한 사람의 재산권'에 어느 정도 제한을
가하는 것을 과연 잘못이라고 할 수 있을까? 부유한 사람의 재산권 행사를
공익을 위해 제한할 때, 개인이 제대로 된 자유권을 행사할 수 있는 것이
아닐까? 오늘날 양극화된 사회를 생각할 때, 이러한 개인 권리의 제한은 필
수적이라고 생각된다.[64] 이미 너무 심각한 양극화가 이루어졌다.

이런 상황에서 국가와 정부마저 신자유주의 정책을 펼치고 있다. 하지만
신자유주의는 모든 것을 시장의 기능에 맡기려 하고 정치의 역할이 얼마나
큰 지 인정하지 않는다.[65] 신자유주의는 시장의 '보이지 않는 손'에 대부분을

63) 이에 대한 실증적인 자료 제시는 Thomas Piketty(안준범 역), 자본과 이데올로기 (문
학동네, 2020), 547면 이하.
64) 피케티는 공적 소유, 사회적 소유, 일시 소유(많은 재산을 사적으로 소유한 이들이
자신의 소유한 것의 일부를 매년 공동체에 되돌려줘야 한다는 뜻이다)의 혼합에 의거
해야 자본주의를 현실적으로, 지속가능하게 극복할 수 있다고 주장한다. Thomas
Piketty(안준범 역), 자본과 이데올로기 (문학동네, 2020), 551면.
65) Armin Pongs 엮음(김희봉/이홍균 역), 당신은 어떤 세계에 살고 있는가? 제1권 (한울,

맡기고 '확장된 시장과 자본'에 의해 발생하는 불공평에는 눈을 감는다. 시장이 모든 것을 해결한다는 입장에서 최극빈층에게만 시혜로서의 복지를 허용한다. 신자유주의는 공적인 부분을 대변해야 하는 국가의 기능을 도외시한다.

세상은 원래 만인의 공유물이었다. 하지만 만인의 공유물이었던 세상은 이후 지배 관계가 형성되면서 사유화되었다. 소수의 지배자와 다수의 피지배자로 나뉘었고, 이에 따라 공유였던 관계가 사유로 전환되었다. 지배의 주된 구조는 이전 권력 관계에서 자본과 노동의 관계로 바뀌었고 이에 따라 자유의 개념 자체도 변화했다. 오늘날 공유할 수 있는 자원과 재원은 한정되었고 이마저도 누릴 수 없는 처지에 있다. 신이 부여한 공유 자연에서 우리는 이제 사회제도를 통해 공유재를 형성해야 하는 위치에 있다. 어떤 사회시스템을 갖추는지에 따라 가난한 자들이 접근할 수 있는 공유자원의 양과 질이 결정된다. 누진 조세 등을 통해 복지체계와 공공시스템 구축을 위한 재원이 마련되어야 하고, 국가는 제대로 된 시스템을 구축해야 한다.[66]

로크의 노동가치설에 비해,[67] 로크의 '사유 정당화론'(이는 필자가 붙인 이름이다)은 주목을 덜 받았다.[68] 오늘날 로크의 이론을 따라 사유를 정당

2003), 291면.

66) '자본과 이데올로기'의 저자 피케티(Thomas Piketty)는 정의로운 사회를 사회구성원 전체가 가능한 한 가장 광범위한 기본 재화에 접근할 수 있는 사회라고 정의 내린다. "정의로운 사회란 무엇인가? 이 책에서 나는 이에 대해 다음과 같은 불완전한 정의를 제안해본다. 정의로운 사회란 사회구성원 전체가 가능한 한 가장 광범위한 기본 재화에 접근할 수 있는 사회다. 이러한 기본 재화에 해당하는 것에는 특히 교육·보건·투표권이 있고, 더 일반적으로는 사회적·문화적·경제적·시민적·정치적 삶의 다양한 모든 형태에 대한 완전한 참여가 있다. 정의로운 사회는 가난한 사회구성원이 가능한 한 가장 높은 생활조건을 누릴 수 있도록 사회경제적 관계, 소유관계, 소득 및 자산 분배를 조직한다." Thomas Piketty(안준범 역), 자본과 이데올로기 (문학동네, 2020), 1023면.

67) 로크의 노동가치설은 아주 다양한 방법으로 사용되었다. 맑스(Karl Marx)에 의해 아주 진보적인 잉여가치설로 발전한 반면에, 노직(Robert Nozick)은 노동가치설을 통해 소득과 부의 재분배 정책을 극단적으로 반대했다. Robert Nozick(남경희 역), 아나키에서 유토피아로 (문학과지성사, 2005), 214면.

68) 권경희, "로크의 재산권 이론", 법철학연구 제18권 제3호 (한국법철학회, 2015), 185면

화하는 사람은 없다. 로크의 이론을 따라, 사유화할 수 있는 공유물이 충분히 남아 있고 사유재산을 버리지 않고 잘 사용해야 소유가 정당화된다면, 오늘날 박탈해야 할 소유물이 한 둘이 아닐 것이다. 문명은 공유라는 애초의 자연상태와는 정반대의 방향으로 진행되어 사유제도를 발전시켰고, 로마법 이후 법제도는 사유제도를 정당화하고 견고히 하는데 기여했다.

2. 노동가치과 잉여가치

맑스의 잉여가치론은 '분배와 재분배의 정의'에서 다시 한번 짚어봐야 할 가치있는 이론이다. 임금 이상의 가치를 노동자가 생산할 때, 그 잉여가치는 노동자에게 돌아가지 않고 자본가에게 돌아간다. 노동가치의 현재가치(수익)와 임금 사이의 격차가 잉여가치다.[69] 이는 맑스의 시각에서 볼 때, '노동 착취'와 '노동 소외'의 시작점이 되었다. 맑스는 노동 소외가 발생하는 원인으로 '사적 소유와 분업'을 지적하면서, '경제학-철학 수고'에서 노동 소외의 4가지 형태를 언급했다: 노동생산물로부터 소외, 생산과정으로부터 소외, 유적 본질로부터 소외, 인간의 인간으로부터 소외.[70] 자본주의 사회는 어느 정도 노동자 착취에 기초하고 있으며 노동자 소외를 유발한다. 맑스는 이를 더 심각하게 받아들여 노동자에 의한 계급투쟁으로 나아갔다. 필자는 맑스의 계급투쟁론에 찬동하지 않지만, 그 정신만은 이해한다. 적어도 필자는 노동자의 인정투쟁으로 나가야 한다는 입장이다.[71]

이하.

69) Eduard Berstein(강신준 역), 사민주의의 전제와 사민당의 과제 (한길사, 1999/2012), 84면.
70) 손철성, 헤겔&맑스 - 역사를 움직이는 힘 (김영사, 2008/2014), 112-113면; 박영균, 노동가치 (책세상, 2009/2016), 152면.
71) 분배와 인정의 관계에 대해서는 Nancy Fraser/Axel Honneth(김원식/문성훈 역), 분배냐, 인정이냐? (사월의책, 2014).

비정규직에 종사하는 사람들은 자신의 노동가치를 얼마만큼 잉여로 제공하는지 모른다.

거세진 세계화의 흐름 속에 기업들은 생산비용을 절감할 방안을 모색하면서 잉여가치가 높게 나오는 곳을 찾는다. 신자유주의의 흐름 속에 노동자의 노동가치마저 심각하게 훼손되었다. 노동가치를 낮게 설정함으로써 부당한 잉여가치를 창출해냈다. 세계화된 흐름 속에 기업의 경쟁력을 이유로 불법은 합법이 되었다. 세계 경쟁이라는 무언의 압력 속에, 작업장을 저개발국가로 옮기겠다는 위협 속에, 생산비용을 삭감해야 한다는 절대명령 앞에 일부 정규직 노동자들과 대다수 비정규직 노동자들은 숨을 죽이고 있다. 'precarious(불안정한)'와 'proletariat(프롤레타리아)'를 합성한 'precariat(프레카리아트)'라는 신조어가 등장한 지 오래다. 이는 불안정한 고용·노동 상황에 놓인 비정규직, 파견직, 실업자, 노숙자들을 총칭한다. 불안정한 프롤레타리아(무산계급)라는 뜻으로, 신자유주의 경제체제에서 등장한 신노동자 계층을 말한다.[72] 노동자가 생산한 가치보다 훨씬 덜 임금을 받고 여러 사회보장에서 제외된다면 이는 심각한 부정의가 아닐 수 없다.[73]

노동가치론은 처음부터 그리 진보적인 이론이 아니었다. 이는 사적 소유권을 정당화하기 위해 개발한 이론으로, 로크 이후 부르주의자들이 주장하던 것이었다. 맑스는 노동가치론에서 출발했지만, 그의 독창적인 이론은 '잉여가치론'에 있다.[74] 그의 잉여가치론이 노동가치론을 진보적인 이론으로 만들었다.

---

72) Guy Standing(김태호 역), 프레카리아트 (박종철출판사, 2014).

73) 이런 상황 속에서 분배와 재분배에서 노동자의 노동가치가 제대로 평가되는지를 정확한 자료를 토대로 확인해볼 필요가 있다.

74) 박영균, 노동가치 (책세상, 2009/2016), 11면, 24면; 맑스는 시스몽디(Jean Leonard Sismondi)의 책에서 '잉여가치'와 '가치 상승'이라는 용어를 발견했고, 자본 집중과 프롤레타리아의 빈곤화에 대한 최초의 분석을 시도했다. Jacques Attali(이효숙 역), 맑스 평전 (예담, 2006/2008), 95면.

Ⅲ. 공유의 실효성 제고

오늘날 사유의 견고한 진은 무너질 기미가 없고, 소유권이나 재산권에 의해 더 철저하게 보호받는다. 공유물이 충분하지 않아도, 잘 사용하지 않아 버려지는 소유물이 있어도 누구 하나 제대로 이의를 제기하기 어렵다. 오히려 사유가 아닌 공유의 실효성에 의문을 제기하는 이론들은 계속 제기되었다. '공유지의 비극' 논의가 그랬고, 공공재의 비효율성은 늘 언론의 집중포화를 맞는다. 공유는 단단하지 않고 사유는 단단하다 보니, 공유가 나쁜 것이라는 인식조차 퍼지게 되었다. 공유는 과연 나쁜 것일까? 공유를 사유만큼은 아니어도 탄탄하게 조성할 가능성은 없는가?

1. 공유물의 관리가능성

세계의 부는 점점 불평등하게 분배되고, 개인이 향유할 수 있는 공유물은 점점 줄어들고 있다. 사적 소유의 세력이 너무 강하다 보니 사적 소유는 공유와 아무런 연관도 없이 그 자체로 정당화되었다. 사적으로 교육과 의료를 받는 것은 너무나 당연시되었다. 하지만 사회 전체의 관점에서 소유 제도를 바라본다면, 사유와 공유는 밀접하게 연결되어야 한다. 누구나 일정 수준의 교육을 받을 수 있는 공적 재원이 마련되어 있다면, 교육에 대한 사적 권한도 허용될 수 있다. 탄탄한 공적 교육 시스템이 구축되어야, 교육에 대한 사적 시스템도 정당하게 허용된다. 교육은 돈이 있는 사람만이 접근할 수 있는 특권이 아니다. 의료도 마찬가지다. 공유재로서 의료는 누구나 쉽게 접근할 수 있는 것이어야 한다. 몸이 아픈데도 치료비 걱정에 병원에 가지 못한다면 문제다. 사람들이 손쉽게 의료 혜택을 받을 수 있을 때에야, 사적 의료 서비스가 정당화된다.

공적 자원이 충분할 때에 사유가 정당화된다는 로크의 주장은 현실과는 너무 동떨어진 급진적인 주장일지 모른다. 하지만 적어도 모두가 접근할 수 있는 공유재가 필요하다는 주장은 어떠한가? 여기에도 정반대의 목소리를 높이는 이론이 많다. 대표적인 이론은 1968년 가렛 하딘(Garret Hardin)이 '사이언스'에 발표한 '공유지의 비극(Tragedy of the Commons)'이다.[75] 마을 초지에 목동들이 소를 방목해서 키우면 너도나도 자신의 소들이 풀을 더 먹게 하려고 해서 결국은 목초지가 황폐화된다. 사유가 아닌 공유 재산은 사람들이 자신의 것처럼 아끼지 않고 멋대로 사용한다. 공유자원은 개인의 사리사욕과 무임승차 때문에 결국 모두에게 비극이 초래된다는 것이 '공유지의 비극'이다. 하지만 하딘의 이론에는 몇 가지 문제점이 지적되었다. 가장 큰 문제점으로 지적된 것은 하딘이 구성원들에 의해 잘 관리되는 공유자원을 상정하지 않고 모두가 쉽게 접근하여 잘 관리되지 않는 공유자원을 상정했다는 점이다. 구성원들에게 서로 간의 소통, 감시와 규칙 설정을 통해 공유지를 잘 관리할 수 있는 여지를 주지 않았다.

공유자원의 이용을 개인의 자율에 맡기지 않고 집단의 통제에 맡긴다면 '공유지의 비극'은 발생하지 않을 수 있다. 대표적으로 (2009년 '공유자원의 지속가능한 협력 거버넌스에 대한 연구'로 노벨 경제학상을 수상한) 엘리너 오스트롬(Elinor Ostrom)은 1990년 '공유의 비극을 넘어서(Governing the Commons)'에서 구성원들의 조정을 통해 공유지의 비극 문제는 해결할 수 있다고 주장했다. 오스트롬은 상세한 조업 규칙을 만들어 어장을 관리하는 터키의 어촌, 방목장을 함께 쓰는 스위스의 목장지대, 농사용 관개시설을 공유하는 스페인과 필리핀의 마을 등 공유지의 비극이 발생하지 않는 공동체가 적지 않음을 발견하고, 상호 이행 규칙을 준수하도록 하는 감시체계를 통해 공유자원이 안정적으로 관리되고 있음을 밝혔다.[76] 적절한 규

---

75) 원래는 1833년 영국의 경제학자 윌리엄 포스터 로이드(William Forster Lloyd)가 주장한 이론을 하딘이 소개한 것이라고 한다.

76) Eiinor Ostrom(윤홍근/안도경 역), 공유의 비극을 넘어 - 공유자원관리를 위한 제도의

칙과 구성원들의 소통, 감시를 통해 공유지가 제대로 관리될 수 있다면, 구성원들에게 골고루 혜택이 돌아갈 공유지를 마다할 필요가 없다. 물론 공유지 유지를 위해서는 개인의 이기심을 제어할 수 있는 규칙과 감시, 제재가 반드시 필요하다.[77]

주인 없는 자원은 비효율적으로 관리되는가? 소수의 사인이 효율적으로 관리하는 것이 좋은가, 아니면 약간은 비효율적이어도 다수가 자원을 공유하는 것이 나은가? 전기, 수도, 도로 등을 민영화하면 자원을 더 효율적으로 관리할 수 있겠지만, 가격이 높아져 모두가 동일한 서비스를 받지 못하는 문제점이 생긴다. 공유재의 비배제성 덕분에 개인은 공유재에 어렵지 않게 접근할 수 있다. 하지만 개인이 공유재를 과잉 소비하면 공유재의 지속가능한 재생산능력을 초과할 수 있는데, 이렇게 되면 공유자원은 점점 고갈되게 된다. '공유지의 비극'은 이를 잘 보여준다. 필자는 공유자원이 고갈되지 않도록 관리를 적절하게 한다면 공유재를 유지하지 않을 이유가 없다고 본다. 물론 그 과정에서 자원을 사유재로 하는 것보다는 비효율적으로 운영될 여지가 있다. 모두가 접근할 수 있는 자원으로 주어지기에 그렇다.

하지만 공유재를 유지할 것인가, 사유재로 전환할 것인가의 문제는 공유재의 비효율성의 문제로 국한해서 보면 안 된다. 시야를 넓혀 공유재가 제대로 관리되지 않으면 세상의 불공평한 사유는 정당화될 수 없다는 시각에서 접근할 필요가 있다. (로크의 이론을 따라) 사유가 정당화되기 위해서는

진화 (랜덤하우스코리아, 2010), 63면 이하.

[77] 공유자원의 운명이 비극이냐 희극이냐의 중심에는 '제대로 된 관리'가 있다. 게릿 하딘과 엘리너 오스트롬의 주장은 대비를 이루면서 일견 모순되는 것처럼 보이나, 모순되는 주장이 아니다. 게릿 하딘은 '관리되지 않는 공유지의 비극'에 초점을 맞췄고 엘리너 오스트롬은 '관리된 공유지의 희극'에 집중했다. 이는 게릿 하딘이 이후 자신의 논문을 '관리되지 않은 공유지의 비극'으로 불렀어야 한다고 고백했다는 점에서도 알 수 있다. Guy Standing(안효상 역), 공유지의 약탈 (창비, 2021), 65면.

모두가 함께 공유하는 공유재가 충분해야 한다. 현재의 불공평하고 불공정한 사유를 정당화하기 위해서는 지금보다도 훨씬 많은 공유를 만들어야 한다. 물론 그 공유재는 나름 효율적으로 관리 가능해야 한다.

2. 공공재의 생산 효율성 재고

많은 사람들은 비효율적이라는 이유로 공공재를 외면한다. 공공재가 사회 구성원의 자유 증진에 직결되는 문제임에도 공유재를 탄탄하게 만들 생각을 하지 않는다. 오늘날 공공재는 어쩔 수 없이 유지되는 것이라는 인상을 지울 수 없다. 공공재가 제대로 유지되기 위해서는 이것이 절실하게 필요하다는 '당위'만으로는 부족하다. 공공재가 사유재 못지않게 탄탄하게 형성되고 유지되어야 한다. 공공재의 효율성을 공공재의 정당성과 연계하는 것은 잘못된 생각이다. 공공재의 정당성은 오히려 사유의 정당성과 맞물려 있는 것이지, 공공재의 비효율성으로 공공재의 정당성이 상실되는 것은 아니다. 하지만 우리는 공공재의 비효율성에 대한 지적을 가볍게 넘겨서는 안 된다. 아무리 탄탄하게 유지한다고 해도 사유재만큼 효율적일 수는 없다. 하지만 공유재의 비효율성 때문에 탄탄한 공유재를 포기할 수는 없다. 여기에 대다수 사람들의 자유가 달려 있기 때문이다.

공공재의 효율성을 증진시키는 방법을 고안해야 한다. 이는 공기업을 포기하고 사기업으로 넘기는 방안으로 해결하면 안 된다. 공기업 내부의 개혁과 철저한 감시를 통해 공공재 본연의 임무를 제대로 할 수 있도록 해야 한다. 공기업의 방만한 경영과 내부자의 과도한 수익 분배는 '공기업 개혁'을 통해 개선되어야 한다. 경쟁이 제한되고 독점적인 지위를 법과 행정을 통해 보장받으니 국민의 세금이 드는 공기업은 방만해지기 쉽다. 시장 논리에 맡기자는 '민영화' 논의가 있지만, 이 또한 정답은 아니다. '민영화' 논의는 늘 그렇듯이 공유의 중요성을 놓치고 있다. 그야말로 '공유의 효율성'을 높이는 개혁이 필요하지, 공유를 폐지하고 사유로 바꾸는 시도는 더 큰 재앙을 초래한다.

Ⅳ. 분배에서의 정의(正義)

시장경제가 해야 할 것이 있고, 정치체계가 해야 할 것이 있다. 분배 규칙 모두를 시장이 정하도록 해서는 안 된다. 여기에는 적절한 규제가 필요하고 사회를 정의롭게 만드는 가이드라인이 필요하다.[78] 사회는 문제 그 자체가 될 수도 있지만, 사회를 잘 형성한다면 해결책이 될 수도 있다.

1. 재분배에서의 정의

1) 공유 기여의 원칙

필자는 '재분배에서의 정의'로 '공유 기여의 원칙'을 제안한다. 개인의 사유가 정당화되기 위해서는 탄탄한 공유재를 유지하는데 사유가 기여해야 한다. 공유 기여는 '소득과 부의 재분배'를 통해서이다. 개인의 사유는 '교육과 의료의 공공재'에 기여해야 정당화된다. 공유를 탄탄하게 하는 공공정책은 '남을 배려하는' '성숙한' 사회를 가능하게 한다.[79]

---

78) "자본주의 시장경제는 경쟁이 가장 핵심적인 작동 원리다. 그러나 시장은 공정한 경쟁을 스스로 만들어내지 않는다. 공정한 경쟁이라 할지라도 시장은 공정한 분배를 만들어내지 않는다. […] 시장은 더 큰 파이(pie)를 더 효율적으로 만들어내는 체제일 뿐이다. 노동자들에게 얼마만큼을 분배할 것이냐, 임금격차를 얼마로 할 것이냐, 비정규직을 어떻게 정규직으로 바꿀 것이냐는 민주주의가 결정할 문제이지 시장에 맡길 문제가 아니다. 누진세를 얼마로 결정할 것이냐, 지역 간 격차를 어떻게 해소할 것인가, 기초 복지를 어느 정도 확대할 것인가, 어떤 부분에서 보편적 복지를 시행할 것이냐, 교육과 의료의 공공성을 어떻게 확대할 것이냐 등도 시장이 아닌 민주주의가 결정할 일이다." 장하성, 한국 자본주의 (헤이북스, 2014), 601면.

사유의 문제를 사회 전체의 관점에서 생각해 볼 필요가 있다. 많은 사람들이 자유를 잃을 만큼 소유할 것이 없는 상황에서 (마땅한 공유물이 부족해 이로 인해 혜택을 받을 수 없는 상황에서) 소수 부자의 소유가 정당화될 것인가? 개인이 가지고 있는 부가 그 개인이 아무런 노력도 없이 그냥 물려받은 것이라면 그 소유가 과연 정당할까? 우리는 이제껏 소유의 사회성(社會性)을 너무 무시해온 것은 아닌지 모르겠다. 필자는 공산주의 운동에서 보는 것처럼, 지주의 재산을 뺏어 모든 이에게 나누어주자는 급진적인 주장에는 절대 반대한다. 목적이 수단을 정당화할 수 없기 때문이다. 그럼에도 오늘날 소수가 소유한 다수의 부가 그 자체로 정당화될 수는 없다고 생각한다. 소유한 부만큼 다수가 누릴 수 있는 공유물에 기여해야 한다. 이렇게 해야만 소수의 부가 '소유권'으로 정당화된다.

신(神)이 최초에 공유물로 주었던 세상을 소수의 사람들이 사유화하여 다수가 누릴 공유물은 상실되었다. 상실된 공유물을 우리 스스로 회복시켜야 한다. 애초에 주어진 공유물을 이제 우리가 다시 만들어야 한다. '소득과 부의 재분배'는 '사유의 정당화'에 직·간접적으로 연관된다. 필요 이상으로 많이 가진 사람이 그 필요를 넘어 사유물을 제대로 다 쓴다는 것은

---

79) "프레데릭슨(Frederickson)은 '공공(public)'의 의미가 어원적으로 두 출처에 뿌리를 두고 있다고 주장한다. 그 하나는 그리스어 'pubes'로 성숙(maturity)을 뜻한다. 그리스어에서 성숙은 신체적, 정서적 또는 지적 성숙을 의미한다. 그 속에는 이기적 관심 또는 사적 이익으로부터 자기 자신을 넘어 타인의 이익을 이해하는 것도 포함된다. 성숙은 또한 개인의 행위가 타인에게 미치는 결과를 이해하는 '능력'을 의미한다. '공공'은 어른의 상태로 성장하는 것을 의미하는 동시에, 개인과 타인과의 관계를 이해하며, 그 관계를 보는 능력을 의미한다. '공공' 개념의 또 하나의 근원은 그리스어 'koinon'으로, 그것에서 영어의 '공동(common)'이라는 어휘가 파생되었다. koinon은 또 다른 그리스어 Kommois에서 파생된 바, 그것은 '배려(care with)'의 의미를 지닌다. 공동과 배려는 둘 다 '관계(relationship)'의 중요성을 나타낸 것이다. '성숙'이라는 개념에 '공동'과 '배려'라는 의미가 부과되면, '공공'의 개념은 타인과 함께 일한다는 것을 의미할 뿐만 아니라, 타인을 돌본다(looking out for others)는 의미까지 덧붙여지게 된다." 이종수, 정부는 공정한가? (대영문화사, 2012), 65-66면.

불가능하다. 필요 이상으로 많이 가진 사람들은 많은 사람들의 부족한 필요를 매워주어야 한다. 로크의 신(神)은 개인이 공유물을 사유화하는데 2가지 조건을 달았다. 하지만 로크가 소유의 정당화로서 제시한 2가지 조건 중에서 두 번째 조건은 오늘날 지켜질 여지가 거의 없다. 사유화된 물건이 어마어마하기에 그 물건이 상하기 전에 사용하는 것은 불가능하다. 여러 사람의 필요에 제공되어야 할 재화가 그냥 그대로 남겨지고 심지어는 버려진다. 첫 번째 조건에 주목할 수밖에 없다. 이 또한 내용이 달라져야 하는데, 다른 사람들의 공유물이 충분히 남아있지 않기에 공유물에 충분히 기여해야 한다는 원칙으로 바꿀 수밖에 없다.

필자는 '소득과 부의 재분배'에 있어 로크 이론이 시사하는 바가 여전히 크다고 생각한다. 우리는 세상에 더 많은 공유물을 만들어야 한다. 세상 모든 사람들이 접근할 수 있는 '기본재'로서 공유물을 조성해야 한다. 세상을 만들 때 신은 세상을 공유로 만든 후에, 인간이 사유화할 수 있게 했다. 인간의 역사가 진행되면서 '공유의 사유화'가 진행되었고, 인간은 사유의 정당한 조건을 무수히 어겼다. 공유물을 충분히 두지도 않았고, 사유물을 적절하게 사용하지도 않았다. 이제는 사유물이 훨씬 많은 세상에 살고 있다. 그것도 소수의 사람들이 대다수를 소유한 세상에 산다. 사유는 루소가 보았듯이 소유권과 법률에 의해 견고하게 보호를 받고 있다. 많은 사람들은 자신의 노동력 밖에 사유(私有)하지 못한 상황에서 '프레카리아트(Precariat)'로 전락했다. 앞으로 인공지능(AI)의 시대와 더불어 노동자의 노동력조차 설 땅을 잃을지 모를 일이다.[80] 필자는 노동이 인공지능에 의해 대체되는 미래 세상

---

80) 한 언론(2017. 10. 23. 매일경제 'AI권력이 초양극화사회 만든다')에 보도된 보고서(서울공대 연구팀 '미래도시 연구보고서')는 4차 산업혁명이 본격화한 2090년 세계를 극소수가 IT플랫폼 독점하고, 로봇과 경쟁서 밀려난 99.9%는 단순 노동자인 '프레카리아트'로 전락한다고 전망했다. 기계가 인간을 대체하는 AI사회는 '0.003대99.997'이라는 초계급화 사회가 될 것이라는 게 연구팀이 내놓은 섬뜩한 전망이다.

을 대비해 '기본 소득'에 대한 논의가 필요하다고 본다.[81]

누진적 세금 정책을 통해 부자로부터 세금을 걷어 모두가 향유할 수 있는 공공 영역을 만드는 것이 부자들의 사유를 정당화하는데 필수불가결한 요소가 아닐까? 그 방법이 로크가 말한 공유재를 충분하게 하고 사유재가 낭비되는 것을 막는 방법이 아닐까? 교육과 의료를 모든 사람들이 쉽게 접근할 수 있는 공유재(공공재)로 만든다면, 부자들의 사유는 충분히 정당화될 여지가 있다. 물론 공유에 기여하지 않으면 사유를 정당화하지 않겠다는 시도는 현실적으로 실현될 가능성은 희박하다. '공유를 심각하게 생각해 보자는 차원'에서 필자는 '사유의 정당화로서 공유'를 구상했다.

누진적 재분배 정책은 사유로 인해 없어진 공유를 되돌리는 정책이다. 조세를 소득에 따라 누진적으로 책정하여 탄탄한 공공 영역을 제대로 확보해야 한다. 국가는 공공 영역을 탄탄하게 해야 할 의무가 있으며, 사인 또한 마찬가지다. 사유의 확대로 인해, 소수에게 집중된 사유로 인해, 다수가 향유해야 할 공유가 사라지고 있다면 이는 부정의하다. 자원 분배의 기본 구조는 정의의 문제에 해당한다.[82] 누진세를 통한 공공성 확보는 소유의 사유화로 생긴 부정의를 정의롭게 되돌리는 것이다. 그렇다면 누진세를 통한 공공성 확보는 그 자체가 효율적인지 비효율적인지 여부와는 상관없이 그 자체로 정의의 문제일 것이다. 물론 공공성을 확보하는 것이 비정상적일 정도로 비효율적으로 운영된다면 이는 '또 다른' 부정의의 문제이다. 탄

---

81) 하승수 변호사는 '공유'였던 것에서 나오는 이익은 공동의 것이기 때문에 평등하게 배당을 해야 한다는 생각에서 배당을 받을 권리를 주장한다. 본래 공유였던 것이 사유화되었는데, 그로부터 나오는 이익을 공유화해서 시민들에게 배당을 주자는 주장이다. 그는 재원을 마련하는 구체적인 방안으로 증세, 기존 재정 활용, 생태부담금 징수, 토지보유에 대한 과세, 부유세, 금융자산 소득에 대한 과세, 상속·증여세에 대한 과세, 소득세 최고세율 상향, 법인세율 상향, 탈세 근절 등을 주장한다. 하승수, 나는 국가로부터 배당받을 권리가 있다 (한티재, 2015), 14-15면, 122면 이하.

82) Samuel Fleischacker(강준호 역), 분배적 정의의 소사 (서광사, 2007), 20면.

탄한 공공성을 확보하고 효율적으로 유지하는 것은 국가의 의무이며, 그렇게 하지 않는다면 이는 국가의 의무 방관이다.

'재분배에서의 정의'는 일정 수준 공유 부분을 확보하여 사유가 충분하지 못한 사람도 교육과 의료 등에서 최소한의 필요를 충족하고 사회 안전망을 제공받을 것을 요구한다. 공유재(공공재)는 사회의 기본재가 되어야한다. 사회가 건강하게 유지되기 위해서는 공유재가 기본재로서 시민들에게 제공되어야 한다. 시민들은 공유재를 기본재로 인식하고, 이에 대한 권리를 추구할 수 있어야 한다. 누구나 사회에 태어난 이상, 공유재를 누리고 최소한의 인간다운 삶을 영위할 수 있어야 한다.

2) 사유재의 소비 효율성 제고

공유재의 효율성이 낮다고 하지만, 개인의 이기심에 기초한 사유재만큼 낭비되는 것도 별로 없다. (이를 생각해 보면 공유재의 비효율성을 이유로 사유재로 바꾸자는 주장이 허무해진다.) 자신의 소유라는 이유로 필요 이상으로 소비되고 버려진다. 풍요로운 땅에서 버려지는 쓰레기를 보면, 그마저도 부족한 제3국가의 현실이 자연스럽게 떠오른다. 대부분의 자산이 대다수 사람의 필요와 상관없이 소유되고 보유되어 있다. 사유재가 효율적인 것 같지만, 이는 생산의 측면에서만 그렇다. 개인이 사유한 재산은 철저하게 관리되고 효율적으로 증대된다. 생산의 측면에서도 효율성만 강조하다 보면 효율의 덫에 빠지게 된다. 효율을 강조하는 것만이 능사는 아니다.

소비의 측면에서는 사유재 만큼 비효율적인 것이 없다. 여러 명이 충분히 쓸 수 있는 것을 소수만이 누리고 대다수는 배제된다는 점에서 보면, 사유재가 가장 '소비 면에서' 비효율적이다. 한 사람이 막대한 부를 한 평생 간직하는 동안, 수많은 사람들은 1-2달러로 하루를 연명한다.[83] 이 얼마나

---

83) Anthony Giddens(김미숙/김용학/박길성/송호근/신광영/유홍준/정성호 역), 현대사회학 (제4판, 을유문화사, 2003), 55면.

비효율적인가? 헨리 조지(Henry George)는 1879년에 출간한 '진보와 빈곤'에서 '토지사유의 비효율성'을 지적했다. "토지사유제를 인정해야 토지를 적절하게 사용할 수 있는 것이 아니라 그 반대이다. 토지를 사유재산으로 하면 적절한 사용에 오히려 방해가 된다. 토지를 공동재산으로 하면 필요가 있을 때 즉시 사용 내지 개량할 수 있다."[84]

부와 그 부를 소유한 사람의 비율이 너무 부조화를 겪고 있다. 부자에게 가는 부의 비중을 지금보다 낮춰야 한다. 소수가 가진 부의 비중을 낮추는 것이 부자들이 소유한 사유재의 소비 효율성을 제고하는 길이 된다. 물론 사유재의 소비 효율성을 제고하는 방법으로 부자의 사유재산을 무작정 빼는 것은 절대 옳지 않다. 대신 사유재가 공공의 것으로 환원될 수 있는 적절한 수단을 강구해야 한다. 가능하다면 사유화할 수 있는 것을 제한할 필요도 있다. 토지와 건물을 통해 상상할 수 없을 정도의 불로소득을 거두는 것이 자본주의 사회에서 정당하게 이루어지지만, 이는 사실 매우 비윤리적이다.

헨리 조지는 '진보와 빈곤'에서 노동가치설에 입각해 토지사유제를 반대하였다. 토지의 개인 소유를 인정하면 다른 개인의 자연권을 부정하게 되는데, 이는 반드시 불균형한 부의 분배로 나타난다. 헨리 조지는 토지사유제의 궁극적 결과는 '노동자의 노예화'라는 극단적인 표현까지 서슴지 않았다. 현재 노예제도를 철폐하려면 토지사유제를 철폐해야 한다는 입장이지만, 현실적으로 존재하는 토지사유를 없앨 수 없기에 현실적인 방안으로 한발 후퇴하여 불로소득으로 귀속되는 지대를 조세로 징수하자고 제안한다.[85]

빈자에게 부가 지금보다 더 많이 간다면, 이는 빈자의 사유 효율성을 크게 제고하는 길이 된다. 한계비용의 법칙에서도 알 수 있듯이, 부자의 백만

---

84) Henry George(김윤상 역), 진보와 빈곤 (비봉출판사, 1997/2012), 347면.
85) Henry George(김윤상 역), 진보와 빈곤 (비봉출판사, 1997/2012), 322-323면, 327면, 334면, 392면.

원과 빈자의 백만원은 차원이 다른 의미를 가진다. 부자는 백만원이 없어
도 그만이지만, 빈자의 백만원은 그 가족 구성원이 일정 기간 동안 먹고 살
수 있는 값어치가 된다. 한 사람의 어마어마한 부를 빈자에게 적절하게 나
누어줄 수 있다면, 이것보다 더 정의에 부합하는 것이 있을까 싶다.[86]

2. 분배에서의 정의

1) 노동가치의 올바른 평가

이익의 '성호사설' 제8권 '인사문' '생재(生財)'에는 다음 구절이 나온다.

> "대저 재물이란 하늘이 내려주는 것이 아니라, 반드시 백성의 노동으
> 로 생산되는 것이다. 백성이 부유하면 나라도 역시 흥성한다. 따라서 군자
> 가 백성을 다스린다는 것은, 백성을 이끌어 가난에서 벗어나 부유하게 해
> 주는 것일 뿐이다.
>
> 백성을 이끈다는 것은, 말로 하거나 손으로 가리키는 것이 아니라, 백
> 성을 해치거나 겁탈하지 않음으로써 죽음을 싫어하고 살기를 즐겁게 여
> 기도록 하며, 선을 향하고 악을 피하도록 만드는 것에 지나지 않는다. 그
> 러면 저들은 본디 지혜와 능력이 있어, 산택(山澤)의 이익을 잃지 않을 것
> 이니, 마치 물을 도랑으로 끌어내면 웅덩이를 가득 채우고 먼 곳까지 흘
> 러가고, 말을 몰아 목장으로 넣으면 물과 풀을 찾아 말이 스스로 다니는
> 것과 같다.
>
> 그런데 지금은 거대한 토지가 깡그리 권세가와 호강한 자들의 소유물
> 이 되고 말아, 백성은 일년내내 부지런을 떨어도 받는 것은 거우 절반쯤
> 이고, 또 여기서 국가에 바치는 세금과 여타 잡세도 내야 한다. 그래서 자

---

86) 헨리 조지의 푸념을 한번 들어보자. "참으로 답답한지고, 어느 나라의 토지가 그 국민
의 것이라면 토지소유자라는 개인이 지대에 관한 권리를 갖는 것이 어째서 도덕적이
고 정의롭다는 말인가?" Henry George(김윤상 역), 진보와 빈곤 (비봉출판사,
1997/2012), 350-351면.

신이 노동력을 쏟았지만 차지할 수 있는 것은 4분의 1에 지나지 않는다. 또 다른 이의 남는 땅을 얻어서 농사를 지을 수 없는 가난한 백성은 자신의 노동력을 쓸 곳조차 없다. 이런 까닭에 내가 사방 여러 고을을 두루 다닐 적에 촌가에서 묵으며 꼼꼼히 살펴보았더니, 방 안 단지에는 저축한 곡식이 없고 횃대에는 걸린 옷이 없었다. 남편과 아내가 팔을 베고 굶주림을 참을 뿐이었다. 이런 고통은 거의 모든 사람이 동일하였다."[87]

조선 시대에 비할 바는 아니지만, 오늘날 많은 한국인들도 노동력의 대가를 충분히 받지 못하고 노동력을 쓸 곳조차 찾지 못하고 있다. 이에 대한 실증적 조사는 충분하며,[88] 실증적 조사가 아니어도 몸으로 익히 느낄 수 있는 바다. 한 언론매체는 경제협력개발기구(OECD)가 최근 발행한 '한눈에 보는 기업가정신 2017' 자료를 토대로 OECD 국가와 비교하면서 한국의 '고용 없는 성장' 추세를 지적하고, 노동자에게 돌아가는 몫은 거의 최저 수준인 것으로 보도했다. 또한 대기업과 중소기업의 임금격차로 인해 노동자 간 소득 불평등이 심각하다고 보도했다.[89] 1990년 중반까지만 해도 실질임금이 노동생산성과 비슷하게 올라 성장과 분배라는 두 마리 토끼를 잡는 듯 했지만, 90년대 초반과 외환위기 이후 소득 불평등이 악화되었

---

87) 강명관, 책벌레들 조선을 만들다 (푸른역사, 2007/2015), 201-202면에서 재인용함.
88) 조윤제 外, 한국의 소득분배 - 추세, 원인, 대책 (한울아카데미, 2016); 장하성, 한국 자본주의 (헤이북스, 2014); 전병유/신진욱 엮음, 다중 격차 (페이퍼로드, 2016); 전병유 엮음, 한국의 불평등 2016 (페이퍼로드, 2016).
89) "한국 대기업의 총부가가치 대비 노동자에 대한 보상 비중(제조업 기준)은 28%였다. 조사 대상 32개 국가 중 아일랜드, 멕시코(26%)를 빼고는 가장 낮다. 한국과 같은 제조업 강국인 독일 대기업은 총부가가치의 73%를 노동자에게 돌려줬다. 중소기업도 상황은 비슷했다. 한국 중소기업의 총부가가치 대비 보상 비중은 50%로 아일랜드, 일본, 멕시코에 이어 32개국 중 29위였다." "한국의 중소기업(10-19명) 노동자 임금은 대기업의 41.3%에 그쳤다. 조사 대상 30개국 중 멕시코(38.2%)를 제외하고 가장 격차가 크다. 핀란드(70.9%), 스웨덴(69.4%) 등 북유럽 국가일수록 대·중소기업 노동자 간 임금격차가 작았다." 경향신문 2017. 10. 10, 한국 '노동자 몫 보상' OECD 최하위권.

다.[90]· 최상위 계층의 소득 증가율은 이전과 비슷하지만, 그 외 계층의 소득 성장이 정체되고 소득 하위 계층의 실질소득은 감소했다.[91] 더 심각한 점은 소득 불평등이 구조화되고 있다는 점이다. 소득 불평등은 '소득 불평등' 그 자체로 끝나는 것이 아니라, 모든 격차를 만들어낸다.[92]

소득 불평등의 원인으로는 크게 3가지 요인, 산업구조 및 고용구조의 변화, 인구구조의 변화, 노동시장 구조의 변화가 꼽힌다. 한국의 제조업 고용은 중국 등 저임금 국가의 부상 등에 의해 감소했다(1991년에 516만 명이던 제조업 고용자 수가 2009년에는 384만 명으로 줄었다), 대신에 근로자들은 고용안정성이 약하고 임금도 적은 서비스업으로 몰렸다(취업자 중 서비스업 고용비중이 1992년 50%에서 2011년 70%, 약 1700만 명으로 늘어났다). 제조업의 부진과 서비스업의 증가는 한국의 소득분배를 악화시킨 중요한 요인으로 꼽힌다.[93] 비교적 소득수준이 낮은 노인 인구의 증가도 한국의 소득 분배에 악영향을 끼치고, 증가하는 속도는 우리나라 인구 변화와 맞물려 매우 빠르다.[94] 대기업과 중소기업의 임금 격차와 비정규직 고용 증가, 정규직과 비정규직의 임금 격차로 대표되는 '노동시장 구조의

---

90) 한국의 소득분배는 1997년 외환위기 전인 1990년대 초중반부터 악화되기 시작한 것을 통계를 통해 확인할 수 있다. 소득분배를 보여주는 통계로는 지니계수, 10분위 배수에 의한 소득집중도, 중위소득의 50% 미만을 빈곤층, 150% 초과를 고소득층, 50-150%를 중산층으로 규정하고 그 비중과 변화를 비교하는 통계, 3가지 통계가 쓰인다. 조윤제 外, 한국의 소득분배 - 추세, 원인, 대책 (한울아카데미, 2016), 16-17면, 21면.
91) 조윤제 外, 한국의 소득분배 - 추세, 원인, 대책 (한울아카데미, 2016), 16-17면, 27면.
92) 장하성, 한국 자본주의 (헤이북스, 2014), 18면 이하; 조윤제 外, 한국의 소득분배 - 추세, 원인, 대책 (한울아카데미, 2016), 8면 이하; '가정의 소득과 자산, 사교육, 대학진학, 노동시장. 소득의 연결고리'는 다중격차의 불평등, 배제하는 불평등을 낳는다. 이에 대해서는 전병유/신진욱 엮음, 다중 격차 (페이퍼로드, 2016), 37면; 다중격차를 낳는 한국의 가난에 대한 연구로는 김성태/김승래/김진영/임병인/전영준, 우리나라의 빈곤 함정 (해남, 2013); 김수현/이현주/손병돈, 한국의 가난 (한울, 2009/2016).
93) 조윤제 外, 한국의 소득분배 - 추세, 원인, 대책 (한울아카데미, 2016), 16-17면, 41-42면.
94) 조윤제 外, 한국의 소득분배 - 추세, 원인, 대책 (한울아카데미, 2016), 36-37면.

변화'는 한국의 소득분배에 직접적인 영향을 끼쳤다. 대기업 노동조합의 임금 단체협상과 고용 경직성 주장에 대기업은 비정규직 고용이나 용역업체를 통한 파견근로 확대 등으로 대응하며 생산원가를 낮췄다.[95] 한국의 노동시장은 정규직과 비정규직으로 양극화되었고, 그 격차와 이중구조는 심화되고 있다. 물론 소득 불평등은 우리나라에만 국한된 문제가 아니다. 소득 불평등에는 세계적으로 보편화된 원인이 있고, 우리나라에 특수한 원인이 있다. 자본주의의 세계화에 따라 자본은 그 어느 때보다 힘을 얻었지만, 노동가치는 약화되었고 노동자의 힘은 정규직과 비정규직으로 양분되었다.

오늘날 자본주의 사회에서 생산물의 가치는 더 이상 노동이라는 시각에서 바라보지 않는다.[96] 노동가치보다는 사용가치, 효용가치를 더 내세우며, 브랜드 가치를 중시한다. 가격이 교환가치에 의해 결정되면서 노동의 가치는 값을 잃었다. 노동은 대체가능한 것이 되어 점점 더 싼 가격이 매겨진다. 노동의 유연성을 강조하는 시장에서 비정규직은 일상이 되었고, 그 가치는 매우 낮게 책정된다. 점점 기계로 대체되는 노동은 그 가격을 잃게 된다. 반면에 돈의 가치는 대체불가능한 것이 되었다. 노동의 가치는 평가절하되는 반면, 자본의 가치는 점점 평가절상된다.

노동의 노동가치를 제대로 산정할 수 있는 제도적 장치가 필요하다. 시장의 순기능에 반해선 안 되지만, 시장의 잘못된 부분에는 이를 교정하는 장치가 필요하다. 이것이 진정한 시장경제의 모습이다. 올바른 시장경제는 강자와 약자가 계약을 체결하는 시장에서 약자에 도움이 되는 가이드라인을 제시해야 한다. 필요하고 적절한 규제는 시장경제의 필수적인 요소임을

---

95) 조윤제 外, 한국의 소득분배 - 추세, 원인, 대책 (한울아카데미, 2016), 48면.
96) 예컨대 애덤 스미스는 노동에 의한 가치의 결정은 오로지 초기의 전자본주의적 경제, 즉 자본가와 지주가 없는 경제에서만 가능하다고 주장함으로써, 자본주의적 생산 방식에서는 노동가치론을 포기했다. 박영균, 노동가치 (책세상, 2009/2016), 84-85면.

잊지 말아야 한다. 규제 중에는 좋은 규제도 있음을 인지해야 한다. 규제가 문제가 아니라 불필요하고 부적절한 규제가 문제임을 알아야 한다.

노동자의 임금과 노동가치는 값과 가치의 불일치가 일어나는 대표적인 예이다. 오늘날 사람들은 사물의 값을 알고 있지만 그 가치는 잘 모른다. 자본주의적 생산양식에 따라 노동뿐만 아니라 자본도 가치를 생산한다. 금융자본주의 하에서 자본이 생산하는 가치는 당당하게 인정받고 있다. 노동 가치는 여러 가치 중의 하나로 초라해졌다. 하지만 노동자가 받는 임금에 의해, 특히 비정규직 임금을 통해 노동자가 생산한 노동가치가 충분히 보상받고 있는가를 묻지 않을 수 없다. 노동의 대가가 제대로 평가되어야 분배 정의는 실천된다.

재분배의 정의 이전에 분배 단계에서 정의를 확립할 필요가 분명 있다. 장하성 교수는 한국의 불평등 구조는 재분배만으로 교정할 수 있는 범주를 이미 넘어선 정도로 심각하고 구조화되었다고 판단하고, '재분배' 이전에 원천적 '분배'의 불평등을 바로잡는 것이 보다 더 시급하고 근본적인 불평등을 해소하는 방안이라고 보았다.[97]

과도하게 많은 돈이 지불되는 소수의 금융자본가, CEO와 최저임금에 시달리는 육체노동자 간의 월급 차이가 얼마나 큰가? 이 양자 간의 간격을 제한할 필요가 있다. 실제로 이 간격을 12배로 줄이는 것을 국민투표에 부

---

97) 장하성, 왜 분노해야 하는가 (헤이북스, 2015), 29면; 장하성 교수는 그의 책 '왜 분노해야 하는가'에서 '재산 불평등'보다 '소득 불평등'이 더 큰 문제라고 보았다. 따라서 그는 '부의 재분배'가 아니라 '소득의 재분배'를 주장한다. 그는 한국의 소득 불평등은 재산격차가 아니라 임금격차가 만들어낸 것이기 때문에 불평등에 대한 원인 규명과 대안 마련을 위해서는 관심의 초점을 재산보다는 소득에 맞추어야 한다고 주장하지만[장하성, 왜 분노해야 하는가 (헤이북스, 2015), 25면], 필자는 이 견해에 동의하기 어렵다. 피케티(Thomas Piketty)가 '21세기 자본'에서 방대한 데이터를 분석해 밝힌 문제점('자본수익률이 경제성장률보다 높다')을 해결하기 위해서는 소득보다는 재산에 관심의 초점을 두어야 하지 않을까 생각된다. 자본수익률이 경제성장률보다 높아(r>g) 부의 불평등이 심화되는 구조적 현실이 더 큰 문제다.

친 나라도 있다. 스위스에서는 2013년 11월 24일 최고임금과 최저임금의 격차를 12배로 제한하는 법안이 국민투표에 부쳐졌다. 65.3%가 반대하여 부결되었지만, 이는 분배적 정의를 실현하려는 새로운 시도로 보인다. '소득 격차'를 심각하게 생각해야 할 시기는 벌써 지났다. 최저임금에도 못 미치는 임금과 천문학적 액수의 연봉 간의 차이를 무엇으로 설명하겠는가? 최저임금과 최고임금의 격차를 몇 배로 정하는 것이 정의로운 발상이지 않을까? 이런 논의를 심각하게 전개하고 법제화하는 것이 필요해 보인다.

계층간 임금 불평등도 분명 개선되어야 한다. 정규직과 비정규직의 임금 차는 대폭 개선해야 한다.[98] 우리나라의 경우, 중간 임금의 3분의 2 수준보다 낮은 임금을 받는 저임금 노동자가 전체 노동자의 25.2%를 차지하고 있는데, 이는 미국과 함께 OECD 국가 중에서 가장 높은 비율이다.[99] 국내총생산 중에서 서비스업이 차지하는 비중은 감소했지만 고용 비중은 오히려 증가했는데, 이는 금융 위기 이후 서비스업에서 질이 낮은 일자리가 늘어났기 때문이다.[100]

최저임금도 적절한 수준에서 책정되어야 한다. 무엇보다 육체노동에 대한 가치를 평가절상해야 한다. 노동가치에 높은 가격으로 책정하면, 인건비에 대한 비용을 줄이기를 원하는 기업은 점점 더 중국이나 베트남 등으로

---

98) 통계청이 2017년 10월 3일 발표한 '경제활동인구조사 근로형태별 부가조사 결과'를 보면, 2017년 8월 기준으로 비정규직 노동자는 654만 2천명으로 2016년 같은 기간에 견줘 9만 8천명(1.5%) 많아졌다. 임금노동자 1988만 3천명 가운데 비정규직의 비율은 32.9%로 2016년보다 0.1% 올라 최근 5년간 가장 높은 수치를 기록했다. 다만 비정규직 임금이 정규직보다 많이 오른 덕분에 정규직과 비정규직 간의 임금 격차는 2016년보다 다소 줄었다. 시간제 노동자를 제외하면, 비정규직 월평균 임금은 1년 전보다 12만 3천원(6.3%) 오른 209만원이었다. 이는 정규직 임금의 73.5%다. 비정규직 늘었지만 정규직-비정규직 임금 격차는 다소 줄었다. 한겨레 11월 3일 신문, '비정규직 늘었지만 정규직-비정규직 임금 격차는 다소 줄었다'.
99) 장하성, 한국 자본주의 (헤이북스, 2014), 25-26면.
100) 장하성, 한국 자본주의 (헤이북스, 2014), 33면.

이동하려 한다. 중소기업의 경우 비용의 상승에 직면하게 되어 이윤을 창출하기 어려워지는 현실적인 어려움이 있다. 최저임금이 높아지면 최저임금을 지키지 않는 기업이 암암리에 더 많아질 것이라는 우려도 있다. 이 모든 우려의 목소리는 경청한 만한 가치가 있다. 그럼에도 육체노동의 값어치를 경시해서는 이 사회가 건전한 사회라고 할 수 없다. 우리는 기업도 살고 노동자도 살 수 있는 공정한 임금체계를 찾아야 한다.

2) 분배와 인정

분배 정의는 정의론의 일부일 뿐, 전체가 될 수 없다.[101] 대표적으로 호네트(Axel Honneth)와 프레이저(Nancy Fraser)가 공저로 낸 '분배냐, 인정이냐?'에서 '분배와 인정의 관계'를 다루었다. 프레이저는 분석적 차원에서 분배와 인정 두 범주를 상호 환원이 불가능한 동등한 정의의 차원으로 보는 '관점적 이원론'을 제안했다. 이에 반해 호네트는 분배를 파생적인 것으로 다루면서 인정 개념을 통한 '규범적 일원론'을 제시한다.

필자는 분배 정의를 실천하는 것과 인정 문제를 제기하는 것이 무관하지 않다는 입장이다.[102] 분배 정의를 실천하는 것이 노동가치를 인정하는 것이고, 노동자를 인정하는 것이 된다. 이런 의미에서 현행 '비정규직' 제도

---

101) 대표적으로 아이리스 매리언 영(Iris Marion Young)의 '차이의 정치와 정의'가 이 점을 담고 있다. "영은 분배적 정의 패러다임이 제대로 그려내지 못하는 구조적 억압과 지배의 문제가 사회정의의 핵심 주제여야 한다고 강조한다. 부정의의 다양하고 다층적인 양상과 작용을 예민하게 포착하고 개념화하기 위해서 영은 '억압의 다섯 가지 얼굴', 즉 착취, 주변화, 무력함, 문화제국주의, 폭력을 하나하나 고찰한다. 설득력 있는 정의론이려면 이 억압과 지배의 현실을 반드시 설명하고 그에 대처하는 방안을 제시해야만 한다고 역설한다." Iris Marion Young(김도균/조국 역), 차이의 정치와 정의 (모티브북, 2017), 역자의 글, 6면.
102) 필자는 여기서 분배가 상위 개념인지, 인정이 우선 개념인지, 분배로는 정의를 제대로 설명할 수 없다는 식의 논의를 펼치지 않았다. 다만 필자는 분배 정의로는 정의의 일부만을 설명할 수 있을 뿐이라는 입장이다.

는 노동의 가치를 무시하는 잘못된 제도임에 틀림없다. 제대로 된 임금을 주지 않을뿐더러, 해고도 비교적 자유롭다. 낮은 임금과 고용 불안정을 정당화하는 '비정규직' 제도는 분배 부정의, 불인정, 구조적 지배와 억압의 대표적인 제도가 되었다. 비정규직 노동자는 정부 통계로 노동자 세 명 중한 명, 노동계 통계로 노동자 두 명 중 한 명이다.103) 원청기업과 하청기업 간의 임금 격차도 구조화된 문제이다.104)

인간존엄을 관계적 개념으로 이해하는 관점에서 인간을 무시하는 잘못된 사회제도에 초점을 맞춘다면,105) 분배 부정의는 근원적인 차원에는 인정의 문제가 된다. 제대로 인정받아야 할 것이 인정받지 못하는 데서 분배 부정의가 발생한다. 그 근원에는 '구조적 억압과 지배의 문제'가 자리하고 있다.106) '구조적 억압과 지배의 문제'가 표면상으로 분배 부정의와 혐오의 문제 등으로 표출되는 것이다.

분배 부정의가 인정의 문제와 직접적으로 연관되고, 더 나아가 '구조적 억압과 지배의 문제'와도 관련된다면, 이는 인정투쟁의 대상이 된다. 분배 부정의가 심각하고 인간존엄과 인권을 심각하게 침해한다면, 약자의 인정투쟁은 계급투쟁의 양상으로 발전할 수 있음을 역사는 말하고 있다. 사회안전망과 건전한 복지제도가 존속하고, 임금체계가 정의롭게 정비된 사회를 꿈꾸는 것은 헛된 꿈이 아닐 것이다.

---

103) 장하성, 왜 분노해야 하는가 (헤이북스, 2015), 26-27면.
104) 장하성, 왜 분노해야 하는가 (헤이북스, 2015), 28면.
105) '관계적 개념으로서 인간존엄'에 대해서는 고봉진, "상호승인의 결과로서 인간존엄", 법철학연구 제10권 제2호 (한국법철학회, 2007), 193면 이하.
106) Nancy Fraser/Axel Honneth(김원식/문성훈 역), 분배냐, 인정이냐? (사월의책, 2014), 16-18면.

제14장 건강한 사회

필자는 병든 유기체와 병든 사회, 건강한 유기체와 건강한 사회가 비슷하다는 점에 근거해 사회를 유기체에 비유하고자 한다. 사회와 유기체는 '유추' 관계에 있기보다는 '비유' 관계에 있지 않을까 생각된다. 이를 위해 뒤르켐의 '사회분업론'으로 다시 돌아갈 필요가 있다. 뒤르켐은 유기체를 사회에 '유추'하기도 했지만, '비유'하기도 했다.

유기체(생물체)와 사회를 연결하는데 가장 적절한 표현은 '건강'('건강한')이라는 단어라고 생각한다. 건강한 생물체와 마찬가지로 '건강한 사회'라는 표현을 쓸 수 있다. 이러한 언급은 어디까지나 '비유'일 뿐이고 '유추'가 아니다. 사회의 건강은 모든 기능들이 조화롭게 발달할 때 가능하다. 사회 기능들은 자신의 한계 내에서 절제할 줄 알아야 하며 서로 견제를 해야 한다. 그렇지 않으면 조화가 깨지고 질병이 생긴다. 유기체 간에 공존할 수 있어야 자연이 유지되듯이, 사회 구성원 간에도 공존할 수 있어야 사회가 건강을 유지할 수 있다. 이처럼 '건강' 개념은 '유기체 간의 공존' 개념과 관련된다. 필자는 '건강'과 '유기체 간의 공존'이 오늘날 사회이론을 구상하는데 적절한 매체가 될 수 있다고 생각한다.

Ⅰ. 사회의 유기체 '비유'

유기체와 사회는 서로 닮은 점도 있지만 닮지 않은 모습도 많다. 그렇기에 유기체에 적용되는 것을 유추해서 사회에 적용하는 것은 무리다. 그렇다고 생물학과 사회학을 연관지우는 시도가 의미 없을까? '사회의 유기체 유추'가 맞지 않다고 해서 유기체의 작동원리를 사회에 적용하는 것이 의미가 없을까? 사회와 유기체는 유추의 관계처럼 아주 닮은 것은 아니지만 비슷한 구석이 분명 있다. 유추라는 방법보다는, 사회에 적용할 타당한 규칙을 '사회의 유기체 비유'를 통해 얻을 수 있다.

'비유(非喻, metaphor)'는 어떤 현상이나 사물을 직접 설명하지 아니하고 다른 비슷한 현상이나 사물에 빗대어서 설명하는 방법을 말한다.[107] 표현하고자 하는 대상을 다른 대상에 빗대어 표현함으로써, 표현하고자 하는 대상에 새로운 시각을 부여하고자 할 때 '비유'는 사용된다. '비유'와 '유추'는 다른 방법론이다. '유추'는 A와 A'가 비슷하다는 점에 착안해 A에 적용되는 규칙을 A'에 적용하는 것이다. 반면에 '비유'는 서로 다른 점이 분명히 있지만 한 가지 유사점에 근거해 A를 B에 빗대어 표현하는 것이다.

사회와 유기체는 중요한 유사점에 근거해 서로 연결될 수 있다. 예컨대 글과 건축은 서로 다르지만 한 가지 중요한 유사점이 있다. 글은 쌓아가는 것이고 짓는 것이라는 점에서 글을 건축에 비유한다. 글도 건축물처럼 하나씩 하나씩 쌓아가는 것이다.

필자가 보기에 건강한 유기체와 건강한 사회, 건강하지 않은 유기체와 건강하지 않은 사회는 비슷한 점이 많다. '건강한 사회', '건강하지 않은 사회'와 같은 표현에서 사회가 몸에 '비유'되고 있음을 확인할 수 있다. 몸의 건강이란 무엇인가? 몸의 각 부분이 제 기능을 잘 하고 있다는 것이다. 사회 또한 각 기능체계들이 제 기능을 충실히 수행할 때 건강하다고 표현할 수 있다.

유기체의 각 부분이 각자의 기능을 수행하면 전체가 잘 이루어진다. 사회 또한 마찬가지다. 경제체계, 정치체계, 복지체계 등 각자의 기능이 제대

---

107) 네이버 국어사전 참조.

로 작동하면 사회는 무리 없이 돌아간다. 반면에 유기체의 기능 중 일부가 고장나면 그 유기체는 건강을 잃는다. 이처럼 사회도 경제기능이나 복지기능 등 하나라도 제대로 작동하지 않으면 건강을 잃게 된다. 한 체계가 과도하게 작동하거나, 한 체계가 과소하게 작동하면 문제가 발생한다. 한 기능체계가 다른 기능체계를 침범하면 이 또한 문제된다. 이질적인 부분은 그 부분의 관점에서 기능한다. 그럼에도 각 부분이 어울려 전체가 잘 굴러가는 것은 각 부분이 제 기능을 수행하고 있기 때문이다. 하나의 장기가 나빠지면 다른 장기에도 영향을 미치듯이, 경제체계가 무너지면 복지체계에 영향을 미친다. 마찬가지로 복지체계가 무너지면 경제체계에 영향을 미친다.

필자가 규범적 관점에서 제시하는 사회관은 '건강한 사회'이다. '건강한 사회'의 지표는 GDP가 아니다. 의료와 교육, 최저생활 등 사회안전망이 잘 갖추어진 사회가 건강한 사회이다. '건강한 사회'의 지표를 어떻게 정할 것인가? 이에 '사회의 질' 연구가 요청된다.[108)]

사회의 실제 작동원리는 사회를 관찰함으로써 얻어진다. 사회가 어떤 식으로 작동하는지에 대해 통일된 목소리를 찾는 것은 불가능하다. 가치관에 따라, 보는 시각에 따라 사회를 움직이는 작동원리도 다르다. 신학자들은 여전히 사회를 움직이는 신의 뜻을 이야기하는 반면, 맑스주의자는 맑시즘의 시각에서 사회를 바라본다. 이론 차원에서는 사회는 존재하는 것이 아니라 구성되는 것이다. 보는 시각이 달라 그 해답이 다를 수밖에 없다.

필자는 사회를 유기체에 비유하는 방법을 통해 사회의 규범모델을 구하려 한다. 물론 사회는 결코 유기체가 아니다. 유기체와 사회에 존재하는 차이를 간과해서는 안 된다. 사회를 유기체로 만들려는 것은 필자의 의도와는 거리가 있다. 사회를 유기체로 만드는 것은 애초에 불가능하다. 유기체가 건강한 이유가 무엇인지, 유기체가 제 기능을 수행하면서 제대로 작동

---

108) 정진성 外(서울대학교 사회발전연구소 편), 한국사회의 질 (한울아카데미, 2015).

하는 것을 살피면서 그 원리를 사회에 적용할 뿐이다.

사회의 규범적 모델을 설정함에 있어 유기체의 작동원리를 살피는 것이 큰 도움이 된다. 유기체는 기능적으로 분화된 조직들이 각자의 기능을 수행하지만, 전체 차원에서 유기적 협력이 이루어진다. 유기체는 유기적 협력, 유기적 연대의 메커니즘을 그 자신 안에 내재하고 있다. 반면에 현대 사회는 각각의 부분체계가 기능적으로 분화되어 감에도 불구하고, 유기적 연대의 메커니즘을 갖추고 있지 않다. 다시 말해 유기체와 같은 연대의 메커니즘은 사회 자체에는 없다.

유기체는 기능적으로 분화된 조직들이 각자의 기능을 수행하는데 집중할 뿐, 다른 기능조직의 의미 기준에 영향력을 미치지 않는다. 반면에 '자본주의'로 대표되는 현대 사회에서 경제체계는 막대한 힘을 가지고 다른 기능체계가 자신의 의미 기준을 따라 작동하는 것을 방해할 정도가 되었다. 이런 면에서 기능적으로 분화되었다는 것이 한편으로는 맞는 표현이지만 다른 한편으로는 그렇지 않다.

필자는 사회와 유기체가 유기체의 작동 원리를 사회에 유추 적용할 만큼 비슷하다고 생각하지 않는다. 비슷한 점이 있기는 하지만 다른 점이 더 많다. 사회와 유기체는 '유추 관계'에 있다기보다는 '비유 관계'에 있다. 유기체의 작동 원리를 살펴보고, 이를 현대 사회의 규범적 모델에 도입하는 작업은 충분한 가치가 있다.

'사회의 유기체 비유'를 통해 사회의 규범적 모델을 설정하는 작업은 충분히 가능하다. 사회를 유기체처럼 만들 수는 없지만, 유기체가 작동하는 원리에 비추어 사회를 조직하고 운영하려는 '사회학적 상상력'을 발휘하는 것이다. 유기체의 작동원리를 참조하지만 사회에 그대로 적용하기 어려운 것도 있다. 유기체는 유기적 연대의 메커니즘이 내재해 있지만, 사회는 그렇지 않다. 규범을 현실화하는 작업이 지나치게 어렵다는 점을 감안해, 너무 현실과 동떨어진 과제를 설정하는 것은 바람직하지 않다. 유기체에 비유해 사회의 규범적 모델을 설정하는 작업은 '비유'라는 특징에 기초해 유기체의 작동원리를 부분적으로 받아들인다.

Ⅱ. 건강과 유기체 간의 공존

'건강'과 '유기체 간의 공존' 개념은 뒤르켐 이론에서 좀 더 부각되어야 한다.[109] '건강'과 '유기체 간의 공존'이 오늘날 사회이론을 구상하는데 적절한 매체가 될 수 있다. 여기서는 뒤르켐이 다룬 '건강' 개념과 '유기체 간의 공존' 개념을 살펴려 한다. '건강'과 '유기체 간의 공존'은 '사회분업론' 제2권 '분업의 원인과 조건들' 제1장과 제2장에 각각 나온다. 뒤르켐은 '분업의 도덕적 기능 - 유기적 연대', '유기체의 사회로의 유추'를 주로 다루면서 이와 관련하여 '건강'과 '유기체 간의 공존'을 다루었다. 뒤르켐 논의를 전체적인 맥락에서 보면 이러한 구성이 어울릴지 몰라도, 다른 의미로 파악될 수 있다.

1. 사회의 건강

뒤르켐은 '사회분업론' 제2권 제1장 '분업의 발달과 행복의 증대'에서 '건강'에 대해 다루었다. 그가 이 주제를 다룬 직접적인 이유는 분업의 기원이 끊임없이 자신의 행복을 증대시키려는 욕구에 있다는 이론에 반박하기 위해서다. 이 이론에 따르면, 분업은 철저히 개인적이고 심리적인 원인들의 영향에 의해 발달되기 때문에 분업의 발달을 설명하기 위해 사회 구조까지 관찰할 필요는 없다.[110]

---

109) '분업의 비정상적인 형태들'과 더불어 '건강'과 '유기체 간의 공존'은 필자가 뒤르켐 이론에서 좀 더 부각되었으면 하는 두 가지 점이다.

뒤르켐은 ('분업의 발달과 행복의 증대' 제목 표현과는 달리) 분업의 발달이 행복의 증대를 가져오지 않는다고 주장한다. 그는 인간사회가 발전해 갈수록 개인의 행복이 증대한다는 것보다 더 의심스러운 명제는 없을 거라는 표현까지 썼다.111) 가장 단순한 생물체와 가장 복잡한 생물체도 자신들 수준에서 본성을 실현하고 있다면 동일하게 행복을 향유하듯, 정상적 삶을 살아가는 원시인과 정상적 문명인도 마찬가지다.112)

뒤르켐은 '개별적 자극의 강도'와 '개별적 자극의 빈도'를 그 논거로 들었다. 자극이 너무 강하거나 너무 약할 때, 자극이 너무 크거나 너무 작을 때는 더 이상 쾌적한 것으로 느끼지 못한다. 이에 기초해 뒤르켐은 분업이 발달해 개별적 자극의 강도와 빈도가 상승되더라도 행복이 증대하는 것은 아니라는 주장을 했다. 그는 분업이 인간의 행복을 증대시킬 목적으로만 발달해왔다면, 분업은 이미 오래전에 그 극단적 한계에 도달했을 거라고 봤다. 행복을 위해서는 절제된 발달만으로도 충분하며, 평범한 중용의 삶이 행복의 조건을 발견한다는 주장이 일리가 있다는 것이다.113)

뒤르켐이 든 다른 근거는 '인간존재 양식의 변화'이다. 더 큰 행복에 대한 인간의 욕구가 사회분업의 발달을 설명할 수 있기 위해서는 그 욕구 역시 인간 본성에서 점진적으로 성취되어야 하는데 그렇지 않다는 것이다. 인간들 역시 더 행복해지기 위해서 변화되어야 하는데, 변화가 쉽지 않다. 유목인이 정착민의 삶에서 행복을 누릴 수 없고, 수 세기에 걸쳐 이루어진 작업들을 해체하고 옛 사람의 자리에 새 인간을 대체하기 위해서는 한 세대 정도의 시간으로도 충분하지 않다.114)

뒤르켐은 분업의 발달이 행복의 증대를 가져오지 않는다는 주장을 펼치

---

110) Emile Durkheim(민문홍 역), 사회분업론 (아카넷, 2012), 344면.
111) Emile Durkheim(민문홍 역), 사회분업론 (아카넷, 2012), 356면.
112) Emile Durkheim(민문홍 역), 사회분업론 (아카넷, 2012), 360면.
113) Emile Durkheim(민문홍 역), 사회분업론 (아카넷, 2012), 349면.
114) Emile Durkheim(민문홍 역), 사회분업론 (아카넷, 2012), 355면, 356면.

면서, '건강'에 대해서도 짤막하게 언급했다. 뒤르켐은 행복을 '인간의 모든 유기적·심리적 기능들이 규칙적 작용을 수반하는 일반적이고도 일정한 상태'라고 보았다. 그는 '행복'의 구체화된 모습으로 '건강'을 언급하면서, 행복이 표현되는 것은 전체 유기체의 육체적·도덕적 건강이라고 했다.115) '행복'은 건강한 상태와 일치하며, '건강'은 평균적 활동, 즉 모든 기능들의 조화로운 발달을 의미한다.116) 기능들은 서로 절제할 줄 안다는 조건에서만 조화롭게 발달하기에, 이 기능들이 조화롭게 발달하기 위해서는 어느 한계 안에서 서로 견제를 해야 한다. 서로 견제를 하지 못하고 조화가 깨어지고 한계를 넘어설 때 질병이 나타난다.117) 뒤르켐은 신체적 균형의 붕괴는 반드시 유기체에 질병을 가져다준다고 언급하면서, 사회의 균형에 대해 언급했다.

특이하게 보이는 것은 뒤르켐이 '사회분업론' 제1권에서 '분업의 도덕적 기능', '분업의 유기적 연대'를 강하게 주장하면서도, 곧바로 이은 '사회분업론' 제2권 제1장에서 분업의 발달이 행복의 증대, 건강의 증진과 무관하다고 봤다는 점이다. 현대 사회에 더 가까운 사회로 발전할수록 분업은 점진적으로 발달하지만, 발달한 분업이 행복의 증대를 가져오지는 않는다. ('유기적 연대'와 '건강' 중에 어느 개념이 더 상위 개념인지 잘 모르겠다. '유기적 연대'가 더 실현되기 어려운 개념 같은데, 뒤르켐은 그렇지 않은 것 같다. 뒤르켐과 필자의 견해 차이가 여기에서 비롯되는 것은 아닐지 생각해봤다. 뒤르켐은 이에 대해 어떤 대답을 할까?)

동시에 뒤르켐은 분업의 발달과 행복의 감소 사이에도 필연적인 상관관계는 없다고 봤다. 뒤르켐은 행복을 객관적으로 측정하기는 어렵지만, 불행

---

115) Emile Durkheim(민문홍 역), 사회분업론 (아카넷, 2012), 359면.
116) 인간의 의식은 유기체처럼 서로 균형을 이루는 기능들의 체계라고 표현하였다.
    Emile Durkheim(민문홍 역), 사회분업론 (아카넷, 2012), 351면.
117) Emile Durkheim(민문홍 역), 사회분업론 (아카넷, 2012), 350면.

의 정도를 객관적으로 측정할 수 있는 지표를 '자살한 사람의 숫자'에서 구했다. '사회발전과 자살률의 증가' 두 종류의 사실이 공존한다는 것은 분업이 우리가 경험해보지 못한 속도로 이루어지고 발달하는 곳에서는 행복이 아주 심각한 비율로 감소한다는 점을 증명한다. 하지만 뒤르켐은 분업이 행복을 누릴 수 있는 인간의 능력을 실질적으로 감소시켰다는 사실을 받아들일 만한 근거는 되지 않는다고 보았다.[118]

2. 유기체 간의 공존

뒤르켐은 '사회분업론' 제2권 제2장 '분업의 원인들'에서 분업의 발달을 설명하는 원인으로 '사회 환경의 변화'를 든다. 뒤르켐에 따르면, 분절적 사회구조가 사라지고 유기적 사회구조가 등장함에 따라 그 결과로 사회분업이 규칙적으로 발달한다.[119] 뒤르켐은 사회분업이 발달하게 되는 이유를 '사회의 도덕적 밀도나 역동적 밀도'에서 찾았다. 역동적 밀도 또는 도덕적 밀도는 '개인 사이의 상호 접근과 거기에서 비롯되는 적극적 교류'라고 정의했다.[120]

뒤르켐은 사회적 부피의 증가와 밀도의 증가가 더 큰 사회분업을 허용한다는 주장을 넘어 더 큰 사회분업을 필연적으로 가져온다고 주장한다. 사회의 도덕적 밀도가 사회분업의 유일한 변수는 아니지만, 사회분업을 가져오는 결정적 원인이 된다.[121] 사회 대중의 밀집은 인구의 증가를 수반하며 사회분업의 발달을 가져오는데, 그 원인을 '유기체 간의 공존'에서 찾았다.[122] 분업은 생존을 위한 투쟁의 결과로서, 분업 덕분에 경쟁자들은 서로

118) Emile Durkheim(민문홍 역), 사회분업론 (아카넷, 2012), 369면.
119) Emile Durkheim(민문홍 역), 사회분업론 (아카넷, 2012), 379면.
120) Emile Durkheim(민문홍 역), 사회분업론 (아카넷, 2012), 381면.
121) Emile Durkheim(민문홍 역), 사회분업론 (아카넷, 2012), 389면.
122) 뒤르켐은 허버트 스펜서의 견해와 자신의 견해를 비교한다. 스펜서의 견해는 사회적

죽이도록 강요받지 않고 공존하게 된다. 경쟁 대신에 역할 분담을 하고, 분업에 따른 전문화로 서로 공존하면서 살게 된다. 여기에서 뒤르켐은 '사회분업을 가져오는 동인'을 찾았다.[123]

　두 유기체 사이의 경쟁은 그 유형이 비슷할수록 더 치열해지는데, 이는 개체수가 많아지면 더욱 그렇다. 뒤르켐은 밤나무에서 발견되는 200 종류의 곤충들이 서로 아주 좋은 관계를 유지한다고 언급하면서, 독일 생물학자 헤켈(Ernst Heinrich Häckel)의 말을 인용했다. "만약에 모든 곤충들이 같은 종에 속해 있고, 나무껍질이나 나뭇잎을 자양분으로 해서 살아가고 있다면, 이 곤충들이 같은 나무에 공존하는 것은 절대적으로 불가능했을 것이다."[124] 찰스 다윈(Charles Darwin)의 '종의 기원' 한 대목도 등장한다. "나는 전체 면적의 3/4가 잔디밭으로 둘러싸인 땅에서 이러한 사실을 발견했다. 이 지역은 아주 오랫동안 동일한 생활조건에 노출되어 있었는데, 거기서는 18개의 속(屬)과 8개의 과(科)에 속하는 각기 다른 식물체 20종이 자라고 있었다. 그런데 이 사실이 보여주는 것은 이 식물체들이 서로 아주 다르다는 점이다."[125]

부피의 증가가 사회분업을 가속화시킨다는 점을 밝히지만, 뒤르켐이 보기에 진화가 이루어진 방식을 설명할 뿐 진화를 가져오는 동인이 무엇인지를 설명하지 못한다. 스펜서는 문제제기조차도 하지 않은 셈이라며, 스펜서 또한 행복이 노동생산력과 함께 증가한다는 사실만을 인정한 것이라고 언급했다. 뒤르켐은 스펜서와의 비교를 통해, 스펜서와 달리 자신이 사회분업의 동인을 설명했다는 느낌을 갖게 한다. Emile Durkheim(민문홍 역), 사회분업론 (아카넷, 2012), 390-394면.

123) Emile Durkheim(민문홍 역), 사회분업론 (아카넷, 2012), 399-401면; 뒤르켐은 경제학자들은 단지 더 많은 것을 생산하는 것에 분업의 의미를 찾지만, 사회학자들은 우리에게 주어진 새로운 조건들 속에서 생존하는 것에서 찾는다고 표현했다. Emile Durkheim(민문홍 역), 사회분업론 (아카넷, 2012), 409면.

124) Ernst Heinrich Häckel, 자연창조의 역사, 240면: Emile Durkheim(민문홍 역), 사회분업론 (아카넷, 2012), 396면에서 재인용함.

125) Charles Darwin, 종의 기원, 131면: Emile Durkheim(민문홍 역), 사회분업론 (아카넷, 2012), 395면에서 재인용함.

뒤르켐은 인간 역시 동일한 법칙의 적용을 받는다고 하면서 다음과 같이 말했다.

> "동일한 유기체 안에서도 서로 다른 세포들 간의 경쟁을 완화시키는 것은, 그 유기체들이 서로 다른 물질들을 자양분으로 섭취하고 있다는 사실이다. 인간 역시 동일한 법칙의 적용을 받는다. 같은 도시에서 사는 각기 다른 전문직 종사자들은 서로 해치지 않고 공존할 수 있다. 왜냐하면 그들은 서로 다른 목표를 추구하고 있기 때문이다. 군인은 군대의 영광을 추구하고, 성직자는 도덕적 권위를 찾으며, 정치인은 권력을 추구하고, 기업인은 부를 좇으며, 학자는 과학적 명성을 추구한다. 이 경우 각자는 타인의 목적 추구 활동을 방해하지 않고 자신의 목적을 달성할 수 있다. 이는 전문직 종사자의 기능들이 서로 비슷한 경우도 마찬가지이다. 안과 의사는 정신병자를 돌보는 의사와 경쟁하지 않는다. 구두 수선공은 모자 제조공과 경쟁을 벌이지 않으며, 미장이는 가구 제조업자와 경쟁을 벌이지 않고, 물리학자는 화학자와 경쟁을 벌이지 않는다. 그들은 서로 다른 서비스를 제공하기 때문에 함께 공존하며 자신들의 활동을 할 수 있다. 그러나 그들의 기능이 유사할수록 그들 간에는 접촉점이 더 많이 생기고 결과적으로 서로 투쟁을 하게 된다. 이 경우 그들은 서로 다른 수단을 가지고 유사한 욕구를 충족시키기 때문에, 상대방의 영역을 침범하는 것은 필연적이다."[126]

마이클 왈저(Michael Walzer)가 주장하는 바와 비교할 필요가 있다. 왈저는 정의의 원칙들은 그 형식에서 그 자체가 다원주의적이라면서, 상이한 사회적 가치들은, 상이한 근거들에 따라 상이한 절차에 맞게 상이한 주체에 의해 분배되어야 한다고 주장한다.[127]

---

126) Emile Durkheim(민문홍 역), 사회분업론 (아카넷, 2012), 396-397면(이탤릭체는 필자에 의한 것임).
127) 물론 사회적 가치들 그 자체에 대해 서로 다른 주체들이 서로 상이한 방식으로 이해

"*이미 확립되어 있던 제반 영역의 자율성이 무너진다면, 그래서 한 영역에서 성공을 거둔 사람이 다른 영역에서도 연이어 성공하고 결국 모든 분야에서 성공한다면, 그리하여 가치들을 아마 불법적으로 전환할 필요조차 없이 더욱 축적하게 된다면 어떻게 될까? 이것은 분명 불평등한 사회로 나아갈 것이다.*"[128]

뒤르켐의 다음 문장과 비교해 보라.

"특정 유기체는 욕구와 불균형을 이루는 비정상적인 활동 상태에 도달하게 되며, 이렇게 과장된 발전에 의해 야기된 에너지 소모를 보충하기 위해, 다른 유기체로 가는 영양분을 자신이 취해야만 할 때가 있다. 너무 많은 공무원, 너무 많은 군인, 너무 많은 장교, 너무 많은 중개인, 너무 많은 성직자들을 가진 사회가 바로 그 대표적 사례이다. 이 경우 다른 직업을 가진 사람들은 이런 비대한 기관 때문에 고통을 받는다. 그러나 이 모든 사례들은 병리적인 것이다. 이와 같은 상황이 벌어진 이유는 유기체의 영양 공급이 규칙적으로 이루어지지 않았거나 그 기능 간의 균형이 깨졌기 때문이다."[129]

필자는 뒤르켐의 주장에 전적으로 동의하면서도, 한편으로 이상한 부분을 발견했다. 뒤르켐은 '사회분업론' 제1권에서 분업의 효과를 논할 때는 유기체를 사회에 유추하면서 '유기체 *내의* 유기적 연대'를 사회에 적용해 '분업의 유기적 연대 효과'를 주장했다. 이것이 뒤르켐의 주된 주장이었다.

하며, 상이한 이해들은 역사적이고 문화적인 특수성의 필연적 산물이라는 입장도 밝힌다. 이에 대해서는 또 다른 논의가 요한다. 왈저가 말하는 '성원권'도 마찬가지다. Michael Walzer(정원섭 外 역), 정의와 다원적 평등 - 정의의 영역들 - (철학과현실사, 1999), 34면.

128) Michael Walzer(정원섭 外 역), 정의와 다원적 평등 - 정의의 영역들 - (철학과현실사, 1999), 56면(이탤릭체는 필자에 의한 것임).

129) Emile Durkheim(민문홍 역), 사회분업론 (아카넷, 2012), 403면.

특이하게 생각된 점은 뒤르켐이 제2권 제2장 '분업의 원인들' 후반부에서 '유기체 *내의* 유기적 연대'가 아니라, '*서로 다른* 유기체가 공존하며 살아가는 방식'을 다룬다는 점이다. 물론 동일한 유기체 안에서도 서로 다른 세포들 간의 경쟁을 완화시키는 것은 그 유기체들이 서로 다른 물질들을 자양분으로 섭취하고 있다는 사실이라는 점을 한 문장으로 짧게 언급하면서 '유기체 내의 공존'을 다루고 있기는 하다. 하지만 여기서 주로 다룬 것은 '유기체 *간의* 공존'이었다. 뒤르켐은 '유기체 간의 공존'에 빗대어, 분업을 통해 사회 속의 사람들이 경쟁을 피하고 공존한다는 접근방식을 취했다. 뒤르켐은 유기체들이 서로 다른 물질들을 자양분으로 섭취하기에 공존할 수 있다고 보았다. 이는 서로 다른 유기체 사이에 경쟁이 덜한 것을 의미하며, '유기체 내의 유기적 연대'와는 다른 표현임에 주목해야 한다. '유기체 내의 연대'와 '유기체 간의 공존'은 엄연히 다른 내용이다.

III. 규범적 과제로서 '체계 분화'

필자는 사회를 유기체와 동일하게 보는 방식에 의문을 품는다. 사회를 유기체로 보는 것은 각각 차이가 있지만 콩트, 스펜서, 뒤르켐의 공통점이었다. 사회는 유기체처럼 점점 기능적 분화가 이루어진다. 하지만 사회는 유기체가 아니어서 유기적 연대가 자연스럽게 따라오지 않는다. 사회에 유기적 연대라는 목표를 세우면 과도한 설정이 된다. 유기적 연대가 사회에 내재해 있는 게 아니기 때문이다.

오늘날 자본주의 사회에서 기능적 분화는 제대로 이루어지지 않고 왜곡된 형태로 나타난다. 기능적 분화가 그 나름으로 이루어지는 것 같지만 그 안에는 자본의 힘이 작용한다. '자본주의의 총체성'은 자신에 맞게 체계를 형성해 가기에, 독자적인 의미 체계가 '자본주의'에 맞추어진다. 기능적 분

화의 왜곡은 '경제체계에 의한 他 체계의 식민지화'로 나타난다. 경제체계
와 다른 체계를 살펴보면, 경제체계는 심장이나 뇌와 같이 중요한 기관에
비유할 수 있지 않을까 싶다. 심장은 다른 기관에 피를 공급하지만 그 기관
을 좌지우지하지는 않는다. 심장 外 다른 기관도 자체적으로 작동한다. 반
면에 복지체계는 자율성이 상당히 약해 그 자율성을 증진시키는 방안이 필
요하다. 독자성을 갖춘 체계라면 꾸준히 유지되지만, 고유한 의미 기준을
갖지 않는 영역은 어떻게 되는가? 사라져야 할 운명인가? 필자는 '시장에
의한 공공영역의 잠식', '시장형 인간에 의한 시민의 축소' 등에서 사회병
리적 현상을 찾는다. '경제체계에 의한 他 체계의 식민지화'를 사회병리적
현상으로 파악한다. 김덕영 교수도 필자가 보는 것을 본다.

> "근대화는 경제적 근대화에 국한되는 것이 아니다. 그것은 정치, 경제,
> 문화, 종교, 과학(학문), 예술, 윤리 등 인간 삶의 전 영역을 포괄하는 보
> 편사적 과정이다. 경제적 근대화는 이 과정의 일부분일 따름이다. 그러므
> 로 한국 사회가 환원적 근대화를 넘어 진정한 근대화의 길로 나아가려면,
> 그 다음 단계로 모든 사회적 제도와 조직 그리고 집단이 근대화의 주연이
> 되어야 한다. 다시 말하자면, 경제적 근대화에서 사회적 근대화로 이행해
> 야 한다. 이는 사회의 모든 부분체계가 자신의 고유한 논리와 규칙에 따
> 라 주어진 기능을 수행함으로써 사회의 유지와 발전에 기여하는 것을 뜻
> 한다. 그 어떤 부분체계도 다른 부분체계(들)에 예속되거나 그것(들)의 지
> 배를 받아서는 안 된다. 다시 말해 사회의 부분체계들 사이에 부속화나
> 식민지화가 일어나서는 안 된다."130)

필자는 사회의 병리적 현상에 대한 대책으로 거시적 접근을 한다. 경제
가 전체를 아우르는 것이 아니라, 경제, 법, 학문, 예술, 종교, 교육, 복지
등이 각각의 영역으로 기능적 분화하는 것을 규범적 과제로 삼는다. 기능

---

130) 김덕영, 환원근대 (길, 2014), 343면.

적으로 분화된 현대 사회는 기능적 체계로 분화될 수밖에 없다. 체계로 변화하는 사회를 이전 사회의 특징을 찾으려는 시도가 과연 바람직할까? 현대 사회를 이전 사회로 되돌릴 수는 없다. 도시화가 진행된 사회를 어떻게 시골로 다시 돌릴 수 있는가? 문제점을 이전의 해결책이 아니라 현대에 맞는 해결책으로 풀어야 한다.

　루만(Niklas Luhmann)에 따르면, 사회의 기능적 분화를 전제로 한 사회 기능체계의 해결책이 있을 뿐이다.[131] 기능체계는 다른 기능체계의 기능을 떠맡을 수 없으며, 다른 기능들이 다른 곳 어디에선가 충족된다고 전제한다.[132] 물론 루만의 '체계 분화 이론'에는 다음과 같은 의문이 있다. 루만이 다루는 '체계 분화'가 '유기체의 분화'처럼 자율적인가 하는 점이다. 사회의 부분체계도 유기체의 부분처럼 자율적으로 생산되고 움직이는가? 경제체계처럼 자율성이 강한 부분체계도 있지만 복지체계처럼 자율성이 약한 부분체계도 있다. 루만은 자기준거 개념을 사회에 *직접* 적용했지만,[133] 우

---

[131] '기능적 분화'에 대한 루만의 언급으로는 Niklas Luhmann(장춘익 역), 사회의 사회 2 (새물결, 2012), 857-858면; Niklas Luhmann(박여성 역), 사회체계이론 2 (한길사, 2007), 338면, 362면; Niklas Luhmann(이철 역), 사회의 학문 (이론출판, 2019), 573면, 728면; Niklas Luhmann(윤재왕 역), 사회의 법 (새물결, 2014), 723면, 726면; Niklas Luhmann(서영조 역), 사회의 정치 (이론출판, 2018), 96면. 168면; Niklas Luhmann(박여성/이철 역), 예술체계이론 (한길사, 2014), 155면, 263면; Niklas Luhmann(이철/박여성 역), 사회의 교육체계 (이론출판, 2015), 152면; Niklas Luhmann(Dirk Bäcker 편집, 이철 역), 사회이론 입문 (이론출판, 2015), 108-109면.

[132] Niklas Luhmann(장춘익 역), 사회의 사회 2 (새물결, 2012), 864면.

[133] "이런 점에서 우리가 앞으로 전개할 연구는 사회체계들의 이론에만 국한될 것이다. 따라서 사회체계와 유기체 및 기계 사이의 (상당한 비판을 받은) 직접적인 유추관계는 배제된다. 그렇다고 더 포괄적인 요구를 해결하려는 일반체계이론으로의 지향을 배제하려는 것은 아니다. 따라서 우리는 방법론적으로는 유추보다는 일반화와 재(再)구체화라는 방식을 택할 것이다. 유추의 방식을 택할 경우, 유사성이 본질로 호도될 수 있다. 그런 점에서 일반화와 재구체화가 오히려 (더) 중립적인 방식이라고 말할 수 있다. 어쨌든 그 방식은 체계유형들 사이의 차이에 대한 분석을 더욱 섬세하게 다듬어줄 것이다." Niklas Luhmann(박여성 역), 사회체계이론 1 (한길사, 2007),

리는 마투라나(Humberto Maturana)처럼 루만이 자기준거 개념을 유추 적용했는지 여부를 다시 '관찰'해야 한다.134) 루만의 '체계 분화'는 자본주의의 총체성으로 인해 '체계 통합'이 되는 것을 아닌지 의심할 수도 있다. 루만이 '체계 분화'로 '기능적 분화'를 제한해 다룸으로써 다른 영역, 예컨대 역할, 직업, 인종 등에 나타나는 기능적 분화를 간과하고, 그 기능적 분화 속에 내재한 계층화의 문제를 소홀히 다루지 않는지 의심할 수 있다. 또한 루만은 세계사회를 상정하고 기능적으로 분화된 체계로 세계사회를 구상하지만, 필자가 보기에는 아직 세계사회가 되지 않았고 하나의 기능체계를 언급할 수도 없다. 경제체계부터 시작해 세계를 아우르는 하나의 기능체계

80면; "'자기생산'이라는 생물학적 개념을 사회과학에 '수용'하는 것에 대해 끊임없이 비판이 제기되는 사정에 비추어 다시 한 번 다음과 같은 점을 지적하고자 한다. 즉 자기생산이라는 개념을 적용하는 것은 결코 생물체계와 사회체계의 유사성을 들어 논증하는 유추 논증이 아니며, 또한 어떤 은유적인 의도가 있는 것도 아니다. […] 우리 입장에서는 과연 이 개념이 살아있는 생명체계에 적용될 수 있는지 여부는 전혀 중요하지 않다. 따라서 이 개념을 사회체계에 적용하면 개념의 창시자인 마투라나와 바렐라의 의도를 완전히 그르친 것이라고 말하는 것은 우리에게는 결코 반론이 될 수 없다." Niklas Luhmann(윤재왕 역), 사회의 법 (새물결, 2014), 75-76면, 742면; 루만은 마투라나의 자기생산 개념을 쓰기 전에도 유기체에 대한 은유적 유비에 반대했다. "유기체나 사이버네틱스 기계 개념에 대한 은유적 유비를 가지고 헤쳐 나가려는 시도. 하지만 이 시도들은 의미구성 체계의 특성을 인식할 가능성을 제공하지는 못한다." Jürgen Habermas/Niklas Luhmann(이철 역), 사회이론인가, 사회공학인가? 체계이론은 무엇을 수행하는가? (이론출판, 2018), 28면.

134) 마투라나는 루만이 아우토포이에시스 개념을 사회에 적용하는 것을 반대했다. 마투라나가 보기에, 아우토포이에시스 개념을 사회현상들을 설명하는 원리로 사용하는 것은 서술되어야 할 사회현상들을 밝히지 못하고 모호하게 하는 경향이 있다. 루만은 현상들이 유사하다고, 상황들이 비교가능하다고 봤지만(이는 마투라나가 루만을 관찰한 것이다), 마투라나는 이를 옳지 않다고 보았다. Humberto Maturana(서창현 역), 있음에서 함으로 (갈무리, 2006), 170-171면; 마투라나와 루만의 입장 차이에 대한 루만의 언급은 Niklas Luhmann(윤재왕 역), 사회의 법 (새물결, 2014), 146-147면; 하지만 루만은 "자기생산 개념을 다른 영역에 적용할 수 있는 가능성에 관련해 나는 마투라나와 상당히 오랜 토론을 했다"고 146면에 밝힌다(이탤릭체는 필자에 의한 것임).

를 말할 수 있는 부분이 점점 늘어날 뿐이다. 이 모든 의문점과 비판점에도 불구하고, 필자는 '체계의 기능적 분화'를 '규범적 개념' 내지 '규범적 과제'로 설정할 수 있는 장점이 있다고 본다.[135]

필자는 정치체계, 경제체계, 법체계, 학문체계, 예술체계, 복지체계 등으로 기능적으로 분화된 사회체계를 상정하고, 각 체계는 각 체계의 일을 하고 다른 체계에 간섭하지 않을 것을 요구한다. 특정 기능체계는 다른 기능체계를 침범하지 않아야 한다. 양자 간에는 체계의 독자성에 기초해서 적절한 관계를 유지해야 한다. 자본주의는 경제체계에만 국한되어야 한다. 자본주의가 총체화되면 경제체계 뿐만 아니라 다른 체계를 자본의 지배하에 두게 된다. 정치체계, 학문체계, 예술체계는 그 나름의 기준으로 운영되는 체계임에도 자본의 힘에 휘둘린다. 복지체계와 같은 체계는 국가들이 세계화된 경쟁에 몰입한 나머지 제대로 형성되지 못한다. 자본의 기준에서 볼 때, 복지체계를 축소하는 것이 타당해 보이기까지 한다. 비효율적인 공공 시스템은 효율적인 민영화 시스템으로 전환된다.

사회 현상을 기술하는 차원에서는 기능체계의 작동과 새로운 기능체계의 발생 등을 목격할 수 있지만, 그 기능체계가 인간의 노력 없이 체계 자체만으로 만들어지는 것일까? 어떤 체계는 자율적으로 기능하지만, 어떤 체계는 자율성이 떨어진다. 사회 질서는 유기체의 질서와 같지 않고 그렇다고 해서 인위적인 질서도 아니다. 그 중간쯤에 위치한 것 같다.[136] 자기

---

135) 루만 체계이론이 공공성의 문제를 어떻게 다루는지에 대한 상세한 설명은 김원섭, "다중맥락사회에서 사회통합과 공공성", 한국사회 제13집 제1호 (고려대학교 한국사회연구소, 2012), 123-157면; 김원섭, "루만의 자기생산적 체계이론에서 본 공공성", 한국사회 제14집 제2호 (고려대학교 한국사회연구소, 2013), 113-138면; 루만의 '기능적 분화' 이론을 비판적으로 고찰하면서 분화와 탈분화의 이론적 해체와 재구성을 주장하는 논문으로 김종길, "기능적 분화로서의 모더니티", 사회와이론 제15집 (한국이론사회학회, 2009), 39-77면.

136) "스스로 조직되는 과정을 환기하면서 우리는 유기체의 개념에서 단순한 이미지를 보는 것이 타당한가 자문해 볼 수 있다. *사회의 질서가 자연의 질서와 똑같을 수는*

생산성이 떨어지는 기능체계를 인위적으로 부양하기에는 역부족인 부분이
사실 있다. 그렇다고 자율성이 떨어지는 체계라고 해서 그냥 도태되게 둘
것인지는 의문이다. 독자적으로 분화하고 강력한 힘을 발휘하는 경제체계
만 '체계'로서 인정할 것이 아니다. 독자적으로 분화할 힘이 약하고 세계화
된 경제 아래에서 힘이 점점 약해지는 복지체계는 우리가 '체계'로서 만들
어나가야 한다. 우리 사회의 경우 의료체계에서는 만들었지만, 교육이나 주
거에서는 만들지 못했다. 경제체계에서 통용되는 원리가 공공영역에까지
확장되어서는 안 되고, 반대로 공공영역에 적용되는 원리를 경제체계에 적
용해서는 안 된다. 예컨대 '경제의 민주화'는 (그 주장하는 바에는 공감하
지만) 경제체계가 이윤의 원리에 따라 움직인다는 점에서 타당하지 않은
단어라고 생각한다. 경제체계는 시장경제의 효율성에 따라 운영되어야 한
다. 경제는 자율성이 강해서 규제한다고 규제되는 게 아니다. 다만 자본주
의의 큰 물결이 다른 체계의 운영을 결정짓는 것을 막아야 한다. 정치자금
법, 로비금지법 등을 통해 경제가 정치에 미치는 영향을 막아야 한다. 규범
적 좌표는 '경제의 민주화'가 아니라 '경제의 한계 설정'이 아닐까 싶다.

  아울러 사회의 어렵고 힘든 사람들을 위한 기능을 담당하는 체계를 특화
할 것을 주문한다. 시스템이 형성되면 이를 역으로 되돌리기가 어렵다. 오
랜 세월에 걸쳐 시스템은 형성된다. 그렇기에 시스템이 형성될 때 인간에
봉사하는 시스템을 잘 만들 필요가 있다. 사회복지 시스템이 대표적이다.
북유럽 국가들은 사회복지 시스템을 잘 구축했다. 그들과 우리의 역사가

---

*없지만, 그렇다고 해서 인위적인 질서도 아니다. 말하자면 그 중간쯤이다. 그것은 유
기체처럼 태어나고 발전해 가지만 동시에 지성과도 관계가 있다. 그러므로 생명의
진화와 사회의 생성 사이에는 일종의 연속성이 있다. 이와 같이 생명은 가장 단순한
유기체로부터 인간, 그리고 그 완성인 사회와 서로 소통한다. 사회의 발전은 어떻게
보면 생명의 발전을 연장하게 될 것이다. 결국 사회를 진화 질서의 산물로 여기는
것은 놀랄 일이 전혀 아니다. 사회의 언어가 그 놀라운 예이다.*" Arnaud Guigue(민
혜숙 역), 법, 정의, 국가 (동문선, 1996), 120면(이탤릭체는 필자에 의한 것임).

다르고 문화가 달라 그들의 시스템을 우리에게 직접 적용할 수는 없다. 하지만 그들의 복지 시스템에서 배울 점이 많다. 공공시스템과 복지체계의 구축은 진보와 보수의 끊임없는 대립 속에 정치체계의 작동과 경제체계의 작동 가운데 생성된다. 사회체계가 기능적으로 분화되었지만, 모든 기능체계가 똑같은 힘을 가지고 있지 않다. 예컨대 경제체계와 정치체계는 사회문제에 미치는 영향이 다른 부분체계의 그것보다 훨씬 강력하다. 공공시스템(복지체계)이 제대로 수립되지 않은 국가에서 경제체계나 정치체계가 공공시스템(복지체계)에 미치는 영향은 막대하다. 유기체에서 심장이나 뇌가 중요한 기능을 수행하는 것처럼, 사회에서도 경제와 정치는 심장과 뇌와 같은 기능을 수행한다. 복지체계는 정치체계와 경제체계의 영향 하에 만들어지며, 자기준거성을 갖기까지는 꽤나 오랜 시간이 필요하다.

오늘날 세계화된 시대에 국가의 역할은 점점 더 막중해지지만 역설적이게도 공공시스템을 구축하는 기능을 놓치고 있다.[137] 특히 세계화된 공화국이 도래하지 않은 현실에서 여전히 국가의 역할은 중요하다. 결코 도외시되어서는 안 된다. 기능적 분화 과정을 잘 제어하고 관리하는 체제는 여전히 국가여야 한다.[138] 약자를 돌보는 기능을 담당하는 특화 체계를 만들고 발전시키는 역할을 국가가 담당한다. 세계화된 경쟁에 의해 경제체계에 주도권을 줄 수밖에 없지만, 경제체계에 의해 다른 체계가 무너지지 않도록 국가는 약한 부분을 건실하게 하는 역할을 담당해야 한다. 국가의 역할

---

137) Zygmunt Bauman(한상석 역), 모두스 비벤디 (후마니타스, 2010/2015), 8-9면.
138) "우리는 저마다의 직능이 뚜렷하게 나뉘고 갈라진 사회 속에 살고 있다. 약은 약사에게, 진료는 의사에게, 농사는 농업인에게! 이처럼 사회 체계가 기능적으로 분화되는 것은 산업자본주의 체제가 성립한 이후 거스를 수 없는 흐름이 되었다. 그러나 분화는 불통의 씨앗을 간직하기 마련이며, 전문화는 폐쇄성의 암초를 만나기 십상이다. 따라서 사회 체계의 기능적 분화 자체를 부정할 수는 없지만, 분화 과정을 잘 제어하고 관리하는 체제(regime)가 중요하다." 김정섭, "농촌 지역사회를 돌보는 농민의 농업", 한국농어민신문 2018.12.11, 15면.

은 세계화된 시대일수록 더 강조되어야 한다. 물론 그 적절한 운용은 계속 논의되어야 하고, 세계화의 흐름 속에서 변모된 모습을 보일 수밖에 없다. 그럼에도 국가의 과제는 흔들림 없이 충실하게 수행되어야 한다.[139]

IV. '도외시된 사람들'을 위한 기능체계의 발전

'건강'과 '유기체 간의 공존'은 오늘날 '기능적 분화'와 연결된다. '건강'과 '유기체 간의 공존'이 '신념과 감정의 공동체'에 연결되면 더 좋겠지만, 오늘날 이것을 기대하기는 어렵다. 분업과 복잡성으로 인한 기능적 분화는 '신념과 감정의 공동성'이 약해짐에도 다른 방법으로 약자와 도외시된 사람들을 다룬다. 그것은 이를 다루는 '전문 기능체계의 형성과 발전'이다. '의식의 공동성'이나 '자아의 연고성'을 강조하는 방법이 아니라 이 문제를 별도로 다루는 기능체계를 발전시킨다. 연대의식이 공동체성에서 자연스럽게 나오지 않지만, 연대의식을 이 기능체계의 구체화를 통해 발전시킨다. 하지만 그 정도는 공동체보다는 낮다고 볼 수밖에 없다.

근대 이후 분업은 생산성의 증대를 초래하며 국가의 부를 증대시켰다. 분업에 기초해 교역이 일어났고, 분업이 심화되어 새로운 영역이 개척되었다. 세계의 부는 근대 이후 급속하게 증가되었다. 인류 역사에서 근대 이후 현대처럼 발전에 발전을 기한 시기가 없다. 근대 이전에 비하면 오늘날 많은 사람들이 먹고 살만해졌다. 분업과 자본주의는 대다수 사람들에게 풍요

---

139) 필자의 글은 '사회분업론'에 나타난 뒤르켐의 초기 이론을 비판하는데서 시작했지만, 필자는 뒤르켐의 기본 사상에는 동조한다. 뒤르켐은 사회를 중시했고, 국가의 역할을 강조했다. 일례로 그는 '교육과 사회학'에서 교육의 사회적 성격을 강조하면서, 교육과 국가의 역할을 강조했다. Emile Durkheim(이종각 역), 교육과 사회학 (배영사, 1978/2019), 94면.

로운 생활을 가져다주었다.

하지만 신자유주의 경제질서는 정규직과 비정규직이라는 이상한 구분을 가져왔다. '총체화된 자본주의'에서 경제체계가 과도하게 사회를 규정하면서 분업의 연대 효과는 상실되었다.[140] '이윤 극대화'의 원리가 경제뿐만 아니라 사회 곳곳에 영향력을 발휘하면서 '분업의 비정상적인 형태들'이 곳곳에 나타났다. 오늘날 비정규직 문제에 실효성 있는 대책을 수립하는 것조차 어렵다.

기계 문명에 이어 인공지능의 발전으로 인간과 기계/로봇이 분업하게 되었고, 일부 사람들은 소외되었다. 노동을 제공하는 노동자의 인격은 대우받지 못하고 점점 노동자의 임금은 비용으로 처리된다. 4차 산업혁명이 논의되는 현재는 기계가 노동자를 점점 대신한다. 노동자의 일자리를 줄고 기업의 비용은 줄어든다. 이럴수록 사회 약자를 돌보는 기능체계가 발전되어야 한다. 복지와 사회안전망의 확보는 체계를 통해 구축되어야 한다. 연대는 (뒤르켐이 주장하는) '분업'이 아니라 '체계'를 통해 구축되어야 한다. 사회의 존재는 점점 사회적 기능체계에 의존한다.[141]

---

140) 뒤르켐 이론을 연구하는 학자들도 같은 문제의식에서 뒤르켐 이론을 살핀다. 한국사회이론학회 엮음, 뒤르케임을 다시 생각한다 (동아시아, 2008), 39면, 273면, 277면, 282면 이하.

141) Emile Durkheim(민문홍 역), 사회분업론 (아카넷, 2012), 603면; 루만의 주장을 참조하라. "여기서 제안한 것처럼 자기생산적 사회적 체계들에 관한 이론과 기능적 분화라는 개념을 결합하면 근대 사회의 이론을 위한 출발점을 얻을 수 있다. 짧은 공식으로 요약해 말하자면, 중복의 단념과 함께, 즉 다기능성에 대한 단념과 함께, 상당한 정도의 복잡성 증가가 실현될 수 있다. - 하지만 수많은 후속 문제들을 낳는다. *이러한 기술은 고전적 사회학에서 분업론이 차지했었던 이론적 위치를 점한다.* '중복의 단념'이란 기능들을, 그것도 바로 가장 중요한 사회의 기능들을, 다중적으로 뒷받침하는 것을 단념한다는 것을 뜻한다. [⋯] 이 모든 것을 유발한 것은 중복의 단념과 복잡성 증가의 연관성이다. *사회의 가장 중요한 기능들은 오직 그것을 위해 독립분화된 기능체계들 안에서만 필요한 성취 수준에서 실현될 수 있다.*" Niklas Luhmann (장춘익 역), 사회의 사회 2 (새물결, 2012), 872-873면(이탤릭체는 필자에 의한 것임).

뒤르켐은 '사회분업론' 제일 첫머리에서 '분업의 기능이 무엇인가'라는 질문은 그 기능이 어떤 욕구를 충족시키는가를 찾아보는 것임을 말했다.[142] 기능의 분화에서 도태된 사람들이 나타나고 그 가운데 고통이 있다면, 인간 사회에는 그 고통을 줄이고자 하는 욕구가 자연스럽게 생겨난다. 이러한 욕구에 대응해 각 나라는 복지체계와 사회안전망을 구축한다. 전 세계의 기아 문제에는 국제적 원조 기능이 생겨난다. 이 지점에서 '인정이론과 체계이론의 연결 가능성'을 생각한다. '기능의 분화에서 도태되는 사람들'을 위한 기능체계를 구상해 본다. 이는 물론 새로운 것은 전혀 아니다. 우선 여러 선진국가의 복지국가 모델에서 확인해 볼 수 있다.

인간의 공감, 이타심을 증진시켜줄 '기능체계'가 필요하다. 시민 의식은 자동적으로 형성되지 않는다. 과도하게 분배된 곳과 과소하게 분배된 곳을 확인하고, '소득과 부의 재분배'를 행해야 한다. 과도하게 인정된 곳과 과소하게 인정된 곳을 확인하고, '인정의 재분배'를 행해야 한다. 소득 재분배 제도를 마련해야 하고, 인정투쟁을 전개해야 한다. 자율적으로 분화되는 기능체계가 있는 반면에, 그렇지 못한 기능체계가 있다. '자본주의의 총체성' 문제에 대처해 현대 사회는 기능적 분화를 규범적 과제로 삼아야 한다.

---

142) Emile Durkheim(민문홍 역), 사회분업론 (아카넷, 2012), 85면.

제15장 기능적 분화와 사회 연대

현대 사회는 단순한 원리로 설명할 수 없는 복잡한 사회가 되었다. 하나의 원리로 경제, 정치, 학문, 예술, 복지를 운영할 수 없다. 전지전능한 신이 아닌 이상, 각각의 자율적인 원리를 인정하지 않고서는 전체 사회는 운영될 수 없다. 각각의 자율적인 운영을 기반으로, 각각의 자율적인 운영을 존중해야 비로소 어떤 정의로운 주장 또한 실효성을 갖게 된다. 그렇지 않은 주장은 이론적으로는 타당할지 모르나 현실에서는 힘을 잃는다.

필자는 '규범적 과제로서 기능적 분화'를 주장하나, 이는 사실 현대 사회를 대표하는 자본주의와는 배치되는 주장이다. 현대 사회에서 자본은 제1의 원리로 등장했으며, 자본이 이끄는 경제체계가 여러 다른 기능체계들을 지배하는 형국이기 때문이다. 현대 자본주의에서 경제와 자본의 기능은 무엇보다 커졌고, 다른 기능을 지배할 정도가 되었다. 현대의 맘몬신이 된 자본이 모든 것을 결정하는 '자본 결정주의'는 현대 자본주의에서 현실적으로 이루어지나, 과연 이런 체제가 정당한 것일까? 맑스가 바라봤던 '자본의 상부구조'는 과연 어쩔 수 없이 받아들여야 하는가? 그럼에도 맑스의 도전이 자본주의와 공산주의의 대립 역사에서 보는 것처럼 실패로 돌아간 이후, 맑스의 도전과 같은 급진적인 시도는 당분간 등장하지 않을 것으로 보인다. 필자는 '체계의 기능적 분화'를 규범적 개념, 규범적 과제로 설정함으로써 '자본주의의 총체성'에 도전한다.

'기능적 분화'를 규범적 개념으로 삼았다는 것은 기능적 분화가 '자본주의의 총체성'에 의해 현실에서는 제대로 실현되지 못한다는 것을 의미한다. 필자는 '규범적 과제로서 기능적 분화'를 주장하면서, 사회 연대를 지향하는 체계의 분화도 주장한다. 여기서 두 가지 점을 언급해야 하는데, 첫째는 '규범적 과제로서 기능적 분화'를 이끌어낸다고 해도, 이것만으로 사회 연대 효과가 온전히 이루어지지 않는다는 점이다. 사실 '규범적 과제로서 기능적 분화'를 이끌어내는 것은 매우 어려운 과제임에 틀림없다. '규범적 과제로서 기능적 분화'는 '자본주의의 총체성'의 해체를 목표하기 때문이다.

둘째, 그렇기에 '규범적 과제로서 기능적 분화'를 설정하는 것 외에도, 사회 연대를 지향하는 여러 장치들이 필요하다고 생각된다. 인간존엄, 인권의 규범적 언어가 여전히 유효하며, 사회 연대를 주장하는 인간의 목소리가 높아져야 한다. 인간존엄과 인권이 침해되고, 사회 연대를 체계 내에서 기대하기 어려운 곳에는 사회적 약자의 인정투쟁이 중요하다.

Ⅰ. 분업과 기능적 분화

이전 사회는 신분에 따라 계층이 나뉜 계급 사회였다. 이 사회에서 직업은 신분에 따른 것이었다. 중요한 것은 직업이나 기능이 아닌 신분이었다. 근대 사회 이후에는 직업/기능과 신분의 지위가 바뀌게 된다. 예전에는 신분에 따라 직업이 주어졌던 반면에, 근대 사회 이후에는 직업에 따라 신분이 달라졌다. 신분의 역할은 점차 줄어들고, 기능에 따른 직업 분화, 즉 분업이 중요한 역할을 담당한다.

분업은 근대 이후 사회에 등장하는 기능적 분화의 대표적인 모습이라는 점에서, 분업과 기능적 분화는 비슷한 점이 있다. 그렇기에 분업을 설명하는 자리에 기능적 분화 용어가 자주 등장한다. 뒤르켐의 '사회분업론'은 분업이 가진 유기적 연대 효과를 다루면서 분업에 초점을 맞췄지만, 그 과정에서 밝히려고 한 것은 기능적으로 분화되고 이질화되는 사회가 어떻게 유

지되는가 하는 점이었다.[143] 이후 뒤르켐의 분업 개념은 짐멜의 분화 개념
으로 넘어갔다.[144] 분업을 직접적인 연구 주제로 살피는 것이 점점 사회의
기능적 분화를 살피는 것으로 변모했다. 뒤르켐이 '분업'을 긍정적으로 다
루면서 분업에 너무 많은 기대를 거는 것에 반발하는 움직임이 일었다. 대
표적으로 맑스는 '분업'을 뒤르켐과 달리 매우 부정적으로 다룬다. 하지만
맑스의 설명은 경제 하부구조에 주안점을 두면서 '경제 결정론'에 함몰되
어 '기능적 분화'가 가지는 의미를 완전 도외시했다.[145]

'분업'은 '분업의 도덕적 효과'를 주장하는 뒤르켐처럼 많은 의미를 부여
할 것은 아니지만, 그렇다고 맑스처럼 부정적으로만 그려지는 것은 아니다.
'분업'에 대해서는 애덤 스미스(Adam Smith)가 제일 적절하게 설명하지 않
나 싶다. '분업'의 경제적 효과는 애덤 스미스가 말한 것처럼 탁월한 것이
었다. 하지만 그 가운데 한 개인이 전체 공정에서 소외되는 문제가 야기되
는 것도 사실이다.

필자가 생각하기에 (법)사회학에서 더 중점적으로 다루어야 할 주제는 '기
능적 분화'이다. 애초에 '기능적 분화'가 가진 의미를 부각시킨 사람들은 콩트
(Auguste Comte)에서 시작되는 사회학자들이었다. 초창기 사회학자들은 전통

---

143) "'사회분업론' 역시 단순한 '노동의 분화' 현상을 실증적으로 분석한 연구서라기보다
는 '기능적 분화와 이질성에 기초한 유기적 연대의 사회'라고 할 수 있는 현대 산업
사회가 '동질성에 기초한 기계적 연대에 의해 통합되었던 그 이전의 전통적인 농업
사회'와 어떻게 서로 다른 조직 원리를 가지게 되었는가를 설파한 이론적인 연구서
로서 사회학과 사회과학의 중요한 고전 중 하나라고 할 수 있습니다." 임희섭, 추천
의 글, in: Emile Durkheim(민문홍 역), 사회분업론 (아카넷, 2012), 6면.

144) 분업 개념에서 분화 개념으로 넘어가는 과도기적 학자로는 셀레스탱 부글레(Célestin
Bouglé)를 들 수 있다. "부글레는 뒤르켐학파에 속함에도 불구하고 뒤르켐의 사회분
업 개념을 넘어서 그보다 외연이 큰 짐멜의 사회분화 개념에 입각해 사회적 현상을
분석했다." 김덕영, 게오르그 짐멜의 모더니티 풍경 11가지 (길, 2007), 58면; 이는
아마도 분업 개념보다는 분화 개념을 통해서 사회 현상을 설명하기 더 용이하기 때
문이지 않을까 생각된다.

145) Axel Honneth(문성훈 역), 사회주의 재발명 (사월의책, 2016), 149면, 152면 이하.

사회에서 근대 사회로 변화하는 과정에서 사회의 통합을 어떻게 가능하게
할 것인가에 학문적 관심을 둔 사람들이었다. 사회의 변화는 매우 다양하게
묘사되었다. 공동사회에서 이익사회로 변화되었다고 본 페르디난트 퇴니스
(Ferdinand Tönnies)로부터, 중세에서 근대가 되면서 신분에서 계약으로 중요
매체가 바뀌었다는 헨리 메인(Henry Maine)의 주장에 이르기까지 다양하다.
뒤르켐은 기계적 연대의 사회에서 유기적 연대의 사회로 변모했다고 보았다.
이들이 다루는 다양한 주제의 중심에는 사회의 성격이 바뀜에 따라 질서와
통합의 문제를 어떻게 해결할 것인가라는 질문이 있었다.

　분업은 기능에 따른 직업군에 초점을 맞춘 개념인 반면에, 기능적 분화
는 기능에 따른 체계에 초점을 맞춘다. 분업에 따라 상인, 정치인, 교수, 교
사, 과학자, 공무원, 의사, 회사원, 예술가 등 여러 직업군으로 구분되나, 기
능적 분화에 따르면 경제체계, 정치체계, 학문체계, 예술체계, 복지체계 등
으로 구분된다. 분업과 기능적 분화는 직업과 체계에 초점을 달리 두지만,
그 이유는 기능 때문이다. '기능'이 분업과 기능적 분화를 연결하는 고리가
된다. 근대 사회로 오면서 사회는 신분에서 기능으로 중점이 옮겨갔다. 이
전 사회에는 신분이 기능을 지배했지만, 근대 사회 이후로는 기능이 신분
을 지배했다. '기능'으로 옮겨진 관심은 처음에는 분업 개념에 집중되다가,
그 후에는 '기능적 분화' 개념에 중심이 놓이게 된다.

Ⅱ. 루만의 기능적 분화론

　루만(Niklas Luhmann)은 '사회체계의 기능적 분화'에 기초해 체계의 작
동폐쇄성과 구조적 연결을 주장한다. 체계의 작동폐쇄성과 구조적 연결은
경제체계, 정치체계, 학문체계, 예술체계 등에서 동일하게 나타난다. 이는
정치, 경제, 학문, 예술이 기능적으로 분화되었다는 뜻이다. 루만에게 '사회

의 기능적 분화'는 '사회의 기능체계'로 나타나기 때문이다. 루만이 사회의 기능적 분화를 강조하는 것은 기능의 우선성 측면이다. "사회 전체는 더 이상 시야에 들어오지 않는다. 왜냐하면 사회는 전체적으로 그 자신을 기능적으로 분화시켰기 때문이다. 그리고 각각의 부분 체계는 스스로를 가장 중요한 것으로 간주한다."[146] 루만에 따르면, 사회의 기능적 분화는 근대 사회의 존재론적 특징이다.[147] 사회의 근대적 분화는 근대 사회 이후 현대 사회의 주된 분화형식이다.[148]

　루만은 사회의 기능적 분화를 당연한 것으로 간주하지만, 기능적 분화가 가지는 도덕적 효력은 언급하지 않는다. 대신 말하는 것은 통합의 문제가 이전 의미의 통합이 아니라 '구조적 연결'의 문제로 바뀐다는 것이다. 루만에 있어서 통합의 문제는 다른 문제로 전환되면서 그리 중요한 문제가 아니게 된다. 어떤 문제에 대해 그 문제에 특화된 기능체계가 대응하며, 관련해서 다른 체계와 연결된다. 이처럼 기능적 분화에 따른 해결책이 있다고 말한다. 하지만 루만은 기능적 분화에 포섭되지 못한 문제를 어떻게 처리할지를 명백히 밝히지 않는다. 뿐만 아니라 루만의 체계이론은 사회에서 중요하게 다루어야 할 인간을 논외대상으로 설정하는 한계가 있다.[149]

　루만은 유기체의 자기생산 개념을 사회 부분체계에 적용했다. 하지만 유기체의 자기생산과 그에 기초한 연결에 따라 유기체가 잘 운행되고 유지된다는 점을 사회에 적용하기에는 무리가 있다. 마투라나(Humberto Maturana)는 자기생산 개념을 생명체에 국한하지만, 루만은 이것을 사회체계에 적용한다.[150]

---

146) Norbert Bolz(윤종석 역), 세계를 만드는 커뮤니케이션 (한울아카데미, 2009), 32면.
147) 김덕영, 환원근대 (길, 2014), 57-58면.
148) Georg Kneer/Armin Nassehi(정성훈 역), 니콜라스 루만으로의 초대 (갈무리, 2008), 172면.
149) 물론 루만은 이후 '포함과 배제'라는 개념을 발전시키며, '기능적 분화'로 설명할 수 없는 현상들을 분석하려고 했다. 이에 대해서는 정성훈, 괴물과 함께 살기 (미지북스, 2015), 182-183면.
150) Helga Gripp-Hagelstange(이철 역), 니콜라스 루만 - 인식론적 입문 (이론출판, 2019),

마투라나는 루만이 유기체의 자기생산 개념을 사회 체계에 적용하는 것은 타당하지 않다고 보았다. 마투라나는 유기체가 아닌 사회를 먼저 볼 것을 제안한다. 사회를 먼저 연구한 후에 사회의 어느 요소가 유기체와 닮았는지를 살펴야지, 처음부터 유기체의 자기생산 개념을 사회에 적용하는 것은 잘못이라고 말한다.[151]

필자는 루만 또한 뒤르켐과 마찬가지로 사회에 유기체를 유추하고 있다고 생각한다. 사회와 유기체가 다르다면 사회에 유기체의 원리를 적용해서는 안 된다. 뒤르켐은 분업의 유기적 연대를 주장하는 반면에, 루만은 사회 체계의 자기생산을 주장한다. 유기체의 각 부분은 각자의 기능에 따라 자기생산을 하는 반면에 동시에 유기적으로 연대한다.

뒤르켐과 루만이 시도한 '사회의 유기체 유추'가 맞지 않다고 해서 그럼 '사회의 유기체 유추'가 의미가 없는 걸까? 필자는 그렇지는 않다고 생각한다. 필자가 보기에 건강한 유기체와 건강한 사회, 건강하지 않은 유기체와 건강하지 않은 사회는 비슷한 점이 많다. 유기체는 각자의 기능을 수행하면 그 기능이 모여 전체가 잘 운영된다. 사회 또한 마찬가지다. 경제체계, 정치체계, 복지체계 등 각자의 기능이 제대로 이루어진다면 사회는 무리 없이 돌아간다. 한 체계가 과도하게 작동하거나, 한 체계가 과소하게 작동할 때 문제가 발생한다. 한 기능체계가 다른 기능체계를 침범하면 문제가 발생한다. 이질적인 부분은 공동의 목적을 가지고 있지 않다. 이질적인 부분은 그 부분만을 보고 기능한다. 그럼에도 각 부분이 어울려 전체가 잘 굴러 가는 것은 각 부분이 제 기능을 수행하고 있기 때문이다. 만약 그 부분 중에 하나라도 고장이 나면 전체는 무너진다. 정치체계, 경제체계, 복지체계 그 중 하나라도 무너지면 사회는 건강하지 않게 된다. 하나의 장기가 나빠지면 다른 장기에도 영향을 미치듯이, 경제체계가 무너지면 복지체계에

54-55면.
151) Humberto Maturana(서창현 역), 있음에서 함으로 (갈무리, 2006), 170-171면.

큰 영향을 미친다.

다만 '유추'라는 방법을 버리고 일종의 과제라고 생각하는 것이 어떨까 싶다. 이를 필자는 '규범적 과제로서 기능적 분화'라고 명명한다. 사실은 그렇지 않으니 당위로서 이를 설정하자는 것이다. 물론 '기능적 분화'를 규범적 과제로 설정하더라도, '기능적 분화'만으로 모든 문제가 해결된다는 뜻은 아니다. 이 점에서는 여전히 유기체와 사회는 다르다. 유기체는 '기능적 분화'만으로도 유기체 내에 선재하는 '유기적 연대'를 통해 모든 문제가 해결되나, 사회는 그렇지 않다. 사회의 '기능적 분화'가 어느 정도 제대로 형성된다 해도 문제는 여전히 발생한다. '기능적 분화'를 뛰어넘는 문제영역에는 '기능적 분화'가 아닌 다른 규범 개념을 통해서 해결해야 한다. 예컨대 여기에는 '인권', '인간존엄', '인정투쟁'과 같은 규범 개념이 필요하다.152)

III. 신분사회에서 자본주의로의 변화

애덤 스미스는 분업이 탁월한 경제적 효과를 낳는다는 점을 설명했고, 뒤르켐은 분업의 연대적 효과를 강조하면서 분업이 사회질서를 형성하는 기능을 갖는다고 주장했다. 하지만 오늘날의 관점에서 살펴보면 애덤 스미스의 이론은 분업의 경제적 효과를 잘 설명한 반면에, 뒤르켐은 분업의 의미를 과도하게 잘못 부각시킨 잘못이 있다. 왜일까?

필자는 그 이유를 자본주의에서 찾는다. 오늘날 자본주의는 이전의 신분주의를 대체했으며, 자본은 신분에 버금가는 위치에 올라섰다. 기능에 따른 분업이 신분을 대체하는 것처럼 보였지만, 자본이 이내 신분이 차지했던 위치에 올라섬으로써 기능에 따른 분업은 그 종속변수가 되었다. 신분사회

---

152) '인권', '인간존엄', '인정투쟁'에는 수많은 논의가 있다는 것을 우리는 잘 알고 있다.

에서 자본주의 사회로의 변화에서 필자는 애덤 스미스의 분업론이 성공하고 뒤르켐의 분업론이 실패한 이유를 찾는다.

현대 사회로 갈수록 '기능'은 더 중요한 요소가 된다. 신분사회에서 자본주의 사회로의 변화 속에서 기능은 그야말로 제 기능을 발휘하는 것처럼 보였다. 신분이 기능으로 대체된 것처럼 보이기까지 한다. 자본주의는 신분사회의 틀을 벗어났고, 기능은 신분에 종속되는 것에서 해방되었다. 자본의 힘은 신분의 힘을 이겼다.153) 하지만 자본 스스로 신분이 되고 있다. 자본은 새로운 신분이 되어 기능을 종속시킨다. 신분에서 해방된 경제는 진정한 개인의 시대를 열 것으로 기대했지만, 개인은 이내 자본에 종속되었다. 현대 사회로 갈수록 '기능'이 중요시되나, 그 내면에는 자본의 논리가 내재해 있다. 진정한 기능 우위라고 보기 어렵다. 진정한 기능적 분화라고 보기 어렵다.

그럼에도 현대 사회에서 '기능'은 전면에 등장한다. 신분사회에서 기능은 신분에 가려 거의 보이지 않았지만, 자본주의 사회에서 '기능'은 전면에 등장한다. 물론 자본이 그 뒤에서 배후 조종을 한다. 그만큼 자본주의 사회에서 자본의 힘은 강대해졌다. 자본의 힘은 경제체계에만 국한되지 않는다. 자본의 힘은 학문체계, 정치체계, 예술체계에서 막대한 힘을 발휘한다. 현대 사회는 수많은 기능체계로 분화되고 지금도 분화되고 있지만, 현대 자본주의 사회는 수많은 기능체계에 자본의 힘을 뻗친다.

자본을 기능체계의 단순한 환경이라고 할 수 있을까? 신분사회에서 신

---

153) "자본주의는 경제적 기능을 '풀어놓음'으로써, 즉 경제적 행위를 다른 모든 사회적 제도와 기능에서 절단해 냄으로써 자유로운 선택 행위의 조건을 제공한다. [⋯] 이를테면 생산과 분배는 친족에 대한 의무, 공동체에 대한 충성, 협동적 연대, 종교적 의례나 생활 방식의 위계적 계층화 등에 종속되어 있었다. 자본주의는 이 모든 외적인 규범들을 부적합하게 만들고, 그리하여 경제를 수단-목적 계산과 자유선택 행위라는 도전받지 않는 규칙의 영역으로 '해방시켰다.'" Zygmunt Bauman(문성원 역), 자유 (이후, 2002). 84면.

분이 기능을 전면적으로 통제했듯이, 자본주의 사회에서 자본이 기능을 통
제한다면 자본을 단순한 환경이라고 할 수 없다. 기능체계가 자본의 영향
을 받으며 자본의 논리에 따라 움직인다면, 기능체계의 자율성, 기능체계의
작동폐쇄성은 언급하기 어렵다. 자기준거적 체계이론은 주어진 모든 것이
유일하게 자기준거성을 통해서만 생겨날 수 있다는 기본 전제를 본질적인
구성요소로 삼는다.154) 체계 자신의 의미기준에 따른 체계의 자기준거성이
무너진다면, 루만과 같이 자기준거성/자기생산성 개념을 사회체계에 적용
하는 것은 문제가 있다.

　자본의 영향력에 대한 평가에 따라 맑스와 루만의 자본에 대한 시각은
달라진다. 맑스는 자본이 기능체계의 기능보다 우위에 있는 반면에, 루만은
자본을 경제체계에 국한시키려 한다. 맑스는 자본에 대해서 노동이 최종적
으로 승리를 얻을 수 있다고 주장하지만, 루만은 자본을 경제체계에 국한
하는 방식을 취한다. 루만에게 '자기준거, 자기생산'은 기능체계의 핵심이
며, 이는 자본이 주로 다루어지는 경제체계도 마찬가지다. 경제체계 외에
다른 기능체계도 자기준거적 기능체계로서의 자율성을 이미 갖추고 있다.
양자의 차이는 다음 인용문에서 잘 알 수 있다.

　　마르크스가 인간의 등 뒤와 인간의 머리 앞에서 작용하는 사회의 원래
　조종 기능을 자본에 할당했다면, 오늘날 이 관계는 더 복잡해 보인다. 루
　만은 경제 약호, 말하자면 (돈의) 소유/비소유를 다른 여러 주도 차이 가
　운데 하나로 볼 뿐이다. 기능체계로 독립분화된 근대사회에는 인간의 행
　위와 세계 해석에 대한 결정권을 행사하는 수많은 조종 매체들이 있다.
　물론 인간과 사회의 관계에 관련해서 본다면 마르크스와 루만은 분석 결
　과에서 차이를 보이지 않는다. 두 석학 모두 사회적 존재를 조종하는 것

---

154) Helga Gripp-Hagelstange(이철 역), 니클라스 루만 - 인식론적 입문 (이론출판, 2019),
　　38면.

이 인간이 아니라는 데에 동의한다. 그렇지만 루만은 그것을 넘어서서 한 가지를 더 말해준다. 그것은 진화상 발생한 기능적 분화를 피할 수 없기 때문에 기능체계의 매체의 편에서 이루어지는 조종 또한 피해갈 수 없다는 것이다. 마르크스가 이런 종류의 관계가 철회될 수 있는 관계라는 생각을 펼쳐나갈 수 있었던 것에 비해, 루만은 그런 생각은 근거 없다는 분석 결과를 제시한다.[155)

Ⅳ. 규범적 과제로서 기능적 분화

1. 사회는 유기체가 아니다

뒤르켐의 분업론이 실패한 가장 큰 이유는 뒤르켐이 사회를 유기체로 파악했다는 점이다. 뒤르켐은 분업에 유기체 각 부분이 갖는 연대적 기능을 부여했다. 기능에 따라 유기체의 각 부분이 나뉘고, 기능에 따라 사회의 각 직종이 나뉘는 것은 유사하다. 하지만 기능에 따라 나뉜 부분과 직종이 자연스럽게 연대하는가는 또 다른 문제다. 유기체는 이질적 분화에 기초해 기능 간에 유기적 연대가 자동적으로 이루어지지만(유기적 시스템에서는 전체가 부분을 형성하기 때문이다), 사회에서는 그렇지 않다. 특히 오늘날 자본주의 사회는 그런 유기체로 조직할 수 있는 사회가 아니다.

사회가 유기체가 아니라면, 사회를 유기체로 만드는 작업은 가능한 시도일까? 사회가 유기체가 아닌데 사회를 어떻게 유기체화할 것인가? 사회의 공동체성이 해체되는 오늘날의 상황에 비추어 보면, 사회의 유기체성을 추구하는 것은 현실성이 떨어지는 시도라고 생각된다. 그럼에도 사회의 공동

---

155) Helga Gripp-Hagelstange(이철 역), 니클라스 루만 - 인식론적 입문 (이론출판, 2019), 154면.

체성, 사회의 유기체성을 추구하는 이론들은 사회의 여러 잘못된 병리적 모습을 고쳐보려는 시도라는 점에서 매우 유의미한 시도들이다. 사회가 공동체도 유기체도 아니면 어떻게 구성해 내야 하나? 루만은 부분체계의 기능적 분화에 강조점을 두고 인간이나 인권의 주제를 중시하지 않았다. 통합도 자신의 체계이론의 관점에서 그 의미를 축소시켰다. 과연 이것이 타당할까? 사실적 관점이 아닌 규범적 관점을 가진 사람이라면 달리 판단할 수 있다.

유기체는 자신의 기능들을 하나로 조화시키는 특성이 있다.[156] 그렇기에 사회가 유기체라면, 사회가 자율적으로 움직이도록 그대로 내버려둬야 한다.[157] 인위적인 조작을 가하지 않아도 유기체인 사회는 자율적으로 기능한다. 이런 관점에서는 자유방임적 국가가 제일 좋은 국가가 된다. 하지만 사회는 기능 장애에 있는 경우가 적지 않다. 그 기능 장애에 대해 자율적으로 대처하지 못하는 경우가 허다하다. 그 이유는 사회가 유기체가 아니기 때문이다.[158] 사회가 보통 살아있다고 말하기는 하나, 병든 상태로 살아간

---

156) Georges Canguilhem(여인석 역), 정상적인 것과 병리적인 것 (그린비, 2018), 63면.
157) Arnaud Guigue(민혜숙 역), 법, 정의, 국가 (동문선, 1996), 114면.
158) 비슷한 견해로 Georges Canguilhem(여인석 역), 캉길렘의 의학론 (그린비, 2022), 103면 이하. 중요한 내용이 많아 직접 인용한다. "사회와 관련해서 우리는 조직체와 유기체를 뒤섞는 혼동을 제거해야 한다. 어떤 사회가 조직되어 있다고 해서 (최소한의 조직체가 없는 사회는 없다) 그것이 유기체적이라고 말할 수는 없다. 사회적 수준에서 조직체는 유기체적 조직체의 차원보다는 설비의 차원이라고 나는 기꺼이 말하겠다. 왜냐하면 유기체를 가능하게 만드는 것은 정확히 유기체 전체의 차원뿐 아니라 모든 부분적 차원에도 합목적성이 현전한다는 사실이기 때문이다. 아마 여러분의 눈살을 찌푸리게 하는 것에 양해를 구하지만, 사회는 유기체 차원에 속하기보다는 기계나 도구 차원에 속한다(103-104면)." "사회 자체가 자신의 목적이 아니므로 사회는 단지 하나의 수단을 표상한다. 사회는 도구다. 따라서 사회는 유기체는 아니지만 조절을 전제로 하고 그것을 요청하기까지 한다. 조절 없는 사회는 없으며, 규칙 없는 사회도 없다. 그러나 사회에는 자기조절이 없다. 내가 말할 수 있다면, 사회의 조절은 항상 덧붙여진 것이고 항상 일시적인 것이다. 따라서 자연스럽게 사회의 정상상태는 질서나 조화보다는 혼란과 위기가 아닌가 하고 자문해 볼 수 있을 것이다.

다.159) 병든 상태라고는 하나 이를 비정상이라고 규정할 수는 없다. 건강과 정상은 완전히 동일한 것이 아니며, 병리적인 것도 일종의 정상이기 때문이다.160)

사회와 유기체가 별개라면, 유기체에 적용되는 원리를 사회에 적용하는 것은 무리이고 잘못이다. 루만의 시도도 그렇고, 뒤르켐의 시도도 그렇다. 사회를 어떻게 조직하고 질서를 유지할 지는 유기체가 아닌 다른 것에서 배워야 하지 않나? 물론 유기체의 조직과 운영 원리로부터 사회가 배울 수 있는 것이 있을 것 같다. 유기적 연대의 측면은 아니지만, 규범적 개념으로 철저한 기능적 분화와 면역체계와 같은 전문기능체계의 도입 등이 그것이다.161)

사회체계의 기능적 분화는 저절로 되는 부분이 있고, 저절로 되지 않는 부분이 있다. 사회는 유기체가 아니어서 유기체의 기능적 분화와 비교할 수 없다. 기능적으로 분화된 사회에서 복지와 공공 영역도 기능적으로 분화된 영역에 속한다. 하지만 이들 영역은 국가와 사회가 특별히 신경 쓰지

내가 '사회의 정상적 상태'라고 말할 때, 이는 기계로 간주된 사회의 상태, 도구로 간주된 사회의 상태를 의미한다(104-105면)." "자발적인 사회적 정의, 즉 사회적 자기조절이 존재하지 않는다는 객관적 징표는 다음과 같다. 먼저 사회는 유기체가 아니라는 사실이다. 따라서 혼란과 위기가 사회적 정상상태이며, 사회는 주기적으로 영웅을 필요로 한다는 사실이다(106면)." "사회는 유기체가 아니며, 사회가 유기체와 동일시될 수 있다고 말해지도록 내버려 둬서는 안 된다(107면)."

159) Arnaud Guigue(민혜숙 역), 법, 정의, 국가 (동문선, 1996), 116면.
160) Georges Canguilhem(여인석 역), 정상적인 것과 병리적인 것 (그린비, 2018), 223면.
161) 건강한 사회를 구상함에 있어 생태계를 고려해야 한다는 생각이 문득 들었다. 동식물과 자연을 포함한 생태계를 고려한다면 유기체적 생각이 유익하지 않을까 생각된다. 이런 관점에서 지구법학이 '분화'라는 특성에 부합해야 한다는 주장이 있다. "지구를 이처럼 살아 있는 유기체의 상호작용, 그리고 살아 있는 유기체와 환경 간의 상호작용에 의해 함께 창조되고, 진화하는 시스템으로 바라보는 관점은 다수의 가설과 발견에 의해 지지, 강화돼 왔다. 이 가운데 나사 출신의 과학자 제임스 러브록이 제시한 '가이아 이론'이 있다. 그는 지구를 마치 친숙한 유기체와 같이 하나의 효과적인 자기 규율 시스템으로 여겨야 한다고 설득력 있게 주장했다." Cormac Cullinan (박태현 역), 야생의 법 (로도스, 2016), 137면.

않으면 안 된다. 이들 분야는 '규범적인 기능적 분화'론에 속한다. 이들에 국가가 역점을 둔다고 해서 기능적 분화에 역행하는 것은 아니다.

2. 규범적 과제로서 기능적 분화

'사실적 개념'으로서의 기능적 분화와 '규범적 개념'으로서의 기능적 분화는 엄연히 다르다. 우리가 이해하기 쉬운 예로 이를 먼저 설명해 보고자 한다. 현재 로스쿨 교과과정 이야기다. 필자는 로스쿨 교과과정을 '기능적 분화'로 설명하려 한다. 변호사시험 합격률이 낮아지고 변시 합격률 제고가 절체절명의 지상과제가 된 상황에서 로스쿨의 교과과정에서의 기능적 분화는 왜곡된다. 변호사시험 과목으로 집중된다. 이것이 바람직한 방향이지 않다. 현재 상황에서도 기초법은 유지되겠지만 기초법의 중요성은 점점 떨어진다. 현재 상황을 생각하지 않고 기능적 분화를 의도적으로 하는 것도 문제다. 현실에 맞추되 현실에 국한되어서는 안 된다.

자본주의가 지배하는 현대 사회도 마찬가지다. 오늘날의 자본주의는 기능적 분화를 왜곡한다. 혹자는 이를 당연한 수순이라고 설명할지 모르나, 규범적 관점에서 보면 정당하고 올바른 것인지 의문이다. 일례로 자본주의의 확장에 따라 복지체계는 점점 축소된다. 경제체계, 정치체계가 중요한 것은 사실이나, 그렇다고 다른 기능체계인 학문체계, 예술체계, 복지체계 등을 지배해선 안 된다. 학문체계, 예술체계, 법체계 등은 그 자체로 기능적으로 분화해야 한다. (경제체계가 현대 사회에서 가장 중요한 기능체계임에는 분명하지만) 경제'체계'에도 다른 기능체계에 붙이는 '체계'라는 말이 붙는 것은 경제체계도 사회의 기능체계일 뿐이라는 점을 말하는 것이다.

필자는 자본의 영향력을 경제체계에 제한하고, 정치, 학문, 예술 등 다른 기능체계에 미치는 자본의 영향력을 축소하는 방향으로 사회이론을 규범화할 것을 주문한다. 자기준거적 기능체계이론이 사회이론의 규범적 과제로 설정되어 규범적 내용을 담고 있다면, 맑스와 루만의 이론은 (아주 다른 이론이지만) 그래도 서로 근접할 가능성을 갖게 된다.

다시 말해, 자본의 영향 아래 제대로 기능하지 못하는 '사회 기능'을 제대로 살려야 한다. 필자의 '규범적 과제로서 기능적 분화'는 이런 의미를 가지고 있다.162) 이는 두 가지 측면에서 제기되는데, 경제체계 외로 확대되는 자본의 영향력을 축소하는 동시에, 자본의 영향 아래 축소된 사회기능을 제대로 복원하는 것이다. 여기에는 자본의 힘을 대신해 국가의 힘이 동원된다. 국가가 적극적으로 개입해야 하는 것이다. 이는 여러 기능체계의 기능을 왜곡시키는 개입이 아니다. 자본에 의해 제대로 기능하지 못하고 또 한편으론 축소되는 '꼭 필요한 사회 기능'을 되살리는 개입이다.

루만은 '기능적 분화'에 도덕적 효과를 부여하지 않았다.163) 기능적 분화에 따른 기능체계의 자율성에 기초한 기능체계 간의 '구조적 연결'에 주목했다. 루만에게 사회 통합의 문제는 체계 간의 구조적 연결의 문제로 바뀌었다. 반면 뒤르켐은 기능적 분화의 前모습인 '분업'에 도덕적 효과를 부여했다. 여기서 필자는 분업이든 기능적 분화이든 거기에 '도덕적 효과'를 부여하는 것은 바람직하지 않다는 입장이다. 기능적 분화를 규범적 과제로 파악하더라도 그것을 도덕적 효과로 파악할 수 있는 게 아니다. 기능적 분화를 통해 사회 연대가 이루어진다고 순전하게 믿지 않는다.

사회 연대의 모습은 여전히 인간이 주체가 되어야 할 부문이다. 사회 체

---

162) '기능적 분화'에 대한 다른 생각에 기초해 '토이브너의 사회 헌법론'을 제시하는 견해로는 김연식, "사회 헌법론: 국가-정치 헌법에서 초국가적 사회헌법으로", 법철학연구 제21권 제1호 (한국법철학회, 2018), 111-164면.

163) 서영조, "루만의 '사회학적 도덕 이론'과 그 도덕 철학적 의미", 한국사회학 제36집 제5호 (한국사회학회, 2002), 1-27면; 사회적 불평등에 대한 루만과 부르디외의 견해를 비교하는 논문으로는 정선기, "기능적 분화와 사회적 불평등: Luhmann과 Bourdieu의 사회이론 비교", 사회과학연구 제29권 제1호 (충남대 사회과학연구소, 2019), 111-131면.

계, 사회 시스템을 잘 갖추는 인간의 노력 또한 그런 모습이다. 뿐만 아니라 사회 시스템으로 갖출 수 없는 사회 연대의 모습을 주체로서의 인간은 공감이라는 매체를 통해 얻고자 노력한다. 필자의 체계이론에는 주체로서의 인간이 여전히 중요한 요소이다. 양극화되고 분열된 사회라고 하더라도 인간은 여전히 연대하려는 동인을 가지고 있다. 그 힘이 어느 때는 미약해 보이고, 연합보다는 분열의 힘이 더 커 보이더라도 그렇다. 인간은 주체로서 인정투쟁의 주체가 되며, 자신의 계층을 뛰어넘어 다른 계층과 연대할 수 있다. 뚜렷한 계층 차로 삶을 함께 할 수 없더라도, 분배 정의를 통해서나 복지시스템의 개선, 약자의 삶을 개선하는 정부의 역할을 통해 사회적 약자의 삶을 지원한다. 여기에는 실질적 자유의 관점에서 적극적 자유의 개념을 지지하고, 개인의 역량을 강화하는 사회적 조건을 증진하려는 정부의 역할을 강조하는 의미에서 완전주의적 자유 개념이 필요하다.[164]

V. 사회적 연대의 가능성과 한계
- 현대 사회에서 공감은 어느 정도 영향력이 있는가?

1. 애덤 스미스의 도덕감정론

분업의 경제적 효과만을 보면 분업은 성공적이지만, '분업의 병리학'을 살피면 자본주의 하에서 일어나는 분업이 바람직한 것만은 아니다. 분업은 경제적 효과가 탁월했지만 사회에 병리적인 모습을 안겨 주었다. 애덤 스미스가 분업에 의해 최하층의 국민까지도 전반적인 풍요로움을 누릴 수 있게 되었다는 주장은 일견 타당하다. 애덤 스미스는 분업이 이타심에 기초

---

164) 이에 대해서는 제12장 '공공시스템과 자유'에서 다루었다.

한 것이 아니라 자신의 이익을 우선하는 이기심에서 비롯되었다는 점도 분명히 밝혔다. 그럼에도 이기심에 기초해서도 모든 국민이 전반적인 풍요로움을 누릴 수 있다는 주장은 한 번 곱씹어볼 필요가 있다. 그 풍요로움이 '분업의 병리학'에 의해 상쇄되기 때문이다. 물론 애덤 스미스 역시 이 점을 지적하고 있다.

그렇다면 애덤 스미스는 뒤르켐이 주장한 '분업의 도덕적 효과'를 어디서 찾을 수 있다고 하는가? 그는 사회질서를 형성하고 사회 연대를 가져오는 효과를 '분업'에서 찾지 않는다. 대신 그는 인간에게 공감 능력이 있다는 점에 주목했다. 애덤 스미스는 '분업의 도덕적 효과'가 아닌 '공감의 도덕적 효과'를 주장한다. 사회 질서 유지의 측면에서 그는 '분업'뿐만 아니라, '공감'에 주목한다. 애덤 스미스는 '분업론'(1776)을 내기 16년 전에 '도덕감정론'(1759)을 저술했다. 양 저술은 서로 충돌되는 저작이 아닌데, 이는 양 저서가 인간 본성의 이기적 측면과 사회적 측면을 각각 다루었기 때문이다.[165]

애덤 스미스가 '도덕감정론'에서 다루고자 한 것은 사회질서를 이끌어내는 인간 본성이 무엇인가였다.[166] 그는 인간에게 이기심뿐만 아니라 타인에 대한 '공감(sympathy)'이 있음에 주목했다. 인간은 타인의 감정과 행위에 관심을 가지고 거기에 동감하는 능력이 있다. '공감'은 다른 사람들의 고통에 대한 우리들의 동류의식(fellow-feeling)이다. 비애에 대한 우리의 공감은 환희에 대한 동감보다 보편적이다.[167] 애덤 스미스는 인간을 사회질서로 인도하는 것은 인간 속에 있는 감정들(sentiments)의 작용이라고 본다.[168] 사람의 마음속에는 '공정한 관찰자(impartial spectator)'가 자리하고

---

165) 이황희, 애덤 스미스와 국가 (경인문화사, 2019), 44면.
166) 도메 다쿠오(우경봉 역), 지금 애덤 스미스를 다시 읽는다 (동아시아, 2010), 37면.
167) Adam Smith(박세일/민경국 역), 도덕감정론 (비봉출판사, 1996/2009), 77-78면.
168) 도메 다쿠오(우경봉 역), 지금 애덤 스미스를 다시 읽는다 (동아시아, 2010); 도덕규범의 기초를 이성이 아닌 감정에서 찾는 것은 스코틀랜드 도덕철학의 전통이었다.

있다. 우리는 공정한 관찰자의 눈을 통해 잘못 발현된 자기애를 바로잡는
다. 이를 통해 사람은 현명한 자가 될 수 있다. 이기심에만 몰두해서는 공
정한 관찰자의 공감을 얻을 수 없다. 이는 개인의 윤리적인 행위뿐만 아니
라 사회질서의 측면에서도 마찬가지다.

　'보이지 않는 손(invisible hand)'에 의해 생활필수품의 분배가 이루어지고
부지불식간에 사회의 이익이 증대되기 위해서는 필수적인 전제조건이 하나
있다. 사회는 인간의 이기심 만에 기초해선 안 되며, 공감이 필요하다. 자기
자신의 행복에 대해 미치는 영향뿐만 아니라, 다른 사람의 행복에 대해 미
칠 수 있는 영향을 고려해야 한다.[169] '연약함'이 사회적 역할을 다하기 위
해서는 '현명함'의 제어가 필요하다. 여기서 '연약함'은 사회를 번영으로 이
끄는 역할을 하며, '현명함'은 사회의 질서를 가져오는 역할을 한다.[170]

　애덤 스미스는 '분업론'에서 '보이지 않는 손' 은유를 통해 개인의 사적
이익추구가 비의도적으로 공익을 실현한다는 점을 보였다(국부론 제4편 2
장 9).[171] 하지만 이를 토대로 국가의 자유방임을 주장해서는 안 된다. 애
덤 스미스는 국부론 후반부에서 '분업의 폐해'에 대해 자세하게 언급했다.
분업을 통해 많은 사람들은 제조과정의 전체를 알지 못하고 일부만을 반복
함으로써 스스로 무지에 빠지고 더 중대한 사안에 대해서는 판단할 수 없
는 상태에 빠진다. 애덤 스미스의 '보이지 않는 손'은 사실 '분업론' 이전에
'도덕감정론'에 등장한다(도덕감정론 제4부 제1장).[172] '보이지 않는 손'이
제대로 작동하기 위해서는 공감이 요구된다. 애덤 스미스는 국가의 개입
자체에 반대하는 것이 아니다. 국가의 부당한 개입에 반대했을 뿐이며, 국
가의 정당한 개입에는 찬성한다.[173]

---

169) Adam Smith(박세일/민경국 역), 도덕감정론 (비봉출판사, 1996/2009), 401면.
170) 도메 다쿠오(우경봉 역), 지금 애덤 스미스를 다시 읽는다 (동아시아, 2010), 105면
　　이하.
171) Adam Smith(김수행 역), 국부론(상) (비봉출판사, 2003/2013), 552면.
172) Adam Smith(박세일/민경국 역), 도덕감정론 (비봉출판사, 1996/2009), 346면.

2. 공감의 가능성과 한계

한 가지 예에서 시작하자. 난민 문제를 생각해보자. 난민에 대한 공감이 있다고 해도, 난민을 사회에 수용할지 여부를 결정하는 문제는 또 다른 문제다. 한 사회의 체계 시스템 안에 편입될 수 있을지 여부는 '공감'만으로 결정되는 문제가 아니다. 난민의 정체성과 사회의 통합, 즉 '정체성과 통합'이 충돌하는 지점에 있기에, 공감으로 전적으로 해결할 수 있는 것은 아니다. 물론 독일의 예처럼 난민을 적극적으로 수용한 사례도 있다. 난민 상황에 대한 독일인의 '공감'에 기초하기도 했지만, 또한 난민이 독일 사회에 노동력으로 필요하다는 점도 고려되었다. 난민 문제와 같은 사회 문제가 발생할 경우, '공감'은 전적으로 결정하는 요소는 아니더라도 어느 정도 큰 영향력을 발휘한다.

사회의 다른 문제, 예컨대 비정규직 문제에는 '공감'이 어느 정도 기여할 수 있을까? 정규직과 비정규직의 연대를 사실상 구현하기가 힘든 상황에서, 이미 제도화되어버린 것을 공감으로 깨기는 쉽지 않다. 정규직과 비정규직의 문제는 어느 정도 제도화된 부분이 있어 공감으로 연대하기는 쉽지 않다. '공감'이 큰 영향력이 있다고 하나, 모든 사람의 마음이 한결같은 것은 아니다. 어떤 사람은 공감력을 발휘하는 반면에, 어떤 사람은 그렇지 않다. 여성 문제에 대해 남성은 남성임에도 공감을 발휘할 수 있는 반면에, 어떤 남성은 혐오를 노골적으로 드러내기도 한다. 몇몇 사례에서 볼 수 있듯이, '공감을 통한 연대 효과'를 일률적으로 다룬다는 것은 어렵다. 어느 사안에서는 공감이 큰 연대 효과를 불러일으키는 반면에, 어느 사안에서는 공감과 혐오가 교차한다.

그렇기에 필자는 '공감을 통한 연대 효과'를 긍정적으로만 파악할 것은 아니라고 본다. 첨예하게 대립하는 사안에서 공감은 혐오와 대립하며 화해

173) 이황희, 애덤 스미스와 국가 (경인문화사, 2019), 187면.

할 수 없는 대립의 모습을 보인다. '기능적 분화'를 통한 체계 내에서의 해결 방안이 있는 방면에, 체계 외에서 '공감'에 기대는 해결 방안이 있다. '공감을 통한 연대' 주장은 평화롭게만 진행되지 않는다. 모두가 공감하다면 문제 해결에 그나마 다가설 수 있지만, 대부분의 사안에서는 첨예하게 대립한다. 비정규직 문제와 같이 대다수의 사람이 공감하는 영역에서도 '공감'만으로 제도를 바꾸기가 어렵다. 오히려 '공감'의 한계가 있기에, '인정투쟁'에 기대하는 것이 더 나을 것이다.

3. 인정투쟁

사회가 기능체계로 나뉜다고 해도, 사회를 체계로만 볼 것은 아니다. 체계 외적인 요소로 '인간의 공감'에 주목할 필요가 있다. 체계 외적인 요소로 '인권'이나 '인간존엄', '인정투쟁' 등에 주목해야 한다. 물론 이는 체계 외에서 일어나나 체계와의 관련성에서 사회의 변화를 초래하려 한다.

필자는 '규범적 개념/규범적 과제로서 기능적 분화'를 주장하지만, 이것만이 유일한 해결책이라고 생각하지 않는다. 필자는 사회 문제를 해결함에 있어 현대 사회에서는 어떤 해결책도 '기능적 분화'를 도외시할 수 없으며, '기능적 분화'를 사실적 개념을 넘어 규범적 개념으로 설정해 해결책을 제시해야 한다는 점을 강조한다. 그럼에도 '기능적 분화'로 포섭할 수 없는 영역이 분명 존재하며, 이는 인간존엄, 인권, 인정투쟁과 같은 개념들이 우리의 규범적 파토스에 강력한 효력을 발휘함을 의미한다. 이는 필자가 규범적 작업을 함에 있어 '기능적 분화' 개념과 더불어 인간존엄, 인권, 인정투쟁과 같은 개념으로 작업하는 이유이기도 하다.

'기능적 분화'로 사회의 모든 문제를 해결할 수 없다는 점은 사회가 유기체가 아니기 때문이며 사회가 유기체가 아니라는 점을 말해준다. 유기체가 갖는 '유기적 연대 효과'는 기능적 분화에 의해 달성되지 않는다. 대신

'규범적 개념으로 기능적 분화'는 사회 연대가 기능적 분화의 모습으로 나타나야 한다는 점을 말하고 있다. 다시 말하면 사회 연대는 기능적 분화의 형태를 띠는 것이 있고, 그 외에도 인간존엄, 인권, 인정투쟁과 같은 개념을 통해 기능적 분화와는 다른 모습을 띠기도 한다.

'사회의 기능적 분화'가 다방면에서 전개되는 세상에서는, 사회 연대를 실현함에 있어서도 사회의 '기능적 분화'를 고려해야 한다. 사회의 기능적 분화를 고려함이 없이 사회 연대를 주장할 수 없다. 그만큼 현대 사회는 복잡하고 다원화되고 기능적으로 분화된 사회다. 다른 말로 표현하면 현대 사회는 이전 공동체와는 다르다. 공동체에서 보이는 연대와 이익사회에서 살피는 연대는 분명 차이가 있다. 이를 뒤르켐은 기계적 연대와 유기적 연대로 표현했다(필자는 유기적 연대에 대해서는 반대한다는 점을 명백히 했다. 사회는 유기체가 아니기 때문이다).

'규범적 과제로서 기능적 분화'를 구상하는 것은 '기능적 분화'를 통해 사회 연대 효과가 발휘되기를 시도하는 것이다. 사회 연대 효과를 낼 수 있는 '기능적 분화'를 구상하는 것이다. 이를 위해 필자는 '복지체계'의 기능을 강조한다. 자기준거적 체계로서 복지체계가 현대 사회에서 사회연대의 기능을 담당하는 중요한 기능체계가 된다.

물론 복지체계만으로는 부족하다. 사회연대를 체계로만 파악하는 것에는 큰 한계가 있다. 체계화할 수 없는 것들이 분명 있다. 사회체계로 스며들지 못해 사회에서 받아들여지지 않는 것에 대해서는 여전히 인권이나 인간존엄의 논의가 중요하며(예컨대 기본권으로 받아들여지지 않는 것에 대해 인권과 인간존엄 논의가 더 필요하다), 사회체계 속에 체계화되도록 사회적 약자의 '인정투쟁'이 중요해진다.

사회적 약자의 '인정투쟁'은 미드의 관계이론을 토대로 타인의 승인을 필요로 한다. 인정투쟁은 현재는 사회제도나 사회체계에서 받아들여지지 않지만 타인과의 연대 작용을 통해 사회체계 속에 받아들여지기를 목표로 한다. 여기서도 알 수 있듯이 '연대'는 사회체계를 뛰어넘는 개념이다. 하지만 연대효과가 사회체계에서 받아들여지기를 목표로 한다는 점에서, 사회체계와 밀접한 연결고리를 갖는다.

현대 사회는 복잡화, 다원화, 기능적으로 분화된 사회여서, '사회체계의 기능적 분화'를 고려하지 않을 수 없다. 사회 전체를 바꾸겠다는 목표는 이제는 설정할 수 없는 목표다. 현대에서 공산주의 국가이든, 자본주의 국가이든, 사회 운영이 차이점이 분명 있지만 그럼에도 점점 비슷해지는 것을 보면 이를 알 수 있다.

'규범적 과제로서 기능적 분화'를 광의의 관점에서 접근하면, 체계 외에서의 인정투쟁을 포함할 수 있다. 체계 외의 인정투쟁이지만, 이는 체계 내의 수용을 목표로 한다. 규범적 관점에서 좀 더 나은 사회를 지향하면서, 사회의 기능체계의 변모를 꾀한다. 한편 사회적 약자의 인정투쟁이나 운동 자체를 사회의 중요한 기능으로 파악해, 이 자체를 기능체계로 파악할 여지도 있다. 하지만 운동이나 투쟁을 기능체계로 파악하는 것은 타당하지 않으리라 생각된다.

체계는 늘 의심받는다. 체계화하는 시도는 종종 보수적인 것으로 오해받는다. 혹자는 사회적 약자에 초점을 맞추어 사회운동과 사회개혁, 나아가서는 사회혁명을 지향해야지 진보적이라고 생각한다. 사회체계가 기능적으로 분화된다고 하나, '자본주의의 총체성'은 사회체계가 기능적으로 분화되는 것을 막는다. '규범적 과제로서 기능적 분화'는 (사실적으로 돈과 자본의 영향을 무시할 수 없지만 그럼에도) 광범위하게 결정적으로 미치는 자본의 영향에서 경제체계 외의 다른 기능체계들이 제대로 분화되는 것을 목표로 한다. 체계이론은 보수화된 이론일 수도 있지만, '규범적 과제로서 기능체계의 분화'를 지향한다면 체계이론은 진보적인 이론이 될 수 있다. '비판이론으로서 체계이론'도 주장된다.[174] 필자는 자본주의의 폐해에 직면해 체계이론에 기초한 비판이론 개발에 관심이 있다. 실례로 루만은 복지체계를 언급하지 않았다. 정치체계의 한 부분으로 복지국가를 언급하는 것을 보면, 정치체계의 일부로 보았는지 모르겠다. 경제체계와 정치체계가 무엇보다 중요하지만(이는 몸에서 심장이나 뇌에 해당한다), 다른 기능체계를 침범해서 지배해서는 안 된다. 오늘날 경제체계와 정치체계 외에도 학문체계, 예술체계, 법체계 등이 다른 기능체계로 분화된다. 경제체계란 말 자체가 경제가 하나의 기능체계일 뿐, 경제가 모든 것을 결정한다는 경제일원화를 의미하지 않는다. 정치체계도 마찬가지다. (필자는 '자본주의'라는 용어 자체가 '자본주의의 총체성', '경제일원화'를 의미한다는 생각에서 '자본주의' 용어 대신에 '시장경제'라는 용어를 선호한다. 물론 '자본주의의 총체성'을 담은 '자본주의'가 우리 사회의 현실이라는 점에서 현실을 그대로 담고 있는 용어로서는 적절할 것이다.)

세속화된 사회는 도덕과 윤리를 지탱해 줄 사상을 잃어버렸고, 자유주의 시대는 방종에 이르고 있다. 개인의 자유 사상은 공동체와의 연결 고리를 잃어버렸다. '약자의 자유'를 회복하는 시도가 있어야 한다. '자유의 시대'에 '약자의 자유'를 통해 '자유 개념'을 다시 들여다봐야 한다. 고아와 과부를 돌아보는 역할을 이제는 체계(예컨대 복지체계)가 감당해야 한다. 복지체계도 정의나 인간존엄 등의 원리로 설명될 것이 아니라, 체계의 일반원리로 설명하면 된다. 체계의 일반원리에 따라 독립된 체계로서 작동된다.

---

174) '비판이론으로서 체계이론'에 대한 문헌으로는 Marc Amstutz, Andreas Fisher-Lescano(hg.), kritische Systemtheorie (transcript, 2013); 2013년 이후 체계이론과 비판이론을 하나의 이론 프로그램으로 묶어내려는 '비판적 체계이론'의 성과와 한계를 다룬 논문으로는 정성훈, "비판적 체계이론의 두 방향으로서 사회 내재적 비판과 이론 내재적 비판", 철학사상 제70호 (서울대 철학사상연구소, 2018), 159-188면; 정성훈의 논문에 소개된 Uwe Schimank의 주장이 필자의 주장과 어느 면에서 비슷하다는 인상을 받았다. Uwe Schimank, "Die Prekarität funktionaler Differenzierung – und soziologische Gesellschaftskritik als 'double talk'", Albert Scherr(hg.), Systemtheorie und Differenziungstheorie als Kritk – Perspektiven in Anschluss an Niklas Luhmann, Beltz Juventa, 2015)

복지체계는 그 성격상 이타적인 것이지만 체계의 특징인 자기준거는 이기적인 것이다. 체계는 자기준거적 작동을 한다. 이타적인 것도 이기적으로 움직인다. 체계로 보면 그렇다.

'규범적 과제로서 기능적 분화'를 통해 필자는 '자본주의의 총체성'(경제체계의 과도한 확장)을 막고, 사회적 약자의 권익 증진을 담당하는 기능체계(예컨대 복지체계)의 분화를 주장한다. 하지만 규범적 과제는 체계 개념에만 국한되어선 안 된다. 체계 외적인 측면에서 체계 내적인 부분과의 관련성에 주의를 기울여야 할 뿐 아니라. 체계 외적인 면에서 일어나는 인권, 인정투쟁 등에 또 다른 초점을 맞추어야 한다.

보론: 인권과 인정투쟁*

Ⅰ. 근본이익과 인권

여기서 인권은 '이미 존재하는 것'이 아닌 '구성되는 것'으로 제시되며, 이는 상호승인을 기초로 그 타당성이 근거지워진다. 이미 존재하는 인권이 인권침해를 결정하는 것이 아니라, 인권침해를 상호승인함을 통해 인권은 구성된다. 만약 인권침해를 상호승인할 수 있는 적절한 방법을 찾을 수 있다면, 구성된 인권 명제는 설득력 있게 논증될 것이다. '구성된 인권' 명제는 '이미 주어진 인권' 명제를 부인할 뿐, '주어진 인권' 명제를 부인하는 것은 아니다. 근본인권은 인간역사를 통해 구성된 것으로서 다시금 주어진 것으로 해석될 수 있기 때문이다. '근본이익(근본필요)'를 기초로 상호승인의 결과로서 구성된 인권은 현대 사회에서 인권해석의 기준을 제시한다. 하지만 '서로 다른 정체성'에 기초하여 '현재 형성되고 있는 인권'에는 이와 다른 기준이 요구된다. '차이와 다양성'이 강조되는 현대 사회에서 '차이와 다양성'을 '동일성'으로 총체화하려는 시도는 경우에 따라 인권침해의 성격을 띤다. 많은 경우 '아직 구성되지 않은,' '형성되고 있는' 인권개념이 문제되며, 따라서 새로운 인권이 구성되는 과정에 대한 설명이 필요

---

*먼저 '인권과 인정투쟁'을 '보론'으로 첨가한 이유를 설명해야 할 것 같다. 필자는 이제까지 '규범적 과제로서 기능적 분화'를 다루었지만, 이를 유일한 해결책으로 주장하는 것은 아니다. 필자가 이 책에서 다룬 '규범적 과제로서 기능적 분화' 연구와 '인권과 인정투쟁' 연구가 함께 진행되어야 나름 규범화된 사회이론을 만들 수 있다. 필자는 이를 '보론'에서 간략하게나마 언급하는 것이 필요하겠다고 생각되었다.

하다. 여기서는 '상호주관적 정체성'이 새로운 기준으로 제시된다. 인간주체는 자신의 정체성을 상호주관적 승인이라는 경험 속에서 형성한다. 상호주관적 정체성 개념에 의해서야 비로소 상호승인의 의미를 이해할 수 있다. '상호주관적 관계에서 형성되는 정체성을 토대로 한 상호승인'이 새로운 인권을 설명할 수 있는 단초를 제공한다.

1. 서론

'이미 주어져 있다는,' '이미 존재한다는' 사고는 (법)철학의 대표적인 의미론이며, 이에 따르면 '이미 주어진 질서'는 확실하며, 인식의 근거가 된다. 존재론(Ontologie)은 '존재함/존재하지 않음(Sein/Nichtsein)'을 인식기준으로 삼으며,1) 이는 확실성의 토대가 된다. 실체존재론과 이에 기초한 인식론은 기능적으로 분화되지 않은 사회에서 세계를 하나의 통일된 질서로 파악하는 틀이었다.2) 이에 따라 이미 존재하는 질서는 직접적으로 실정규범에 반영되게 된다. 이 경우 형이상학을 토대로 주장되는 처분불가능성을 처분가능한 것으로 만드는 시도가 규율대상이 된다. 존재론에 기초한 한 예는 종교규범에 따른 법규범의 근거지움이다. 종교에 의해 타당성을 가지는 규범은 다음의 구조를 가진다. 첫 번째 명제는 신에 의해 창조된 질서이다. 초월한 존재인 신은 규범의 근원이고, 규범의 타당성은 신이 창조한 질서의 타당성에서 자연스럽게 도출된다. 어떤 행동이 옳고 그른지는 그 행동이 신이 창조한 질서를 따르는지 아니면 침해하는지 여부에 달려 있다.3) 하지만 이 견해의 문제점은 첫 번째 명제에 있다. "이 모델의 약함은 그 전제의 강함에 있다. 신학은 종교적인 전제를 따르지 않는 법철학과 도덕철

---

1) Niklas Luhmann, Die Gesellschaft der Gesellschaft (suhrkamp, 1998), 893면 이하.
2) Niklas Luhmann, Die Gesellschaft der Gesellschaft (suhrkamp, 1998), 896면.
3) Nobert Hoerster, Ethik und Interesse (Reclam, 2003), 82면 이하.

학 논의에서 합의를 도출할 능력이 없다."⁴⁾ 존재론에 기초한 다른 한 예는 자연법에 따른 법규범의 근거지움이다. '이미 주어졌다는' 자연법사상에 따라, 자연법에 의해 타당한 영역은 객관적으로 이미 존재하고, 모든 사람은 이를 직접적으로 인식할 수 있다. 자연법은 그 스스로 존재하고, 그 효력은 스스로에서 나오며, 이에 대한 규범적 인식은 직접적으로 가능하다.

실체존재론에 따른 인권개념 또한 앞에서 언급한 실체존재론과 이에 기초한 인식론의 틀을 따른다. 따라서 인권침해는 이미 존재하는 인권에 대한 직접적 인식을 통해 확인되고, 결정된다. 따라서 인권침해에 대한 근거지움은 이미 존재하는 인권에 대한 주장으로 대체된다. '존재론적 근거설정'은 구체적인 논증 대신에 선재하는 구조를 통해 의무론적 논증(deontologisches Argument)에 가해지는 정당성 입증부담을 완화시킨다.⁵⁾ "도덕적인 옳음에 대한 물음이 이미 존재하는 구조에 대한 물음으로 대체된다."⁶⁾ 하지만 이 경우 이미 존재하는 구조에 대한 판단이 잘못되어 버리면, 존재론적 논증은 인권에 반하는 논증으로 변한다. 주어진 구조는 잘못된 현실을 유지하는 데 곡해되기도 했고, 노예제도를 지지하는 데 존재론적 논증이 이용되기도 했다. 또한 실체로 이미 존재하는 인권영역이 없으며, 있다고 하더라도 인간이 이를 직접적으로 인지할 수 없다면, 실체개념으로서 인권 명제와 존재론적 인권논증은 효력을 상실한다. 물론 인식론적 회의주의(실체에 대해 확실한 지식을 가질 수 있는 능력이 인간에게 있는지를 의심하는 주장)의 입장에 선다 할지라도, 실체개념으로서 인권이 역사에 남긴 의미가 사라지는 것은 결코 아니다. 인권개념이 구체화되지 않은 역사적 상황 속에서는 '이미 주어진' 인권개념(이미 주어진 인간존엄개념)은 인권침해에 대한 저항을 뒷받침하는 강력한 도구였다. 사실 그 당시

---

4) Ulfrid Neumann, "Die Tyrannei der Würde" (ARSP, 1998), 164면.
5) Ulfrid Neumann, "Die Tyrannei der Würde" (ARSP, 1998), 154면.
6) Ulfrid Neumann, "Die Tyrannei der Würde" (ARSP, 1998), 154면.

인권침해는 오늘날의 인권침해와는 달리 논증을 통해 섬세하게 증명해야 하는 것이라기보다는 삶을 통해 뼈저리게 느끼는 부류의 것이었다. 그렇기에 인류역사의 수많은 투쟁에 등장하는 '천부인권'의 사상은 그 자체로 의미심장한 것이었다. 이처럼 인권투쟁에 있어 원동력은 '이미 주어진' 인권(인간존엄)이었다. 천부인권의 사상은 수많은 투쟁에서 주장되었고, 투쟁의 원동력을 제공했음에도, 이것이 최종적으로 승인된 것은 수많은 사람들이 생사를 건 투쟁에서 피땀을 흘린 후였다. 따라서 인권 발전에서 더 중요한 것은 인권을 쟁취하기 위해 흘린 수많은 사람의 피와 땀, 희생이며, 이를 잘 드러내 주는 것이 '상호승인의 결과로서 구성된 인권' 개념이다. 인권사는 어떤 형이상학적 관념을 중심으로 움직인 것이 아니라, 인간의 고통에 기초한 투쟁을 통해 인권이 보편적인 것임을 승인받는 과정이었다.

2. 근본이익과 인권

1) 근본이익의 보편성과 승인투쟁

인권의 보편적 구속력은 기술적인 성격의 사실과 규범적인 성격의 당위를 함께 고찰함으로써 근거지울 수 있다.7) 인권의 당위는 인권을 침해하지 말라는 금지와 인권을 존중하라는 요구로 표현된다. 이러한 금지규범과 요구규범을 '단순한 사실'로부터 이끌어낼 수 없지만, '인간의 근본이익(근본필요)'이라는 사실로부터는 인권의 당위를 이끌어낼 수 있다.8) '인간의 근

---

7) 인권의 보편적 구속력은 '존재와 당위의 관계에 관한 문제'와 긴밀한 관계를 맺는다. 존재에서 당위를 추론할 수 있다는 일원론적 논의와 그렇지 않다는 이원론적 논의에 대한 상세한 설명으로 심헌섭, 분석과 비판의 법철학 (법문사, 2001), 387면 이하.

8) 인간의 근본필요와 인권의 관련성에 대해서 Johan Galtung, Menschenrechte – anders gesehen (suhrkamp, 1994), 91면 이하, 170면; Jens Hinkmann, "Der Tausch von Interessen – ein universalistischer Begründungsversuch," Thomas Göller (Hrsg.), Philosophie der Menschenrechte: Methodologie, Geschichte, kultureller Kontext (Cuvillier Verlag, 1999), 91면 이하.

본이익(근본필요)'은 인권이 보편적 차원에 있음을 형이상학적 방법을 통해서가 아니라, 존재하는 당위(seiendes Sollen)로서 보여준다. 오늘날 '인간의 근본이익'과 연결되는 인권은 인간실존의 기초이며, 시간과 장소의 제한 없이 모든 사람에게 적용된다.9) 인간의 근본이익을 통해 인권은 보편적 효력을 가지며, 이는 인권규범의 중요한 근거이다. 인권의 기준인 '근본이익'은 '이익'과는 다른 의미를 가지고 있다.10) 양자가 어떻게 다른지는 '불법감정(정의감 상실)의 공유' 여부로 설명되고, 어떤 이익이 인권에 해당하는 근본이익에 속하는지는 '인정투쟁'으로 설명된다. 근본이익에 해당되지 않는 이익에 대한 침해는 일방만이 정의롭지 않다는 감정을 느끼지만, 근본이익의 침해는 모든 사람이 느낀다. 모두에게 기본적으로 필요하다고 인정되는 이익이 침해되면, 이는 매우 강력한 저항을 불러일으킨다. 이처럼 기본이익의 침해와 이로 인한 정의감의 상실은 모든 사람이 승인할 수 있는 상호주관성, 즉 보편성을 확보하는 인권침해의 요건이다. 여기서 두 가지 물음을 제기할 수 있다. 첫 번째 물음은 어떤 이익이 근본이익에 속하는가에 대한 '무엇 물음(Was Frage)'이다. 두 번째 물음은 어떻게 근본이익을 구성하느냐에 대한 '어떻게 물음(Wie Frage)'이다. 그런데 두 가지 물음은 서로 분리되어 있는 것이 아니라, 매우 밀접하게 관련되어 있다. 왜냐하면 '무엇 물음'에 대한 대답은 '어떻게 물음'에 대한 대답 후에야 가능하기 때문이다. 따라서 인권에 대한 대답은 인권으로서 어떤 근본이익이 승인되는가에 대한 대답으로 나타난다.

　인권침해의 조건으로 제시된 두 요소, 즉 근본이익의 침해와 불법감정(정의감 상실)의 공유만으로도 모든 사람의 상호승인을 받는 데 충분하다.

---

9) Johan Galtung, Menschenrechte － anders gesehen (suhrkamp, 1994), 10면.
10) 근본이익(근본필요)에 대해 있을 수 있는 오해를 우선 제거해야 한다. '이익'을 이야기하면 우선 어떤 사람이나 어떤 그룹의 이익을 떠올리며, 부정적인 이미지로 비춰진다. 하지만 인권에서 논의되는 근본이익은 개인과 집단의 이익과는 차원을 달리 한다. 앞에 붙은 수식어가 다르다는 점을 우선 알 수 있다: '인간의' '근본'이익.

모든 사람은 근본이익의 침해와 불법감정(정의감 상실)의 공유에 공통점을 갖는다. 따라서 핵심인권은 인간의 근본이익과 연결되어 보편성을 지닌다. 핵심인권은 모든 사람에게 있는 것이지, 강한 사람의 필요나 특권층의 권리에 제한되는 것이 아니다. 하지만 인류역사에서 보듯 문제는 다른 곳에 있다. 근본이익을 모든 사람이 가지고 있기 때문에, 이로 인한 정의감의 상실 또한 모든 사람이 느낄 것 같은데, 인간사는 이 점이 사실과 동떨어져 있음을 보여준다. 역사의 여러 시대는 사회조건이나 경제적 위치 등 여러 이유에서 모든 사람이 공통으로 가지고 있는 근본이익의 보편성을 부정했다. 많은 경우 사회적 지위가 의식을 결정하기 때문에, 너무 다른 사회적 지위는 서로 간의 관점전환을 불가능하게 했고, 명백해 보이는 인권침해에도 눈을 감게 했다. 따라서 인권침해를 상호승인하기 위해서 '인정투쟁'이라는 제3의 요소가 필요하다. 인정투쟁을 통해 정당성과 실효성을 모두 갖춘 인권기준이 비로소 효력을 발휘하게 된다.

인권에 속하는 근본이익은 이미 존재하는 것이 아니라, 역사의 발전에서 투쟁을 통해 구성되었다. 아마 많은 사람들이 이러한 주장에 놀랄 것인데, 이는 특정 인권을 태어날 때부터 갖고 태어난다는 천부인권사상에 익숙해져 있기 때문일 것이다. 하지만 우리는 오늘의 인권상황이 피땀 흘린 투쟁의 산물이라는 사실을 잊고 있다. 옛날에는 노예는 사람취급을 받지 못했으며, 여성 또한 남성에 뒤떨어진 부류로 취급받았다. 불과 몇십년 전만 해도 흑인은 제대로 된 인권을 누리지 못했다. 이처럼 명백히 잘못된 것임에도 불구하고, 이를 바꾸는 데 인류는 오랜 시간이 필요했고, 지금도 나아지지 않은 부분이 많다. 인권을 최종적으로 상호 승인함에는 근본이익의 침해뿐만 아니라, 오랜 투쟁이 필요했다. 상호승인을 얻기 위한 투쟁을 통해 근본이익은 인권으로 태어난 것이다. 그리고 그 이면에는 그 시대의 평가틀에 의해 도외시되어 억압과 배제, 설움을 당했던 사람들의 고통이 있었다. 사회에서 타자로 배제된 자들이 인권투쟁의 역사에서는 주인공이었다.

"인권은 근대의 '고통사'라는 콘텍스트에서 생겨났다."11) "인권요구는 불법경험에 대한 대답으로 가장 잘 특징지워진다."12) "인권은 배제의 부정적 경험이 극복되는, 장애물로 가득한 오랜 과정의 결과로 이해된다."13) "전세계에 걸친 인권의 잔혹한 침해에 대한 공동의 충격이 인권의 내용에 관한 문화간 이해에 원동력이 될 수 있다."14) 주어진 존재세계와 확실한 인식가능성에 대한 회의는 인권을 자연법 시각에서보다, 소외된 타자의 시각에서 바라보게 한다. 존재나 인식보다 소외된 타자의 목소리에서 인권의 의미를 규명함을 통해,15) 인권사상은 추상적 차원이 아닌 구체적 차원에서, 고정불변한 차원이 아닌 역사적 차원에서 전개된다.

역사의 발전과정에서 수많은 타자들은 자유권, 정치적 참여권과 사회권을 얻기 위해 싸웠다. 근본이익침해가 수반하는 불법감정(정의감 상실)의 강한 공유는 투쟁을 가져왔고, 근본이익의 상호인정이라는 결과를 낳았다. 근본이익의 침해, 불법감정(정의감 상실)의 공유와 이에 따른 승인투쟁의 상호연관성은 마샬(Thomas H. Marshall)과 톰슨(Edward P. Thompson)의 견해로 설명될 수 있다. 마샬은 어떤 근본이익이 역사의 흐름 속에서 인권으로 승인되었는지를 설명하는 반면에, 톰슨은 정의감상실의 공유가 어떻게 승인투쟁으로 나아갔는가를 설명한다. 마샬은 사회적, 계급적 차이가 역사

---

11) Heiner Bielefeldt, "Die Menschenrechte als Chance in der pluralistischen Weltgesellschaft" (ZRP, 1988), 430면.
12) Winfried Brugger, "Stufen der Begründung von Menschenrechten" (Der Staat 31, 1992), 21면.
13) Klaus Günther, "Was kann «Universalität der Menschenrechte» heute noch bedeuten?," Evelyn Schulz/Wolfgang Sonne(Hrsg.), Kontinuität und Wandel (vdf, 1999), 173면.
14) Winfried Hassemer, "Interkulturelles Strafrecht" (Festschrift für E.A.Wolff, 1998), 122면.
15) 자연법론 대신에 소외현상으로서 인권침해를 기초로 인권을 말하는 견해로 이상돈, 인권법 (박영사, 2005), 164면 이하; '삶의 현장'에서 다양한 양상으로 소외된 개인들이 인지하는 인권현상(인권의 지역화), 특히 소외된 자의 체험을 통해 드러나는 인권현상을 통하여 구체적으로 인권이 형성(인권의 절차적 형성)될 수 있는 기제가 필요하다는 주장으로 이상돈, 인권법 (세창출판사, 2005), 181면 이하.

330 규범적 과제로서 기능적 분화

적으로 평준화되는 과정을 개인의 기본 권리가 확장되어 가는 과정으로 본다. 그의 연구에 따르면 시민의 지위는 3가지 권리, 즉 18세기, 19세기, 20세기에 각각 승인된 시민권, 정치적 참여권, 사회권으로 구성된다. 17세기의 절대주의와 위계질서에 대항한 투쟁은 18세기에 시민권의 승인을 낳았다. 19세기의 사회권을 위한 투쟁은 20세기에 사회권의 승인으로 이어졌다.16) 보편적 타당성의 근거로서 근본이익에 대한 비판에도 불구하고,17) 이는 보편적 타당성을 판단함에 있어 실체존재론적 이해보다 더 적절하다고 여겨진다. 어떤 추상적인 것이 보편적 효력을 가지는 것이 아니라, 인류의 역사에서 실현된 어떤 구체적인 것이 보편적 효력을 갖는다. 톰슨은 승인투쟁의 원인을 실용적인 이익갈등에서가 아니라, 도덕적인 불법감정에서 찾는다. 톰슨은 자본주의 산업화 초기에 영국 하층민들에게 저항동기를 부여한 '도덕적 기대의 훼손'을 연구하였다. 그는 경제적 궁핍이나 곤경에서 투쟁의 단초를 찾지 않았다. 대신 사회에 대해 가지는 도덕적 기대의 훼손에 주목했다. 사회적으로 무시당할 때, 인정받지 못한 사람들은 규범적 훼손을 체험하며, 삶과 죽음이 걸린 투쟁으로 나아간다.18) "법은 물질주의적 영역에서는 산문이 되지만, 이상주의적 영역, 즉 권리를 위한 투쟁의 영역

---

16) T. H. Marshall, "Staatsbürgerrechte und soziale Klassen," Bürgerrechte und soziale Klassen (1992), 40면 이하; Axel Honneth(문성훈/이현재 역), 인정투쟁 - 사회적 갈등의 도덕적 형식론 (동녘, 1996), 200면 이하.

17) 이 비판은 특히 인권에 대한 평가가 도덕적 평가를 수반하는 경우에 제기된다. 인권은 도덕의 이름으로 보편화가능성이 없는 곳에까지 확장할 위험이 있다. 또한 많은 경우 도덕적 평가를 수반하는 인권 개념으로는 개별적인 사안에 대한 입장 차이를 확인할 수 있을 뿐이며, 이러한 도덕화된 인권기준으로부터는 구체적인 판단을 내릴 수 없게 된다. Eibe H. Riedel, Theorie des Menschenrechtsstandards (Duncker&Humblot, 1986), 202면 이하.

18) E. P. Thompson, Plebejische Kultur und moralische Ökonomie. Aufsätze zur englischen Sozialgeschichte des 18. und 19. Jahrhunderts (1990): Axel Honneth (문성훈, 이현재 역), 인정투쟁 - 사회적 갈등의 도덕적 형식론 (동녘, 1996), 272면 이하에서 재인용함.

에서는 시가 된다. 왜냐하면 권리를 위한 투쟁이란 실은 법감정의 발로라는 성격의 시이기 때문이다. … 그것은 지식도 아니며 교양도 아니며 쓰라림에 대한 단순한 감정이다."[19]

인권침해의 차원에서는 근본이익이 문제되고, 인권침해에 대한 승인투쟁의 차원에서는 불법감정(정의감 상실)이 문제된다. 인권침해의 차원은 '이것 아니면 저것(Entweder oder)'의 성격을 가지며, 인권침해에 대한 승인투쟁의 차원은 '전부 아니면 전무(Alles oder Nichts)'의 성격을 가진다. 그리고 양 차원은 나눌 수 없는데, 이는 핵심인권으로 구성되는 근본이익의 침해가 강한 정의감 상실을 수반했기 때문이다. 심재우 교수는 예링(Rudolf von Jhering)의 '권리를 위한 투쟁(Der Kampf ums Recht)' 역자서문에서 "투쟁은 권리의 영속한 작업이다. […] 투쟁 가운데서 너는 너의 권리를 발견하여야 한다(Der Kampf ist ewige Arbeit des Rechts. […] Im Kampfe soll Du Dein Recht finden.)"는 이 책의 마지막 구절, 인간의 실존조건으로서의 권리라는 것은 공짜로 주어지는 것이 아니라 투쟁에 의하여 비로소 쟁취되어진다는 것을 알려주는 진리의 말이다."라고 말한다.[20] '인권을 위한 투쟁'은 '인권보호권으로서의 저항권'이며, 이는 '인권을 보호하기 위한 인권'이다.[21] 또한 심재우 교수는 권리는 '주관적 법'(subjektives Recht)이며, 법은 '객관적 권리'(objectives Recht)임을 지적하며, 권리를 위한 투쟁은 곧 법을 위한 투쟁을 의미한다고 말한다.[22] "구체적인 권리는 추상적인 법으로부터 단지 생명과 힘을 얻는 것이 아니라 도리어 추상적인 법에게 생명과 힘을 돌려준다."[23]

---

19) R. v. Jhering(심재우 역), 권리를 위한 투쟁 (박영문고, 1977), 66면.

20) R. v. Jhering(심재우 역), 권리를 위한 투쟁 (박영문고, 1977), 역자서문, 7면.

21) 심재우, 저항권 (고려대학교 출판부, 2000), 12면 이하. 저항권은 동시에 인권을 탄압하는 부당한 '질서'를 배제하고 인권을 존중하는 정당한 '질서'를 확립하기 위한 '투쟁권'이다. 심재우, 저항권 (고려대학교 출판부, 2000), 24면.

22) R. v. Jhering(심재우 역), 저항권 (고려대학교 출판부, 2000), 역자서문, 5면.

2) 문제점

지금까지 인권침해를 상호승인함에 필요한 요소들을 언급했다: 근본이익 침해, 불법감정(정의감 상실), 승인투쟁. 이제까지의 주장을 요약하면, 인권은 이미 존재하는 것이 아니고, 투쟁을 통해 상호승인되어 구성된다. 인권을 존중하고 보호해야 할 의무는 처음부터 당연한 것으로 여겨지지 않았고, 소외된 타자의 생사를 건 투쟁을 통해서야 비로소 점차적으로 인정되었다. '상호승인의 결과로서 구성된 인권'개념의 의의는 인권기준을 존재론에서 도출하지 않고, 구성한다는 점에 있다. 상호승인을 통해 인권기준은 구성되며, 이를 구체적 사안에 적용할 수 있다. 물론 이러한 시도가 출발점으로 삼은 것은 '인간의 근본이익(근본필요)'이라는 보편성이며, 이러한 해석에는 몇 가지 의문이 제기된다. 우선 드는 의문은 '근본이익'으로 구성된 인권이 그 정당성과는 관계없이 국제사회에서 정치의 도구로 악용되지 않는가 하는 점이다. 그리고 '상호승인의 결과로서 구성된 인권'에서 '상호승인'에 대한 해석이 다원화, 복잡화, 기능적 분화로 특징지어지는 현대 사회에서 새롭게 형성되는 인권을 포함할 수 없지 않는가 하는 의문이 든다. 또한 '상호승인의 결과로서 구성된 인권' 해석이 사회복지체계의 수립에 지나치게 확대적용될 수 있다는 점도 문제된다.

'인간의 근본이익'을 기초한 인권기준은 그 정당성에도 불구하고 실제현실에서 강자에 의해 악용될 가능성이 있다. 강자와 약자의 심리상태를 대조해 보면, 강자는 자신의 시각에서 세계를 규율하고 통합하려 하며, 약자는 많은 경우 강자에 종속되어 있지만, 될 수 있는 한 강자에 독립하려 하고 자신의 힘으로 살아가려고 노력한다는 점을 알 수 있다. 강자는 약자의 시각과는 다르게 세계를 바라보며, 세계를 규율하려 한다. 동물세계를 지배하는 규칙은 먹느냐 먹히느냐라는 규칙인 반면에, 인간세계를 지배하는 규

---

23) R. v. Jhering(심재우 역), 저항권 (고려대학교 출판부, 2000), 75면.

칙은 누가 규율하고 누가 규율당하느냐라는 규칙이다. 인권기준 또한 인간 세계를 지배하려는 강자(강국)의 규율수단으로 전락할 가능성이 높다. '인 간의 근본이익'에 기초한 보편적인 핵심인권이 침해되지 않는 한, 문화의 다양성은 상호인정되어야 한다. 문화다원주의는 인권의 보편성을 부인하는 문화상대주의를 의미하지는 않는다. '근본이익'이 가지는 보편성에도 불구 하고, '인간의 근본이익'과 연관된 인권개념 또한 그 자체의 정당성과는 상 관없이, 도덕과 연관된 인권개념처럼[24] 권력에 의해 악용될 여지는 높으 며, 타자를 배제하는 수단으로 악용될 수 있음을 알아야 한다.[25] 아무리 정 당한 기준을 갖춘다 하더라도 이를 사용하는 자가 임의적이라면, 이는 악 용될 여지를 충분히 안고 있으며, 이에 대한 방지책이 필요하다.

근본이익의 침해, 불법감정(정의감 상실)의 공유, 승인투쟁을 통해 인권 을 구성하려는 시도는 근대적 인권사상과 마찬가지로 현대 사회의 새로운 인권문제를 해석하는 데 한계가 있다.[26] 현대 사회에서 새로이 등장하는

---

24) 도덕과 관련된 인권의 경우 선/악의 기준이 우선 나뉜 후, 법/불법의 기준은 뒤따른다. 이에 대해서 Jürgen Habermas(황태연 역), 이질성의 포용 (나남신서, 2000), 234면 이 하; 도덕과 연관된 인권개념은 공통성의 범주를 확장시켜 다양성의 차이를 공통성의 침해로 간주할 가능성이 높다.

25) '인간의 공통적 특질'에 근거한 사고보다는 '민족문화적 특수성'을 수용하는 다원주 의적 인류학의 사고가 인권의 보편성을 근거짓는 데에 더 유용할 수 있다는 근거로, 문 화적 특수성으로서 인권의 보편성을 주장하는 견해로는 이상돈, 인권법 (세창출판사, 2005), 58면 이하, 138면 이하; 이 견해에 따르면 인권(규범)은 지역적, 역사적, 문화 적 콘텍스트라는 현실적 적응조건의 차원을 고려하여 융합시키되, 다만 그 타당성은 선험적이거나 형이상학적인 방식이 아닌 상호적 대화를 통해서 근거지워져야 한다 (59면). 이 견해는 국제정치에서 인권의 보편성이 정치적으로 이용될 수 있다는 문화 적 상대주의의 비판에 공감하면서도(48면 이하), 인권개념을 문화적으로 상대적인 것 이 아니라 문화적으로 특수한 것으로 보아 인권의 보편성을 포기하지 않는 장점이 있다(58면 이하).

26) 자연권과 인권에 대해서 이상돈, 인권법 (세창출판사, 2005), 6면 이하, 18면 이하; 근 대적 인권사상의 실천적 한계에 대해서 이상돈, 인권법 (세창출판사, 2005), 3면, 37면 이하, 92면 이하.

인권문제들은 많은 경우 인권에 대한 다양한 견해 차이로 인해 보편성을 획득하지 못하는 경우가 많기 때문이다. 이상돈 교수는 현대 사회에서 전개되는 인권문제의 변화양상을 수용하면서도 인권 개념의 본래적 힘을 유지시킬 수 있는 인권 개념의 정립이 인권 실현을 위해 가장 시급하고 중요한 과제임을 말한다. 이런 취지에서 언어이론의 토대 위에 말함의 속성이 인권 개념을 구성함을 근거지움으로 '인권은 단지 인권을 말함 속에 존재한다'는 그의 명제는 주장된다. 개방적인 인권담론과 공정한 공론경쟁은 어떤 권리주장이 인권으로 승인되기 위한 전제조건이며, 인권은 민주적 의사형성을 통한 입법을 통해 형성된다. 그는 현대 사회에서의 인권문제는 인권주장의 다양성 때문에 법의 매체가 없이는 인권의 보편성은 더 이상 가능하지 않다고 보며, '법적 절차를 통한 정당화'와 '법을 통한 일반화'를 거쳐야 보편성을 획득할 수 있다고 주장한다. 그가 '인권과 법'을 말하지 않고, '인권법'을 말하는 이유도 여기에 있다.[27] 이런 맥락에서 개인의 인권주장(인권을 말함), 시민사회에서 생성중인 인권, 공론영역에서 보편적인 (엄밀하게는 절차적으로 정당화된) 인권, 실정법적 권리로 나아가는 인권형성의 4단계를 통해 인권개념과 그 실현기제가 분리되지 않음을 주장한다.[28] 그가 의회를 통한 인권의 창설만을 말하는 것은 아니며, 민주적 법치국가의 공식적인 입법기제의 결함을 보완하는 기제(민주적 법치국가의 세 가지 반성적 기제)로 인권운동, 시민불복종운동과 공익소송을 함께 말하는 점에 주목해야 한다. "인권운동이 입법기구에 적극적(positiv)으로 인권사상을 밀어 넣는다면, 시민불복종운동은 현행법의 소극적인(negativ) 거부를 통하여 법체계의 변화를 촉발시킨다. 이에 비해 공익소송은 능동적(positiv)

---

27) 이상돈, 인권법 (세창출판사, 2005), 4-5면, 7면, 106면, 112면 이하.
28) 이상돈, 시민운동론 (세창출판사, 2007), 93면 이하; 이상돈, 공익소송론 (세창출판사, 2006), 51면 이하. 195면 이하. 이상돈 교수의 견해에 따르면 우리 사회에서 동성애자의 결혼권이나 독신여성의 입양권 등은 '생성중인 인권'의 단계에 있다면, 양심적 병역거부자의 대체복무권은 '보편적 인권'의 단계에 거의 와 있다고 볼 수 있다.

으로 민주적 법형성의 부족을 메우는 기제가 된다고 한 수 있다."[29]

현대 사회의 새로운 인권과 관련된 문제 외에도 '인간의 근본이익'을 중심으로 인권을 구성하는 시도는 그 논의가 인플레이션될 가능성과 이데올로기화할 위험성을 지니고 있다.[30] 특히 제3세대 인권개념과 관련하여 이 위험은 더 크다.[31] 루만(Niklas Luhmann)은 특히 사회사업과 개발원조와 관련하여 인권의 수신인을 권리침해자가 아닌 도울 수 있는 사람의 범위로 확대하는 것을 경계한다.[32] 사람은 남을 도울 잠재성을 가지지 않으며, 다만 가능성만을 가질 뿐이다. 사람은 선한 존재인 동시에 악한 존재이다(이는 인간사회에 규범이 필요한 이유 중 하나이다). 남을 돕지 않은 것을 인권침해로 규율할 수는 없으며, 다만 사회복지체계를 통해 남을 돕는 것을 증진시킬 수 있다. 사회권은 인권문제와 겹칠 뿐만 아니라, 사회복지체계와도 연관되어 있다. 법이 현실을 외면하고 규제하려고만 하면 복지정책은 한계에 부딪치며, 오히려 역효과를 낸다.[33] 따라서 사회복지체계를 인권의

---

29) 이상돈, 인권법 (세창출판사, 2005), 126면; 이상돈, 시민운동론 (세창출판사, 2007), 24면 이하; 소외되었거나 아직 권리화되지 않았던 인권을 캐어내고 표제화하는 능동적인 공익소송의 특징에 대해 이상돈, 공익소송론 (세창출판사, 2006), 11면 이하.

30) Niklas Luhmann, Das Recht der Gesellschaft (suhrkamp, 1995), 578면 이하.

31) Winfried Brugger, "Stufen der Begründung von Menschenrechten" (Der Staat 31, 1992), 31면 이하; 제3세대 인권론에 대한 간략한 소개로 이상돈, 인권법 (세창출판사, 2005), 101면; 이상돈, 시민운동론 (세창출판사, 2007), 65면 이하.

32) Niklas Luhmann, Das Recht der Gesellschaft (suhrkamp, 1995), 578면.

33) 규제의 트릴레마(규제의 3중딜레마, regulatorisches Trilemma)는 규율되는 체계, 규율하는 법, 그리고 정책 간의 구조적 연결조건을 제대로 고려하지 않은 채, 규제법을 통한 목적합리성에만 집중될 때 발생한다. 한계가 없는 국가의 법개입은 체계의 통합을 저해하는 딜레마에 빠지게 한다. 이는 규제법의 효율성 상실뿐만 아니라, 정당성 상실로 나아가며, 절차법의 효율성과 정당성으로 이르게 하는 단초가 된다. 규제의 3중 딜레마에 대해서 이상돈, 법학입문, (박영사, 2005), 73면 이하, Gunther Teubner, "Verrechtlichung Begriffe, Merkmale, Grenzen, Auswege," Friedrich Kübler(Hrsg.), Verrechtlichung von Wirtschaft, Arbeit und sozialer Solidarität (1984), 313면 이하[이상돈 역, 법제화 이론 (한국법제연구원, 2004) 35면 이하].

차원에서만 바라보는 것은 무리이며, 무엇보다도 사회복지체계 또한 하나의 체계로서, 사회의 부분체계가 가지는 특성을 지니고 있음을 인지해야 한다.

위에서 언급한 '상호승인을 통해 구성된 인권'이 가지는 여러 의문점에도 불구하고, '인간의 근본이익'은 '인권기준'으로서 큰 의미가 있다. 인권은 그 스스로 효력을 부여하는 것이 아니라, 인권투쟁을 통해 효력이 부여되었다. 인권투쟁이 없었으면 오늘날의 인권상황을 도무지 상상할 수 없으며, 인권투쟁을 통해 정당하기는 하나 실효성이 없었던 인권기준이 실효성을 갖추기 시작했다. 하지만 오늘날 인권효력을 주장하는 사회맥락이 달라졌으며, '인간의 근본이익'을 대신할 다른 기초개념으로 현대 사회에 등장하는 새로운 인권을 근거지울 필요가 생긴다. 생각건대 다원화, 복잡화, 기능적 분화로 특징지워지는 현대 사회에 등장하는 인권은 많은 경우 공통성의 상호승인이 아니라, 차이를 법을 통해 승인함으로써 근거지워질 것이다. 이는 인권운동의 방향이 근본이익을 인정하라는 쪽이 아니라, 차이를 인정하라는 쪽으로 바뀌는 것을 통해 확인할 수 있다. 이처럼 현대 사회에서 '차이'는 인권의 의미를 구성하는 코드이며, 현대 사회에 새로이 등장하는 인권을 해석하는 토대가 된다. 현대 사회의 질서는 각 부분사회의 '작동원리'를 서로 인정하는 데 있으며, 부분을 전체의 시각에서 통합하고 규제하려는 '총체성'을 특징으로 하지 않는다. 현대 사회의 시대맥락을 기초로 한 인권논의는 한편으로는 법적 대화를 통해서, 다른 한편으로는 소수자운동을 통해서 전개되고 있다. 여기서 법은 단지 운동대상이 아니라, 운동의 목표이며, 논의의 장이 된다. 현대 한국사회를 전근대, 근대, 탈근대가 혼합된 사회로 파악한다면, 전통적인 인권영역에 해당하는 부분에는 '인간의 근본이익'에 기초한 인권기준은 여전히 크나큰 힘을 발휘할 수 있다. 한국에서 외국인 노동자의 인권문제가 이에 해당할 것이다.[34) 사회가 분화되어 많은 부분에서 공유점을 상실한다고 할지라도, 인류역사발전의 혜택인 핵심인권을 오늘날 우리가 누리고 있으며, 18세기, 19세기보다 향상된 인권기준을 가지고 있다. 핵심인권은 현대 사회에 새로이 등장한 인권과 사회복지체계에 곧바로 적용되는 것은 분명 아니지만, 핵심인권이 그 기초인 것 또한 틀림없다. 물론 탈근대에 해당하는 부분에까지 확장해서는 안 되며, 현대 사회의 새로운 인권문제는 '아직 구성되지 않은 인권'개념으로 계속되는 논의를 필요로 한다. 한국사회는 상호승인을 통해 구성된 인권기준을 토대로, 더 나아가 복지사회를 수립하는 가운데,35) 다양한 사회를 추구해야 하는 과제를 안고 있다. 따라서 인권보장을 기초로 하여, 각각의 다양성과 차이를 인정하는 이론이 필요하다. 양자는 서로 대립되는 것으로 보이지만, 실은 서로 병렬하는 관계에 있다. 인권침해에 해당되지 않는 한, 우리는 서로 다르게 존재할 수 있다고 생각된다. 틀림의 폭보다는 다름의 폭을 넓게 잡고, 함께 가는 수밖에 없다. 무엇보다 상호승인을 통해 구성된 인권기준은 근본이익의 핵심영역에 축소해서 적용해야 한다. 좁은 (좁음으로 인해 강한) 틀림의 폭과 넓은 (다양한) 다름의 폭! 오늘날 인권법이 나아가야 할 모토이지 않을까 생각된다.

---

34) 이에 대해 한건수, 타자만들기: 한국사회와 이주노동자의 재현, in; 최협/김성국/정근식/유명기 엮음, 한국의 소수자, 실태와 전망 (한울, 2004), 445면 이하; 설동훈, 한국의 외국인 노동운동, 1993~2004년: 이주노동자의 저항의 기록, in: 최협/김성국/정근식/유명기 엮음, 한국의 소수자, 실태와 전망 (한울, 2004), 469면 이하.

35) 약자의 복지문제를 인권문제로만 바라보는 것보다 한국사회에서 더 문제되는 것은 이를 단순히 비용문제로만 본다는 것이다. 특히 최근 세계화의 피할 수 없는 과정에서 신자유주의가 득세하면서 약자의 복지는 비용문제로 파악되어 제대로 논의되지 못하고 있다. 서구사회에서는 심지어 복지국가의 한계에 대해 1970년대 말부터 논의되기 시작했지만, 한국사회는 복지사회의 한계를 논할 단계는 아닌 것 같다. 실질합리성을 추구하는 것을 포기해서는 안 되며, 동시에 사회복지국가의 위기를 고려해 실질합리성만을 추구하는 것도 경계해야 한다. 한국사회는 실질합리성과 절차합리성 양자를 고려해서 복지사회를 이루어 내야 하는 어려운 과제를 안고 있다.

II. 정체성, 인권, 인정투쟁

정체성과 인권 모두 꽤나 복잡한 개념이다. 따라서 정체성은 인권의 관점에서만 기술할 수 있는 것이 아니며, 반대로 인권 또한 정체성의 관점에서만 바라볼 수 있는 것도 아니다. 양자는 최대공약수처럼 어느 정도 겹치지만 엄연히 다른 개념이다.[36] 그럼에도 필자는 여기서 "정체성은 인권과 관련해서 어떤 의미를 갖는가?"라는 질문을 던지며, 양자의 최대공약수를 찾으려고 시도하려 한다. 이 시도를 가능한 것으로 만들기 위해 필자는 먼저 미드(George Herbert Mead)의 이론을 통해 정체성이 형성되는 과정을 살펴보려고 한다. 미드는 객체로서의 자아(me)와 주체로서의 자아(I)로 나누고 양자 간의 관련성을 살핌으로써 정체성이 형성되는 과정을 생동감 있게 묘사하고 있다. 미드에 따르면, 객체로서의 자아(me) → 객체로서의 자아(me)에 반응하는 주체로서의 자아(I) → "다른" 객체로서의 자아(me)를 불러일으키는 주체로서의 자아(I)로 자아가 발전하면서 형성된다.

미드의 이론을 통해 정체성이 형성되는 과정을 살펴본 후에는, 호네트(Axel Honneth)의 승인이론(인정이론)을 통해 새로운 인권이 만들어지는 과정을 살펴보려고 한다. 소수자는 I-identity에 기반하여 자신의 me-identity가 제대로 인정받지 못하다고 느낄 때 '새로운' me-identity를 위한 투쟁에 나서게 되며, 이는 새로운 인권이 탄생하는 중요한 계기가 된다. 새로운 인권

---

36) 정체성은 관점에 따라 전혀 새로운 것을 뜻하기도 한다. 인권의 관점에서 정체성을 보는 것과는 달리, 통합의 관점에서 정체성을 살펴보면 정체성의 공유는 통합에서 매우 중요한 요소가 된다. 예컨대 유러피언 드림은 자신의 문화적 정체성을 보존하고 다문화 세계를 수용하는 데 그 기반을 두고 있으나, 넓고 깊이 있는 상호의존성을 포용하기 위해서 국가 경계선을 초월한 정체성과 소속의식을 추구하게 된다. 이에 대해서는 Jeremy Rifkin(이원기 역), 유러피언 드림 (민음사, 2005), 25면, 37-38면; '통합'과 '정체성'은 함께 가기도 하지만, 반면에 한 국가 내의 소수 민족의 경우처럼 한 국가로의 동화(assimilation)의 의미에서 '통합(integration)'과 소수 민족의 '정체성(identity)'이 서로 반하는 경우도 있다.

을 위해서는 '인정의 병리학'이 필요하며, 이는 상호승인에 기초한 정체성 (미드의 용어에 따르면 '새로운' '객체로서의 정체성(me-identity)')을 목표로 한 투쟁을 낳는다. 호네트에 따르면 상호승인적 정체성에 토대를 둔 인정투쟁은 인류 역사형성의 동력이었고, 개인과 사회의 도덕적 발전을 설명할 수 있는 이론적 기초가 되지만, 필자의 견해에 따르면 구체적인 인권 형성의 동력으로도 설명이 가능하다.

이 글의 마지막 부분에서는 한국사회의 대표적인 소수자인 '장애인'을 예로 들어, 한국사회의 장애인들은 어떠한 정체성을 규범적인 것(인권법으로 보장되어야 할 것)으로 주장하는지를 살펴본 후에, 이러한 장애인들의 규범적 정체성 주장이 어느 정도나 사법(司法)에서 수용되는지를 살필 것이다.

1. 정체성 형성의 과정

인권이 생성되는 과정을 '정체성(identity)'의 관점에서 다루기 위해, 필자는 개인의 정체성이든, 집단의 정체성이든 '정체성'은 본질적으로 사회적 산물임을 주장할 것이다. 자기 정체성은 주어진 것이 아니며, 사회가 존재하기 이전에는 형성되지도 않는다.37) 물론 '정체성 형성'에 사회뿐만 아니라 개인적인 요소 또한 중요한 역할을 수행하지만, 인권론에서 정체성이 차지하는 의미를 탐구함에 있어서는 '정체성'은 사회적 산물로 그려진다(개인적인 요소 또한 사회의 영향을 받는다). 그렇지 않으면 '정체성'이 인권에서 가지는 의미를 도출해내기가 어렵기 때문이다. 정체성을 사회적 산

---

37) "우리는 사회에 존재하기 이전에 자기 정체성(identity)을 가지지 않는다: 이것은 우리가 마치 다른 곳으로부터 온 존재와 같은 것이 아니라, 오히려 우리가 이 사회적 위치 속에서 이 사회에서 성장하는 우리 자신을 발견한다는 것이다." John Rawls(장동진 역), 정치적 자유주의 (동명사, 2009), 51면.

물로 보는 미드(George Herbert Mead)의 이론은 객체로서의 정체성 (me-identity)과 주체로서의 정체성(I-identity)의 구성을 통해 정체성은 주어지는(given) 것이 아니라 만들어지는(made) 것임을 알게 한다.

1) 사회적 산물로서 자아

미드는 정신이나 의식을 독자적으로 존재하는 것으로 생각하지 않고, 사회적 행위를 통해 설명하고자 했다. 정신과 의식은 사회 속에서 다른 사람들과 상호작용하면서 형성되기 때문에, 바로 이러한 상호과정에서 정신과 의식의 본질을 이해할 수 있게 된다.[38] "의식이 사회적 행위의 전제조건이 아니라, 사회적 행위가 의식의 전제조건이다. 그 행위 안에 분리된 요소로서 의식의 개념을 끌어들이지 않고도 사회적 행위의 메커니즘을 추적할 수 있다. 따라서 사회적 행위는 의식의 형태 없이 또는 그와 별개로, 더 기초적 단계 또는 형태로 존재할 수 있다."[39]

미드는 더 나아가 정신이나 의식뿐만 아니라 자아도 사회적 산물이며, 자아는 다른 자아들과의 분명한 관련 속에서만 존재할 수 있다고 설명한다. 우리 자신의 자아와 타인들의 자아 사이에 확고한 선이 그어질 수 없는데, 이는 다른 사람들의 자아가 존재해 우리 경험 속으로 들어올 때만 우리 자신의 자아가 존재하기 때문이다.[40] 자아를 다소 격리되고 독립된 요소로, 스스로 존재할 수 있다고 가정하는 일종의 실체로 다루는 것이 심리학의 경향임에 반하여, 미드에 따르면, 자아는 이미 존재하는 독립된 실체가 아니라 다른 사람들과의 상호작용을 통해 형성되는 사회적 산물인 것이다. "자아는 발달 과정을 지니는 것이다. 자아는 태어나자마자 처음부터 이미 존재하는 것이 아니라, 사회적 경험과 활동 과정에서 등장하는 것이다. 즉,

---

38) George Herbert Mead(나은영 역), 정신·자아·사회 (한길사, 2010), 9면.
39) George Herbert Mead(나은영 역), 정신·자아·사회 (한길사, 2010), 93면.
40) George Herbert Mead(나은영 역), 정신·자아·사회 (한길사, 2010), 254면.

자아는 사회적 과정 전체에서, 그리고 사회적 과정 속에서 다른 개인들과 이루어가는 관계의 결과로, 특정 개인 안에서 발달해 가는 것이다.”[41] 미드에 따르면, 사회적 과정이 자기의식적인 개인보다 시간적·논리적으로 더 앞서 존재하며, 자기의식적 개인이 사회적 과정 안에서 발생하는 것이다.[42]

정신, 의식, 자아를 미드에 따라 사회적 산물로 보게 되면, 이로부터 필연적으로 나오는 결과는 심리학이 정적인 형태에서 역동적인 형태로 옮기게 된다는 점이다.[43] 미드의 심리학은 명상의 패턴도 아니고, 감상의 패턴도 아닌 행동의 패턴인 것이다.[44] 이는 객체로서의 자아(me) → 객체로서의 자아(me)에 반응하는 주체로서의 자아(I) → “다른” 객체로서의 자아(me)를 불러일으키는 주체로서의 자아(I)로 자아가 발전하면서 형성되는 것을 통해 확인할 수 있다.

2) ‘객체로서의 자아(me)에 반응하는 주체로서의 자아(I)’와 ‘“다른” 객체로서의 자아(me)를 불러일으키는 주체로서의 자아(I)’

‘사회적 산물로서 자아’가 형성되는 과정에서 중요한 것은 ‘의미’이다. 왜냐하면 의미의 본질은 사회적 행위의 구조 안에 내재되어 있으며,[45] 의미를 창출하는 사회적 행위를 통해 사회적 산물로서 자아가 형성되기 때문이다. 의미의 본질은 사회적 행위의 구조 안에 내재해 있다는 사실은 구체적으로 의미는 3종의 기본적인 개개 요소들 사이의 관계 안에 내재되어 있다는 것인데, 즉 한 개체의 제스처, 그 제스처에 대한 두 번째 개체의 반응,

---

41) George Herbert Mead(나은영 역), 정신·자아·사회 (한길사, 2010), 223면.
42) George Herbert Mead(나은영 역), 정신·자아·사회 (한길사, 2010), 280면.
43) George Herbert Mead(나은영 역), 정신·자아·사회 (한길사, 2010), 96-97면, 100면.
44) George Herbert Mead(나은영 역), 정신·자아·사회 (한길사, 2010), 102면. “심리학은 의식을 다루는 것이 아니다. 심리학은 개인의 경험을 그 경험이 진행되는 조건들과 관련시키는 것을 다룬다. 그 조건들이 사회적인 것일 때 사회심리학이 된다. 경험에 접근할 때 행동을 통해 접근하면 행동주의적인 것이다.” (116면).
45) George Herbert Mead(나은영 역), 정신·자아·사회 (한길사, 2010), 162면.

그리고 첫 번째 개체의 제스처에 의해 시작된 해당 사회적 행위의 완성이 3종의 기본 요소이다.46) 즉 한 사람의 인간 유기체와 이 유기체가 뒤이어 다른 인간 유기체에게 보이는 행동의 관계 안에서 의미가 발생하며 그 안에 의미가 놓인다. 의미는 사회적 행위의 어떤 단계들끼리의 관계로 발달하는 것이다.47) "이 제스처의 대화가 개인의 행위 속에 반영되어 다른 유기체의 태도가 그 유기체에 영향을 주고, 그 유기체가 대응하는 제스처로 응답할 수 있을 때, 자아가 발생한다."48)

미드는 '사회적 산물로서 자아'의 존재를 논증하는 핵심에 '의미'를 둘 뿐 아니라, 그 '의미'를 '객체로서의 자아'(me)와 '주체로서의 자아'(I)로 이분된49) 자아의 상호작용으로 설명한다. 미드의 정의에 따르면 객체로서의 자아(me)는 '타인의 태도의 조직화된 세트'50)이며, 본질적으로는 어느 사회적 집단의 일원으로 그 집단의 가치, 그 집단이 가능하게 된 종류의 경험을 표상하고 있다.51)

---

46) George Herbert Mead(나은영 역), 정신·자아·사회 (한길사, 2010), 162면. "'의미'라고 부르는 것에 속하는 두 가지 특성이 있는데, 하나는 참여이고 다른 하나는 의사소통 가능성이다. 의미는 한 개체가 스스로 내부 안에서 발생하는 것과 똑같은 행위를 다른 개체 안에서 불러일으키는 단계가 있어야만 발생한다. 항상 이 정도에 이르기까지 참여가 있다. 그리고 이 참여의 결과가 의사소통 가능성인데, 이는 개체가 스스로에게 자기가 타자에게 의미했던 것을 그대로 의미함을 뜻한다. 개체의 제스처가 스스로의 반응과 같은 반응을 다른 개체에게서 끌어내지 않는 경우에는 의미가 없는 커뮤니케이션이 일어난다." (162면).

47) George Herbert Mead(나은영 역), 정신·자아·사회 (한길사, 2010), 156면.

48) George Herbert Mead(나은영 역), 정신·자아·사회 (한길사, 2010), 257면.

49) "'I'와 'me'의 분리는 허구가 아니다. 양자는 동일하지 않다. 'I'는 완전하게는 계산할 수 없기 때문이다. 우리가 행위 속에 부여되는 의무에 응하는 한 me는 어떤 종류의 I를 요구하는 반면, I는 그 상황이 요구하는 것과는 언제나 어떤 부분인가는 서로 다르다. I와 me 사이에는 언제나 그와 같은 구분이 존재한다." George Herbert Mead(나은영 역), 정신·자아·사회 (한길사, 2010), 270면.

50) George Herbert Mead(나은영 역), 정신·자아·사회 (한길사, 2010), 266면.

51) George Herbert Mead(나은영 역), 정신·자아·사회 (한길사, 2010), 312면.

주체로서의 자아(I)는 '타인의 태도에 대한 유기체의 반응'[52]으로 객체로서의 자아(me)에 반응한다. I는 me에 대한 것이다.[53] I는 타인의 태도를 받아들임으로써 생겨나는 자아(me)에 대응하며 반응한다. 타인의 태도를 받아들이며 me가 등장하며 그 me에 대해 우리는 I로 반응한다.[54]

'객체로서의 자아(me)에 반응하는 주체로서의 자아(I)'는 동시에 '다른 객체로서의 자아(me)를 불러일으키는 주체로서의 자아(I)'이기도 하여서 다른 객체로서의 자아(me)를 불러일으킨다. I는 me에 반응하기도 하고, me를 불러일으키도 한다.[55] 미래에 대한 운동은 '객체로서의 자아(me)에 반응하는 주체로서의 자아(I)의 걸음이며, 이것은 객체로서의 자아(me)에는 부여되지 않는다.[56] "타인의 태도를 채용하는 것이 자신의 반응을 수정하여 또 다른 것으로 만드는 것, 그리고 다음으로는 자신의 반응이 새로운 변화를 일으킬 차례가 되는 것을 발견한다. 기본적인 태도는 단지 점차적으로 조금씩 변하는 태도라고 생각된다. 그리고 어떠한 개인이라고 해도 혼자서 사회 전체를 재구조화할 수는 없다. 그러나 개인은 자기 자신의 태도에서 끊임없이 사회에 영향을 미치게 된다. 왜냐하면 그는 그 자신에 대한 집단의 태도를 수용하고 그에 반응하여 그 반응을 통해 집단의 태도를 변화시키기 때문이다."[57]

2. 인정의 병리학

'현대 인권론에서 정체성의 의미'를 알아보기 위해서는 '정체성이 형성

---

52) George Herbert Mead(나은영 역), 정신·자아·사회 (한길사, 2010), 293면.
53) George Herbert Mead(나은영 역), 정신·자아·사회 (한길사, 2010), 291면.
54) George Herbert Mead(나은영 역), 정신·자아·사회 (한길사, 2010), 266면.
55) George Herbert Mead(나은영 역), 정신·자아·사회 (한길사, 2010), 270면.
56) George Herbert Mead(나은영 역), 정신·자아·사회 (한길사, 2010), 269면.
57) George Herbert Mead(나은영 역), 정신·자아·사회 (한길사, 2010), 272면.

되는 과정'을 알아보는 것에 그쳐서는 안 된다. me-identity와 I-identity 간의 격차로 인해 자아는 새로운 me-identity를 (특히 인권이라는 이름으로) '인정'받기 위한 투쟁을 전개하며, '인권'으로 상호승인되기를 원한다. 새로운 인권이 탄생하기 위해서는 '인정의 병리학'이 필요하며, 이는 상호승인에 기초한 정체성(새로운 me-identity)을 목표로 한다.

1) 무시의 사회적 동학

자아는 자신들을 도덕적 인격체로 인정하고 또 자신들의 사회적 기여의 몫을 인정하는 상호적 기대의 지평 속에서 서로를 만난다. 하지만 자신의 기대와는 달리 자신들이 정당하게 받을 만하다고 여기는 인정을 거부당할 때에는 도덕적 불의의 감정을 갖게 되며, 이를 호네트(Axel Honneth)는 '사회적 무시의 감정'이라고 규정한다.[58]

자아는 사회가 자신을 바라보는 me-identity와 자신이 자기 자신에게 가지는 I-identity, 그리고 자신이 사회에 대해 바라는 새로운 me-identity 사이에서 갈등을 겪으며, (정체성의 혼란에 그칠 수도 있지만) me-identity를 바꾸려는 '정체성 투쟁'으로 나아가게 된다. 이 때 '정체성 투쟁(인정투쟁)'의 가장 큰 동력은 '사회적 무시'이다. 사회적 인정의 경험은 인간이 정체성을 발전시키는 데 결정적으로 필요한 조건이기 때문에, 그러한 인정의 거부, 곧 무시는 필연적으로 인격의 상실을 가져올 수도 있다는 위협의 느낌을 수반한다.[59] "다시 말해 도덕적으로 부당한 것을 경험할 때 항상 해당 당사자는 심리적 충격을 받게 된다. 왜냐하면 그는 자기 자신의 정체성의 조건이 되는 어떤 기대가 충족되지 못하고 좌절된 데 대해 실망을 느끼기 때문이다."[60]

---

58) Axel Honneth(문성훈/이현재/장은주/하주영 역), 정의의 타자 (나남, 2009), 123면.
59) Axel Honneth(문성훈/이현재/장은주/하주영 역), 정의의 타자 (나남, 2009), 124면.
60) Axel Honneth(문성훈/이현재/장은주/하주영 역), 정의의 타자 (나남, 2009), 228면.

인권이라는 텍스트는 '고통사'라는 콘텍스트와 함께 읽어야 한다. 인권
은 자연법이라는 추상적 차원이 아니라 '고통'이라는 구체적 차원에서, 고
정불변한 차원이 아니라 역사적 차원에서 전개되는 것이다. 이 때 '고통'은
'무시'의 다른 이름이라고 할 수 있다. 약자(소수자)의 정체성 운동이 펼쳐
지기 위해서는 그들의 정체성과 관련된 요구들이 무시되는 것과 같은 강력
한 '부정'이 필요하다. 강력한 정체성 운동은 강력한 부정의 반작용으로 나
오는 것이다. '무시의 사회적 동학'은 바로 이를 말한다. 스스로 정체성을
확립할 수 있는 사람들과는 달리,[61] 약자(소수자)는 스스로 동력을 얻기보
다는 강력한 '무시'나 '고통'이라는 부정적 경험이 정체성운동의 동력으로
작용하는 것이다. 사회적 배제는 지배계급(사상)의 정체성에서 비롯되며,[62]
약자(소수자)의 정체성은 지배계급(사상)의 사회적 배제에서 비롯된다.

2) 정체성 투쟁

개인의 정체성은 주체들 상호 간의 인정에서 비롯된다는 헤겔(Hegel)의
승인이론[63]은 미드에 의해 발전된다. 특히 호네트(Axel Honneth)는 예나

___

61) 이 경우에도 다른 사람의 무시나 모욕이 자신을 개발하는 계기가 된다는 점을 우리는
   알고 있다.
62) 조효제, 인권의 문법 (후마니타스, 2007), 243면.
63) 헤겔의 인정(승인)이론에 대해서는 Axel Honneth(문성훈/이현재 역), 인정투쟁 (동녘,
   1997), 40면 이하; Sandra Fredman(조효제 역), 인권의 대전환 (교양인, 2008), 93면;
   나종석, 차이와 연대 — 현대세계와 헤겔의 사회·정치철학 (길, 2007), 342면 이하,
   356면, 561면 이하. 헤겔의 인정이론에 영향을 미친 것은 피히테(Johann Gottlieb
   Fichte)의 인정이론인데, 헤겔은 피히테의 자아이론을 갈등론적으로 역동화시켰다. 이
   에 대해서는 Axel Honneth(문성훈/이현재 역), 인정투쟁 (동녘, 1997), 48면 이하. 피
   히테는 다음과 같이 말한다. "우리는 자기 자신을 의식하는 자기의 자아를 함께 사유
   하지 않고서는 그 어떤 것도 전혀 사유할 수 없다." "사유 속에서(사유하면서) 나는
   항상, 이미 자아로서의 나를 덧붙여 사유한다." "우리는 결코 우리의 자아의식으로부
   터 추상될 수 없다." "나는 내가 산출하고자 하는 상(像)의 윤곽을 그리지 않고는 나
   를 행위하는 자로 발견할 수 없다." Lothar Eley(백승훈 역), 피히테, 쉘링, 헤겔 (인간

시절의 헤겔이 '실재 철학(Realphilosophie)'에서 드러냈던 인정투쟁의 사변적인 관념론을 미드의 탈형이상학적 언어로 탈바꿈하려고 시도한다.[64] (앞에서 살핀 바처럼) 인간주체는 자신의 정체성(identity)을 상호주관적 승인이라는 경험 속에서 형성한다는 미드의 이론[65]은 '주체로서의 자아(I)'와 '객체로서의 자아(me)'의 구별과 그 사이의 긴장을 기초로 한다. '객체로서의 자아(me)'는 타인이 가지고 있는 나에 대한 상이며, '주체로서의 자아(I)'는 '객체로서의 자아(me)' 속에 의식된 행위 표현들을 사후에 새롭게 해석하는 관계를 맺는다.[66] '주체로서의 자아'와 '객체로서의 자아'의 작용을 통해 정체성은 고정된 것이 아니라 인간의 상호작용 속에서 형성되는 것이다. 미드는 '주체로서의 자아'와 '객체로서의 자아' 사이의 갈등을 통해 승인투쟁을 설명하며, 더 나아가 이를 통해 사회의 도덕적 발전을 해명한다. "미드는 '주격 나'와 '목적격 나' 사이의 내적 마찰을 개인과 사회의 도덕적 발전을 설명할 수 있는 기본적인 갈등형태로 보았다. '목적격 나'는 자신의 공동체를 대신하여 규약적인 규범을 구체화한다. 또한 주체는 항상 '주격 나'의 충동성과 창조성에 사회적인 표현을 제공하기 위하여 이러한 규약적인 규범을 스스로 확장하려고 할 수밖에 없다."[67]

사랑, 2008), 62-63면, 76면.

64) Axel Honneth(문성훈/이현재 역), 인정투쟁 (동녘, 1997), 123면 이하; 호네트는 미드의 저작들이 청년 헤겔의 상호주관성 이론의 직관들을 탈형이상학적 이론 속에서 재구성할 수 있는 최적의 수단을 지니고 있다고 평가한다.

65) Axel Honneth(문성훈/이현재 역), 인정투쟁 (동녘, 1997), 130면.

66) Axel Honneth(문성훈/이현재 역), 인정투쟁 (동녘, 1997), 136면.

67) Axel Honneth(문성훈/이현재 역), 인정투쟁 (동녘, 1997), 148면. 호네트는 의사소통 패러다임이 더 이상 합리적 상호이해에 초점을 둔 기획이 아니라 인정의 조건들에 초점을 둔 기획이어야 한다고 주장한다. "의사소통 패러다임이 더 이상 합리적 상호이해에 초점을 둔 기획으로서가 아니라 인정의 조건들에 초점을 둔 기획으로 이해되면, 비판적 시대진단도 더 이상 합리성 이론의 좁은 틀 안에 축소되어서는 안 된다. 왜냐하면 이제 사회적 삶의 "장애" 또는 잘못된 발전이라 할 수 있는 것을 재는 기준은 더 이상 지배로부터 자유로운 상호이해의 합리적 조건들이 아니라 인간의 정체성

호네트에 따르면 상호승인적 정체성에 토대를 둔 인정투쟁은 인류 역사 형성의 동력이었고, 개인과 사회의 도덕적 발전을 설명할 수 있는 이론적 기초가 되지만, 필자의 견해에 따르면 인권형성의 동력으로도 가능하다.[68] 인정이론은 상호성의 조건을 분명하게 제시하며,[69] 인정의 대상이 되는 것이 인권침해에 해당하는 정도의 강력한 부정에 해당한다면, 인정이론으로 인권형성의 동력을 설명할 수 있다. 자신의 정체성을 미리 규정하고 이를 다른 자아에게 인식시킬 수 있는 강자와는 달리, 약자(소수자)는 강자가 규정하는 대로 규정된 정체성을 지니게 된다. 정체성의 훼손과 정의감의 훼손을 경험한 약자(소수자)는 자신의 정체성을 타인에게 확인받고자 투쟁에 나서게 된다. 정체성은 자아가 스스로 갖는 것이 아니라 사람들 사이의 상호승인에 본질적으로 기반을 두고 있다는 점이 약자(소수자)가 정체성투쟁 (인정투쟁)으로 나갈 수밖에 없는 다른 이유가 되는 것이다.

3. 저항하는 정체성

'저항하는 정체성'은 인권에서 중요한 정체성 개념이다. '저항하는 정체성'의 극점에는 '순응하는 정체성'이 있다. '순응하는 정체성'은 한 사회의 지배적인 가치나 규범이 규정하는 대로 '나(우리)의 정체성'을 수동적으로 형성하는 경우를 말한다. 자신의 정체성을 적극적으로 형성하려는 시도를

이 발전하기 위해 필요한 상호주관적 전제들 전체가 되어야 할 것이기 때문이다. 그러한 전제들은 한 개인이 성장하면서 사회적 정체성을 획득하고 결국에는 한 사회의 평등하면서도 고유한 구성원으로 스스로를 이해할 수 있도록 해주는 사회적 의사소통의 형식들 안에 있다." Axel Honneth(문성훈/이현재/장은주/하주영 역), 정의의 타자 (나남, 2009), 127면.

68) 뿐만 아니라 정체성과 인권을 연결시키면 '인간의 존엄'이라는 관점에서 해석하는 것이 가능하게 된다. 왜냐하면 주체로서의 자아(I)가 정체성에 기초한 투쟁으로 나아가는 시점은 인간의 존엄이 침해되는 순간이기 때문이다.

69) 이현재, 여성의 정체성 - 어떤 여성이 될 것인가 (책세상, 2007), 9면.

포기한 채 묵묵히 지배적인 가치나 규범에 순응하는 사람의 대부분은 그 개인이나 집단의 정체성이 주어진 것이라고 믿는다. 현대에도 정체성은 주어진 것이라고 믿는 사람들은 여전히 많다. 대표적인 예로 카르마(업)의 논리에 세뇌되어 살아가는 인도의 불가촉천민(달리트)을 들 수 있다. 그들 중의 대부분은 '전생에 내가 저지른 잘못의 대가를 치르고 있다'는 전생의 악업을 믿으며 '주어진' 정체성에 도전하지 않고 이를 그대로 받아들인다.[70] 반면에 '저항하는 정체성'은 지배적인 가치나 규범이 지시하는 대로의 정체성을 부정하고, 자신의 정체성을 새롭게 규정하려고 저항한다. 인도 불가촉천민의 예에서도 소수의 불가촉천민은 상층 카스트 힌두교도들이 떠받들고, 대부분의 불가촉천민(달리트)이 숙명으로 받아들이는 마누법전에 대해 저항하는데, 이들이 '저항하는 정체성'의 한 예이다. 마누법전의 부당함에 저항하는 불가촉천민은 '주어진' 정체성이 아니라 '새롭게 만든' 정체성을 가질 수 있게 된다. 저항의 중심에는 저항하는 정체성 형성이 자리잡고 있다. 구해근 교수에 따르면, 한국 노동계급 형성 연구에서 중요한 질문은 어떻게 공장 노동자들이 공순이·공돌이처럼 노동자를 경멸하는 문화적인 이미지와 국가가 강제한 산업전사라는 타의적 정체성을 극복하고 노동자로서 자신들의 집단적인 정체성을 발전시키게 되었느냐이다.[71]

놀라운 점은 많은 경우 타의적 정체성을 규정하는 도구로 (법)규범이 사용된다는 점이다. 인도의 불가촉천민이 주어진 정체성을 인정하고 순응하는 중심에는 1500년 전에 쓰여졌다는 '마누법전'이 자리잡고 있다. 마누법전은 현대에도 여전히 힌두교도들의 율법과 일상생활을 지배하고 있는데, 여기에는 베다를 듣거나 읽는 불가촉천민의 귀에 납물을 부어야 한다고 규정되어 있어 불가촉천민을 천민으로 대하는 것을 정당화한다.[72] 법규범이

---

70) Narendra Jadhav(강수정 역), 신도 버린 사람들 (김영사, 2010), 14면.
71) 구해근(신광영 역), 한국 노동계급의 형성 (창작과 비평사, 2002), 36면.
72) Narendra Jadhav(강수정 역), 신도 버린 사람들 (김영사, 2010), 56면.

되었든, 종교규범이 되었든, 규범이 '정체성'을 규정하는 예는 우리나라에서도 찾기가 어렵지 않다. 조선시대의 신분제도가 그 한 예이다. 하지만 규범이 정체성을 규정하는 것에 대해 저항하기도 하였는데, 이는 실패하기도 하였고 성공하기도 하였다. 실패한 예로는 태종 13년에 시행된 '적서차별법'을 들 수 있는데, 적서차별법에 대해 조선시대의 여러 서자들은 순응하기도 하고 저항하기도 했지만, 대부분의 경우에는 좌절하고 방황하는 정체성을 형성하였다. 성공한 예는 호주제 폐지[73]가 있는데, 이는 무엇보다도 호주제에 의해 피해를 본 여성들이 호주제에 의해 자신들의 정체성이 규정되는 것을 반대하고 저항했기 때문이다.

4. 소수자의 정체성과 인권

1) 정체성의 시대

근대적 정체성은 중심과 주변의 공식에 따라 정체성을 분류한다. 이 중 중심이 되는 정체성은 주변의 정체성과의 대비 속에서 구체화되며, 주변의 정체성은 중심의 정체성에 의해 '타자'로 규정된다. 이러한 중심과 주변을 나누는 구분에는 권력적 효과가 내재하고 있다. 예컨대 사이드(Edward W.

---

73) 구 민법 제781조(子의 父家 입적)와 제826조(妻의 夫家 입적)를 근간으로 하는 호주제에 대해 2005년 헌법재판소[2005. 2. 3. 2001헌가9·10·11·12·13·14·15, 2004헌가5(병합) 결정]는 양성평등위반[성역할에 따른 고정관념에 기초한 차별, 호주승계 순위의 차별, 혼인시 신분관계 형성의 차별, 자녀의 신분관계형성의 차별(부가입적의 문제, 부모가 이혼한 경우의 문제, 인수입적의 문제, 미혼모의 경우의 문제)], 개인의 존엄 위반, 변화된 사회환경과 가족상을 근거로 헌법불합치결정을 내렸다. 헌법재판소는 판결문에서 "호주제는 당사자의 의사나 복리와 무관하게 남계혈통 중심의 가의 유지와 계승이라는 관념에 뿌리박은 특정한 가족형태를 일방적으로 규정·강요함으로써 개인을 가족 내에서 존엄한 인격체로 존중하는 것이 아니라 가의 유지와 계승을 위한 도구적 존재로 취급하고 있는데, 이는 혼인·가족생활을 어떻게 꾸려나갈 것인지에 관한 개인과 가족의 자율적 결정권을 존중하라는 헌법 제36조 제1항에 부합하지 않는다"라고 판시하고 있다.

Said)는 서양적 정체성이 동양에 대한 특정한 시선을 통해 구성되었음을 그의 유명한 책 '오리엔탈리즘'에서 밝히고 있다. 즉 오리엔탈리즘이란 서양이 동양에 관계하는 방식으로서, 유럽 서양인의 경험 속에 동양이 차지하는 특별한 지위에 근거하는 것이며, 동양과 서양 사이에서 만들어지는 존재론적이자 인식론적인 구별에 근거한 사고방식이다.74) 유럽은 오리엔탈리즘을 통해 동양과의 경계설정을 통해 스스로를 소외시킴으로써 자신의 힘과 정체성을 얻게 된다.75) 반면에 동양은 스스로 정체성을 획득하지 못하고 서양이 오리엔탈리즘을 통해 정체성을 부여하게 되며, 동양의 정체성은 서양의 다양한 표상기술에 직접 의존하여 기술된다. 오리엔탈리즘은 동양에 가까운 것이 아니라 동양에 멀리 떨어진 곳에 위치한다.76) 즉 "그들은 스스로 자신을 대변할 수 없고, 다른 누군가에 의해 대변되어야 한다."77) 서양과 동양의 관계뿐만 아니라 조선시대 우리나라 안에서도 이러한 근대적 정체성을 살펴볼 수 있는데, 양반제도가 그러하다. 즉 조선시대 양반의 정체성 또한 평민과 노비의 정체성과의 대비를 통해 형성되었다고도 볼 수 있다. 총체성(동일성)을 기초로 한 보편주의는 많은 경우 폭력을 수반하며, 이는 '차이'에 대한 승인과 보존에 대한 투쟁을 낳았다. 지배적인 정체성에 호소하는 것은 다른 이에게는 잔인한 폭행이 될 수 있다.78)

　반면에 현대적 정체성은 근대적 정체성이 가지는 총체성(totality)을 부정하고, 근대적 이분법 논리에 도전하면서, 차이와 특유함을 강조한다. 현대적 정체성은 각자가 중심에 놓이게 되며, '타자'로서 중앙의 정체성에 의해

---

74) Edward W. Said(박홍규 역), 오리엔탈리즘 (교보문고, 2007), 15-16면. 51면.
75) Edward W. Said(박홍규 역), 오리엔탈리즘 (교보문고, 2007), 19면.
76) Edward W. Said(박홍규 역), 오리엔탈리즘 (교보문고, 2007), 52면.
77) Karl Marx, 루이 보나파르트의 브뤼메르 18일. "동물의 세계를 지배하는 규칙은 먹느냐 먹히느냐이다. 인간의 세계를 지배하는 규칙은 누가 규정하고 누가 규정 당하느냐이다." (Thomas Szasz)
78) Amartya Sen(이상환/김지현 역), 정체성과 폭력 (바이북스, 2010), 20면, 53면, 137면, 164면.

규정되지 않는다. 근대적 정체성은 중심이 되는 정체성만이 규정할 수 있으나, 현대적 정체성은 각자가 자기 자신을 규정할 수 있게 된다. 남자, 자국민, 이성애자를 중심으로 정체성을 구성하고, 이를 토대로 여자, 외국인, 동성애자의 정체성을 규정해버리는 억압적 관계를 탈피하여, 현대적 정체성은 중심에서 배제된 타자의 지위를 회복시킨다. 현대에 이르러 '정체성 정치'의 시대가 열렸고, 이는 지역적이고 특수하고 독특한 것에 대한 존중으로 보편주의의 균형을 잡아주려 한다.[79] 총체성의 보편세계에서 차이는 동일성에 융해되고 특수는 보편에 굴복하지만(총체성을 띠는 근대적 정체성은 통합시키는 만큼 분열시킨다[80]), 새로운 정체성의 시대는 차이를 진지하게 받아들이고 차이에 대해 관용하며 차이가 존엄하다는 점을 인정한다.[81] 새로운 상황은 새로운 언어를 요구한다.[82] 집단적 사회운동이 퇴조하고 새로운 '정체성'의 시대를 맞아 흑인, 여성주의자, 라티노(중남미계 미국인), 동성애자들이 운동의 주체로 등장하게 되었다.[83] 이들의 소수자 운동은 소수자들이 자신의 주변적인 정체성을 자각하고 그것을 바꾸려는, 미드의 언어에 따르면 me-identity를 자각하고 I-identity에 기반해 새로운 me-identity를 만들어 나가는 운동이다.[84]

---

79) Jonathan Sacks(임재서 역), 차이의 존중 (말글빛냄, 2010), 47면; 필자는 총체성(동일성)에 기초한 보편주의 자체는 거부하지만, 차이에 기초한 새로운 보편주의는 가능하지 않을까 생각된다. 이에 대해 예컨대 찰스 테일러(Charles Tayler)는 "우리들 각자에 특수한 것을 승인함으로써 우리는 보편적으로 존재한다"는 새로운 보편적 준거를 주장한다[고병권, 니체, 천개의 눈 천개의 길 (소명출판, 2009), 101-102면].

80) Jonathan Sacks(임재서 역), 차이의 존중 (말글빛냄, 2010), 47면.

81) Jonathan Sacks(임재서 역), 차이의 존중 (말글빛냄, 2010), 48면, 109-110면.

82) 조효제, 인권의 풍경 (교양인, 2008), 191면.

83) Micheline Ishay(조효제 역), 세계인권사상사 (길, 2005), 418면.

84) 박경태, 소수자와 한국사회 (후마니타스, 2008), 116, 117면; 공익소송 또한 마찬가지일 것이다. 공익소송은 현재의 소송법체계에서 제대로 보장되지 못하고 있는 상황에서 진행되며, 이는 새로운 me-identity를 아직 권리화되지 않은 인권을 통해 수립하려는 것이다. 이에 대해서는 이상돈, 공익소송론 (세창출판사, 2006), 11-12면.

2) 어떠한 정체성을 규범적 정체성으로 주장할 것인가?

소수자의 정체성은 그 정체성을 형성하는 기초에 따라 '동일성(같음)에 기초한 정체성'과 '차이에 기초한 정체성'으로 구별할 수 있다. 예컨대 여성의 정체성은 '동일성(같음)에 기초한 정체성'과 '차이에 기초한 정체성'에 따라 추구하는 바가 달라진다. 이현재 교수에 따르면, 여성주의 1세대의 모토는 "남성과 같은 인간이고 싶다는 것"이고, 여성주의 2세대의 모토는 "남성과 다른 여성이고 싶다는 것"이다. 반면에 여성주의 3세대의 모토는 양자를 결합하여 "동일성과 차이를 공존시키는 것"이다.[85] 여성주의 1세대는 여성을 남성화되고 여성성이 철저히 배제됨에 반해,[86] 여성주의 2세대는 여성과 남성의 차이에 관심을 기울이고 여성적인 것을 토대로하는 새로운 규범적 정체성을 정립하고자 한다.[87] 2세대 여성 중심주의는 여성적인 것의 긍정적 가치를 재발견하는 쾌거를 거둔다. 그러나 그들은 여성적 감성과 타자 연관성을 강조하는 과정에서 자율적이고 통일적인 행위 주체를 설명하는 데 어려움을 안게 된다. 그뿐 아니라 여성 간의 차이를 급진화하는 과정에서 여성 혹은 여성주의자 간의 연대 가능성에 심각한 타격을 준다.[88] 반면에 3세대 여성주의는 동일성이나 차이, 주체성이나 타자성 중 어떤 것도 희생양으로 삼지 않는 방향으로 나아간다. 즉 여성주의 안에 동일성과 타자를 공존시켜야 한다는 것이다. 3세대 여성주의의 핵심은 배제되지 않음 즉 배제의 논리를 극복하는 데 있다. 3세대 여성주의의 정체성은 '여성성의 배제'나 '남성성의 배제'를 통해서가 아니라 '배제되지 않음'의 정신 속에서 구현된다. 더욱 놀라운 것은 여기서 '배제의 배제'라는 소극적 개념을 넘어 '병존'이라는 적극적 개념을 사용하고 있다는 점이다. 이제 3

---

85) 이현재, 여성의 정체성 - 어떤 여성이 될 것인가 (책세상, 2007), 32면, 35면, 41면.
86) 이현재, 여성의 정체성 - 어떤 여성이 될 것인가 (책세상, 2007), 34-35면.
87) 이현재, 여성의 정체성 - 어떤 여성이 될 것인가 (책세상, 2007), 35면.
88) 이현재, 여성의 정체성 - 어떤 여성이 될 것인가 (책세상, 2007), 41면.

세대 여성주의는 대립적 이원론의 도식을 넘어서 양자의 공존을 위한 토대
를 마련해야 한다는 것이다.[89]

장애인의 정체성 또한 '동일성(같음)에 기초한 정체성'과 '차이에 기초한
정체성'이 공존한다. 기존의 장애인 복지가 국가나 비장애인들의 도움에 의
존했던 것이라면, 예컨대 최근의 장애인들의 이동권 투쟁은 장애인이 스스
로 자기결정권을 가지고 인권을 쟁취하려고 노력한다.[90] 2001년 1월 22일
개통한 지 6개월이 안 된 오이도역 장애인 수직형 리프트에서 추락하여 박
소엽씨(71, 여, 지체3급)가 사망한 이후, 2001년 4월 20일 '장애인 이동권 쟁
취를 위한 연대회의'가 출범하였다. '장애인과 함께 지하철을 탑시다' '장애
인과 함께 버스를 탑시다' 행사가 연이어 개최되었고, '장애인 이동권 확보
를 위한 100만인 서명운동'도 전개되었다. 장애인의 인권은 더 이상 보살핌
이나 배려의 차원이 아닌, 장애인의 권리임이 부각될 수 있었던 것은, 한국
사회라는 텍스트에서 '자기정체성'을 형성해야 하는 장애인들이 자신의 다
름(차이)을 차별로 느껴 행동에 나섰기 때문이다. "그들은 사회로부터 이동
권의 제약과 박탈을 지하철과 버스와 같은 대중교통을 점거하는 형태로 나
타냄으로써 그들 당사자가 얼마나 차별받고 감금되어져 왔는가를 주장하고
있다. 스스로 '장애인'임을 자각하고 장애인으로서의 자아 정체성을 갖고 있
으면서 자신이 경험하는 구체적인 '차별을 인격적인 정체성으로 인식하느
냐' 하는 것에 따른 근본적인 변화인 것이다. 그러한 당사자들의 변화는 자

---

89) 이현재, 여성의 정체성 - 어떤 여성이 될 것인가 (책세상, 2007), 42면. 여성주의 3세대
는 남성과 같은 동일성과 남성과 다른 차이를 공존시키는 '여성의 정체성'을 규범적
정체성으로 제안한다. 이러한 주장의 근간에는 인정이론이 자리잡고 있다. "인정이론
은 타인과의 공존 없는 개인의 정체성이 실현될 수 없다는 것을 체계적으로 설명해
준다. 인정이론에 따르면 개별자의 정체성은 타자의 인정을 통해서 비로소 형성되고
실현될 수 있다. 개별자의 정체성을 실현하기 위해서는 타자와의 연관이 필요하며,
차이의 실현을 위해서는 차이를 공존시킬 수 있는 최소한의 동일성이 필요하다는 것
을 보여주는 것이 바로 인정이론이다." (43면).
90) 박경태, 소수자와 한국사회 (후마니타스, 2008), 114면.

신의 '장애'로 경험한 여러 상대적 불이익에 대해 그것을 '차별'로 인식한다는 것을 의미한다."[91] 이러한 장애인의 이동권 투쟁은 소수자 운동에서 최근 제기되기 시작한 '당사자주의'와 같은 맥락에 있는 개념으로, 장애인의 주체적인 의지를 표현하는 것이다.[92] 사건에 따르면 한국사회에서 장애인의 정체성 투쟁은 모두 인간으로서의 인권을 보장해달라는 측면보다는, 장애인이 다수자인 일반 사람들과는 다르다는 '차이'를 인정해달라는 정체성투쟁의 모습을 띠고 있다. 장애인은 인권과 관련하여 '인간'이라는 동일성에 기초해서, 장애인은 비장애인인 다수자와는 '다른' 규범적 정체성을 주장하며, 이러한 차이를 인권법에서 실효성 있게 보장할 것을 주장한다.

3) 어떠한 정체성을 규범적 정체성으로 수용할 것인가?

이하에서는 우리나라 헌법재판소의 판결이 소수자의 규범적 정체성 주장을 어느 정도 수용하고 있는지 저상버스 도입의무 불이행 사건(2002. 12. 18. 2002헌마52)과 시각장애인 안마사 사건[2008. 10. 30. 2006헌마1098·1116·1117(병합)]의 예를 통해 살펴보려고 한다.

(소견에 따르면) 시각장애인 안마사 사건에 대한 헌법재판소 2008. 10. 30. 2006헌마1098·1116·1117(병합) 결정에는 당사자인 시각장애인 안마사의 정체성이 잘 드러나지는 않지만, 헌법재판관들은 이를 충분히 고려하였다. 이 판결은 비시각장애인의 '직업선택의 자유'를 '비맹제외기준'으로 제한하는 것이 정당한지를 묻는 '자유권적 기본권'에 대한 판결인 동시에, 신체장애자 보호에 대한 헌법 제34조 제5항의 헌법적 요청에 바탕을 둔 '사회권적 기본권'에 대한 판결이다. 즉 자유권적 기본권과 사회권적 기본권의 충돌의 문제이다. 이 판결에서 필자가 중요하게 보는 점은 피해의 최소

---

91) 김형수, "되풀이되는 차별과 소외의 역사, 그 치밀함의 이중성," 최협/김성국/정근식/유명기 엮음, 한국의 소수자, 실태와 전망 (한울아카데미, 2004), 77면.
92) 박경태, 소수자와 한국사회 (후마니타스, 2008), 114면.

성 판단에서 시각장애인은 역사적으로 교육, 고용 등 일상생활에서 차별을
받아온 소수자로서 실질적인 평등을 구현하기 위해서 이들을 우대하는 조
치를 취할 필요가 있다는 점을 헌법재판소가 인정하고 있다는 점이다. 또
한 필자가 주목하는 것은 헌법재판소가 2006. 5. 25. 2003헌마715, 2006헌
마368(병합) 결정이 '안마사에 관한 규칙'의 '비맹제외기준'(시각장애인에
한해 안마사의 자격을 인정하는 것)이 위헌임을 선언했음에도 불구하고
'의료법'에 '비맹제외기준'이 입법화되었다는 점과 헌법재판소가 '비맹제외
기준'을 2008. 10. 30. 2006헌마1098·1116·1117(병합) 결정에서 다시 심리
하였다는 점이다. 이는 헌법재판소가 (헌법재판관 다수가 바뀐 이유도 있
기는 하지만) 시각장애인 안마사의 단체행동에 민감하게 반응하였기 때문
이라고 판단된다. 의료법 제61조 제1항의 위헌여부가 문제된 2008년 헌법
재판소 결정은 안마사에 관한 규칙 제3조 제1항 제1호 등의 위헌여부가 문
제된 2006년 헌법재판소 결정에 대한 시각장애인 안마사의 격렬한 투쟁을
고려하지 않을 수 없었다.

　2006년 결정은 기본권 제항에 관한 사항을 법률에 규정하지 않고 하위
법규인 '안마사에 관한 규칙'으로 정한 것이 법률유보원칙에 위배되며, 시
각장애인에 대해서만 안마사자격을 인정하는 것이 비시각장애인의 직업선
택의 자유를 침해하여 과잉금지원칙에 반한다고 판시하였다. 2006년 결정
이 '비맹제외기준'이 기본권 제한의 방식에서 법률유보원칙에 위배되고 그
제한의 정도 또한 과잉금지원칙에 위배한다고 판시하였음에도 불구하고,
헌법재판소 2008년 결정은 2006년 결정에서 '안마사에 관한 규칙'이 '법률
유보원칙'에 반할 뿐, '과잉금지원칙'에는 반하지 않았다는 견해를 밝힌다.
즉 비맹제외기준이 과잉금지원칙에 위반한다는 점과 관련해서 재판관 5인
만이 찬성하였을 뿐이기 때문에 과잉금지원칙에 대하여 기속력을 인정할
수 없다고 판시하였다. 2006년 결정에서 헌법재판관의 견해를 살펴보면,
'비맹제외기준'이 법률유보원칙과 과잉금지원칙 모두 위반이라고 본 3인

(전효숙, 이공현, 조대현), 과잉금지원칙에 반한다고 본 2인(주선회, 송인준) 외에도(이렇게 해서 5인이다), 법률유보원칙에 반한다고 본 2인(윤영철, 권성)의 견해는 '안마사에 관한 규칙'이 모법인 의료법 규정과 더불어 법률유보원칙을 위배하고 있어서 그 자체로서 위헌임을 면키 어려우므로 기본권 제한의 정도가 과도한 것인지 여부를 떠나서 헌법에 위반된다고 견해를 밝히고 있다. 법률유보원칙에 반한다고 본 2인(윤영철, 권성)의 견해는 과잉금지원칙 위반 여부를 유보한 것이지 과잉금지원칙에 반하지 않는다고 판시하지 않았다. (필자의 견해에 따르면) 안마사에 관한 규칙이 과잉금지원칙에 위반했는지 여부에 대해 헌법재판소가 혼선을 빚어가면서까지 2008년에 의료법의 '비맹제외기준'에 대해 새로운 판결을 내릴 수밖에 없었던 이유는 바로 시각장애인의 격렬한 투쟁에 있다고 보여진다. 그리고 (필자가 보기에는) '과잉금지원칙의 위반'으로 본 재판관만 5인인 것이 아니라, '법률유보원칙의 위반'으로 본 재판관도 5인에 지나지 않아 보인다.

2008년 결정에서 6인(김희옥, 김종대, 민형기, 이동흡, 목영준, 송두환)의 다수의견은 이 사건 법률조항이 시각장애인에게 삶의 보람을 얻게 하고 인간다운 생활을 할 권리를 실현시키는 데에 그 목적이 있으므로 입법목적이 정당하고, 다른 직종에 비해 공간이동과 기동성을 거의 요구하지 않을 뿐더러 촉각이 발달한 시각장애인이 영위하기에 용이한 안마업의 특성 등에 비추어 시각장애인에게 안마업을 독점시킴으로써 그들의 생계를 지원하고 직업활동에 참여할 수 있는 기회를 제공하는 이 사건 법률조항이 이러한 입법목적을 달성하는 데 적절한 수단임을 인정하고 있다. 나아가 시각장애인에 대한 복지정책이 미흡한 현실에서 안마사가 시각장애인이 선택할 수 있는 거의 유일한 직업이라는 점, 안마사 직역을 비시각장애인에게 허용할 경우 시각장애인의 생계를 보장하기 위한 다른 대안이 충분하지 않다는 점, 시각장애인은 역사적으로 교육, 고용 등 일상생활에서 차별을 받아온 소수자로서 실질적인 평등을 구현하기 위해서 이들을 우대하는 조치를 취

할 필요가 있다는 점 등에 비추어 최소침해성원칙에 반하지 않고, 이 사건
법률조항으로 인해 얻게 되는 시각장애인의 생존권 등 공익과 그로 인해
잃게 되는 일반국민의 직업선택의 자유 등 사익과 비교해 법익 불균형이
발생한다고 단정할 수 없다고 판시하였다. 입법목적의 정당성, 수단의 적절
성, 피해의 최소성, 법익의 균형성 조건을 모두 충족함으로써, 시각장애인
에게만 안마사 자격인정을 받을 수 있도록 하는 비맹제외기준을 설정한 구
의료법 제61조가 헌법 제37조에서 정한 기본권제한입법의 한계를 벗어나
서 비시각장애인의 직업선택의 자유를 침해하거나 평등권을 침해한다고
볼 수 없다고 판시하였다.[93] "정부가 시각장애인에게 경제적 지원만 하는
것이야말로 공동체의 일원으로서 신체장애자를 보호하도록 규정하고 있는
헌법 제10조 및 제34조 제5항의 기본정신을 저버리는 것이다. 시각장애인
이 원하는 바도 단지 경제적 지원이 아니라 정당한 직업에 종사하는 것이
다. 사회통합의 관점에서 보나, 기본권 보장의 관점에서 보나 장애인에 대
하여 국가는 특별한 보호를 해야 하고, 이는 결코 국가의 은전이나 혜택이
아니라 헌법상의 권리인 것이다."

반면에 저상버스 도입의무 불이행 사건에 대한 헌법재판소 2002년 12월
18일 결정(2002. 12. 18. 2002헌마52)에는 소수자인 장애인의 정체성이 드러
나지 않는다. 헌법재판소는 헌법 제34조 제5항의 '신체장애자'에 대한 국가
보호의무의 헌법적 의미를 밝힌 후, 장애인을 위한 저상버스를 도입해야
할 국가의 구체적 의무가 헌법으로부터 도출되는지 여부에 대해 판단하였
다. 헌법재판소는 사회적 기본권에 규정된 국가의 의무가 그렇지 못한 국

---

93) 반면에 3인(이강국, 이공현, 조대현)의 반대의견은 중증 시각장애인의 약 17%인 6~
7000만이 안마사로 등록되어 활동하는 점에 비추어 이 사건 법률조항의 생계보장효
과가 의심스럽다는 점, 시각장애인의 안마사 직역 독점 외에 시각장애인의 생계보장
및 직업활동 참여기회 제공을 달성할 다른 수단이 없는 것도 아니라는 점 등을 들어
위헌의견을 낸다.

가의 의무에 대하여 입법과정이나 정책결정과정에서, 무엇보다도 예산책정 과정에서 반드시 우선적 이행을 요구할 수 없음을 밝힌다. 그 대신 입법자는 사회·경제정책을 시행하는 데 있어서 서로 경쟁하고 충돌하는 여러 국가목표를 균형있게 고려하여 서로 조화시키려고 시도하고, 매 사안마다 그에 적합한 실현의 우선순위를 부여하게 된다.

저상버스의 도입과 관련하여, 헌법에서 유래하는 행정청의 작위의무가 존재하는지 여부에 대해, 헌법재판소는 헌법의 규범으로부터 '장애인을 위한 저상버스의 도입'과 같은 구체적인 국가의 행위의무를 도출할 수 없다고 보았다. 국가에게 헌법 제34조에 의하여 장애인의 복지를 위하여 노력을 해야 할 의무가 있다는 것은, 장애인도 인간다운 생활을 누릴 수 있는 정의로운 사회질서를 형성해야 할 국가의 일반적인 의무를 뜻하는 것이지, 장애인을 위하여 저상버스를 도입해야 한다는 구체적 내용의 의무가 헌법으로부터 나오는 것은 아니라고 밝힌다. 또한 버스운송사업자가 국가나 지방자치단체가 운영하는 공기업이 아니라 순수한 사기업인 이상, 이들에 대한 국가의 지원대책이 마련되지 않고서는 저상버스의 도입은 불가능함을 언급하고 있다. 청구인이 요구하는 저상버스를 대중버스노선에 도입하기 위해서는 버스운송사업자에 대한 재정지원이 필수적인 전제조건이기 때문에, 국가가 저상버스의 도입을 추진하는 문제는 재원확보의 문제이지 '구체적 권리'의 문제가 아니라는 것이다.

헌법재판소에 따르면 사회적 기본권은 약자(소수자)를 포함한 모든 국민이 가지는 기본권이 아니라, 국가의 현실적인 재정·경제능력의 범위 내에서 다른 국가과정와의 조화와 우선순위결정을 통해 제한적으로 주어지는 것이다. 필자가 의문을 제기하는 점은 헌법재판소가 이 결정에서 국가의 현실적인 재정·경제능력은 그리도 중요하게 생각하면서, 장애인의 정체성투쟁에서 드러난 아픔과 고통, 장애인의 정체성투쟁이 야기하는 국민의 인식변화에는 왜 방점을 찍지 않는가 하는 점이다. 저상버스의 전면적인 도입이 재정적인 이유로 불가능하더라도 국가예산이 가능한 한도에서 공공버스를 점차적으로 도입하라고 판결문에 적을 수는 없는가 하는 의문이다. '장애인 이동권'은 인권과 복지의 차이를 극명하게 보여주는 예인데, '장애인 이동권'이 인권의 영역에 속하는 것인지, 복지의 영역에 속하는지에 따라 '장애인 이동권'의 인정 여부와 그 내용이 확연히 달라진다. 이는 헌법재판소 결정 내용과 청구인인 '장애인 이동권 쟁취를 위한 연대회의의 주장 내용의 차이를 통해 알 수 있다. 필자는 청구인의 주장 내용이 옳다고 생각한다. 생각건대 기본권인 '사회적 기본권'으로부터 이를 최적화하여 실현해야 할 국가의 의무가 생긴다. 이에 따르면 설령 활용가능자원이 명백히 부족하다 하더라도 그 권리를 현재의 상황이 허용하는 한도에서 전력을 다해 보장해주어야 하는 것이다. 재원이 부족하다는 이유로 사회적 기본권을 보장하는 구체적인 프로그램을 강구해야 할 의무가 도외시되어서는 안 될 것이다.[94]

(필자의 관점에서 볼 때) 불행히도 이 판례는 약자(소수자)의 정체성을 제대로 드러내지 못한 아쉬움을 남긴다. 특히 약자(소수자)와 관련된 '사회적 기본권'에 대한 우리 헌법재판소의 해석은 이러한 면을 그대로 드러낸다. 약자(소수자)의 문제를 다루는 판결은 me-identity뿐만 아니라 I-identity 또한 드러낸 가운데 내려져야 할 것이다. 필자가 생각하기에 사회적 기본권에 대한 헌법재판소의 '좁은' 이해는 소수자들의 정체성을 담기에는 여전히 부족한 면이 있다. 한국에서의 사회권 논의와 실무는 사회적 기본권을 프로그램적인 권리로 취급해버린다. 소수자들은 노동자들처럼 사회·경제적 지위 때문에 온전한 시민권에서 배제된 것이 아니라 문화적·심리적·신체적 정체성 때문에 차별을 받았는데,[95] 지금까지 사회권은 다양한 소수자들의 소외와 배제를 해결하는 방안이 되지 못하였다.[96] 생각건대 우리

---

94) 경제적, 사회적 권리를 충족시킬 의무에 대한 상세한 논증은 Sandra Fredman(조효제 역), 인권의 대전환 (교양인, 2008), 208면 이하.

95) 최현, 인권 (책세상, 2008), 105면.

헌법은 소수자를 약자로서 보호할 대상으로 파악하여 '약자'의 기본권 문제로 사회적 기본권을 다루고 있으며, 그렇기에 판례에 나타난 사회적 기본권에는 '소수자'의 정체성이 잘 드러나지 않는다. 생각건대 소수자를 약자로서 보호할 대상으로서가 아니라 자기 목소리를 낼 수 있는 정체성의 주체로서 인정할 때 '사회적 기본권'은 제대로 된 기본권으로서의 역할을 감당할 수 있을 것이다. "인권 관련 소송에서 법원이 가장 약한 집단의 목소리도 잘 들릴 수 있도록 보장해주고, 모든 사람들에게 똑같은 수준의 설득력을 보장해 줄 때만 법원은 정당한 민주적 역할을 수행한다고 할 수 있다. 따라서 프랭크 미켈만(Frank I. Michelman)은 헌법재판소가 "그전까지 배제되었던, 새로운 자의식을 지닌 사회집단들의 목소리를 심의 과정에 포함시키기 위해 노력해야 한다"라고 주장한다."[97] 생각건대 '정체성'의 관점에서 본 인권은 현존하는 법에 대한 비판적 관점을 제공하고 더 나은 법을 제시하는 기능을 수행할 뿐 아니라,[98] 판례에 소수자의 목소리를 담음으로써 역동적인 규범을 그려낼 수 있다.

---

96) 최현, 인권 (책세상, 2008), 104면 이하.
97) Sandra Fredman(조효제 역), 인권의 대전환 (교양인, 2008), 270면 이하.
98) 인권 개념의 가장 중요한 기능 가운데 하나가 현존하는 법에 대한 비판적 관점을 제공하는 역할임은 분명하다. 이에 대해서는 William J. Talbott(은우근 역), 인권의 발견 (한길사, 2011), 35면.

각 장의 출처

제1부 분업과 기능적 분화

제1장 분업의 유기적 연대?

- 분업의 병리학, in: 법철학연구 제21권 제2호 (한국법철학회, 2018)

제2장 유기체의 사회로의 유추?

- 사회유기체 '유추'와 '비유', in: 법과정책 제23집 제2호 (제주대 법과정책연구원, 2017)

제3장 분업과 기능적 분화

- 분업과 기능적 분화, in: 법과 사회 제62호 (법과사회이론학회, 2019)

제2부 자본주의와 기능적 분화

제4장 '자본주의의 총체성'과 '사회체계의 기능적 분화'

- '자본주의의 총체성'과 '사회체계의 기능적 분화', in: 법철학연구 제17권 제1호 (한국법철학회, 2014)

제5장 계층화와 기능적 분화

- 계층화와 기능적 분화, in: 법철학연구 제20권 제2호 (한국법철학회, 2017)

제6장 자기준거적 체계로서 복지체계

- 자기준거적 체계로서 복지체계: 예비적 고찰, in: 법철학연구 제12권 제1호 (한국법철학회, 2009)

제7장 다원주의와 기능적 분화

- 다원주의와 기능적 분화, in: 법과정책 제27집 제3호 (제주대 법과정책연구원, 2021)

제3부 기능적 분화와 공리

제8장 공화주의 이론의 명암

- 공화주의 이론의 명암, in: 법과정책 제24집 제1호 (제주대 법과정책연
  구원, 2018)

제9장 자유와 공리의 연합

- 자유와 공리의 연합, in: 법학연구 제29권 제2호 (충북대 법학연구소, 2018)
- 제도공리주의, in: 법철학연구 제24권 제3호 (한국법철학회, 2021)

제10장 공리와 제도

- 제도공리주의, in: 법철학연구 제24권 제3호 (한국법철학회, 2021)

제11장 공리와 기능적 분화

- 공리와 기능적 분화, in: 법철학연구 제25권 제2호 (한국법철학회, 2022)

제4부 정치철학적 조망

제12장 공공시스템과 자유

- 완전주의적 자유와 공공시스템, in: 법과정책 제27집 제1호 (제주대 법
  과정책연구원, 2021)

제13장 분배 정의

- '분배 정의'에 대한 단상, in: 법철학연구 제20권 제3호 (한국법철학회,
  2017)

제14장 건강한 사회

- '사회와 유기체'에 대한 일고찰, in: 원광법학 제33권 제3호 (원광대 법
  학연구소, 2017)
- 분업의 병리학, in: 법철학연구 제21권 제2호 (한국법철학회, 2018)

제15장 기능적 분화와 사회 연대

- 기능적 분화와 사회 연대, in: 법철학연구 제25권 제1호 (한국법철학회,
  2022)

보론: 인권과 인정투쟁

- 근본이익, 정체성과 인권, in: 법철학연구 제10권 제1호 (한국법철학회, 2007)
- 현대 인권론에서 '정체성'의 의미: 차이, 정체성, 인권, in: 법철학연구 제14권 제1호 (한국법철학회, 2011)

참 고 문 헌

1. 국내문헌

(1) 단행본

강신주(지승호와의 대화), 살아야겠다 (EBS BOOKS, 2022)

고병권, 니체, 천개의 눈 천개의 길 (소명출판, 2009)

고봉진, 법사상사 소고 (한국학술정보, 2014)

_____, 현대 법사상사 소고 (피엔씨미디어, 2016)

_____, 법철학강의 (제2판, 제주대학교 출판부, 2016)

곽준혁, 경계와 편견을 넘어서 - 우리시대 정치철학자들과의 대화 (한길사, 2010/2011)

구해근(신광영 역), 한국 노동계급의 형성 (창작과 비평사, 2002)

김경희, 공화주의 (책세상, 2009/2014)

김덕영, 게오르그 짐멜의 모더니티 풍경 11가지 (길, 2007)

_____, 막스 베버 (길, 2012)

_____, 환원근대 (길, 2014)

_____, 사회의 사회학 (길, 2016)

김비환, 자유지상주의자들, 자유주의자들 그리고 민주주의자들 (성균관대학교 출판부, 2005/2013)

김비환, 개인적 자유에서 사회적 자유로 (성균관대학교 출판부, 2018)

김성태/김승래/김진영/임병인/전영준, 우리나라의 빈곤 함정 (해남, 2013)

김수현/이현주/손병돈, 한국의 가난 (한울, 2009/2016).

김원식, 배제, 무시, 물화 (사월의책, 2015)

김윤태, 사회적 인간의 몰락 (이학사, 2015)

나종석, 차이와 연대 ─ 현대세계와 헤겔의 사회·정치철학 (길, 2007)

문성훈, 새로운 사회적 자유주의 (사월의책, 2022)

문유석, 개인주의자 선언 (문학동네, 2015)

문지영, 자유 (책세상, 2012)

박경태, 소수자와 한국사회 (후마니타스, 2008)

박상훈, 정치의 발견 (후마니타스, 2011/2015)

박영균, 노동가치 (책세상, 2009/2016)

박호성, 공동체론 (효형출판, 2009)

손철성, 헤겔&맑스 - 역사를 움직이는 힘 (김영사, 2008/2014)

안수찬/전종휘/임인택/임지선, 4천원 인생 - 열심히 일해도 가난한 우리 시대의 노
　　　　동 일기 (한겨레출판, 2010/2014)

이봉철, 현대인권사상 (아카넷, 2001)

이상돈, 인권법 (세창출판사, 2005)

_____, 공익소송론 (세창출판사, 2006)

_____, 시민운동론 (세창출판사, 2007)

이정전, 시장은 정의로운가 (김영사, 2012)

이종수, 정부는 공정한가? (대영문화사, 2012)

이재열 外, 한국사회의 질 (한울아카데미, 2015)

이황희, 애덤 스미스와 국가 (경인문화사, 2019)

이현재, 여성의 정체성 - 어떤 여성이 될 것인가 (책세상, 2007)

우석훈/박권일, 88만원 세대 (레디앙, 2008)

장귀연, 비정규직 (책세상, 2009)

장동진, 현대자유주의 정치철학의 이해 (동명사, 2001)

장은주, 인권의 철학 (새물결, 2010)

장하성, 한국 자본주의 (헤이북스, 2014)

_____, 왜 분노해야 하는가 (헤이북스, 2015)

장하준(형성백 역), 사다리 걷어차기 (부키, 2004/2008)

장하준, 그들이 말하지 않는 23가지 (부키, 2010)

전병유/신진욱 엮음, 다중 격차 (페이퍼로드, 2016)

전병유 엮음, 한국의 불평등 2016 (페이퍼로드, 2016)

정성훈, 괴물과 함께 살기 (미지북스, 2015)

정진성 外(서울대학교 사회발전연구소 편), 한국사회의 질 (한울아카데미, 2015)

조윤제 外, 한국의 소득분배 - 추세, 원인, 대책 (한울아카데미, 2016)

조효제, 인권의 문법 (후마니타스, 2007)

_____, 인권의 풍경 (교양인, 2008)

최성락, 규제의 역설 (페이퍼로드, 2020)

최태욱 엮음, 자유주의는 진보적일 수 있는가 (폴리테이아, 2011)

최현, 인권 (책세상, 2008)

최협/김성국/정근식/유명기 엮음, 한국의 소수자, 실태와 전망 (한울, 2004)

하승수, 나는 국가로부터 배당받을 권리가 있다 (한티재, 2015)

홍기빈, 자본주의 (책세상, 2010/2014)

새로운 사회를 여는 연구원, 분노의 숫자 - 국가가 숨기는 불평등에 관한 보고서 (동녘, 2014)

한국사회이론학회 엮음, 뒤르케임을 다시 생각한다 (동아시아, 2008)

(2) 논문

고봉진, "상호승인의 결과로서 인간존엄", 법철학연구 제10권 제2호 (한국법철학회, 2007)

_____, "배아줄기세포연구와 관련된 바이오형법에서 규범과 의무", 형사법연구 제19권 제2호 (한국형사법학회, 2007)

_____, "현대형법에서 규범타당성과 개인귀속 - 위험, 위험인수, 의무", 법과정책 제17집 제1호 (제주대학교학교 법과정책연구소, 2011)

권경희, "로크의 재산권 이론", 법철학연구 제18권 제3호 (한국법철학회, 2015)

김도균, "국가와 법의 중립성에 관한 고찰 – 동등한 존중으로서의 중립성 원리 -", 법철학연구 제18권 제3호 (한국법철학회, 2015)

김도현, "법의 도덕성: 에밀 뒤르켐의 법사회학", 법과사회 제43호 (법과사회이론학회, 2012)

김비환, "라즈의 자유주의적 완전주의의 전제들; 자율성, 다원주의 그리고 실천철학", 법철학연구 제4권 제1호 (한국법철학회, 2001)

김연식, "'적폐청산'의 시대에 다원적 법형성", 법과사회 57호 (법과사회이론학회, 2018)

_____, "사회 헌법론: 국가-정치 헌법에서 초국가적 사회헌법으로", 법철학연구 제21권 제1호 (한국법철학회, 2018)

김영기, "자유주의와 완전주의", 철학연구 제144권 (대한철학회, 2017)

김원섭, "다중맥락사회에서 사회통합과 공공성", 한국사회 13집 제1호 (고려대학교 한국사회연구소, 2012)

_____, "루만의 자기생산적 체계이론에서 본 공공성", 한국사회 제14집 제2호 (고려대학교 한국사회연구소. 2013)

김종길, "'기능적 분화'로서의 모더니티: 사회적 현실인가 사회학적 신화인가?", 사

회와이론 제15집 (한국이론사회학회, 2009)

서영조, "루만의 '사회학적 도덕 이론'과 그 도덕 철학적 의미", 한국사회학 제36집 제5호 (한국사회학회, 2002)

오재호, "합리적인 제도와 공리주의", 대동철학 제52집 (대동철학회, 2010)

이동희, "현대인권론과 공리주의", 법철학연구 제12권 제1호 (한국법철학회, 2009)

이민열, "국가 완전주의 쟁점과 법해석", 법철학연구 제22권 제3호 (한국법철학회, 2019)

장동진, "완전주의: 자유주의적 해석", 한국정치학회보 제29권 제4호 (한국정치학회, 1996)

정선기, "기능적 분화와 사회적 불평등: Luhmann과 Bourdieu의 사회이론 비교", 사회과학연구 제29권 제1호 (충남대 사회과학연구소, 2019)

정성훈, "비판적 체계이론의 두 방향으로서 사회 내재적 비판과 이론 내재적 비판", 철학사상 제70호 (서울대 철학사상연구소, 2018)

주동률, "자유주의와 완전주의 - 접합의 가능성", 철학 제73권 (한국철학회, 2002)

2. 외국문헌

(1) 단행본

Daron Acemoglu/James A. Robinson(최완규 역), 국가는 왜 실패하는가 (시공사, 2012)

Alberto Alesina/Edward L. Glaeser(전용범 역), 복지국가의 정치학 (생각의 힘, 2012)

Anthony Arblaster(조기제 역), 서구 자유주의의 융성과 쇠퇴 (나남, 2007)

Aristoteles(천병희 역), 정치학 (숲, 2009)

Robert L. Arrington(김성호 역), 서양 윤리학사 (서광사, 1998)

Jacques Attali(이효숙 역), 맑스 평전 (예담, 2006/2008)

Julian Baggini(오수원 역), 데이비드 흄 (arte, 2020)

Gregory Bateson(박지동 역), 정신과 자연 (까치, 1998)

Zygmunt Bauman(문성원 역), 자유 (이후, 2002)

Zygmunt Bauman(이일수 역), 액체근대 (강, 2009)

Zygmunt Bauman(한상석 역), 모두스 비벤디 (후마니타스, 2010/2015)

Zygmunt Bauman/Carlo Bordoni(안규남 역), 위기의 국가 (동녘, 2014)

John Baylis/Steve Smith/Patricia Owens(하영선 外 역), 세계정치론 (을유문화사, 2011)

Cesare Beccaria(한인섭 역), 범죄와 형벌 (박영사, 2006)

Daniel Bell(이상두 역), 이데올로기의 종언 (범우, 2015)

Jeremy Bentham(고정식 역), 도덕과 입법의 원리 서설 (나남, 2011)

Richard J. Bernstein(정창호/황설중/이병철 역), 객관주의와 상대주의를 넘어서 (보광재, 1996)

Eduard Berstein(강신준 역), 사민주의의 전제와 사민당의 과제 (한길사, 1999/2012)

Norbert Bolz(윤종석 역), 세계를 만드는 커뮤니케이션 (한울아카데미, 2009)

Ian Bremer(차백만 역), 국가는 무엇을 해야 하는가 (다산북스, 2011)

Georges Canguilhem(여인석 역), 정상적인 것과 병리적인 것 (그린비, 2018)

Fritjof Capra(김용정/이성범 역), 현대 물리학과 동양사상 (범양사, 1979/2015)

Auguste Comte(김점석 역), 실증주의 서설 (한길사, 2001)

Lewis Coser(신용하/박명규 역), 사회사상사 (한길사, 2016)

Colin Crouch(유강은 역), 왜 신자유주의는 죽지 않는가 (책읽는수요일, 2011)

Cormac Cullinan(박태현 역), 야생의 법 (로도스, 2016)

Robert A. Dahl(배관표 역), 경제 민주주의에 관하여 (후마니타스, 2011)

Leo Damrosch(이용철 역), 루소 인간불평등의 발견자 (교양인, 2011)

Stephanie DeGooyer/Alastair Hunt/Lida Maxwel/Samuel Moyn/Astra Taylor(김승진 역), 권리를 가질 권리 (위즈덤하우스, 2018)

Emile Durkheim(이종각 역), 교육과 사회학 (배영사, 1978/2019)

Emile Durkheim(민문홍 역), 사회분업론 (아카넷, 2012)

Emile Durkheim/Marcel Mauss(김현자 역), 분류의 원시적 형태들 (서울대학교 출판문화원, 2013)

Emile Durkheim(황보종우 역), 자살론 (청아출판사, 2019)

Emile Durkheim(윤병철/박창호 역), 사회학적 방법의 규칙들 (새물결, 2019)

Emile Durkheim(민혜숙/노치준 역), 종교생활의 원초적 형태 (한길사, 2020)

Lothar Eley(백승훈 역), 피히테, 셸링, 헤겔 (인간사랑, 2008)

Epicurus(오유석 역), 쾌락 (문학과지성사, 2013)

Samuel Fleischacker(강준호 역), 분배적 정의의 소사 (서광사, 2007)

Michel Foucault(심세광/전혜리/조성은 역), 생명관리정치의 탄생 (난장, 2012)

Nancy Fraser/Axel Honneth(김원식/문성훈 역), 분배냐, 인정이냐? (사월의책, 2014)

Sandra Fredman(조효제 역), 인권의 대전환 (교양인, 2009)

Thomas Friedman(장경덕 역), 렉서스와 올리브나무 (21세기북스, 2009)

John Kenneth Galbraith(원창화 역), 확실성의 시대 (홍신문화사, 1995/2011)

Henry George(김윤상 역), 진보와 빈곤 (비봉출판사, 1997/2012)

Anthony Giddens(윤병철/박병래 역), 사회이론의 주요쟁점 (문예출판사, 1991/2003)

Anthony Giddens(박찬욱 外 역), 제3의 길과 그 비판자들 (생각의 나무, 2002)

Anthony Giddens(박노영/임영일 역), 자본주의와 현대 사회이론 (한길사, 2008/2010)

Anthony Giddens(김미숙/김용학/박길성/송호근/신광영/유홍준/정성호 역), 현대사회
    학 (제4판, 을유문화사, 2003)

John Gray(김용직/서명구 역), 자유주의 (성신여자대학교 출판부, 2007)

Arnaud Guigue(민혜숙 역), 법, 정의, 국가 (동문선, 1996)

Jürgen Habermas(황태연 역), 이질성의 포용 (나남신서, 2000)

Jürgen Habermas(장춘익 역), 의사소통행위이론 1, 2 (나남출판, 2006)

Jürgen Habermas/Niklas Luhmann(이철 역), 사회이론인가, 사회공학인가? 체계이론
    은 무엇을 수행하는가? (이론출판, 2018)

Helga Gripp-Hagelstange(이철 역), 니클라스 루만 - 인식론적 입문 (이론출판, 2019)

Elie Halévy(박동천 역), 철학적 급진주의의 형성 1 - 벤담의 젊은 시절(1776-1789)
    (한국문화사, 2021)

Elie Halévy(박동천 역), 철학적 급진주의의 형성 2 - 공리주의 신조의 진화
    (1789-1815) (한국문화사, 2021)

Yuval Noah Harari(김정주 역), 호모 데우스 - 미래의 역사 (김영사, 2017)

Yuval Noah Harari(전병근 역), 21세기를 위한 21가지 제언 (김영사, 2018)

Nobert Hoerster, Ethik und Interesse (Reclam, 2003)

Otfried Höffe(박종대 역), 정의 (이제이북스, 2004)

Axel Honneth(문성훈/이현재/장은주/하주영 역), 정의의 타자 (나남, 2009)

Axel Honneth(문성훈/이현재 역), 인정투쟁 (사월의책, 2011)

Axel Honneth(문성훈 역), 사회주의 재발명 (사월의책, 2016)

Max Horkheimer(박구용 역), 도구적 이성 비판 – 이성의 상실 (문예출판사, 2006)

Michael Ignatieff(이화여대 통역번역연구소 역), 이사야 벌린 (아산정책연구원,
    2012)

Karen Ilse Horn(안기순/김미란/최다인 역), 지식의 탄생[노벨 경제학상 수상자 10인
    과의 인터뷰] (와이즈베리, 2012)

Narendra Jadhav(강수정 역), 신도 버린 사람들 (김영사, 2010)

Martin Jay(황재우/강희경/강원돈 역), 변증법적 상상력 (돌배개, 1981)

R. v. Jhering(심재우 역), 권리를 위한 투쟁 (박영문고, 1977)

Andrew Jones(이가람 역), 세계는 어떻게 움직이는가 (동녘, 2012)

Katarzyna de Lazari-Radek/Peter Singer(류지한 역), 공리주의 입문 (울력, 2019)

Mark Lilla/Ronald Dworkin/Robert Silvers 편집(서유경 역), 이사야 벌린의 지적 유산 (동아시아, 2006)

John Locke(강정인/문지영 역), 통치론 (까치, 1996/2007)

Niklas Luhmann(김종길 역), 복지국가의 정치이론 (일신사, 2001)

Niklas Luhmann(이남복 역), 현대 사회는 생태학적 위협에 대처할 수 있는가 (백의, 2002)

Niklas Luhmann(김성재 역), 대중매체의 현실 (커뮤니케이션북스, 2006)

Niklas Luhmann(박여성 역), 사회체계이론 1 (한길사, 2007)

Niklas Luhmann(장춘익 역), 사회의 사회 2 (새물결, 2012)

Niklas Luhmann(윤재왕 역), 사회의 법 (새물결, 2014)

Niklas Luhmann(박여성/이철 역), 예술체계이론 (한길사, 2014)

Niklas Luhmann(이철/박여성 역), 사회의 교육체계 (이론출판, 2015)

Niklas Luhmann(서영조 역), 사회의 정치 (이론출판, 2018)

Niklas Luhmann(이철 역), 사회의 학문 (이론출판, 2019)

Niklas Luhmann(Dirk Bäcker 편집, 이철 역), 사회이론 입문 (이론출판, 2015)

Anatole Kaletsky(위선주 역), 자본주의 4.0 (컬처앤스토리, 2010)

Kevin Kelly(이한음 역), 기술의 충격 (민음사, 2011)

Naomi Klein(이은진 역), 슈퍼 브랜드의 불편한 진실 (살림Biz, 2000)

Georg Kneer/Armin Nassehi(정성훈 역), 니콜라스 루만으로의 초대 (갈무리, 2008)

Will Kymlicka(장동진/장휘/우정열/백성욱 역), 현대 정치철학의 이해 (동명사, 2006)

Henry Sumner Maine(정동호/김은아/강승묵 역), 고대법 (세창출판사, 2009)

Avishai Margalit(신성림 역), 품위 있는 사회 (동녘, 2008)

Julián Marías(강유원/박수민 역), 철학으로서의 철학사 (유유, 2016)

T. H. Marshall(김윤태 역), 시민권과 복지국가 (이학사, 2013)

T. H. Marshall/T. Bottomore(조성은 역), 시민권 (나눔의 집, 2014)

Karl Marx(김수행 역), 자본론 I(상) (비봉출판사, 1989/2012)

Karl Marx(강유원 역), 경제학-철학 수고 (이론과 실천, 2012)

Humberto Maturana(서창현 역), 있음에서 함으로 (갈무리, 2006)

Humberto Maturana/Francisco Varelra(최호영 역), 앎의 나무 (갈무리, 2007)

Philip McMichael(조효제 역), 거대한 역설 - 왜 개발할수록 불평등해지는가 (교양
인, 2012)

George Herbert Mead(나은영 역), 정신·자아·사회 (한길사, 2010)

Eric H. Mielant(김병순 역), 자본주의의 기원과 서양의 발흥 (글항아리, 2012)

John Stuart Mill(서병훈 역), 여성의 종속 (책세상, 2006)

John Stuart Mill(서병훈 역), 공리주의 (책세상, 2007)

John Stuart Mill(김형철 역), 자유론 (서광사, 2009)

John Stuart Mill(박동천 역), 정치경제학 원리 1 (나남, 2010)

John Stuart Mill(정홍섭 역), 사회주의 (좁쌀한알, 2018)

John Stuart Mill(박상혁 역), 존 스튜어트 밀의 윤리학 논고 (아카넷, 2020)

John Stuart Mill(서병훈 역), 존 스튜어트 밀 선집 (책세상, 2021)

Stephen Mulhall/Adam Swift(김해성/조영달 역), 자유주의와 공동체주의 (한울, 2001)

Friedrich Wilhelm Nietzsche(백승영 역), 이 사람을 보라 (책세상, 2012)

Robert Nozick(남경희 역), 아나키에서 유토피아로 (문학과지성사, 2005)

Martha Nussbaum(한상연 역), 역량의 창조 (돌베개, 2015)

Eiinor Ostrom(윤홍근/안도경 역), 공유의 비극을 넘어 - 공유자원관리를 위한 제도
의 진화 (랜덤하우스코리아, 2010)

Rebecca Todd Peters(방연상/윤요한 역), 좋은 세계화 나쁜 세계화 (새물결플러스,
2012)

Philip Pettit(곽준혁 역), 신공화주의 (나남, 2012)

Thomas Piketty(정경덕 역), 21세기 자본 (글항아리, 2014)

Karl Polanyi(홍기빈 역), 거대한 전환 (길, 2009)

Armin Pongs 엮음(김희봉/이홍균 역), 당신은 어떤 세계에 살고 있는가? 1편 (한울,
2003)

Armin Pongs 엮음(윤도현 역), 당신은 어떤 세계에 살고 있는가? 2편 (한울, 2010)

Robert Putnam(정승현 역), 나 홀로 볼링 (페이퍼로드, 2000)

John Rawls(장동진 역), 정치적 자유주의 (동명사, 2009)

Joseph Raz, The Morality of Freedom, Oxford: Clarendon Press, 1986

Walter Reese-Schäfer(이남복 역), 니클라스 루만의 사회 사상 (백의, 2002)

Robert B. Reich(형선호 역), 슈퍼자본주의 (김영사, 2008/2010)

Eibe H. Riedel, Theorie des Menschenrechtsstandards (Duncker&Humblot, 1986)

Jeremy Rifkin(이원기 역), 유러피언 드림 (민음사, 2005)

Hartmut Rosa/DavidDavid Riesman(이상률 역), 고독한 군중 (문예출판사, 1999)

Strecker/Andrea Kottmann(최영돈/이남복/이종희/이철/전태국 역), 사회학 이론 (한울아카데미, 2016/2019)

Kurt W. Rothschild(이윤호 역), 윤리와 경제학의 딜레마 (이학사, 2012)

Jean-Jacques Rousseau(이환 역), 사회계약론 (서울대학교 출판부, 1999)

Jean-Jacques Rousseau(주경복/고봉만 역), 인간 불평등 기원론 (책세상, 2003/2012)

Alan Ryan(남경태/이광일 역), 정치사상사 - 헤로도토스에서 현재까지 (문학동네, 2017)

Malene Rydahl(강현주 역), 덴마크 사람들처럼 (마일스톤, 2015)

Jonathan Sacks(임재서 역), 차이의 존중 (말글빛냄, 2010)

Edward W. Said(박홍규 역), 오리엔탈리즘 (교보문고, 2007)

Michael Sandel(이창신 역), 정의란 무엇인가 (김영사, 2010)

Michael Sandel(안진환/이수경 역), 왜 도덕인가? (한국경제신문, 2010)

Michael Sandel(안규남 역), 민주주의의 불만 (동녘, 2012)

Michael Sandel(김선욱/강준호/구영모/김은희/박상혁/최경석 역), 공동체주의와 공동선 (철학과현실사, 2008)

Carl Schmitt(나종석 역), 현대 의회주의의 정신사적 상황 (길, 2012)

Jeremy Seabrook(황성원 역), 세계의 빈곤, 누구의 책임인가? (이후, 2007)

Amartya Sen(이상호/이덕재 역), 불평등의 재검토 (한울아카데미, 1999)

Amartya Sen(이규원 역), 정의의 아이디어 (지식의 날개, 2009)

Amartya Sen(이상환/김지현 역), 정체성과 폭력 (바이북스, 2010)

Amartya Sen(김원기 역), 자유로서의 발전 (갈라파고스, 2013)

Georg Simmel(김덕영 역), 개인법칙 (길, 2013)

Georg Simmel(김덕영 역), 돈의 철학 (길, 2013)

Georg Simmel(김덕영 역), 돈이란 무엇인가 (길, 2014)

Adam Smith(박세일/민경국 역), 도덕감정론 (비봉출판사, 1996/2009)

Adam Smith(김수행 역), 국부론(상) (비봉출판사, 2003/2013)

Adam Smith(김수행 역), 국부론(하) (비봉출판사, 2007/2013)

Herbert Spencer(이정훈 역), 진보의 법칙과 원인 (지식을만드는지식, 2014)

Herbert Spencer(이상률 역), 개인 대 국가 (이책, 2014)

Guy Standing(김태호 역), 프레카리아트 (박종철출판사, 2014)

Guy Standing(안효상 역), 공유지의 약탈 (창비, 2021)

Joseph E. Stiglitz(이순희 역), 불평등의 대가 (열린책들, 2013)

Hans J. Störig(박민수 역), 세계 철학사 (이룸, 2008)

Samuel Enoch Stumpf/James Fieser(이광래 역), 소크라테스에서 포스트모더니즘까지 (열린책들, 2008)

Alain Supiot(박제성/배영란 역), 법률적 인간의 출현 (글항아리, 2015)

Alain Supiot(박제성 역), 필라델피아 정신 (매일노동뉴스, 2019)

Adam Swift(김비환 역), 정치의 생각 (개마고원, 2011)

William J. Talbott(은우근 역), 인권의 발견 (한길사, 2011)

Charles Taylor(송영배 역), 불안한 현대사회 (이학사, 2001/2009)

Ferdinand Tönnies(곽노완/황기우 역), 공동사회와 이익사회 (라움, 2010)

Jonathan H. Turner(김진균 外 역), 사회학 이론의 구조 (한길사, 1989)

Frank Miller Turner(Richard Lofhouse 엮음, 서상복 역), 예일대 지성사 강의 (책세상, 2016)

Maurizio Viroli(김경희/김동규 역), 공화주의 (인간사랑, 2006)

Immanuel Wallerstein(유희석 역), 지식의 불확실성 (창비, 2004)

Michael Walzer(정원섭 外 역), 정의와 다원적 평등 (철학과현실사, 1999)

Hans Welzel(박은정 역), 자연법과 실질적 정의 (삼영사, 2001)

Iris Marion Young(김도균/조국 역), 차이의 정치와 정의 (모티브북, 2017)

Howard Zehr(손진 역), 회복적 정의란 무엇인가 (KAP, 2010/2014)

Slavoj Zizek(김성호 역), 처음에는 비극으로 다음에는 희극으로 (창비, 2010)

Slavoj Zizek(주성우 역), 멈춰라, 생각하라— 지금 여기, 내용 없는 민주주의, 실패한 자본주의 (와이즈베리, 2012)

기타오카 다카요시(최려진 역), 복지강국 스웨덴, 경쟁력의 비밀 (위즈덤하우스, 2010)

도메 다쿠오(우경봉 역), 지금 애덤 스미스를 다시 읽는다 (동아시아, 2010)

리콴유(류지호 역), 내가 걸어온 일류국가의 길 (문학사상사, 2001)

맹자(박경환 역), 맹자 (홍익출판사, 1999/2011)

유민총서 15

규범적 과제로서 기능적 분화

초판 1쇄 인쇄 2022년 09월 05일
초판 1쇄 발행 2022년 09월 15일

지 은 이 고봉진
편   찬 홍진기법률연구재단
주   소 서울특별시 종로구 동숭3길 26-12 2층
전   화 02-747-8112 팩   스 02-747-8110
홈페이지 http://yuminlaw.or.kr

발 행 인 한정희
발 행 처 경인문화사
편 집 부 유지혜 김지선 한주연 이다빈 김윤진
마 케 팅 전병관 하재일 유인순
출판번호 제406-1973-000003호
주   소 경기도 파주시 회동길 445-1 경인빌딩 B동 4층
전   화 031-955-9300 팩   스 031-955-9310
홈페이지 www.kyunginp.co.kr
이 메 일 kyungin@kyunginp.co.kr

ISBN 978-89-499-6657-1 93360
값 25,000원